幼儿园游戏概论与游戏指导

主　编　杨　静
副主编　沈建洲　杨瑾若
参　编　叶惠玲　康　静

陕西师范大学出版总社

图书代号　JC17N0732

图书在版编目(CIP)数据

幼儿园游戏概论与游戏指导／杨静主编． —西安：陕西师范大学出版总社有限公司，2017.6
ISBN 978-7-5613-9189-1

Ⅰ．①幼… Ⅱ．①杨… Ⅲ．①游戏课—学前教育—教学参考资料 Ⅳ．①G613.7

中国版本图书馆 CIP 数据核字(2017)第 109488 号

幼儿园游戏概论与游戏指导
YOUERYUAN YOUXI GAILUN YU YOUXI ZHIDAO

杨　静　主编

总 策 划	雷永利
责任编辑	王东升
责任校对	张　莹
封面设计	安　梁
出版发行	陕西师范大学出版总社
	(西安市长安南路199号　邮编 710062)
网　　址	http://www.snupg.com
印　　刷	陕西省富平县万象印务有限公司
开　　本	787mm×1092mm　1/16
印　　张	18.5
字　　数	432 千
版　　次	2017 年 6 月第 1 版
印　　次	2017 年 6 月第 1 次印刷
书　　号	ISBN 978-7-5613-9189-1
定　　价	41.00 元

读者购书、书店添货或发现印装质量问题，请与本社高教出版中心联系。
电话:(029)85303622(传真)　85307864

前　言

　　游戏是一种消遣、一种练习、一种经验、一种追求,也是人类心智、机体发展水平的反映,是一种主动的社会文化现象。对于幼儿来讲,游戏是生活,是工作,是全部。这种对生活、对工作的游戏式模仿不是单纯的学样,而是深刻的,由内而外的,刻骨铭心的。游戏唤醒幼儿并使其意识到自我存在,同时,他们自己也在不断地创造游戏,并在游戏的滋养中成长。然而,近半个世纪以来,幼儿的游戏、游戏的时间却越来越少,游戏的能力在逐渐退化。我们不禁要追问:游戏哪儿去了? 时间哪儿去了? 游戏在幼儿的生命中意味着什么?

　　《幼儿园教师专业标准(试行)》明确要求幼儿园教师要支持与引导幼儿游戏活动,"重视环境和游戏对幼儿发展的独特作用,创设富有教育意义的环境氛围,将游戏作为幼儿的主要活动"。"提供符合幼儿兴趣需要、年龄特点和发展目标的游戏条件;充分利用与合理设计游戏活动空间,提供丰富、适宜的游戏材料,支持、引发和促进幼儿的游戏;鼓励幼儿自主选择游戏内容、伙伴和材料,支持幼儿主动地、创造性地开展游戏,充分体验游戏的快乐和满足;引导幼儿在游戏活动中获得身体、认知、语言和社会性等多方面的发展"。

　　基于此,本书根据普通高等院校和幼儿师范院校学前教育专业培养目标,立足幼儿园教师职业发展的现实需要,吸收国内外游戏研究的最新成果,体现《幼儿园教育指导纲要(试行)》和《幼儿园教师专业标准(试行)》的基本理念,以问题为中心,案例为载体,将理论学习与案例分析相结合,凸显幼儿园教师教育特色。

　　全书分上、下两篇,共九章,由幼儿园游戏理论和幼儿园游戏指导两大部分构成。上篇中的第一章和第二章,主要讨论游戏与幼儿游戏的关系,游戏理论与流派,著名教育家论幼儿游戏,幼儿游戏理论研究脉络与趋势,以及幼儿游戏发展基础、幼儿游戏发展阶段和幼儿游戏的功能作用等游戏基本认知和层面的问题;第三章和第四章,主要从幼儿园游戏与实践的层面对游戏与幼儿学习,幼儿园游戏与课程、教学,幼儿园游戏的特点、结构与分类,幼儿园游戏活动的实施原则,幼儿园游戏活动的组织方式等进行探讨。下篇为第五章至第九章,则针对幼儿园现行的角色游戏、结构游戏、表演游戏、区域游戏、户外游戏等主要游戏类型的内涵特点、组织实施中常见的问题进行分析,并提出应遵循的基本原则以及翔实的指导过程。本书在每一章之后都设有"综合实践活动"板块,包括思考、讨论及练习,便于学习者归纳总结,提炼重点,边学边练,将理论有效地运用于实践当中。

上篇由集美大学杨静副教授和兰州城市学院沈建洲教授策划编写,下篇由杨静和集美大学杨瑾若策划编写,其中杨瑾若编写第五章、第八章,兰州城市学院康静编写第六章,泉州高等幼儿师范学院叶惠玲编写第九章,杨静编写第七章。全书由杨静统稿。

本书在编写过程中借鉴和吸收了国内外大量资料和研究成果,并尽最大可能注明出处,但仍有可能挂一漏万,加之编者学识、能力的局限,书中疏漏之处在所难免,恳请相关作者、研究者谅解,更希望本书的阅读者在使用过程中提出宝贵意见,以便编者加以修改和完善。在此,衷心感谢给予我们帮助支持的单位和个人!

本书可作为普通高等院校和幼儿师范院校学前教育专业教材,也可作为教育行政部门幼教管理者和幼儿园教师的阅读材料、培训教材。

编者
2015 年初夏

目　　录

上篇　幼儿园游戏理论

第一章　幼儿游戏理论 ⋯⋯⋯⋯⋯⋯⋯⋯⋯⋯⋯⋯⋯⋯⋯⋯⋯⋯⋯⋯⋯⋯ 3
第一节　游戏与幼儿游戏 ⋯⋯⋯⋯⋯⋯⋯⋯⋯⋯⋯⋯⋯⋯⋯⋯⋯⋯⋯ 3
　　一、游戏及其概念 ⋯⋯⋯⋯⋯⋯⋯⋯⋯⋯⋯⋯⋯⋯⋯⋯⋯⋯⋯⋯⋯ 3
　　二、幼儿游戏及其特征 ⋯⋯⋯⋯⋯⋯⋯⋯⋯⋯⋯⋯⋯⋯⋯⋯⋯⋯⋯ 5
第二节　游戏理论简介 ⋯⋯⋯⋯⋯⋯⋯⋯⋯⋯⋯⋯⋯⋯⋯⋯⋯⋯⋯⋯ 9
　　一、经典游戏理论 ⋯⋯⋯⋯⋯⋯⋯⋯⋯⋯⋯⋯⋯⋯⋯⋯⋯⋯⋯⋯⋯ 10
　　二、现代游戏理论 ⋯⋯⋯⋯⋯⋯⋯⋯⋯⋯⋯⋯⋯⋯⋯⋯⋯⋯⋯⋯⋯ 13
　　三、著名教育家论幼儿游戏 ⋯⋯⋯⋯⋯⋯⋯⋯⋯⋯⋯⋯⋯⋯⋯⋯⋯ 26
第三节　幼儿游戏理论研究的基本脉络与趋势 ⋯⋯⋯⋯⋯⋯⋯⋯⋯⋯ 29
　　一、游戏理论研究的历史背景 ⋯⋯⋯⋯⋯⋯⋯⋯⋯⋯⋯⋯⋯⋯⋯⋯ 30
　　二、游戏理论研究的发展阶段 ⋯⋯⋯⋯⋯⋯⋯⋯⋯⋯⋯⋯⋯⋯⋯⋯ 30
　　三、游戏理论研究的发展趋势 ⋯⋯⋯⋯⋯⋯⋯⋯⋯⋯⋯⋯⋯⋯⋯⋯ 31
综合实践活动 ⋯⋯⋯⋯⋯⋯⋯⋯⋯⋯⋯⋯⋯⋯⋯⋯⋯⋯⋯⋯⋯⋯⋯⋯ 32

第二章　游戏与幼儿发展 ⋯⋯⋯⋯⋯⋯⋯⋯⋯⋯⋯⋯⋯⋯⋯⋯⋯⋯⋯⋯ 33
第一节　幼儿游戏发展阶段 ⋯⋯⋯⋯⋯⋯⋯⋯⋯⋯⋯⋯⋯⋯⋯⋯⋯⋯ 33
　　一、从幼儿个体发展角度考察 ⋯⋯⋯⋯⋯⋯⋯⋯⋯⋯⋯⋯⋯⋯⋯⋯ 33
　　二、从幼儿认知发展角度考察 ⋯⋯⋯⋯⋯⋯⋯⋯⋯⋯⋯⋯⋯⋯⋯⋯ 39
　　三、从幼儿社会性发展角度考察 ⋯⋯⋯⋯⋯⋯⋯⋯⋯⋯⋯⋯⋯⋯⋯ 40
第二节　幼儿游戏发展功能 ⋯⋯⋯⋯⋯⋯⋯⋯⋯⋯⋯⋯⋯⋯⋯⋯⋯⋯ 41
　　一、游戏与发展的关系 ⋯⋯⋯⋯⋯⋯⋯⋯⋯⋯⋯⋯⋯⋯⋯⋯⋯⋯⋯ 42
　　二、游戏与幼儿全面发展 ⋯⋯⋯⋯⋯⋯⋯⋯⋯⋯⋯⋯⋯⋯⋯⋯⋯⋯ 43
　　三、幼儿游戏与多元智能 ⋯⋯⋯⋯⋯⋯⋯⋯⋯⋯⋯⋯⋯⋯⋯⋯⋯⋯ 54
第三节　游戏活动影响因素 ⋯⋯⋯⋯⋯⋯⋯⋯⋯⋯⋯⋯⋯⋯⋯⋯⋯⋯ 59
　　一、幼儿个体因素 ⋯⋯⋯⋯⋯⋯⋯⋯⋯⋯⋯⋯⋯⋯⋯⋯⋯⋯⋯⋯⋯ 59
　　二、社会环境因素 ⋯⋯⋯⋯⋯⋯⋯⋯⋯⋯⋯⋯⋯⋯⋯⋯⋯⋯⋯⋯⋯ 62
　　三、物理媒介因素 ⋯⋯⋯⋯⋯⋯⋯⋯⋯⋯⋯⋯⋯⋯⋯⋯⋯⋯⋯⋯⋯ 65
综合实践活动 ⋯⋯⋯⋯⋯⋯⋯⋯⋯⋯⋯⋯⋯⋯⋯⋯⋯⋯⋯⋯⋯⋯⋯⋯ 68

第三章　游戏与幼儿园教育 ··· 69
　第一节　游戏与幼儿学习 ··· 69
　　一、幼儿游戏与幼儿园游戏 ··· 69
　　二、幼儿学习的基本途径 ··· 71
　　三、教育实践中的幼儿游戏与学习 ··· 75
　第二节　幼儿园以游戏为基本活动 ··· 79
　　一、幼儿园"以游戏为基本活动"的教育行政法规地位 ···························· 80
　　二、幼儿园"以游戏为基本活动"的基本内容 ···································· 82
　　三、幼儿园"以游戏为基本活动"的实践分析 ···································· 86
　第三节　幼儿园游戏与课程、教学 ··· 94
　　一、课程与教学 ··· 94
　　二、游戏与课程 ··· 98
　　三、游戏与教学 ·· 101
　综合实践活动 ·· 107

第四章　幼儿园游戏组织与实施 ·· 108
　第一节　幼儿园游戏特点、结构与分类 ·· 108
　　一、幼儿园游戏及其特点 ·· 108
　　二、幼儿园游戏活动结构 ·· 110
　　三、幼儿园游戏活动分类 ·· 114
　第二节　幼儿园游戏原则与组织形式 ·· 119
　　一、幼儿园游戏原则 ·· 119
　　二、幼儿园游戏组织形式 ·· 122
　第三节　游戏在幼儿园一日生活中的贯穿与实施 ·································· 128
　　一、幼儿园一日生活的基本结构 ·· 128
　　二、游戏贯穿幼儿园一日生活的意义与要求 ···································· 130
　　三、游戏在幼儿园一日生活中的实施 ·· 133
　　四、各种游戏活动形式之间的关系 ·· 139
　　五、面临多元能力挑战的教师 ·· 141
　综合实践活动 ·· 144

下篇　幼儿园游戏指导

第五章　幼儿园角色游戏 ·· 147
　第一节　角色游戏概述 ·· 147
　　一、角色游戏的内涵 ·· 147

二、角色游戏的基本结构 …………………………………………………… 148
　　三、角色游戏对幼儿发展的价值 …………………………………………… 150
　第二节　角色游戏组织与实施 …………………………………………………… 151
　　一、角色游戏组织与实施原则 ……………………………………………… 151
　　二、各年龄幼儿角色游戏特点与指导要点 ………………………………… 154
　　三、角色游戏指导过程 ……………………………………………………… 156
　　四、角色游戏活动案例呈现 ………………………………………………… 168
　综合实践活动 ……………………………………………………………………… 171

第六章　幼儿园结构游戏 …………………………………………………………… 173
　第一节　结构游戏概述 …………………………………………………………… 173
　　一、结构游戏的内涵 ………………………………………………………… 173
　　二、结构游戏的类型 ………………………………………………………… 174
　　三、结构游戏的构成因素 …………………………………………………… 175
　　四、结构游戏对幼儿发展的价值 …………………………………………… 176
　第二节　结构游戏组织与实施 …………………………………………………… 178
　　一、为结构游戏提供必要的物质条件 ……………………………………… 178
　　二、各年龄幼儿结构游戏的不同特点及指导要点 ………………………… 181
　　三、结构游戏指导过程 ……………………………………………………… 183
　　四、结构游戏活动案例呈现 ………………………………………………… 194
　综合实践活动 ……………………………………………………………………… 198

第七章　幼儿园表演游戏 …………………………………………………………… 200
　第一节　表演游戏概述 …………………………………………………………… 200
　　一、表演游戏的内涵 ………………………………………………………… 200
　　二、表演游戏的形式 ………………………………………………………… 202
　　三、表演游戏对幼儿发展的价值 …………………………………………… 204
　第二节　表演游戏组织与实施 …………………………………………………… 205
　　一、表演游戏组织与实施应遵循的原则 …………………………………… 205
　　二、各年龄幼儿表演游戏特点与指导要点 ………………………………… 208
　　三、表演游戏指导过程 ……………………………………………………… 209
　第三节　绘本阅读与幼儿戏剧教育 ……………………………………………… 217
　　一、幼儿戏剧教育强调过程体验 …………………………………………… 217
　　二、绘本阅读中的戏剧游戏 ………………………………………………… 218
　　三、绘本阅读中的戏剧元素统整 …………………………………………… 220
　　四、幼儿戏剧教学活动策略及流程 ………………………………………… 225
　综合实践活动 ……………………………………………………………………… 230

第八章　幼儿园区域活动 ... 231

第一节　区域活动概述 ... 231
一、区域活动的定义 ... 231
二、区域活动与游戏活动、集体教学活动的关系 ... 231
三、区域活动的特点 ... 232

第二节　区域活动的环境创设 ... 233
一、活动区域的规划与创设 ... 233
二、活动区域规划的基本原则 ... 239
三、活动区域材料的选择与投放 ... 242

第三节　区域活动的组织与指导 ... 244
一、区域活动前的准备 ... 244
二、区域活动过程中的组织与指导 ... 246
三、教师对区域活动的反思性评价 ... 249
四、区域活动案例呈现 ... 250

综合实践活动 ... 252

第九章　幼儿园户外游戏 ... 254

第一节　户外游戏概述 ... 254
一、户外游戏的内涵及特点 ... 254
二、户外游戏场地与区域设置 ... 255
三、户外游戏的分类 ... 259
四、户外游戏对幼儿发展的价值 ... 261

第二节　户外游戏组织与实施 ... 263
一、户外游戏组织与实施中存在的问题及分析 ... 263
二、开展户外游戏活动应遵循的原则 ... 268
三、户外游戏活动指导过程 ... 269
四、户外游戏的实践 ... 278

综合实践活动 ... 281

附录　游戏场地清单 ... 282

参考文献 ... 286

上篇　幼儿园游戏理论

在人类与动物"分道扬镳"的过程中，劳动起到了决定性的作用。对于原始人来说，劳动，作为一种谋生手段，是一种不得不为的负担；游戏，作为一种乐生手段，可谓是一种消遣（感性），同时包含着练习（知性），体现着追求（志性）。这两种基本活动由于彼此之间的互补性，在人类始初的发端期甚至是融为一体的。德国学者毕歇尔的考察研究表明：在原始部族那里，劳动其实是一种颇为模糊的现象，追溯其发展起点，无论是在形式上还是在内容上都接近于游戏。由此可见，游戏伴随人类的产生而产生，同人类发展的历史一样，游戏的发展史源远流长。伴随人类的发展进步，游戏也在不断变化与更新。

游戏不仅是一种消遣、一种练习、一种追求，也是人类心智、机体发展水平的反映，更是一种主动的社会文化现象，其内容与形式承载并反映着人类物质、精神生活的状况与社会文化发展的进程。但是，人类对于游戏进行系统研究的历史却并不久远。关于什么是游戏的问题学术界依然存在分歧，至今还没有确切的定义。由于研究层面有别、学科领域不同、文化背景差异，研究者对游戏的概念有着种种解释。然而，无论研究者从怎样的研究基础出发、持有怎样的学术观点，显而易见的是，游戏对于幼儿生长与发展的价值和贡献已普遍受到教育者、教育家和心理学家的高度关注，并将其广泛应用于教育实践之中。因此，了解和学习幼儿园游戏理论，有益于我们从不同层面去进一步思考幼儿园游戏的价值与意义，有效拓展我们认识游戏的视野以及理解、实践的深度和广度。

第一章 幼儿游戏理论

第一节 游戏与幼儿游戏

一、游戏及其概念

游戏从其产生,便具有旺盛的生命力,在人类发展历程中发挥着不可替代的功用,在儿童成长过程中,学前教育实践中占据着核心和基础地位。然而,对于游戏,人们至今没有达成共识的、具有普遍意义的科学定义,甚至没有形成便于使用和沟通的工具性定义。但要领会游戏的内涵,指导游戏实践,澄清游戏概念却是不可回避的问题。

荷兰文化史学家和语言学家约翰·赫伊津哈据希腊语、拉丁语、希伯莱语、汉语、日语、英语等数十种语言作词源学分析,试图分析、确定"游戏"这个词所表达的观念和含义。研究认为,游戏一词与"也适合儿童""跳跃""摇摆起伏""搏斗""操作器皿的技能""玩笑般地做某事"等意思有关,词义覆盖领域广泛,它包括幼儿的各种游戏行为,也包括成人的争斗、一对一打、挑战、放松、娱乐、打发时光或游逛、佯装假扮、舞蹈、祭祀等各种活动。这些词汇和语义表达了人类最基本的文化观念和活动的本质。游戏形态赋予社会生活以超越于生物本能的形式,表达出人类社会对生命和世界的诠释。[①] 游戏的基本含义是放松、娱乐的活动行为或表现。

刘焱教授在其著作中对词义演变做了较深入的考察。在现代英语中,游戏有"play"与"game"之分。"play"一词在日常生活中可被用于各个方面,当名词用,"play"作为一类行为的总称,包括的行为非常广泛,其包括的行为具有两个共同特征:一是不要求沉重的工作,二是使人得到愉快和满足。它也可作为动词使用。"game"主要指有规则的游戏,包括代代相传的民间游戏和竞技体育运动,如"丢手绢""石头剪刀布"、奥林匹克运动会等。

在古代汉语中,与英文"游戏"(play)相对应的词有"遊""戏""邀""嬉"等。

遊:"遊"是"游"的异体字。"游"字的含义多与水有关,而"遊"字才有闲暇、嬉戏的意思。古代两字有别,现代通用。

戏:"戏"的本义与军事有关,指中军之侧翼,但这种词义很少用,常见的是"戏

[①] 约翰·赫伊津哈.游戏的人[M].多人,译.杭州:中国美术学院出版社,1996:30-49.

耍"之意。凡是能使人开心、快乐的事物,均可称之为"戏"。

"戏"同"嬉","嬉"是"戏"的方言变体,所以"嬉""戏"二字常连用。"嬉戏"二字更接近于现代的"游戏"之意,尤其是"嬉"重在言笑游乐方面,其特征是自我娱乐。与"遊"相比,"嬉"往往带有贬义,会被看作是妨碍学业或事业而遭到排斥。

玩:"玩"在古代多作"玩赏"之解,不作"玩耍"解。"玩"通"弄",偏于"手动",是在手中摆弄的意思。如"弄琴""弄筝""弄笛"。由这种原义引申出一组相矛盾的意义:一种是由反复欣赏引申出专心致志地研究、探索的意思;另一种则是由反复欣赏引申出习以为常、不加注意的意思。

遨:"遨"亦作"敖",通"遊",即"游戏"。

游戏:战国时期的文献中已出现"游""戏"二字连用。二字连为一词,用于成年人生活时,往往带有贬义,被认为是一种会妨碍正经事的无益且有害的行为。这种用法偏重于"嬉"的原义,逐渐失去了"遊"作为学习的一种方式的积极方面的意义。但人们对孩童游戏的态度是宽容的。

"游戏"作为名词,它指一系列活动(行为)的总称;作为动词,它表示一种活动的状态。

综上所述,无论是从英文还是汉语来分析,游戏都有一个共同的特征,即表示了一种娱乐性与轻松性。其语义有着惊人的相似之处:第一,游戏的本义都是与动作或运动有关;第二,游戏活动不同于"工作",其特点是"逸",即轻松自在;第三,"游戏"一词都带有"无意义的"或"无价值的"等贬义。[①]

就游戏概念的现状而言,可以用这样一句话来描述:既熟悉又陌生。一方面,游戏是人们经常提及并普遍使用的词汇,而且人们似乎都知道所指是什么,但要确切表述时却有"知而不能言"之窘;另一方面,许多知名研究者在探讨游戏时,多会给出自己的定义或做出自己的评价,其结果是形成了事实上的概念多样化,使人颇有无所适从之感。

在有关研究中,比较有代表性的游戏表述有以下几种。

德国思想家弗里德里希·冯·席勒认为游戏是无目的的释放多余精力的活动。

德国教育家奥古斯特·福禄培尔认为游戏是儿童内部存在的自我活动的表现,是一切未来生活的萌芽。

德国生物学家、心理学家卡尔·格罗斯认为游戏是本能的练习活动,是为将来的生活做准备。

奥地利精神分析学派心理学家西格蒙德·弗洛伊德认为游戏是一种宣泄情感和情绪的活动。

美国教育家约翰·杜威认为游戏活动的意义在于游戏活动本身,而不是有意识地注意活动的结果。

[①] 刘焱.幼儿园游戏教学论[M].北京:中国社会出版社,1999:25-29.

荷兰文化史学家和语言学家约翰·赫伊津哈认为游戏是在某一固定时空中进行的自愿活动或事业,依照自觉接受并完全遵从的规则,有其自身的目标,并伴以紧张、愉悦的感受和"有别于""平常生活"的意识。这样定义的概念就能囊括所有动物、儿童和成人的"游戏",比如力量和技巧的游戏,发明、猜谜以及种种机遇,展示和表演的游戏,我们大胆地称"游戏"范畴是生活中最基本的范畴之一。[1]

瑞士心理学家让·皮亚杰认为游戏是个体把外界信息纳入原有认知图式的一种活动。

美国心理学家斯坦利·霍尔认为游戏是复演祖先的生活史,是遗传活动的表演,游戏是重复祖先的进化过程。

尽管在此列举的游戏概念是有限的,但基本可以反映出其概念的多样性。在上述关于游戏的概念中,有从哲学思辨的层面出发来定义游戏,也有从教育或心理视角来定义游戏,并且同一领域不同流派的研究者其定义也有所不同:有的着眼于游戏的本质,并从本质出发来诠释游戏;有的侧重于游戏的功能,并从功能出发来解释游戏;还有的是从游戏对于人的发展的作用来阐明游戏的概念。

导致游戏概念多样性的因素有很多,但主要原因有二。

根本原因是游戏自身的复杂性。首先,"游戏"是一类行为的总称,它包括的行为范围很广。各种游戏在游戏者主动控制的程度、主客体之间的关系以及动静态的性质上有较大的差距。一种定义可能比较适合这种游戏却不适合那种游戏。其次,游戏活动本身在性质上的多义性和矛盾性增加了对游戏定义的困难性。[2]

直接原因则在于研究者的出发点和研究角度的不同。有的定义强调游戏与人类生存的关系,以斯宾塞、霍尔、格罗斯为代表;有的定义关注游戏与认知发展的关系,以皮亚杰、维果斯基、布鲁纳为代表;有的定义侧重游戏的感觉运动过程;有的强调游戏与社会适应性;还有的强调游戏的情感因素,如弗洛伊德。这些研究者对游戏定义所做的努力大都集中在关注游戏本身是什么,以及游戏对游戏者意味着什么等方面。由于在普遍意义上缺乏相互的认同感,直接导致了游戏定义的多样性。

从积极意义上说,研究者从不同角度和出发点定义游戏不仅是可行的,而且是必须的。纵观游戏研究的历史,这些定义为我们认识、理解游戏提供了极具价值的线索。

二、幼儿游戏及其特征

哲学家、教育学家和心理学家对"什么是游戏"的追问,持续了两个世纪,却未能找到确切的具有普遍意义的答案。假如以同样的问题问问孩子们,答案却很清楚。

---

[1] 约翰·赫伊津哈.游戏的人[M].多人,译.杭州:中国美术学院出版社,1996:30.
[2] 刘焱.儿童游戏通论[M].北京:北京师范大学出版社,2004:142.

（一）幼儿游戏

幼儿园活动室的某个角落，几个幼儿在一起忙碌着，当你问他们："你们在干什么？"他们会说："在玩呀！""这有什么玩的？""哈哈，过家家可好玩了，可有意思了！"一位母亲问她的孩子："干什么去了？"回答是："在沙堆上掏洞。""不吃饭了？""玩忘了！"一位父亲问自己的儿子："告诉我'出去玩'是什么意思？"儿子说："就是在外面干一些很开心的不想回家的事情。"

可见，有意思、开心、好玩、不想回家、忘了吃饭……这些都是幼儿在从事追求内在目标的活动时的真实感受和体验，这是由直接的内在动机（内驱力）所策动的快乐活动。他们在这些质朴而纯粹的游戏里快乐嬉戏、自在成长。如此看来，关于"什么是游戏"的问题，从幼儿的回答中似乎可以达成一点共识：游戏是为了寻求快乐而自愿参加、自主进行的一种活动。当然，这仅仅是基于幼儿自身的快乐体验而对游戏所做的一般解释，而不是一个科学的定义。因为，幼儿游戏绝不是单纯获得快乐与开心，而是要通过亲身体验获得生命活动的意义。

《教育大辞典》对游戏的解释是："游戏是幼儿的基本活动，是适合幼儿年龄特点的一种有目的、有意识的，通过模仿和想象，反映周围现实生活的一种独特的社会性活动。"[①]《中国大百科全书·教育》中对游戏的定义是："儿童运用一定的知识和语言，借助各种物品，通过身体运动和心智活动，反映并探索周围世界的一种活动。"[②]《中国学前教育百科全书·教育理论卷》说："游戏是幼儿喜爱的、主动的活动，是幼儿反映现实生活的活动。"[③]

图1-1 游戏"过家家"

上述定义虽然在表述上有所不同，但还是较为全面、科学地厘清了游戏的实质。一方面强调了游戏的社会性，游戏受制于社会发展状况以及幼儿对社会生活经验的掌握和积累；另一方面肯定了游戏是现实生活的反映。

在此基础上，融入我们从幼儿那里所达成的关于游戏的共识，对游戏可作如下解释：游戏是幼儿自愿参加、自主进行的，通过身体运动和心智活动，反映现实生活的一种独特的社会性活动。

（二）幼儿游戏的基本特征

关于幼儿游戏的特征，国内外有许多很有见地的研究与论述，这些研究大多是从"人的活动"的角度切入的，从而得出"主体性""对象性""社会性""发展性"等游戏

---

① 顾明远.教育大辞典：第2卷[M].上海：上海教育出版社，1990：218.
② 中国大百科全书总编辑委员会.中国大百科全书：教育[M].北京：中国大百科全书出版社，2002：500.
③ 卢乐山，林崇德，王德胜.中国学前教育百科全书：教育理论卷[M].沈阳：沈阳出版社，1995：137.

的一般特征。然而,从人的发展过程来看,游戏是幼儿处于自然发展过程中的自然现象,其意义应该是一种纯粹的、自然的自我表现。在幼儿游戏的发起、进行和结果,以及游戏规则和材料中无不体现着特殊性。具体而言,幼儿游戏具有如下几个方面的基本特征。

(1)游戏的发起是自发自主的。游戏的发起是幼儿自发的行为,是幼儿的天性使然,没有任何外力的强加。幼儿可以根据自己的兴趣与愿望来决定玩什么、怎么玩,而不是成人规定幼儿必须做什么。换言之,被迫的游戏就不再是游戏了。就像一些幼儿在教师组织的游戏活动结束后所发出的欢呼:"噢!老师的游戏玩完了,该玩我们自己的游戏喽!"可以说,这种游戏活动只能算作是对游戏的强制模拟,或者说是教师单方面根据教学需要而采取的一种被冠以"游戏"的教学形式,而不是真正意义上的游戏。真正的游戏应该允许幼儿有事实上的自由选择和相应的物质条件,也就是体现游戏的"自主性"。在没有任何外力的干预下,幼儿自由确定内容、重新组合玩法、选择操作材料、创新规则、迅速地转换角色等,这些"真实"表现正像约翰·赫伊津哈所说:"只有在游戏创造的快乐成为一种必需、并达到某程度时,对游戏的需要才变得急切。"[①]

(2)游戏的过程是自娱自乐的。幼儿与环境、条件的相互作用是游戏过程的基本形式,它与平日真实的生活有不同之处。人们经常会看到这样的场面:幼儿趴在地上"汪汪"地叫,然后用鼻子到处嗅东西;或者一个幼儿抱着布娃娃轻拍、哼唱、盖被;或者几个幼儿在忙碌,"妈妈"做饭,"爸爸"看报纸,"孩子"在收拾餐桌;等等。幼儿将一些日常生活中观察到的情景、事物或听到的一些话,经过回忆、重整和幻想,在游戏中表现出来。这些游戏可以是简单、个别的假想动作,也可以发展成复杂、有连贯性的活动。幼儿在幻想中,满足他们在真实世界中得不到的需要和愿望,实践他们在日常生活中不可能扮演的角色。幼儿在游戏中知道自己是"假装的""只是玩玩",幼儿在扮演医生给"病人"打针,看到扮演"病人"的幼儿不愿意打针时会说:"你别害怕,我只是假装给你打。"幼儿在完全属于自己的一片天空里感受、发现和创新,其心情是愉快喜悦的,体验是充分与强烈的。

在特定的,自由、安全的游戏氛围中,一方面幼儿在游戏中直接体验着快乐,他们在游戏中认真地装扮,把自己想象成生活中真实的角色,真切地重现和体验成人生活中的经验与情感,又不受现实生活中诸如工具、技能、动作的限制,并用游戏的方式来处理那些超出自身能力的事,以实现在现实生活中不能实现的愿望而得到心理上的满足;另一方面幼儿在游戏中

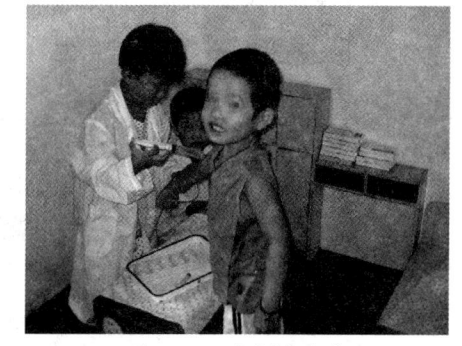

图1-2 游戏"打针"

---

① 约翰·赫伊津哈:游戏的人[M].多人,译.杭州:中国美术学院出版社,1996:9.

间接释放着情绪,他们知道自己所进行的活动是"假装的""只是玩玩",因而会在游戏中去重复某种经历过的焦虑和内心冲突,或者予以宣泄,或者转嫁他人(物),以达到心理上的自我慰藉,比如"医生"给"病人"打针。也就是说,在没有成人的监视或干预之下,幼儿会借助游戏来消除生活中的某种紧张情绪或不愉快。即便是没有完全消除,也会达到有效释放、减轻紧张状态的效果。幼儿就是用自己的这种特有方式"沉醉着""痴迷着",展示着生活,展示着自我,以达到情感上的自我娱乐与心理满足。

(3)游戏规则的遵守是自觉自愿的。游戏的规则是用来协调、规范游戏者之间的行为准则,不同于实际生活中成人强加给幼儿的行为准则。游戏规则是由幼儿自己制定的,或者是心甘情愿接受的。为了使游戏得以顺利进行,幼儿会严格遵守游戏规则,并使之在紧张而有序的氛围中延续,这是一种积极的、有效的自我约束与限制。例如,在"捉迷藏"游戏中,如果首先被发现的幼儿暴露其他躲藏人的位置,这种行为一旦被某一躲藏者发现,那么,游戏也就无法继续下去了,这是因为有人触犯了约定的游戏规则,其"出卖行为"(无论是有意地还是无意地)会遭到躲藏者集体的指责和抗议。也就是说,游戏规则一旦被破坏,游戏也就崩溃了,而破坏游戏的人就会被视为"败兴"的人。因而,幼儿在游戏中会自行商议、自觉维护所约定的规则,对违规者,虽然还不具备做出恰当的惩罚措施的能力,但会用不同的方式来表明自己的态度和不满,使游戏具有"严肃性"。就是在这种"规则面前人人平等"的严肃"纪律"的过程中,使得游戏过程有了诱人与愉悦的因素,幼儿才会对规则加以自觉遵守与维护。

(4)游戏材料的操作是自由自在的。游戏环境和材料是幼儿游戏的"支柱",同时接受着幼儿的选择,只有被幼儿选择和认定了的,才能成为游戏中的信息"载体"。幼儿在同一场景下,对同一内容的游戏都会玩出新花样,其中较为有效的因素就是游戏材料。材料在幼儿的摆弄下,可以是"这个",也可以是"那个",游戏者会根据具体情况不断变化与翻新。但是,经过一段时间后,游戏可能会出现"停滞"现象,而这种停滞只是暂时的,他们会从"旧"的游戏结构中不断挖掘新因素使游戏复活。因为借助于游戏材料,幼儿思维摆脱了"知觉情景"的束缚,进入了时空关系更为广阔的表征思维领域,这也就是游戏能经久持续、不断重复的原因。在这种持续性的迁移过程中,幼儿的动作水平得以发展,经验不断积累,语词表达越来越概括,可以用做游戏替代物的范围逐步扩大,从只注意对现有材料的操作到游戏材料开始多样化,操作也更加复杂化,游戏逐步呈现出更加自如和自然的状态。

(5)游戏结果是让幼儿自信自豪的。游戏的结果是相对于游戏目的而言的。游戏不是没有目的,而是没有游戏以外的目的。为了达到目的,幼儿在游戏中会全力以赴或想出更多的应对方法。也就是说,幼儿在游戏中不是不追求结果,而是不追求游戏以外的结果。游戏对于幼儿不仅仅是"好玩",更重要的是幼儿在游戏中可以得到影响与控制游戏材料的体验,建立自信心。当幼儿在游戏中以自己的行动对物体或他人产生影响时,或在游戏中以自己的方式处理和解决遇到的问题时,会感到自己是有能力的人,会获得成功的喜悦,体验到克服困难、达到目的的快乐,这一切可以使幼儿自我实现的需要获得满足。同时,游戏要获得成功,也需要团结协作、遵守规则、勇敢坚定和自信等,幼儿在互动中不断演绎着"社会"行为准则,不断获得他人的认同,从而推进个体的社会化的进程。

幼儿游戏的内容反映着社会现实,但他们不是全盘照搬,而是在此基础上不断加工创造,使游戏符合生活,又高于生活,因而丰富的社会实践和生活体验是游戏的重要条件。同时,集体游戏要求个体与个体融洽相处,共同合作完成一个目标。这可以使不爱说话或较为被动的幼儿在游戏中找到乐趣,帮助害羞的幼儿开放自己,使较活泼、进取或想象力丰富的幼儿发挥领导才能,使幼儿在交往活动中遵循着社会行为准则,在个体间彼此相互影响和关照下,促进个体的社会性发展。

图1-3 游戏"食品摊"

以上表述中,强调这么多的"自"——自然、自发自主、自娱自乐、自觉自愿、自由自在、自信自豪等,不是为了追求词语或行文上的工整,而是要说明游戏中不仅有生物因素的意义,还有社会因素的意义,更有发挥幼儿作为主体作用的意义。当然,强调游戏的自然、自主、自由,并非不要支持与引导,而是在游戏过程中凸显教育支持与引导的有效性。幼儿园教育就"是要抓住儿童的自然冲动与本能,利用它们使儿童的理解力和判断力提到更高的水平,使之养成更有效率的习惯;使他的自觉性得以扩大和加深,对行动能力的控制得以增长。如果不能达成这种结果,游戏就会成为单纯的娱乐,而不能导致有教育意义的生长"[①]。所以,幼儿园教育要允许幼儿的"自然发展",在幼儿乐于的游戏中、并利用游戏手段为幼儿提供学习支持,促进幼儿发展。

第二节 游戏理论简介

幼儿游戏是人类繁衍与文化传承历程的缩影。作为一种复杂而普遍的社会现象,古往今来的许多学者从发生学、生物学、心理学、教育学、社会学、文化学等学科领域对游戏进行探究,并试图从游戏与生物进化、心智发展、成长教育、社会文化的关系

[①] 周采,杨汉麟.外国学前教育史[M].北京:北京师范大学出版社,1999:293.

等不同的角度和层面上来追问人类的游戏及其本质。

一、经典游戏理论

19世纪到20世纪初,是幼儿游戏研究的初兴阶段。在这一阶段出现了最早的一批游戏理论,这些理论被称为经典的游戏理论。

(一)剩余精力(精力过剩)说

剩余精力说认为,游戏是机体的基本生存需要满足之后,仍有富余精力的产物,即精力过剩。换言之,游戏的动力来自于机体的剩余精力。这是剩余精力说的基本思想。这一学说的代表人物是德国诗人、哲学家席勒(J. C. F. Schiller)和英国社会学家、心理学家斯宾塞(H. Spencer)。所以,剩余精力说亦称为席勒-斯宾塞说。但两人的思想并不完全相同。

席勒从人的自由以及哲学范畴来看游戏的本质,把游戏理解为一种自由的状态。在美学研究过程中,他发现愉悦是审美和游戏活动的共同特征。在他看来,人在审美和游戏中,通过释放剩余精力获得愉悦的体验,二者的区别在于,审美活动是一种有目的的释放,而游戏是一种无目的的消耗。其主要观点是:除了维持正常的生活与生存,动物和人类的精力还有剩余,过剩的精力必须寻找方法或途径去消耗它,而游戏是释放剩余精力的最佳方式。剩余精力越多,游戏就越多。儿童游戏多,是由于剩余精力多,而用于生存的精力少。儿童只有通过游戏来释放和发泄过剩的精力来保持生理-心理能量的平衡,从而获得一种愉悦的情绪体验。

席勒(1759—1805)

如果说,席勒的观点源自哲学思辨,那么,斯宾塞则把游戏置于生物进化领域,发展了这一学说。

斯宾塞认为,游戏活动的生理基础是由于身体和心理的活动,使神经细胞受到损伤,这些细胞的修复需要一个过程,叫静止期。他试图说明游戏的神经生理机制,是由于身体和心理的活动而使神经细胞受损,这些受损的细胞要得到恢复和休息,从而为机体的再度活跃做好准备。由于重新获得能量的神经细胞对刺激特别敏感,其结果导致一种几乎不能控制的要求活动的愿望。所以,游戏就是由处于静止期的、得到修复的或重新活跃的神经细胞所激起的"多余的"活动,是剩余精力发泄的产物。也就是说,人除了生存之外,有多余的精力、时间来从事与生存无关的、非功利性的活动。就儿童而言,儿童不需要像成人那样去从事有关生存的或具有实际意义的各种活动,然而,在剩余精力驱使下,儿童开始进行不具有任何实际意义但与成人生存或具有实际意义活动相似的活动,这便是游戏。

(二)生活预备(前练习)说

生活预备说亦称前练习说,这一学说是由德国学者格罗斯(K. Groos)提出的。格罗斯认为,游戏是对不完善、不成熟的本能行为的预备性练习,是对未来生活的一种无意识的准备,游戏具有生物适应的机能。小动物进行游戏是因为在游戏中能够获得一定的生存技能,游戏过程本身是小动物适应未来生活的练习过程。在他看来,小猫戏球是捕鼠的练习,小狗嬉咬是为其将来的生存争斗所做的练习。他提出的这一学说主要基于两点:其一,游戏是一种练习本能的普遍冲动,是对未来生活活动的模仿,而且游戏与模仿紧密地联系在一起。在游戏中,通过模仿使成年生活所必须具备的、以本能为基础的能力得到锻炼,并使之趋于完善。所以,游戏就是学习或练习,就是为未来生活所做的准备。例如,男孩子玩打鱼的游戏是将来谋生、养家的准备,女孩子玩玩具娃娃(过家家)是将来养育子女的准备。其二,游戏是动物幼稚期特有的现象,而且游戏期的长短与动物在种系中所处的地位有关。低等动物无幼稚期,其本能行为不学而能,生来就是成熟的,所以不需要游戏。游戏的发生仅限于高等动物,因为高等动物出生后有关机能不完善、本能行为不成熟,有一个相对较长的幼稚期,需要游戏,即成长过程。该学说表明,有机体越复杂,幼稚期就越长,为了生存,有机体必须在幼稚期去本能地练习、实践成年期所需的谋生的基本技能。

(三)复演(种族复演)论

复演论的代表人物是美国心理学家霍尔(G. Stanley Hall)。其主要观点是:游戏实际是对祖先生活的回忆,是早期种族活动的遗迹。霍尔认为,在游戏中,每个词和每个动作都是由遗传得到的本能,儿童复演我们祖先的活动,回溯我们不知道有多远的过去,用概括的、简约的方式重复他们的活动,所以我们一个阶段接着一个阶段重演他们的生活。霍尔把儿童发展过程分为动物阶段、原始阶段、游牧阶段、农业家族制阶段、部落阶段等五个阶段。游戏就是不同年龄段的儿童复演人类祖先不同形式的各种活动,这种复演涵盖了人类进化到现代人的各个发展阶段,而且游戏中儿童所有的态度和动作都是遗传下来的。

在霍尔看来,我们可以在儿童游戏行为及其表现上找到或发现与之对应的每个阶段。例如,爬树、摇树是演绎处于动物阶段的人类祖先在树上的活动;而玩搭房子、用铲子铲东西的游戏则是复演处于农业家族制阶段的人类祖先的生活活动;等等。也就是说,儿童现在的游戏就是我们祖先过去的"工作"。原始人的打猎、追逐等活动构成了儿童游戏的基本结构和内容。所以,儿童一个阶段接着一个阶段地重演着先民的生活,并且伴随着每一次的复演。一方面,"游戏的结构与内容"得到完善与丰富;另一方面,复演的本质作用得到发挥,即个体通过复演来摆脱这种原始的本能或本能动作。换言之,儿童就是要

霍尔(1844—1924)

在这种复演(游戏)过程中彻底根除"史前状态的动物残余",为其成为一个具有文明行为的人奠定基础,为进入人类复杂的社会做必要准备。

(四)松弛(娱乐)说

与精力过剩说相反的主张是德国哲学家拉扎鲁斯(M. Lazarus)所提出的松弛说,

其主要观点是:人之所以游戏并不是因为精力的剩余与发泄,而是因为"缺乏"或"不足",是松弛或恢复精力的方式。拉扎鲁斯认为,艰苦的劳动使人身心两方面都精疲力竭,这种疲劳需要休息和睡眠才能得以解除,要想得到充分的休息与睡眠,首先要有效解除身心的紧张状态。如此,游戏便产生了。在他看来,游戏就是一种松弛的娱乐活动,它可以让个体的紧张状态得到有效释放,疲惫的身体得到缓解和放松,在游戏过程中使消耗的能量得到补充或恢复。

美国教育家、心理学家柏屈克(G. T. W. Patrick)对拉扎鲁斯的观点有所补充与发展。柏屈克以为,游戏是为了减轻心理疲累而产生的,其主要功用是休闲。他认为儿童生来就是"游戏的动物",游戏是童年期自发的、以本能为基础的活动。由于儿童的心理能力尚未得到很好的发展,儿童所做的、能够做的只有游戏,因而游戏是儿童自然的、积极的生活。

(五)成熟说

成熟说的代表人物是荷兰生物学家、心理学家拜敦代克(F. Buytendijk)。他认为,游戏是儿童操作某些物品以进行活动,不是单纯的一种机能,而是幼稚动力的一般特点表现。如运动的目标不明确,冲动、好动,对周围环境有直接的激情。游戏不是本能,而是一般欲望的表现。引起游戏的欲望有三种:排除环境障碍获得自由,发展个体主动性的欲望;适应环境与环境一致的欲望;重复练习的欲望。游戏的特点与童年的情绪性、模仿性、易变性、幼稚性相近。由于有童年,才会有游戏。这是一种根据心理动力理论所建构的游戏理论。

经典游戏理论由于受达尔文生物进化理论的影响,早期游戏研究多是从生物学科出发,以哲学思辨的方式得出研究结论。虽然在研究指导思想上忽视了游戏的社会性、文化性,研究过程缺乏可靠的科学实验依据等,但是,这些理论学说或多或少地解释或说明了人们看到的、感到困惑的但又无从诠释的游戏现象。

表1-1 经典游戏理论代表人物及其主要观点一览

游戏理论	代表人物	主要观点
精力过剩论（剩余精力说）	席勒(J. C. F. Schiller) 斯宾塞(H. Spencer)	游戏是由于机体内剩余的精力需要发泄而产生
前练习论（生活预备说）	格罗斯(K. Groos)	游戏是对未来生活的一种无意识的准备,是为成熟而做的预备性练习
复演论（种族复演说）	霍尔(G. Stanley Hall)	游戏是远古时代人类祖先的生活特征在儿童身上的重演
娱乐论（松弛说）	拉扎鲁斯(M. Lazarus)	游戏不是精力发泄,而是松弛或恢复精力的一种方式
心理动力论（成熟说）	拜敦代克(F. Buytendijk)	游戏不是本能,是幼稚欲望的表现

二、现代游戏理论

(一)以弗洛伊德为代表的精神分析学派游戏理论

精神分析学派是现代西方心理学流派中研究游戏问题较多的一个学派,20世纪上半叶,精神分析理论在幼儿游戏研究中占据主导地位,其游戏理论对游戏实践及其他游戏研究的影响也十分广泛。精神分析学派的代表人物是奥地利著名精神病学家、精神分析学派的创始人弗洛伊德(S. Freud),他的游戏理论奠定并代表了精神分析学派关于游戏的基本观点。

弗洛伊德认为,驱使儿童游戏的是"唯乐原则",是受压抑的敌意冲动需要得到发泄所致。也就是说,儿童之所以游戏就是为了在游戏中寻求快乐、发泄不满。这种认识源于他的人格构成学说。人格由本我、自我与超我三个部分组成。这一结构的假设是弗洛伊德对其早期提出的无意识、下意识或前意识、意识三大系统假说的修正。他认为,本我、自我和超我是在意识、无意识活动的机制下,在"力比多"发展的关系中形成的。

本我是一个最原始的无意识结构,是由遗传的本能、习得的欲望组成的,并与肉体联系着,肉体是它的能量源泉。本我中充满着本能、欲望的强烈冲动,力图很快地得到满足。倘若这种满足稍有迟缓,个体便会感到烦扰和懊恼,其结果不是这种原动力消失或弱化,而是企图满足的要求更加迫切。本我是一种与生俱来的动物性的本能冲动,是混乱的、毫无理性的,只知按照快乐原则行事,盲目地追求满足。然而,愿望满足只能暂时地降低或缓解紧张状态,而非真正地满足肉体需求。为了使真正的满足成为可能,人格的另一结构必须发展,那就是自我。

自我,是人格结构的中间层,处于本我和外部世界之间,是本我与外部世界的联络者,自我是从本我中分化出来的一部分。与本我不同的是,自我根据外部世界的需求来行事,并调节着外部世界与本我之间所存在的冲突。自我的存在是为了使个体与能真正满足他需要的经验发生联系。自我所具有的心理能量大部分消耗在对本我的非理性冲动的压抑和排除上,并建立起各种防御机制来应对本我。一方面,自我可以压抑本我的一些不合理欲望;另一方面,它又可以通过一系列防御机制让有些本我的欲望得以表现。它按照"现实原则"行动,既要获得满足,又要避免痛苦。

超我,是人格道德的维护者,即能进行自我批判和道德控制的理想化的自我,它是儿童生长发育过程中,在社会尤其是父母给他的赏罚活动中形成的。它主要包括两个方面:一方面是平常人们所说的良心,代表着社会道德对个人的惩罚和规范作用;另一方面是理想自我,确定道德行为的标准。超我的主要职责是指导自我以道德良心自居,去限制、压抑本我的本能冲动,按至善原则行动。正是人格中的超我这一结构,使人按照价值观

弗洛伊德(1856—1939)

念和各自的理想行事。由于超我的出现，自我的职能变得更加复杂，它不仅要有选择地满足本我的需要，而且还必须考虑这种满足不能违背超我的价值观。

本我、自我和超我者之间最基本的关系是：本我和超我在要求上是矛盾的、对立的，而这两者之间需要一个平衡机制，这就是自我，自我的建立就是调节和平衡本我与超我二者之间的矛盾和冲突的。

在某种程度上，自我调节和平衡本我与超我之间的矛盾和冲突的机制是在游戏中获得的。因为游戏是部分与现实分离的，它使自我能自由地调节本我和超我的要求，以消除二者之间的矛盾与冲突。根据这一人格构成理论，弗洛伊德从儿童游戏入手，提出了自己的观点。

弗洛伊德认为，儿童"所有的游戏都是受到一种愿望的影响，这种愿望始终支配着他们，那就是快快长成大人，以便能做大人所做的事情"[①]。在弗洛伊德看来，儿童具有成年人的各种欲望，但他们不具备成年人有效地满足这些欲望的能力。因此，儿童的最大愿望就是快快长大，以便使自己能够像大人一样去实现自己的生活或满足自己的欲望。在现实生活中，儿童的许多欲望是不可能实现的，儿童就通过游戏来满足这种欲望，他们在游戏中模仿成年人的生活，其实是想通过这种既为自身能力也为社会所认可的方式来替代性地满足自己的欲望。对于儿童来说，通过虚拟活动获得现实欲望的替代满足的动机是不自觉的，即潜意识的。在显意识的层面上，儿童通常是出于快感体验的动机而游戏的。这正如弗洛伊德所说："各种理论力图发现引起儿童做游戏的动机，但是它们却没有把经济的动机、即对做游戏而产生愉快的考虑放在突出的重要地位。"[②]在弗洛伊德眼中，快感体验动机在儿童游戏的动机中是占有重要地位的。

在现实生活中，游戏并非总与"快感体验"联系在一起。例如，幼儿都有在医院打针的经历，打针对他们而言是一种疼痛的、可怕的、痛苦的体验，按照"唯乐原则"，幼儿应当极力避免这种不愉快或尽快忘掉这种痛苦的体验，然而事情却恰恰相反，因为幼儿会把自己的这种体验变成游戏，将护士施加在自己身上的行为施加到某一玩具娃娃、动物或小伙伴身上。对幼儿这类非"快感体验"的游戏，弗洛伊德的解释是，由于幼儿"自我"的结构还不够完善，心理的防御机能没有得到充分发展，也不能有效地抵御外界环境的伤害，当幼儿遇到无法忍受的事件时，"自我"往往会被挫败。对此，"自我"为了使无法忍受的事件变成能够忍受的事件，就需要努力地掌握或适应环境，以使"自我"逐渐掌握创伤事件。这种掌握只有通过"强迫重复"才能实现，它实际上是"唯乐原则"的另一种表现形式，即在游戏活动过程中，幼儿通过强迫重复，可以再现难以忍受的体验，或抒发情感，或缓解紧张情绪，或减少忧虑，以发展"自我"的力量来应对现实。所以，弗洛伊德认为，游戏的对立面是现实，而非严肃的工作。而且，幼

---

① 弗洛伊德. 弗洛伊德后期著作选[M]. 林尘，张唤民，陈伟奇，译. 上海：上海译文出版社，1986：15.
② 弗洛伊德. 弗洛伊德后期著作选[M]. 林尘，张唤民，陈伟奇，译. 上海：上海译文出版社，1986：11.

儿通过游戏自由表现自己愿望的时期是短暂的,随着"自我"的发展,当逻辑思维出现后,游戏就消失了,取而代之的是幽默、滑稽或创造性的艺术活动。需要特别关注的是,这种"自我"的发展与实现在某种程度上是在游戏过程中获得的,因此,游戏对儿童人格的正常发展具有重要作用。

综合弗洛伊德关于儿童游戏的论述,其主要观点可概括为:唯乐原则驱使儿童游戏,游戏是敌意冲动的宣泄,并使儿童在现实生活中不能实现的冲动与欲望在游戏中得到补偿。从这个层面上讲,游戏是儿童借助想象来满足自身欲望的虚拟活动,并且是短暂的。

事实上,弗洛伊德关于游戏的论述在其著作中所载的篇幅并不大,可以说只有很少的一部分,但他却奠定了精神分析学派关于幼儿游戏理论的基础,而且影响非常广泛。埃里克森、蒙尼格等人只是在他的思想基础上进一步丰富、充实和拓展了弗洛伊德的某一游戏观点,并使其系统化。如果说埃里克森从积极的方面发展了弗洛伊德关于"掌握"的思想,那么蒙尼格则从消极的"宣泄"方面发展了弗洛伊德的思想(见表1-2)。

表1-2　精神分析学派游戏理论的代表人物及其主要观点

游戏理论	代表人物	主要观点
弗洛伊德游戏观（补偿说）	弗洛伊德(S. Freud)	唯乐原则驱使游戏;游戏是补偿现实生活中不能满足的愿望和克服创伤性事件的手段
角色扮演模式理论	伯勒(L. E. Peller)	游戏受个体的情感驱力支配
掌握理论	埃里克森(E. H. Erikson)	游戏协调自我的发展
宣泄理论	蒙尼格(K. Menninger)	游戏是攻击性驱力的宣泄

(二)以皮亚杰为代表的认知发展学派游戏理论

让·皮亚杰(Jean Piaget),瑞士心理学家,发生认识论创始人,他开辟了心理学研究的新途径,对当代西方心理学的发展和教育改革产生了重大影响。皮亚杰的游戏理论是其认知发展理论的重要组成部分。

1. 游戏的实质就是同化超过了顺应

同化与顺应是皮亚杰用于解释儿童图式①的发展或智力发展的两个基本过程。皮亚杰认为,同化就是外界因素整合于一个正在形成或已形成的结构,就是主体把环境因素纳入已有的图式或结构之中,以加强和丰富自己的动作。换言之,同化意味着接纳与整合,主体用自己已有的动作图式去整合外部事物,从而加强和丰富自己的动

---

① 皮亚杰认知发展理论涉及图式、同化、顺应和平衡四个概念。图式是思维的基本单元,是动作的结构和组织,这些动作在相同或类似环境中由于不断重复而得到迁移或概括。图式最初来自先天遗传,以后在适应环境的过程中不断得到改变和丰富。即在已有图式基础上经过同化、顺应、平衡不断建构出新的图式。

作。例如，学会抓握的婴儿看见床上的玩具，会反复用抓握的动作去获取玩具。当他独自一个人，而玩具又在其看得见、手触及不到的位置时，他仍然用抓握的动作试图得到玩具，这一动作过程就是同化，即婴儿用以前的经验来对待新的情境（远处的玩具）。顺应是指"同化性的格式或结构受到它所同化的元素的影响而发生的改变"，即主体改变认知结构以处理新的信息（本质上是改变已有的经验以适应新情况）。这实际上是概念的转变，是主体改变自己的原有动作图式以适应环境的变化。例如，上面提到的婴儿为了得到远处的玩具会反复抓握动作，但仍未得到，偶然地，他抓到床单一拉，玩具从远处来到他能够触及的地方，这一动作过程就是顺应。

游戏是儿童智力活动的重要内容。依据皮亚杰的观点，智力就是适应，适应是同化和顺应的平衡，那么游戏就是儿童早期发展不平衡的表现。这是因为儿童早期认知结构发展还不成熟，所以不能保持同化和顺应之间的平衡。这种不平衡有两种情况：一种是，当顺应作用大于同化作用时，表现为主体忠实地重复范型（人或物的）动作，呈现模仿特征；另一种是，当同化作用大于顺应作用时，主体完全不考虑事物的客观特性，只是为了满足自我的愿望和需要去改变现实，这一现象呈现出游戏特征。可见，儿童进行的活动是模仿还是游戏，取决于同化和顺应在活动中所占比例的大小。

皮亚杰(1896—1980)

皮亚杰从认知发展的角度阐明，游戏的简单定义就是一种单纯的同化活动——为了掌握技能和德行的欢乐而重复一个行为或图式；游戏的实质在于同化超过了顺应，游戏的发展阶段和智力的发展阶段是同步的。

2. 儿童游戏的发展阶段及类型

儿童游戏与其认知发展水平是一致的，不同的游戏在心理结构上有其各自的特点，代表着儿童不同发展阶段的认知水平。根据儿童认知发展阶段及儿童游戏表现，皮亚杰把儿童游戏的发展分为以下三个阶段。

第一阶段：练习性游戏。

练习性游戏阶段，即儿童认知发展的感知运动阶段（0—2岁）。新生儿时期，婴儿能够做的就是吸吮、哭闹、视听等反射性动作，他们主要依靠与周围环境的感觉运动接触来认识世界，通过感觉和知觉动作来适应外部环境。这一阶段的婴儿形成了动作图式的认知结构。随着大脑、机体的机能发展，在与环境的相互作用中，婴儿逐渐形成了随意的、有组织的活动和练习性游戏。

皮亚杰通过长期、系统地观察研究，提出了儿童游戏发生与发展的过程，并把游戏在感知运动活动时期的发生与发展过程划分为六个分阶段（参见表1－3）。

表1-3 游戏在感知运动活动时期的发生、发展[①]

年龄	智力	模仿	游戏 发展水平	游戏 例子
0—1个月	反射练习期	无模仿	无游戏	
2—4或5个月	初级循环反应	偶发的、单个的模仿	游戏发生	头往后仰,从新的位置看熟悉的东西。过一两天,重复这种活动,但增加了快乐的表情,咯咯地笑
4或5—9个月	2级循环反应(有目的的动作形成期)	只能模仿看得见的动作	保持"有趣的情景"	反复地去碰玩具,让它发出声响
9或10—11或12个月	2级图式的协调(把已有的图式运用到新的情景中去)	对已学会的、但看不见的动作的模仿	仪式化现象	握着枕头一角、吮花边。侧着身体躺下,闭上眼睛吮手指
11或12—18个月	3级循环反应(为了看到结果而行动)	对新范型的模仿	嬉戏性行为的偶然的结合	洗澡,手从头发上滑下来,击到水面上,马上重复这个动作,并变化着位置和高度
18—24个月	思维的发生	延迟模仿	象征性图式	抓住大衣领子,侧着身体躺下,闭眼,吮手指

事实上练习性游戏也不是该阶段所特有的现象,它将伴随整个儿童期,只要有新的机能需要掌握,就会有练习性游戏存在。当然,伴随语言以及其他游戏形式的出现,需要通过练习性游戏来掌握的新东西会越来越少,练习性游戏也会有不同的发展趋向:一是由于表征的增加而变成象征性游戏;二是向社会化方向发展,趋向规则游戏;三是向真正的适应发展,变成严肃的工作。

练习性游戏是在感知运动水平上出现的游戏,是对各种动作的简单重复与再现,可以说这是儿童最初的一种游戏形式。儿童主要是通过身体动作、摆弄和操作具体事物来进行游戏的,其特点是"机能性快乐"是游戏的驱动力,即游戏动作本身是动力。

第二阶段:象征性游戏。

象征性游戏阶段亦即前运算阶段(2—7岁),是儿童表象和形象思维的发展阶段,各种感觉运动图式开始内化为表象或形象图式,特别是由于语言的出现和发展,促使儿童日益频繁地运用表象符号来代替外界事物,重视外部活动,表明儿童表象性思维形成。儿童凭借这种表象思维,就可以进行各种象征性游戏、延缓性模仿以及绘画、手工活动等。如玩"过家家"游戏,以某种东西作为食物,模仿自己想起来的过去

[①] 刘焱.皮亚杰的认知发展的游戏理论[M]//黄人颂.学前教育学参考资料:下册.北京:人民教育出版社,1991:300.

的事情。所以,这一阶段又称为表象思维阶段。在本阶段,儿童动作的内化具有重要意义。为说明这一观点,皮亚杰举过一个例子:有一次,皮亚杰带着3岁的女儿去探望一个朋友,这位朋友家里有一个1岁多的小男孩,正放在婴儿围栏里独自嬉玩。嬉玩过程中小男孩突然跌倒在地,紧接着便愤怒而大声地哭叫起来。当时皮亚杰的女儿惊奇地看着这一情景,口中喃喃有声。三天后,在自己的家中,皮亚杰发现3岁的女儿似乎照着那个小男孩的模样,不断重复跌倒的动作,但她没有像小男孩那样因跌倒而愤怒啼哭,而是咯咯发笑,以一种愉快的心境体验着她在三天前所见过的"游戏"的乐趣。皮亚杰指出,三天前那个小男孩跌倒的动作显然已经内化到女儿的头脑中去了。儿童通过假装、假扮和幻想来表现内心的一些想法,构建出更复杂的社会性或戏剧性游戏。这种游戏可以完全出自想象,与周围的物品或人物无关,而且可以由几个游戏者共同进行。

在象征性游戏(延缓性模仿)过程中,儿童主要运用符号(包括语言符号和象征符号)的象征功能和替代作用,在头脑中将事物和动作内化。而内化事物和动作并不是把事物和动作简单地全部复制下来而形成一个副本,内化事实上是把感觉运动所经历的东西在大脑中进行再建构,舍弃无关的内容而形成表象。如皮亚杰女儿所做的重复跌倒的动作过程本身是游戏,而非跌倒后的愤怒体验。所以,内化的动作是思想上的动作而不是具体的躯体动作。儿童之所以会花费大量的时间与精力去进行象征性游戏,是与该阶段儿童的思维发展紧密联系的。这也正是象征性游戏与练习性游戏的不同之处,即表象思维,符号的象征性功能和替代意识参与到游戏中去了。

正是语言和表象的出现,以及行走能力的发展,大大扩展了儿童活动的空间和与环境交互的范围,使其获得了一定的直接和间接的经验,他可以理解故事中关于过去的事情和远方的事情。如很久很久以前、从前有个老公公、在很远很远的地方等。这些经验的内化极大地丰富了儿童的游戏内容及游戏的复杂性。

具体而言,象征性游戏的发展经历了前概念思维和直觉思维两个分阶段。

(1)前概念思维阶段(2—4岁)。象征性游戏开始大量出现,并达到高峰期。游戏时,儿童会将小木凳当汽车,用竹竿做马,木凳和竹竿是符号,而汽车和马则是符号象征的东西。就是说,游戏中的儿童已能够将这二者联系起来,凭借符号对客观事物加以象征化。可见,自我模仿或模仿他人、以物代物等现象,成为该阶段儿童游戏的显著特点。

(2)直觉思维阶段(4—7岁)。在这一阶段,由于儿童对现实的进一步顺应,象征性游戏从前一阶段的高峰期开始下降,但下降不意味着游戏数量的减少或儿童对它们不感兴趣了,而是儿童的思维发展越来越趋于现实,象征丢失了其嬉戏性的歪曲的特征,而逐渐接近于对现实的模仿性的表征。本阶段有三个与前一阶段不同的游戏特点。

第一,象征的联合秩序性和连贯性增强了。

第二,逼真地、准确地模拟现实的要求增强了。

第三,出现了集体的象征。集体的象征的出现是思维的逻辑性、连贯性的进步与社会化方面的进步相互作用的结果。

第三阶段:规则游戏。

规则游戏阶段即具体运算阶段(7—11或12岁)。规则游戏的发生,标志着游戏逐步抽象化,具体的象征性内容渐弱。规则在游戏中开始成为中心,说明儿童在按规则进行活动,并在游戏过程中按照既定规则约束各自的行为。

皮亚杰认为,规则游戏产生的原因是:随着儿童年龄的增长,其社会交往的范围扩大了,并且可以在现实生活中找到满足自我扩张的机会,更为重要的是儿童逐步取得了与其他人平等的地位,渐渐成为社会的一分子;同时,儿童的思维发展也要求游戏越来越接近现实。当然,伴随游戏中角色数量的增加以及游戏内容的丰富化和复杂化,规则应运而生,象征性游戏就自然而然地转向了规则游戏。这也是象征性游戏随儿童年龄增长而下降的原因,因此7—12岁自然成为象征性游戏的结束期。与此同时,象征性游戏会向两个方向发展:一是规则游戏逐步取代象征性游戏,并延续到成人社会;二是向结构性游戏转轨,结构性游戏是象征性游戏与非游戏活动之间的桥梁与过渡,此后的活动会逐渐成为真正的智力活动。

3. 游戏的功能

皮亚杰认为,儿童需要一种自我表达的工具,以使同化作用成为可能,而社会适应的主要工具是语言,但它既不是儿童所创造的,也不是儿童能够应对自如的表达工具,它不适合儿童表达自己的需要或生活经验。为使同化作用成为可能,适合儿童的就只有游戏,这是儿童自己创造的、属于他们自己的符号系统和表达工具。

儿童需要游戏,尤其是象征性游戏,这是因为游戏中既没有强制也没有被迫,还能满足现实生活中无法实现的愿望,并且能按个体的需要加以改变;游戏作为另一种语言,它能够唤起儿童过去的经验,满足儿童个体在情感甚至是智慧上的需要,使其生活在他喜欢的生活中,从而使儿童的自我得到最大程度的满足,解决情感冲突。所以,游戏的主要功能就是通过同化作用来转变现实,以满足自我在情感方面的需要。可见,游戏是儿童解决情感冲突的一种手段。

游戏对智能发展具有机能练习作用,这是游戏的另一功能。所谓机能练习,就是巩固与成熟。换言之,最初的认知活动在机能上是不成熟的,当认知活动发展到一个新水平时,它需要通过游戏与练习使之逐渐成熟起来。在皮亚杰看来,是认知活动发动了游戏,认知发展水平对游戏具有决定性作用,而游戏对于认知的发展则是比较消极的,仅仅就是一种"机能练习"。相对游戏的情感功能及其价值,皮亚杰显然对游戏的智力发展价值认识不足。

4. 认知发展学派的理论对游戏理论与实践的影响

认知发展学派的游戏理论是皮亚杰心理学的精髓,特别是他的游戏发展阶段理论对后人关于幼儿游戏研究及幼儿园教育实践有着重要影响。

皮亚杰通过长期的观察与研究,提出了游戏发展的阶段理论,开拓了从认知发展的视角来考量幼儿游戏的新途径。这一重大研究成果引起了众多专家学者的兴趣,特别是对 20 世纪 70 年代以来幼儿游戏的研究起到了积极的推动作用。有学者在其研究基础上,改造和丰富了他的游戏思想——游戏可以促进表征思维或象征性功能的发展,并由此展开了一系列的关于游戏和智力发展关系的研究。这一系列研究对改变原有的学习与游戏是对立的观念具有重要意义,进而丰富并完善了学前教育领域的课程模式和教育实践。游戏成为幼儿园课程的重要组成部分,使学前教育实践注重游戏活动与幼儿智力发展的融合,关注幼儿在智力、情感、社会性、心理与身体等方面的和谐发展。还有学者对皮亚杰所提出的游戏发展阶段理论进行了大量的验证性和补充性研究,使人们对幼儿游戏有了更进一步的认识,并广泛付诸于学前教育实践。

(三)以维果茨基为代表的社会文化历史学派游戏理论

社会文化历史学派又称维列鲁学派,是以维果茨基、列昂节夫和鲁利亚为核心的心理学派别,形成于 20 世纪 20 年代中期至 30 年代初期。由于这个学派成员的研究内容都是从不同角度来证实人的高级心理功能的发展受社会文化历史的制约,因此得名为社会文化历史学派。

维果茨基(Л. С. Выготский),苏联著名心理学家,他的游戏理论主要讨论了两个问题:一个是游戏是怎样在儿童的发展过程中出现的,即游戏的个体起源问题;另一个是游戏对于学前儿童的发展具有怎样的作用。[①]

(1)关于游戏的发生。任何事物的产生都有其内在的原因或动机,了解事物产生的诱因是加深对事物认识的基础。维果茨基在考察儿童游戏时正是从游戏活动的诱因与动机这一层面开始的。他认为,游戏是一种高度的动机行为的形成。在儿童的发展过程中,当大量超出儿童实际能力且不能立即实现的愿望出现的时候,游戏便产生了。

维果茨基认为,儿童的游戏是在 3 岁前后产生的。3 岁前儿童的典型特点是,当他想要一件东西时就必须立即得到,否则他就会哭闹、发脾气。这一时期,儿童是通过行动来支配和

维果茨基(1896—1934)

控制物体形成自己的认识,也就是说,他们行动的动机在行动的过程中,而非事先的预想。3 岁以后,随着儿童经验的积累,他们不仅希望直接取得某一物体,而且还希望自己能够像成人那样去作用于不同的事物,于是在儿童的愿望与他们自己的实际能力之间产生了矛盾。在这一时期,儿童所形成的延迟满足使得这些不能立即得到满足的愿望会持续一段时间,但前期那种立即满足愿望的倾向却仍然存在。于是,为了解决愿望与现实之间的矛盾,儿童借助一种想象的、虚构的行为方式来满足自己的需要,这时,游戏便产生了。因此,游戏的实质就是愿望的满足。

---

① 本节内容参考丁海东. 学前游戏理论[M]. 济南:山东人民出版社,2001. 292 - 294.

(2)关于游戏活动的特点。在探讨游戏发生的基础上,维果茨基研究分析了儿童游戏活动的特点。他指出,儿童在游戏中创造了一种想象的情境,这种想象的情境是把游戏同其他的活动形式区分开来的标志,而且是任何一种形式的游戏活动的属性,并非某种特定游戏活动的特征,且与导致游戏产生的情感诱因有关。因为游戏产生的动机是儿童将那些不能立即得到满足的愿望通过一种想象的、虚幻的方式来实现,以此来满足自己情感上的需要。因此,这种情感诱因中自然地包含了想象情境的某些因素。这种想象的情境可以表现为把一个东西迁移到另一个东西上(以物代物),也可以以一种简缩的方式再现真实的生活情境。维果茨基进一步指出,即使在想象情境中,儿童的游戏也并非是为所欲为的,而是具有一定规则的。这是因为,如果没有规则和儿童看待规则的特殊态度,就不会有游戏。在游戏中,只有符合实际规则的行为才能被接受。例如,在玩"过家家"游戏中母亲角色的扮演者,首先要遵守母亲这一角色的行为规则,只有这样,才能被游戏中的其他角色接受并与之配合,游戏才能进行下去。因此,哪里有想象的情境,哪里就有规则。只是游戏中的规则不同于实际生活中由成人强加给儿童的规则,而是由儿童自己制定的,是一种内部的自我限制或制约。

(3)关于游戏的发展。儿童游戏的发展,是由明显的想象情境与隐蔽的规则所构成的游戏,向明显的规则和隐蔽的想象情境所构成的游戏发展。前者指的是象征性游戏。在这类游戏中,由于儿童的抽象思维还没有发展起来,游戏中想象的成分居多,规则较少。后者指的是规则性游戏。在这类游戏中,随着儿童逻辑思维的发展,儿童逐渐能够制定出大家都能接受的游戏规则。

针对游戏的发展价值,维果茨基认为,游戏在儿童的发展中发挥着巨大的作用。他在论述教学与发展的关系中,指出教学创造了儿童的"最近发展区",而且在儿童发展的不同阶段上存在着特殊的教学形式。对于3岁以前(先学前期)的儿童来说,教学的特点体现在该年龄阶段的儿童是按照他们自己特有的大纲来学习的,维果茨基将这种类型的教学称之为"自发型教学";对于学龄期的儿童来说,他们是按照成人或教师的大纲来学习的,维果茨基将这种教学称之为"反应型教学";而对处于由先学前期向学龄期过渡的学前儿童来说,他们的教学则属于"自发—反应型教学"。由于游戏是一种由儿童的内部动机所激发的自发型行为,所以它符合学前儿童教学的特点。因此,在游戏中,儿童的表现总是超过他们的实际年龄,高于他们的日常行为表现。就是说,游戏创造了儿童的"最近发展区",犹如放大镜的焦点一样,凝聚和孕育着所有可能的发展,并且儿童能够超越他现有的行为水平。

具体而言,游戏发展的价值主要表现在两个方面。

一是在思维的发展上,游戏使儿童的思维摆脱了具体事物的束缚,使儿童学会了不仅按照对物体和情境的直接知觉和当时的影响去行动,而且能根据情境所包含的意义去行动。在3岁前的儿童心理机能中,知觉占中心地位,思维受具体的知觉情境的束缚。从3岁左右开始,这一中心开始发生转变,记忆逐渐占据中心地位。在儿童的发展过程中,游戏就是帮助儿童摆脱具体事物束缚的支柱。在游戏中,儿童逐渐了解了词、物体、符号三者之间的关系,从而掌握了符号的象征性功能,这种帮助与支持表现为"重新命名"或"以物代物"。例如,游戏中的儿童会把小棍儿当马骑,儿童明知这是棍子,但他仍以"马"这个词给棍子命名,以棍子来代替马。无疑,棍子在这里起到了支柱作用,并帮助儿童把"马"这个词与真正的马分离开来,这时的儿童行为来自于观念而非事物本身。游戏过程是帮助儿童把词作为一个符号来掌握的过程。尽管游戏中的儿童能够根据物体和动作的意义去行动,但在现实生活中他却不能这样做,儿童用真实的物体做出真实的动作是学前阶段出现的矛盾现象。正是这种矛盾现象的存在,游戏才成为儿童早期完全接受情境束缚和完全摆脱现实情境束缚的思维之间的中介。可见,游戏是思维摆脱具体事物的束缚、逐渐内化的一个过渡阶段。

关于儿童游戏中的以物代物现象,维果茨基认为,儿童游戏中的以物代物并非任意的、任何东西都可以代替其他东西,而是取决于代替物本身的某些特点或属性。从儿童的角度来看,以物代物的关键是儿童能否用一物体的名称取代另一物体的名称,如果他做不到这一点,那么,他就不可能使词与物体分离,也就不可能实现以物代物。

二是游戏有助于儿童意志行动的发展。由于儿童最大的自制力产生于游戏之中,游戏不断地创造一种想象的情境,这种想象的情境要求儿童不是按他的直接冲动去行动,而是按游戏角色所需要的行动去行动,从而使他学会了把自己的愿望与一个虚构的"我"(在游戏中自己扮演的角色以及该角色的行为规则)联系起来。因此,游戏有助于儿童意志行动的发展。同时,儿童意志行动的发展对于儿童道德的发展产生积极的影响。关于游戏促进儿童意志行动发展的典型案例是"哨兵实验",该实验在自然环境和游戏情境两种情况下,观察儿童站立不动的时间,结果发现,各个年龄阶段的儿童,在游戏情境中保持站立的时间都明显多于自然环境下的时间。所以,维果茨基认为,游戏不是在幼儿生活中占优势的活动形式,而是占主导地位的活动形式。游戏与发展的关系可以和教学与发展的关系相提并论,但是游戏为性质更为广阔的需要和意识的变化提供了背景。游戏是发展的源泉:心理活动的随意机能,思维摆脱具体事物的束缚,等等,所有这一切都发生在游戏中,并且达到了儿童发展的最高水平。

可以说,维果茨基的游戏理论奠定了苏联现代游戏理论的基石,他的一些观点得到了列昂节夫、艾利康宁等人的进一步扩展和丰富,并对以后的游戏理论产生了相当深远的影响。

目前,一些关于游戏对幼儿发展作用的研究,也证明了维果茨基教育思想及苏联发展心理学视游戏为幼儿主动活动的思想,更进一步证明了教师(父母)在幼儿游戏中的重要作用。教育实践中,教师基本改变了传统的让幼儿自己玩的观念,主动地参与幼儿的游戏活动,并在适当的时机,以适当的形式、角色和游戏材料的投放,对幼儿的游戏给予恰当的指导。事实上,我国的幼儿园教育和游戏活动的开展在很大程度上受到了苏联的影响。

(四) 游戏的觉醒理论

游戏觉醒理论试图从学习的内驱力理论解释游戏的生理机制，又被称为内驱力理论。其代表人物有伯莱恩(D. E. Berlyne)、艾利斯(M. J. Ellis)、亨特(C. Hutt)及费恩(G. G. Fein)。

1. 理论背景

内驱力是由机体需要而引起的，主要功能在于引起或激起行为，或者说为行为提供动力。分为原始内驱力（如饥、渴、睡眠、性等基本生理需要）和习得内驱力（以习得反应为中介的原始内驱力）。内驱力理论以人的生理需要即原始内驱力为基础来解释人的行为。主要观点是：学习是形成刺激与反应之间的联结的过程，学习因此而产生。在传统的内驱力理论中，一般讲到的只是与食物、水、空气、体温调节等与生理需要密切联系的原始内驱力。这些内驱力经过自然选择而进化，成为有机体生存所必需的机能。然而，原始内驱力并不能解释人和动物的一切行为。人和动物的许多活动，如探索、调查研究、游戏等与饥、渴等原始内驱力无关，但对健康、体内平衡状态的维持具有重要的生物学意义。如果让一个视力正常的人待在一个黑暗的屋子里，即使有吃有喝他也待不下去，因为机体不仅有饥渴、睡眠等生理需要，还有探索、寻求刺激与理解等需要。在外界刺激作用下，这些需要能引起活动内驱力和探究内驱力。儿童的游戏和探究就是这些内驱力作用的产物。游戏觉醒理论正是在这一基础上提出的。

2. 基本观点

"觉醒"一词是该理论的核心概念，它是指中枢神经系统的机能状态，或机体的一种驱力状态。觉醒与两个因素有关，一是外部刺激或环境刺激，二是机体的内部平衡机制。

觉醒理论的基本观点可以概括为两点：第一，环境刺激是觉醒的重要源泉。新异刺激，除了对学习提供不可缺少的线索作用之外，还可能激活机体，改变机体的驱力状态。第二，机体具有维持体内平衡过程的自动调节机制。中枢神经系统能够通过一定的行为方式来自动调节觉醒水平，使之维持最佳状态。

觉醒理论所揭示的是：当外界刺激作用于人的时候，感觉器官会对当前刺激进行感知分析。若刺激与过去的经验不一致或具有新异性时，就会使机体产生不确定性或紧张感，因而导致觉醒水平增高。在新异刺激——觉醒水平增高的情况下所发生的行为就是探究。伯莱恩称其为"特殊性探究"，它回答的问题是"这个东西有什么用"。相反，当刺激过于单调而缺乏新异性时，机体就会厌烦和疲劳，觉醒水平就低于最佳觉醒状态，于是中枢神经系统就会采取一定的行为来提高觉醒水平。在缺乏新异性——觉醒水平降低的情况下发生的行为就是游戏。换言之，游戏的作用在于寻求刺激，避免厌烦等不良状态，提高觉醒水平。所以，游戏是机体主动影响环境的倾向，是由机体而非刺激所控制的行为，伯莱恩把它称作"多样化的探究"，它回答的是"我能用它来干什么"的问题。可见，游戏和探究都是机体为维持其最佳觉醒水平而做出的努力,是机体调节觉醒水平的机能系统。

觉醒理论中,亨特与伯莱恩对"最佳觉醒水平"的理解不尽相同。如果说伯莱恩把最佳觉醒水平理解为一条线,线的两端分别是探究和游戏的功能区域,那么亨特则把它理解为一定范围——游戏活动区域,是由认知性行为(相当于伯莱恩的特殊性探究)和嬉戏性行为(相当于伯莱恩的多样性探究)构成的活动区域。相比较而言,亨特的观点更适用于解释儿童的游戏活动。因为游戏中的儿童既对环境进行认知(探究),又利用先前的经验来同化、理解环境,并发挥自己的创造能力,丰富游戏活动,可以被视为是认知活动与创造活动相交替的动态过程。但是,亨特认为,游戏中的儿童不大可能(除非偶然)再发现物体的新特征,游戏妨碍了儿童的学习和进一步获得新信息,进而指出游戏的价值只有两个:一是当信息输入减少时,游戏可以"润滑"神经系统;二是游戏是认知过程中的一个"暂时的"阶段,其作用仅在于巩固已获得的信息。亨特的这一"游戏妨碍学习"的认识观遭到了许多研究者的批评。越来越多的研究者认为,游戏中的幼儿不仅可以了解到物体的知觉属性,还可以掌握物体的功能属性,游戏就是儿童的学习,而且是比探究(了解物体的知觉属性)更重要的学习行为。

3. 教育与应用价值

觉醒理论精确地描述了游戏过程的微观结构,重视儿童与环境的交互作用,既要求为儿童提供丰富的环境刺激,还要注意其合理性与适宜性,过于新异的刺激会使儿童产生焦虑感和紧张感,从而导致儿童行为的刻板化或退缩。该理论对幼儿园教育实践具有积极的指导意义,幼儿园要重视环境的适宜性,合理创设并科学优化教育环境;既要关注游戏材料的数量和新异性因素,还要考虑材料的结构、类型和搭配,更要调动和发挥幼儿在环境中的积极自主性,有效促进他们与环境的交互作用。

(五)游戏的元交际理论

元交际理论的代表人物是贝特森(G. Bateson)。他运用人类学、逻辑学和数的理论来研究游戏,并试图揭示游戏的意义与信息交流过程的实质,强调游戏的信息交流特点。

1. 游戏隐喻交流与操作

人类的交际有两种:一种是意义明确的言语交际;另一种是意义含蓄的交际,即元交际。元交际是一种抽象水平的交际,依赖于交际双方对所传递的不明确的、隐喻的信息的识别和理解,可意会为"不言之意"或"言外之意"。如果意识到"是在游戏",就意味着自己在与别人交际。例如,一个幼儿张大嘴巴学老虎"啊呜"咬人,其实际动作和表情均表明:"我要咬你,但不是真的要咬你,是假装的。"这种"不言之意""言外之意"的隐喻正是元交际。可见,只有参与者能够接收"这是在玩"的信息,并达成交际默契,游戏才会发生。所以,游戏是信息的交流和操作的过程,元交际就是它的表现特征。

2. 游戏作为一种元交际的意义

首先,元交际是人类言语交际的基础。人类任何言语交际都包含元交际的成分,它不仅发生在非言语交往过程,也发生在言语交际中。游戏作为元交际的起源之一,在交际的进化过程中起到过重要作用。其次,元交际的特征不仅存在于游戏,它还广泛存在于人类的表征系统和社会文化中。人类表征系统的结构特征与元交际的结构特征相似,即在肯定的表述中都含有一层隐喻。同样,文化也是人们在谈话与交往中互相理解的东西,而且,在文化中充分发展了"隐喻"功能,传递着远远超出信息本身范围的隐喻意义。因此,游戏作为一种元交际,是通向人类文化和表征世界的途径和必要技能,是组成人类文化现实的基础。

基于儿童角色游戏的意义,贝特森认为,游戏和幻想是进入文化符号的想象世界所必需的技能。游戏中的儿童必须同时实现两个不同层面的思维:一个是游戏中的思维,即从事所扮演角色的活动或对物体的操作;另一个则是对真实生活的思维,他知道自己所扮演的角色与真实身份、他人的角色与身份,以及游戏所用材料及活动在现实生活中的意义。他强调,儿童游戏的价值不在于它的具体内容,或学习自己所扮演的角色,儿童学到的不是某个特定的角色,而在于学习角色的概念,学会识别一种角色与其他角色的不同,了解角色行为方式与行为背景之间的制约关系,是在再造角色的过程中创造性地学习。可以肯定地说,游戏是一种学习,游戏的价值体现在学会学习,而且儿童在游戏中的学习不是孤立的,也不是一个事物一个事物地学习,而是在事物的关系与联系中学习,逐步学会区分与概括。

元交际理论把游戏与有目的的行为联系起来,从儿童游戏的内在心理过程来挖掘游戏本身的价值,打破了把游戏看作是发展其他"重要的""有价值的"品质和技能的工具或手段的传统观念,开阔了游戏研究的新视野,对后来的游戏研究产生了极其重大的影响。

(六)游戏的行为适应理论

行为适应理论的代表人物是布里安·萨顿-史密斯(Brian Sutton-Smith)。萨顿-史密斯的研究表明,象征性游戏中的"假装"使儿童具有创造的自由,能够发展儿童的灵活性和自主感。所以,游戏允许在安全范围内的思想和行为的创新,利于儿童适应性的发展。他认为,假想游戏中发生的象征转换能够帮助儿童发展认知过程中的象征转换,这种转换提高了儿童头脑的灵活性。例如,儿童把一根小棍儿当作一匹马来骑。这一假装转换将儿童的各种想法以新的、不常用的方式联结在一起,使儿童打破了常规的思维联结,进而使儿童头脑中储存的创造性想法和各种联结方式增多。游戏使儿童可能考虑到不同的可选方案或替代方法,并使儿童能够更好地驾驭这种不断增强的灵活性,激活了儿童潜在发展的适应性。这一切将作用于儿童适应环境的能力和以后的成长过程,对儿童是非常有益的。

1998年,萨顿-史密斯根据神经科学中对大脑发展的研究和有关学者提出的进化理论,进而提出适应性变化能力的新游戏理论。他认为,游戏的变化在人类发展中所起到的作用至关重要,如同当代生物学思想中,身体和行为的变化在进化中所起到的核心作用一样。由于人们不能在急剧变化的环境中预见未来,所以人们也不能预见在未来环境中所需要的知识和技能。因此,对于正在发展中的儿童来说,适应潜能所要求的并不是精确的适应性,而是行为上更大的灵活性。在大脑发展的早期,大脑和行为中保存有更多的潜藏在那里的可变性,游戏的功能是帮助大脑把潜能变为现实。如果没有游戏,就不会有那么多的可变性被保存下来,潜能也不会变成现实。所以,游戏对儿童发展的重要作用在于:保证儿童广泛的适应潜能得到有效发展。[①]

三、著名教育家论幼儿游戏

(一) 福禄培尔

福禄培尔(Friedrich Wilhelm August Froebel),德国著名教育家、幼儿园的创始者、近代学前教育理论的奠基人。福禄培尔幼儿园教育的基本原则是自我活动,在他看来,自我活动是一切生命的最基本特性,游戏是儿童自我活动的集中体现。他高度评价甚至夸大了游戏的教育价值。

福禄培尔认为,儿童的天性是在活动中发展的,活动在儿童的生活和教育中居重要地位;儿童活动的主要表现形式是游戏,而且是儿童生活的重要组成部分。所以,游戏是学前教育的一个主要内容。他指出,游戏是幼儿期的人发展的最高阶段,它给儿童以欢乐、自由和满足,又有培养儿童的意志力和自我牺牲的精神。福禄培尔强调游戏作为儿童内在本质的自我表现,是一种精神产物。游戏不是简单地等同于"外部活动",而更多的是指儿童的心理态度。游戏是一种创造性的自我活动和本能的自我教育方式。游戏并不仅仅是一种消遣,还可以增强儿童的体质,开发儿童的智力,培养儿童优秀的品质。经过长期的实践和探索,福禄培尔设计了一系列游戏活动,并借助他为儿童特制的玩具——恩物来进行。

福禄培尔(1782—1852)

福禄培尔认为,自然界是上帝对人类的恩赐,要让儿童认识大自然,就必须以大自然为基础制作各种玩具,而恩物就是成人恩赐给儿童的玩具物品。福禄培尔制作的恩物主要有六种:前两种是最基本的,是供3岁以前的儿童使用的,由6个不同颜色的小球和立方体、球体、圆柱体组成,借此让儿童认识事物的颜色、形状及其关系;后四种为积木式的立方体,供3—7岁儿童使用,以发展他们的想象力和创造力,帮助儿童由易到难、由简及繁、循序渐进地认识复杂的大千世界,了解自然及其内在规律。此外,他还设计了一些辅助性的游戏材料,包括形状各异的彩板、纸片、小棒、金属环等,让儿童学习计算和造型。

根据福禄培尔的观点,几何形体反映了事物之间的相互联系,是儿童认识世界的最好媒介,儿童在玩弄这些恩物的过程中,渐渐地了解、认识世界。可以这样说,恩物

---

① 约翰逊,克里斯蒂,约基.游戏理论[Z/OL].姚彤,吴春霞,译,陈会昌,审校.[2014-10-7]http://www.docc88.com/p-1836874132499.html.

是儿童认识世界的一种工具,而游戏则是儿童认识世界的最自然、合理的途径。

(二)蒙台梭利

玛丽亚·蒙台梭利(Maria Montessori),意大利首位医学女博士,教育史上杰出的儿童教育家。蒙台梭利认为,儿童的自发冲动是一种无意识地追求某种东西的动作,通过这种动作,儿童的生命力就会得到充分表现和发展。游戏就是儿童的一种自发冲动下的活动,精心设计和使用各种教学材料支持儿童的游戏活动具有重要意义。儿童的感官训练必须由儿童自己控制某些教具来进行,所以每一种感官训练都要有与之相适合的一套教具,且要有一套循序渐进的操作组合。

最初,蒙台梭利主要是通过自己制作的一套教具对弱智儿童进行教学与训练,以帮助他们达到正常儿童的水平。此后,这套教具被广泛运用于正常儿童教育。教具包括四大类:一是日常生活类教具,用于训练儿童的感官能力与肌肉活动之间的协调性,以培养儿童独立、专心、协调、秩序等良好的习惯及交往能力,为个体人格的形成奠定良好基础;二是感官类教具,包括进行视觉、听觉、味觉、温度觉、触压觉、形状知觉和颜色、气味等在内的各方面感官训练的具体实物,其主要目的是通过合理有效的方法,直接帮助儿童发展感官,培养儿童对环境的卓越观察能力,让儿童主动地去观察和思考,逐步养成从观察到实验的科学

蒙台梭利(1870—1952)

习性,形成自我发展的能力;三是语言类教具,如可供儿童用手去触摸的"砂纸字板",供儿童翻阅的各种书籍和图片,用于儿童阅读和交往能力的发展;四是数学类教具,如进行计数的硬纸假币,进行长度教学的小木棍儿,用砂纸剪成的数字以及数字卡片,练习关于书写符号和数量的关系的托盘等。

虽然蒙台梭利设计了教具,但她并不主张使用"教具"这个名称。她认为,教具的正确的名称应该叫"工作材料",因为它是供儿童做成长"工作"时所用的"材料",是儿童"自我教育""自我启发"的媒介物,兼具增进智力和改善性格的目的,而非玩具。所以,她不愿世人称之为"教具"。

(三)杜威

约翰·杜威(John Dewey),美国著名哲学家、教育家。他从"活动"理论出发,非常重视游戏活动在教学中的作用,主张儿童"从做中学""从经验中学",让儿童在主动的作业中运用思想。主动作业是造成一种能产生问题、促进思维和取得经验的实际情境的手段,包括游戏、竞技、建造等,而且可以把儿童业余时间从事的活动引入学校,给儿童开出最生动的课程。要做到这一点,唯一的、自然的方法,就是把游戏作为儿童的主动作业。如此可以使儿童有机会从事各种调动他们自然冲动的活动,最适合于表现儿童各种天然的倾向,最容易成为儿童快乐的事情。

杜威把游戏视为应当加以利用的一种儿童的本能。他指出,任何时代、任何人,

对于儿童的教育,尤其是对年幼儿童的教育,无不在很大程度上依赖于游戏和娱乐。例如,在幼儿教育的课程方面,他主张以照料布娃娃为核心来加以安排。既然布娃娃能引起儿童的强烈兴趣,那么就可以以此为活动起点,以此为动机,儿童就有无数的事情想做,手工及建造工作也因此有了真正的目的,同时还可以要求儿童去解决问题。布娃娃需要穿衣,儿童就热情地为娃娃做衣服;布娃娃需要一间住房以及一些家具和碗碟等,可驱使儿童去学习操作工具,用材料制作。如此便可以训练儿童的主动性和自主能力,教他们通过自己思考问题来养成思维的条理性。

杜威还充分肯定了游戏和作业在教育中的重要地位。他认为,游戏和作业能减少校内生活和校外生活之间的人为隔阂,能供给种种动机,使儿童注意那些有显著教育作用的各种材料和制作方法,并能使儿童通力合作,了解社会背景。游戏与作业完全与人的认识的第一个阶段特征,即学习怎样做事相适应。自发的游戏往往既重复和肯定成人生活环境中的优点,也重复和肯定其缺点。所以,学校的任务就是设置一个环境,使游戏和工作的进行能促进儿童道德和智力的成长。

杜威(1859—1952)

(四)布鲁纳

布鲁纳(Jerome S. Bruner),美国心理学家、教育学家,对认知过程进行过大量研究,在词语学习、概念形成和思维等方面有诸多著述,对认知心理理论的系统化和科学化做出了贡献。

其他的认知理论都强调游戏促进了儿童的创造性和可塑性的发展,而布鲁纳指出,游戏本身的意义比它所带来的结果更为重要。在游戏中,儿童不必担心某一目标是否能实现,这样他们就可以尝试很多新的、不常有的行为方式,而在有成功目标的压力下,他们从来不会尝试这样的行为方式。一旦儿童在游戏中探索过了这些新的行为方式,他们就可以使用这些行为方式来解决实际生活中的问题。这些在游戏中已经练习过并事先学习过的行为子程序在建立行为模式时是很有用的,并且会日趋完善。因此,游戏是通过增加行为的可选数量而促进儿童的可塑性发展的。而且,游戏还为在面临生活难题时探索可能的不同解决办法提供了机会,这样一来就可以保护儿童,使其避免接受真实世界里一些行为带来的后果,也避免了由于不成熟而犯的错误。在布鲁纳看来,这些结果表明,在人类发展和演化的过程中,游戏起到了对环境的灵活应变作用。正如布鲁纳在新生命的发展理论中所倡导的:这就是延迟儿童承担具有高水平能力后可能承担的后果的价值所在。

布鲁纳(1915—2016)

布鲁纳在早期的关于游戏重要性的观点中强调了游戏的区分功能和完善功能,后期则更强调思维的叙述模式。他将两种智力模式(知识和理解力)分别称之为解释性智力和叙述性智力。前者是指组织经验、逻辑、分析和问题解决策略,后者则指探究意义、重构经验和想象。皮亚杰认知理论充分揭示了智力的解释性功能,但却忽视了叙述性功能。布鲁纳强调叙述性智力在人类发展、教育乃至整个生命中的重要性,并以此来修正智力理论的这一不平衡状态。布鲁纳认为,在人类选择怎样的方式来表达自己有意要获得的和已储存于意识中的知识的过程中,游戏与智力的叙述模式有关键性的联系。

(五)陈鹤琴

陈鹤琴,著名教育家、儿童心理学家和儿童教育家,我国现代幼儿教育的奠基人。"凡事当作工作做就是痛苦的,当作游戏做就是快活的。成人也是如此,何况以游戏为生活的儿童呢?"[1]陈鹤琴认为,儿童以游戏为生活,总是喜欢游戏的。通过游戏可以发展身体,培养高尚道德,使脑筋敏锐,为休息之灵丹。幼儿园里的课程很容易游戏化的,我们应创造适当的环境,使儿童天真烂漫、活泼好动的特点得到充分的发展,应多采用游戏式的教学法,以提高教育效果。陈鹤琴进一步分析,儿童之所以游戏,与两方面的因素有关:一方面与儿童游戏的力量和能力的发展有关,另一方面与儿童好动的天性和游戏能够给孩子以快感有关。游戏给孩子的快感包括生理的、心理的和社交上的。从儿童身心发展的角度去考察儿童游戏的原因与游戏的发展变化是陈鹤琴关于儿童游戏的核心思想。

陈鹤琴(1892—1982)

关于游戏的重要价值,陈鹤琴是这样认为的:游戏对于幼儿有什么好处呢？游戏可以给幼儿快乐、经验、学识、思想、健康。从教育方面说,游戏是幼儿的良师益友,幼儿可以从游戏中锻炼思想,学习做人。游戏是幼儿的良师。所以,幼儿园教育尤其应当给幼儿创设充分的游戏机会,依照他们的年龄特点,给予各种游戏材料支持,"实行游戏化的教育",使幼儿得到完美的游戏生活。

陈鹤琴独树一帜的儿童游戏观和幼儿园教育理论,对于扭转当时成人化的、摧残人性、压抑儿童天性的封建式旧教育,以及几千年来蔑视儿童游戏的传统观念,无疑具有重大意义。同时,奠定了我国现代儿童游戏研究的理论基础,并将游戏纳入幼儿园课程体系和教育实践,使游戏成为幼儿园课程的重要组成部分。

第三节 幼儿游戏理论研究的基本脉络与趋势

近年来,人们已经普遍认识到游戏是幼儿的基本活动和重要的学习方式,对于幼儿的发展有着举足轻重的作用,游戏作为一种广泛存在的生活现象,其历史几乎与人

---

[1] 陈秀云,柯小卫.陈鹤琴教育思想读本·幼稚教育[M].南京:南京师范大学出版社,2012:23.

类的历史一样悠久。然而,人们把幼儿的游戏作为科学研究的对象,对它进行理论研究的历史至今才不过一百多年。

一、游戏理论研究的历史背景

19世纪,自然科学的三大发现即细胞、能量守恒与转化定律以及生物进化论,改变了人们对于世界的看法和思维方式。在此之前,"创世说"禁锢着人们的头脑,人们还很少可以想象到人类历史会有超出几千年的可能性。1859年,达尔文开创性的生物进化论思想的问世以及它在思想领域中的胜利,使人们的思想得到了解放。在他关于生命如何进化的思想影响下,人们开始从各个角度和领域来探讨人的各种行为的起源问题。在哲学领域,人们在探讨艺术的起源问题;在心理学研究领域,人们在探讨动物心理与人类心理之间的关系问题;等等。正是在这样的历史背景下,最早的游戏理论在达尔文生物进化论思想的直接影响下开始出现。

二、游戏理论研究的发展阶段

从19世纪下半叶至今,纵观幼儿游戏理论研究的实质、手段和发展过程,可以把幼儿游戏理论研究划分为三个阶段。

(一)游戏研究的初兴阶段

19世纪下半叶至20世纪30年代前后,出现了最早的一批游戏理论和对幼儿游戏最初的系统观察。这一时期是幼儿游戏研究的初兴阶段。

在这一阶段,人们对于幼儿的认识发生了根本性的转变,不再把幼儿看作是微型的成年人,而是开始注意人类所具有的幼年期的意义以及幼年期所具有的独特的可塑性。幼儿的游戏,开始作为童年期所特有的现象而受到关注。人们不仅从幼儿的游戏中探讨艺术的起源,而且开始探讨游戏本身与幼儿发展的关系。英国的斯宾塞提出了游戏的"剩余精力说",德国的格罗斯提出了"生活预备说",美国的霍尔提出了"复演论"。这些游戏理论,在人类的思想史上第一次严肃地思考并解释了游戏出现的原因与意义,被人们称为经典的游戏理论。这些经典理论对后人的研究产生了巨大的影响,推动着游戏研究的进展。但这些游戏理论是在达尔文进化论的影响下产生的,或多或少地带有生物学色彩,也因其是主观思辨的产物,缺乏可靠的实验依据。因此,从20世纪二三十年代开始,人们尝试在自然条件下客观地观察、描述托儿学校环境中儿童游戏的特征,并对结果做简单分类,以求建立儿童游戏发展的常模。美国心理学家帕顿(M. B. Parten)关于儿童游戏的社会性发展研究,可看作这一时期游戏理论研究的代表。

(二)游戏研究的缓慢发展阶段

从20世纪40年代到50和60年代,是幼儿游戏研究的缓慢发展阶段。在这一阶段,弗洛伊德的精神分析理论在幼儿游戏的研究领域中占据统治地位。也正是精神分析学派对于幼儿游戏的研究,使游戏理论研究逐渐摆脱了主观思辨的哲学影响,成为以发展心理学理论为基础的新的游戏理论,幼儿游戏理论与研究进入了新的发展阶段。

这一时期,人们普遍重视游戏对于幼儿情感和社会性发展的价值,并把游戏看作是与童年的快乐、未来健康的成年生活有关的活动。在精神分析的理论基础上,还发展起了一种游戏治疗的技术,人们试图用游戏治疗来帮助幼儿克服情绪上的障碍。

(三)游戏研究的飞跃发展阶段

20世纪70年代至今,是幼儿游戏研究的飞跃发展阶段。20世纪60年代以来,科学技术的进步使手工劳动逐渐被大机器生产所取代。科技革命在改变生产过程的同时,也在改变着人们的生活和价值观。一方面,由于工作时间的减少,闲暇时间逐渐增多,一个大众化的游戏娱乐时代正在到来;另一方面,技术进步、知识"爆炸",生产过程对人的智力活动的要求越来越高,教育向两端扩展,早期教育成为人们热衷的话题,幼儿无忧无虑的童年生活面临挑战。

在这一社会大背景下,幼儿游戏研究呈现出空前繁荣的场面。过去一直被人们轻视的游戏,引起了教育学、心理学、人类学、社会学等不同学科专家、学者的浓厚兴趣。他们的参与使幼儿游戏领域的研究成果以倍数级增长,极大地丰富了人们对于幼儿游戏的认识。由于这些研究者非常重视实验研究,对条件的控制比较严格,采用了观察法记录幼儿的游戏,对结果进行严格测量并做统计分析,从而强化了幼儿游戏研究的科学性和应用性。

在这一阶段之初,以皮亚杰、维果茨基等人为代表的认知发展理论在游戏研究中占据主导地位。之后,伴随研究的深入进行,游戏理论逐渐突破了认知理论的框架,出现了一些初具影响力的新的理论模式,如以伯莱恩为代表的游戏"内驱力"理论,贝特森的"元交际"理论等。这些理论,不仅深化了人们对于幼儿游戏的认识,而且拓宽了游戏的研究领域。

值得提及的是,这一时期呈现出两个非常明显的倾向。第一种倾向来源于皮亚杰理论和维果茨基理论的影响,就是十分重视游戏对于幼儿的认知发展作用的研究。人们把游戏看作是认知和言语发展过程中的一个过渡阶段和中介,并把游戏作为衡量幼儿象征性功能是否成熟的一个基本标志。另一种理论倾向来源于新弗洛伊德学派的理论,强调想象游戏在自我发展中的作用。早期的精神分析理论把想象看作是一种宣泄作用,而新弗洛伊德学派则是把想象游戏看作是一种有助于认知发展和情绪掌握的有效的认知技能。

三、游戏理论研究的发展趋势

纵观儿童游戏理论研究的发展演变过程,我们可以概括出游戏理论研究的发展趋势。一是由纯思辨向实证研究转变。早期的一些游戏理论都是主观思辨的产物,缺乏实验依据。从20世纪开始,研究者们逐渐开始重视在实验研究的基础上提出假说,进而形成理论体系。这种变化在埃里克森等精神分析学家的工作中已初见端倪,到皮亚杰那里逐渐明显,伯莱恩、贝特森等人的研究中则更为明朗。二是对游戏的发展价值的认识由思辨的、不全面的或有所侧重的,发展到确切的、全面的认识。如果说20世纪50年代前后受精神分析学派的影响,比较注重游戏的情感发展价值,70年代受皮亚杰等认知学派的影响,比较注重游戏的认知发展价值,那么80年代以后,则开始关注游戏对于幼儿身心各个方面的发展价值。

综上所述,游戏理论的发展经历了一个由简单到复杂、由单一到多元、由以直觉经验解释游戏到以心理学理论为基础解释游戏的发展过程,并且实证性研究逐渐增多。如果说早期游戏理论解释了幼儿"为什么游戏",那么现代游戏理论则解释了"游戏的发展价值",并且从游戏的个体发展价值扩展到了游戏的教育价值和文化发展价值。

综合实践活动

[思考]认识幼儿游戏理论的形成和发展过程,了解教育家们曾经对学前儿童游戏进行的理论探索和实践,对于我们研究学前儿童游戏理论和实践具有怎样的借鉴意义?

[讨论]在梳理关于游戏理论的主要学派、代表人物和主要理论观点的基础上,探讨儿童早期游戏的那些常见观点都是正确的吗?

[练习]观摩幼儿园游戏活动,尝试分析该活动是否体现了幼儿游戏的基本特征?教师在设计和指导游戏时,应如何把外在的要求转化为幼儿内在的需要,激发幼儿游戏的兴趣?

第二章　游戏与幼儿发展

　　辩证唯物主义认为,事物的内部矛盾是事物运动与发展的根本原因,外因是事物运动的条件,内因如何运动、发展,会受到外因(外部条件)的制约。就人的发展而言,人的生命与发展之所以得以持续是靠活动来实现的,这里的"活动"有两层含义:一是对自身的认识和锻炼,二是对外界的认识和改造。唯有如此,才能适应外界,达到与外部环境的和谐。幼儿发展过程中的内因和外因关系与此同理。幼儿的发展是自身与环境相互作用的结果,而个体与环境的相互作用又是通过活动来实现的。幼儿游戏活动就是基于0—6岁幼儿内在需要的自发自主性活动,并经历了不同的发展阶段。这一活动过程表明:游戏不仅能满足幼儿身心发展过程中的多种需要,更是幼儿身心发展水平的反映。因此,在幼儿教育实践中,在切实保障幼儿游戏权利的基础上,我们应认真分析和研究影响幼儿游戏发展的各种因素,积极开展适宜而丰富的游戏活动,充分发挥游戏对幼儿身体、认知、社会性和情感等各方面发展的促进作用。

第一节　幼儿游戏发展阶段

　　关于幼儿游戏,许多专家、学者从不同的研究切入点来考察幼儿游戏的发展历程,形成了各具特点的幼儿游戏发展理论或发展阶段。虽然一些研究在某种程度上具有一定的局限性,但这些研究成果,对于游戏发展理论的拓展和深入具有极大的推进作用,对于幼儿教育工作者和参与幼儿游戏的成人具有重要的参考价值。

一、从幼儿个体发展角度考察

　　处于不同成长发展阶段的幼儿,无论从生理、心理还是生活经验上都会有很大差异,从而影响或制约他们在游戏时的表现。幼儿游戏与其说同实际年龄有关,不如说同身心发育与发展有关,因为幼儿的身心发展水平是与其游戏发展水平同步的。因此,幼儿游戏的内容和结构随着幼儿的成长不断变化。

(一)游戏萌芽阶段(0—1岁)

1. 婴儿的表现与特点

　　从游戏与生理本能行为的区别来看,新生儿的吸吮、四肢摆动、抓握等行为动作只是先天的本能活动;2个月后所出现的有意图的、视力所能控制的对人、物、声音的主动关注,以及手舞足蹈的肢体动作、愉悦情绪被视为"真正"游戏的开始;3、4个月后,由于眼、手协同动作的发生,婴儿游戏动作的随意性逐步增强,被动的感觉性游戏会转变为主动的感觉运动性游戏;6个月大的婴儿进入摆弄实物阶段,其基本方式是抓、扔、敲打、摇晃等,尽管这些动作还停留在触摸性质上,但却为以后的物体操作奠定了基础;10个月到1岁的婴儿其肢体动作的灵活性、随意性和协调性不断增强,比较自由地支配所及物体的能力开始形成,并由此获得极大的游戏满足感。

图 2—1 婴儿游戏的萌芽

概言之,0—1岁婴儿最初的游戏,是由外部刺激引起的视觉、听觉和触觉等感官性快感带来的愉快反应和积极的活动。

2.成人的作用与指导

在游戏萌芽阶段,成人的促进作用不容忽视。成人是婴儿与客观世界之间的"纽带"与"桥梁"。婴儿最初的社会性反应就是从与母亲之间所建立的亲密关系开始的,成人通过玩具、游戏材料的提供,或与婴儿共同游戏时发生的身体接触、情感交流等活动,既促进了婴儿游戏的发展,也帮助婴儿获得了社会性体验。因此,在婴儿游戏发生之初,成人应有意识地选择色彩鲜艳的视觉玩具和能够发出悦耳声音的玩具引逗婴儿,以满足其感觉器官对刺激的需要。

在这一时期,父母尤其要重视亲子游戏。亲子游戏始于父母对婴儿行为的模仿,父母追随并模仿婴儿的动作,对婴儿做出适宜动作的反馈与强化,具有帮助婴儿练习和巩固的作用,譬如,躲猫猫、扔和捡等重复性游戏;节奏韵律感较强的儿歌、童谣等;逗逗飞(两食指相对点,随节奏到"飞"字时分开)、放响炮(拍手时发出"啪"的响音)等指令性游戏;扮鬼脸、伸胳膊蹬腿等模仿性游戏;积木垒高(父母搭一块,孩子搭一块)、滚皮球、摇啊摇、摇到外婆桥等交互性游戏。游戏过程中,父母要注意婴儿的反应,适度把握刺激强度,以便于提高婴儿游戏的坚持性和注意力。

(二)装扮动作的发生(1—2岁)

1.婴儿的表现与特点

1—2岁的婴儿游戏,其实质性的变化是在本阶段后期所出现的"装扮"迹象。伴随蹒跚学步、独立行走,婴儿活动的主动性增强、范围逐步扩大,婴儿已经不满足于以往通过视觉和听觉来了解和认识事物。与此同时,由于小肌肉运动开始发展,婴儿尝试用手的动作来改变物体形态,以取代以往用触摸、口尝等了解物体

图 2—2 婴儿游戏经验的积累

的方式,如反复将某些物体或玩具放进、拿出、挤压、叠放、推到、嵌入等。在这一反复过程中,婴儿不断积累相关经验,会逐步过渡到有意识地模仿眼前出现的简单动作,比如,从摆弄某一物品到看到这一物品时能做出相对应的动作。由于这些动作还停留在模仿上,并不是真实的需要和真实的情景,所以是一种"装扮"行为。装扮行为的出现,说明婴儿已具有利用表象的能力,标志着游戏出现了戏剧性的变化,即从受感觉运动控制的行为向模仿真实生活实践的行为转变。

2.成人的作用与指导

婴儿的游戏发展需要成熟、经验和练习的相互配合。在婴儿动作发展中,成人要提供安全、自由的活动空间,以满足婴儿躺、坐、爬、走的多种需要;提供可用于抓握、推拉等多种动作练习的操作材料,如摇铃、皮球、套叠玩具、建构积木、空盒子、空罐子等。游戏中,父母还要想方设法吸引婴儿去看、够、拿、摆弄物品或玩具,并用微笑、触摸、拥抱、言语等表情动作给予肯定,引导婴儿进行探索并鼓励他的探索行为。

这一时期,由于好奇心的萌芽,婴儿明显地意识到事物的因果关系,积极的尝试和探索行为常常会使他们经历挫折或错误。例如,东西一到手就坏的现象时有发生,也就是成人通常认为的"破坏性"行为开始出现。对此,成人不应该限制他们,反而要给予机会,为他们提供一些安全、无毒、无害的废旧材料或自然材料,任其摆弄、打散、重构。伴随精细动作的提高、智力的发展,其"破坏性"行为会日渐减少。

(三)象征功能的出现(2—3岁)

1.婴幼儿的表现与特点

2—3岁的婴幼儿游戏有了新的飞跃。随着记忆能力的发展,婴幼儿在游戏中积累了各种感官印象和动作操作体验,留在头脑中的表象日益丰富,最初的象征功能出现;由模仿他人的常规性、社会性动作或单一动作多次重复,逐步发展到能够顺序、连贯地做出不同的动作,如抱起玩具娃娃、拍拍玩具娃娃,然后放到床上,再用毛巾给玩具娃娃盖上等一系列动作。在这样的系列动作中,物、动作、语言等因素被有效整合起来,并融入游戏过程,使游戏的内容、情节更加丰富。游戏中的婴幼儿会根据游戏的需要,有意识地以一种物体代替另一种物体,其过程一般不注意物体的细节,也不在乎这个物体像不像,只要这个物体能够帮他们做出他们想要做的动作,或使游戏得以顺利进行,都可以被当成"替代物"或象征物,有一物多用的随心所欲,但是这并非真正的"以物代物"。伴随游戏水平的提高,象征物的使用越来越广泛,并且开始由物的象征向人的象征发展,婴幼儿常常模仿成人的动作,比如喂娃娃、开汽车等,但他并没有意识到自己就是他所模仿的人,比如他开汽车嘴里还发出"嘟嘟"声,却不一定意识到自己就是"司机",因此,严格地说,这还不是真正意义上的角色扮演,只能说是角色出现的先兆。

2.成人的作用与指导

本阶段,婴幼儿逐渐从与成人的协同游戏转向自己的独立游戏,但由于受认知水平和社会化发展水平的影响,游戏的整体水平依然很低,呈现出以及物游戏为主的表现方式和特点。对此,成人直接或间接的支持对婴幼儿游戏的发展具有积极的作用。例如,为婴幼儿提供象征性动作的示范、讲故事,提供玩具材料、创设游戏环境,和幼儿一起谈论游戏、共同游戏等,会使他们的游戏超越当前的水平。

(四)游戏的高峰阶段(3—6岁)

1. 幼儿的表现与特点

3—6岁这个年龄段是典型的游戏年龄阶段。随着幼儿生活经验的扩大,其认知能力、语言能力和运动能力都得到进一步发展,象征性游戏日趋成熟,表现为游戏开始以角色为中心,角色扮演成为幼儿游戏的目的,通常会假装把自己当作别人,并通过自己的动作、语言、表情等把所扮演的人表现出来。游戏主题扩大,幼儿从熟悉的生活、环境主题,如医生、警察、父母等,逐渐扩展到非日常生活的、来自于童话及动画片等新的主题。

图2-3 幼儿的模仿行为

游戏情节开始复杂化,能够建立不同角色之间的关系,例如,"医生"不仅要给"生病"的幼儿诊疗,还要和病人的"爸爸""妈妈"打交道,同伴之间的合作性加强,象征游戏的时间延长。在此基础上,规则游戏随幼儿智力水平的提高、社会协作能力的发展、自制力的增强,日益高级化、复杂化,并且一直持续到成人。

2. 成人的作用与指导

在不同的幼儿游戏发展阶段,成人的角色与支持也是不同的。在本阶段,成人的角色由以往游戏的直接参与者,逐渐转变为游戏的间接支持者和帮助者,主要有下列任务:鼓励幼儿进行游戏交往和适宜的游戏行为,干预幼儿的攻击性行为并提供适宜的示范;利用讲故事、看图书、参观访问、谈话等多种途径和方法,丰富幼儿的生活经验,为幼儿游戏活动的开展奠定基础;提供有益于促进幼儿学习、解决问题的开放性游戏材料和玩具;注意观察、了解幼儿的游戏过程和进展情况,提出适时、适宜的建议或必要的角色示范,为游戏的深入创造条件和机会。在征得幼儿同意的前提下,进行必要的个别化指导。

从个体发展来看,游戏与幼儿身体发展、心理发展、智力发展、能力发展等各种联系非常紧密,游戏的形式及其多样性随幼儿的成熟而发展。

上述幼儿游戏发展阶段中的具体行为与表现,与《游戏发展进度量表》的描述具有高度的一致性。约翰逊等人在其著作《游戏与早期儿童发展》中,就为从出生到6岁幼儿游戏的发展提供了重要研究发现和理论观点,对幼儿在社会游戏、物体操作游戏、象征游戏和动作游戏中所表现出来的具体行为进行了描述,为我们进一步研究、解读幼儿游戏发展提供了可借鉴的理论基础,同时,对幼儿游戏发展和幼儿游戏活动的开展具有指导意义。(见表2-1)

表 2-1　游戏发展进度量表①

操作/建构性游戏	象征性游戏
(1) 玩自己的身体部位(例如手指、脚趾) (2) 挥打玩物并获得愉快 (3) 玩别人的身体部位,例如摸别人脸或头发 (4) 玩水 (5) 在游戏中去拿玩物(自己拿或从别人处获得) (6) 在玩中放开玩物 (7) 双手放到一起,如用双手去敲打玩物或拍手 (8) 做影响环境的重复性动作(例如敲打玩具产生砰砰响) (9) 堆放玩物 (10) 自发性地乱涂乱写 (11) 拉玩具 (12) 将容器(篮)倒空 (13) 可以横向排列玩具并且有组织性 (14) 玩沙(过滤、拍、抹平、倒或推) (15) 玩拼图 　a. 三件式的形状拼图(三角形、四方形、圆形) 　b. 四件式个别成形的拼图 　c. 四件组成一形状的拼图 　d. 七件组成一形状的拼图 　e. 十二件组成一形状的拼图 (16) 将容器装满 (17) 会将盖子盖在有盖的容器上 (18) 玩黏土 　a. 会用手去压挤、滚及造型 　b. 利用工具和黏土做造型 　c. 利用黏土/沙做表征的玩物(例如做所熟悉的物品,并能说出其名称) (19) 玩积木 　a. 没有表征意义的构造游戏 　b. 具有表征意义的构造游戏 (20) 用剪刀 　a. 用剪刀剪东西 　b. 剪成碎片 　c. 沿线剪不同的形状 　d. 剪成不同的形状	(1) 在游戏中模仿 　a. 模仿声音 　b. 模仿别人的手势 　c. 模仿别人的脸部表情 　d. 延迟模仿(将以前所听过的声音或看过的动作模仿出来) (2) 在游戏中可制造声音 (3) 在游戏中可用语言交谈或叫喊 (4) 使用玩物来做假装、虚构,例如假装积木为车,可使玩物具有意义 (5) 功能性使用表征玩具(例如电话、车子、娃娃或茶具组合等) (6) 使用成人衣物进行假装游戏 (7) 表现单一的假装情境游戏(例如喝茶、抽烟或开车) (8) 表现虚构情境(事件之间有连续或单一角色持续在 5 分钟以下,如开茶会,或开车去逛街或加油等) (9) 表现虚构情境(单一角色的游戏可以持续 5 分钟以上) (10) 表现虚构情境(有情节、主题且具组织性) (11) 表现有组织、情节的假装游戏 (12) 可以与其他幼儿做假装游戏 (13) 儿童要求与其他儿童一起游戏 (14) 能叫出同伴的名字并炫耀 (15) 可与特定的玩伴一起玩,并将他视为最好的朋友 (16) 能遵守规则性游戏的规则,并能轮流玩游戏

---

① 约翰逊,等.游戏与儿童早期发展[M].华爱华,郭力平,译校.上海:华东师范大学出版社,2006:83-86.

续表

操作/建构性游戏	象征性游戏
e.剪图案(除了太细小部分之外) (21)用画图来表征事物(大部分画他所知道的故事并能说出故事中图画的名字) (22)游戏建构的结果成为重要的部分 (23)制作工艺品拼装物 (24)使用颜色笔将图案着色 (25)盖印画或用笔做描绘	

社会性游戏	身体/动作游戏
(1)触摸镜中的形象 (2)对镜中的形象微笑 (3)在游戏中嬉笑 (4)玩社会游戏(例如躲猫猫、玩拍手游戏) (5)单独地玩(例如儿童独自玩不同于其他儿童的玩具,无意与其他儿童一起玩) (6)可以独自玩游戏,持续15—30分钟 (7)平行游戏(儿童通常在一起玩,但各自单独做他们的活动或游戏;通常在玩相似的玩具或活动,除非他强夺别人的玩具,不然彼此很少有社会性的互动或影响他人的活动) (8)联合游戏(儿童可在一起玩。在游戏中与其他儿童交往的兴趣和对物的兴趣一样大。彼此之间各自有自己的活动目标与目的,可能彼此有所关联,但不是一完整组织的活动) (9)两人的合作游戏(两个儿童参与共同目的的活动,彼此有组织,能相互协调以达到目的。通常儿童是玩一些扮演、竞争/非竞争的比赛,或做一些作品,彼此相互支持以达目的) (10)团体的合作游戏(两个以上的儿童参与共同的活动,通常儿童玩一些扮演、竞争/非竞争的比赛,或做一些作品,彼此相互支持以达目的) (11)游戏中有分享行为 (12)玩时可以等待轮流 (13)能为他人做事以达成目标的活动	(1)可以不用支撑地坐着玩 (2)玩时可以独立站得很好 (3)爬或匍匐前进 (4)可以边走边玩 (5)可以双手将球从头上丢出 (6)可以在大人椅子上爬上爬下 (7)向前踢球 (8)随音乐全身舞动 (9)踩(骑)三轮车 (10)用双脚做跳远状的动作(双脚离地) (11)可以从10英寸高的椅子上跳下来 (12)接住大球 (13)跑得很好(不会跌倒) (14)可以爬低矮游戏设施上的梯子 (15)跳绳(至少连续两次以上) (16)会翻筋斗、跳跃、荡秋千,用轮子溜冰、走平衡木

《游戏发展进度量表》从社会、物体、象征和动作等四个游戏类型,描述了0—6岁婴幼儿一些具体的游戏行为表现和游戏发展趋势,为教师或父母组织开展游戏活动、评价幼儿游戏提供了理论与实践依据。

二、从幼儿认知发展角度考察

认知心理学认为,游戏是随着认知发展而发展的,游戏的形式必然与智力发展阶段相对应,且呈现出相应的连续性和阶段性。以瑞士心理学家皮亚杰为代表,认知心理学派根据幼儿智力发展的不同水平,把游戏分为实践性游戏、象征性游戏和规则性游戏三个阶段。

(一)实践性游戏(0—2岁)

实践性游戏是发生于认知发展的感知运动时期的游戏形式。游戏的目的是取得一种机能性的快乐,活动形式是重复偶然习得的动作图式。处于感知运动阶段的婴儿,只有动作智慧,没有表象和运算的智慧,他们仅靠感知动作的手段来适应外部环境。作为同化的游戏,便成为后天获得的动作图式的重复。最初,婴儿是对偶然产生的新动作进行重复,随后,婴儿对重复动作本身的兴趣大于动作的效果,之后,注意集中在"故意制造复杂情况"上,这种复杂情况对实现原有的目标乃是一种障碍,而这个原有目标却是当初促使这种行为产生的原动力。实践性游戏的愉悦来自于婴儿控制自身和环境的感觉,当这种能力被反复地证实后,婴儿便沉溺于发展中的能力和自信的情感之中。

(二)象征性游戏(2—7岁)

象征性游戏是发生于认知发展的前运算时期的游戏形式。在初步的语言和表象的作用下,幼儿超越了直觉动作的形式,练习用符号和被表示的对象进行联合的方法去理解环境,表现自己。象征性游戏反映了符号功能的产生和发展,也反映了幼儿对环境的同化性倾向,表现为能够运用信号物,即以一物作为另一物的信号或替代物,这一功能性表征形式把"世界"吸收到一个以自我为中心的同化过程。例如,幼儿身边的一个小纸盒,游戏中的他既可以把它当作"器皿"来使用,也可以把它当作"坦克车"来开。在这个阶段象征性游戏是一种意义形式,如果说实践性游戏作为机能价值存在的话,那么象征性游戏则作为表现价值而存在。

(三)规则性游戏(7—12岁)

规则性游戏是发生于认知发展的具体运算时期以后的游戏形式。这时,象征性游戏结束,规则性游戏开始,以至于持续到成年。规则性游戏表达着一种对现实的同化倾向,规则导致娱乐活动的集体形式,传播着一种社会责任感。由于规则性游戏是通过感知运动时期动作的练习和掌握,使动作技能提高了,又经过具有象征意义的智慧的整合,以及思维的抽象概括水平提高所产生的游戏,这种游戏具有竞争性,而这种竞争是以规则来协调的,规则或是既定的,或是同伴协商产生的。所以,规则所要求的智力复杂性反映了这一阶段儿童认识能力的提高,儿童对社会行为的这些概括,说明了儿童的能力已经达到能够接受和控制的水平,或者能够接受规则支配的社会关系的水平。

三、从幼儿社会性发展角度考察

社会心理学家从幼儿社会性发展角度对幼儿游戏进行了深入研究。幼儿在游戏中与同伴交往的行为表现出社会性发展的水平，各水平之间呈现连续、重叠和交替状态，并由低级逐步向高级发展。以美国心理学家帕顿为代表，根据幼儿社会性行为表现，游戏可划分为以下几个阶段。

(一) 无所事事、旁观行为阶段

这是婴幼儿社会化程度最低的游戏阶段，是个体的一种无目的的活动。婴儿从 2 个月时开始，如果对某个事物感兴趣就会注视，但注视的时间短暂，随后是不断重复学会的动作、吸吮手指或抚摸身体等。在成人的帮助下能够独自行走时，便迫不及待地四处走动，随机活动多了起来，如爬上爬下、东张西望、四处奔跑等，这完全是幼儿自发的，似乎是从非游戏向游戏的过渡。或者幼儿处于游戏圈之外，大多数情况下只是观察其他幼儿的活动，偶尔也会提出问题、发表一点建议，但不主动参与游戏，呈现出一种非游戏化状态。

(二) 独自游戏、个人游戏阶段

这是游戏的初级形式。即游戏者个人单独玩耍，不需要具有合作能力。通常，处于学步期或学步期前后的婴幼儿以这种方式进行游戏。本阶段的婴幼儿以自我为中心，他们的注意力主要集中在对物体的摆弄或独自活动上，不大会觉察他人的存在，也顾不上与其他婴幼儿建立交往关系。他们有时也会用手指指、拍拍其他婴幼儿，但这只是一种探索行为，在他看来，对方不是玩伴，而是像其他物体或玩具一样的东西。即使与其他婴幼儿在一起，他们都是独自地各自玩，不理会他人，也不在意别人玩什么。换言之，他们还不具备与其他婴幼儿一起玩的能力。

(三) 平行游戏、并列游戏阶段

这是幼儿以自我兴趣为中心的游戏阶段，指两个或两个以上的幼儿在一个主题游戏情境中的玩耍活动，他们扮演相同的角色，但在游戏中各自玩各自的，相互间不发生协作与交往关系。两三岁的婴幼儿通常会发展到平行游戏阶段。我们经常可以看到，几个两三岁的婴幼儿坐在一起，各自玩着自己的玩具或游戏，而没有口头或身体语言上的交流，但他们会觉察到其他人的存在，如偶尔观望，但并不会去设法改变或影响他人的游戏活动。这一阶段的游戏特点是相互模仿，形成了初步的玩伴关系。

图 2-4 同一游戏主题下的幼儿游戏情境

(四)联合游戏、合作游戏阶段

这是幼儿以集体共同目标为中心的游戏阶段。幼儿围绕一个游戏主题,他们有共同的游戏目的和计划,相互形成角色关系,交往成为游戏的重要形式。幼儿大约到4岁以后,能够留意身旁其他人的活动,开始有了一些初步的交往,如借用玩具或材料,相互交流沟通,有时也会主动加入到其他幼儿的游戏中,但相互交流的时间不会太长,游戏也不会太持久。随着语言能力的增强和生活经验的丰富,5岁以后的幼儿,其游戏活动会大量出现相互协商、确定主题、分配角色、选择材料等行为或现象。游戏有了集体活动的共同目标,合作时间得以有效延长,游戏内容进一步丰富起来,游戏中不仅有明确的分工、合作以及必要的规则,而且会有一到两个游戏的领导者。

综上所述,尽管这些游戏发展理论从不同的角度来考察和论述幼儿游戏的发展过程,其结论也不尽相同,但有几点却是共同的。

一是幼儿游戏表现出不同的发展水平,并据此对幼儿游戏作发展阶段的划分,每个阶段的幼儿游戏都有其特殊的、主要的行为模式,它标志着该阶段幼儿游戏发展特点。阶段间所表现出的差异或特点,不是量的区别而是质的不同。

二是游戏发展的后一阶段源于前一阶段,前一阶段所积累的经验又总是被整合到后一阶段,即高级阶段是从低级阶段中分化发展出来的,高级阶段保留并丰富了低级阶段的内容,但先形成的低级阶段是最具基础性的。

三是幼儿游戏发展与自身生理、心理发展是同步的,且相辅相成、互相促进。幼儿生理成熟度和心理发展水平的不断提高,促进了幼儿游戏水平的不断提高。反之,幼儿游戏水平的提高,也促进了其身心的和谐发展。

四是幼儿游戏阶段呈不同阶梯式发展,尽管幼儿游戏发展有明确的阶段性,但是每个阶段之间相互联系、相互包含或同时并存,前后相邻阶段具有一定程度的交叉重叠。就是说,不同游戏发展阶段的发生年龄,因个体和环境差异会有所不同,或提前或滞后,但个体游戏水平的差异,并不会影响总体发展的趋势。

第二节 幼儿游戏发展功能

功能是指有特定结构的事物在内部和外部的联系中所表现出来的作用。就幼儿游戏发展而言,仅有幼儿的生长需要和心理发展水平之间的内部矛盾机制,而没有干预、支持等外部教育条件发挥作用,那么,幼儿的健康发展将会受到影响;反之,如果幼儿自身没有这个内部矛盾机制,教育这个外部条件的作用的发挥也就无从谈起。游戏的功能就是基于幼儿自身所具有的游戏需求,建立在其生理与心理发展的基础上,创设适合于幼儿游戏发展的条件、适宜的教育引导策略,使其向人们所期待的方向不断转化和发展。

一、游戏与发展的关系

在《游戏与儿童早期发展》一书中,约翰逊等人认为,游戏与发展的关系存在三种不同的观点:第一种,儿童的游戏行为是儿童发展的"窗口",透过这个窗口可以了解儿童在各个领域的发展状况,也就是说,游戏只是反映了儿童的发展;第二种,游戏可能是表现和巩固儿童的发展性获得(包括行为技能和概念性获得)的情境与媒介,也就是说,游戏巩固了发展;第三种,游戏是发展性变化的一种手段,游戏可以促使有机体的功能和结构组织产生质的提高,即游戏能够导致发展。① 从正面的儿童游戏及其过程来看,上述三种观点无疑都是正确的。为进一步说明游戏与发展的关系。Greta Fein(1977)在其相关研究中,形象地将游戏比作吃饭,Greta Fein 这一比喻恰当地反映了游戏与发展的关系。约翰逊分析认为,这里所关注的不仅仅是吃饭是否有利于生长与发展,所强调的是食物的摄取、消化过程中的营养成分(如热量、维生素、矿物质)。对此,我们可以思考这样一些具体的问题——什么人、在什么时候、在哪种情况下、摄取怎样的食物营养成分,以及摄取多少会有益于健康成长。与此同理,我们对于游戏也需要思考这样一些具体问题,即,什么年龄段的幼儿、在怎样的环境条件下、开展哪种游戏,幼儿表现如何,游戏作用与功能的发挥,等等。只有弄清了这些问题,我们才能清楚地知道幼儿发展过程中需要怎样的"营养成分",以及游戏能够为发展中的幼儿提供怎样的(或多少)"营养成分"。

近年来,游戏的研究者和实践者在关注游戏发生、发展的同时,更加关注游戏在幼儿的发展和学习方面的功能研究,积极探索游戏与幼儿发展之间的关系,包括认知、语言、社会及情绪等领域。多项研究和幼儿教育实践表明,角色游戏、表演游戏、建构游戏与各种认知、创造等社会性活动密切相关,能够提供幼儿发展所需的社会化"营养成分",可以有效增进幼儿的认知发展和社会化成长。然而,并非所有游戏活动都含有"营养成分",对幼儿的发展都有益,或都具有促进作用。一些活动量大、强度高的游戏,就有可能影响幼儿的身体健康,有不安全因素的游戏会危及幼儿生命,内容不健康(模仿赌博、暴力、夫妻吵架等)的游戏会使幼儿形成不正确的道德观念或不良品质。游戏中的不良交往,也会影响幼儿个性的发展。比如,在游戏角色分配过程中,共同游戏的小伙伴不同意身材较小的小女孩当妈妈,反对者以蔑视和嘲弄的口吻表明她个子矮小,并得到了其他游戏伙伴的支持,反对者的言行使小女孩受到了极大的伤害。这种不良的游戏交往,就有可能使幼儿产生自卑感、失去自信心。一些媒体举办的儿童娱乐性节目、成人设计的取悦或娱乐幼儿的游戏活动,其不恰当的形式、内容、表现,也会让幼儿感到无聊或产生挫败感。长此以往,这些都会影响到幼儿的健康发展。因此,要科学看待游戏与发展之间的关系。

有研究清楚地说明,游戏对幼儿具有短期和长期利益。短期利益是指游戏的积

---

① 约翰逊,等.游戏与儿童早期发展[M].华爱华,郭力平,译校.上海:华东师范大学出版社,2006:27.

极影响——可以立即意识到或在游戏后一个相对较短的时间意识到;长期(延迟的)利益——以后意识到的结果,一般是在数天后、数周后、数月后甚至数年后才显现出来。沉睡者效应就是指先前的经验价值直到很长一段时间后才体现出来。显然,体现在游戏中的有益影响可以导致发展或至少加强了发展。[①] 对此,我们可以从两方面来理解:一方面,游戏的发展价值不一定是即显的,游戏本身也并不能产生幼儿发展所需的全部的利益;另一方面,只有认定成人和同伴的参与是游戏对幼儿产生发展性影响的必要条件,游戏反映了幼儿的发展,游戏巩固了幼儿的发展,适宜的游戏必将导致幼儿的发展,游戏对幼儿发展才具有重要意义。

"kindergarten",源自德语,其原意是孩子们的花园。理想的幼儿园应是幼儿的欢乐园,并以幼儿快乐、健康发展为宗旨。幼儿园教育的目的是全面促进幼儿的发展,而非依赖游戏的发展,教育更加强调的是主体的主动性发展和促进性发展。这就要求游戏、游戏的机会必须是适宜幼儿发展的、富有挑战性和促进作用的。要根据幼儿的年龄特点、游戏的性质,选择和实施符合幼儿教育基本要求和规律的游戏,并以此来促进幼儿的发展。具体而言,这一过程包括选择什么游戏,提供怎样的游戏材料或环境,内容是否符合幼儿的年龄特点,给予怎样的指导与干预,游戏时间和机会的把握等环节。总之,设计、编排一些适宜的游戏活动,帮助幼儿在体、智、德、美等领域得到有效发展,是游戏促进幼儿发展的关键所在。

二、游戏与幼儿全面发展

教育目的既是教育活动的宗旨,也是教育活动开展的依据。在不同的社会发展时期,由于受历史条件、价值观、教育观的制约,培养的要求各不相同。我国教育目的的表述虽经多次修订,但其核心内容基本一致,即对受教育者实施全面发展教育和素质教育。

全面发展教育是对人的各方面和谐发展而实施的系统教育工程,是使受教育者全方位得到发展而实施的多种基本素质培养的教育活动的总和,它由多项既具联系又各具特点的教育部分组成。我国通常把德育、智育、体育、美育和劳动教育作为全面发展教育的基本组成部分。

素质,传统上是指个体的那些与生俱来的解剖生理特征。当代所指较为广泛,包括人的生理、心理、社会诸方面的稳定性特征。素质反映着人的一般质量,是受先天遗传和后天环境共同影响的产物。"素质教育是以提高民族素质为宗旨的教育。它是依据《教育法》规定的国家教育方针,着眼于受教育者及社会长远发展的要求,以面向全体学生、全面提高学生的基本素质为根本宗旨,以注重培养受教育者的态度、能力,促进他们在德智体等方面生动、活泼、主动地发展为基本特征的教育。"[②]素质教

[①] 约翰逊,等.游戏与儿童早期发展[M].华爱华,郭力平,译校.上海:华东师范大学出版社,2006:28.
[②] 原国家教委.关于当前积极推进中小学实施素质教育的若干意见.[教办[1997]29号].

育是以全面提高所有学生的基本素质为根本目的的教育活动。

素质教育与全面发展教育是相辅相成的,全面发展教育是素质教育的内容或途径,素质教育是全面发展教育的目标或归宿。素质教育要求全面发展提高学生素质,体现了与全面发展教育的统一。全面发展教育有了素质的"补充",就使其目标趋于具体;素质教育有了全面发展的"规范",就使其要求更加明确。

对幼儿实施全面发展教育是我国幼儿教育的基本方针,也是幼儿教育法规规定的幼儿园教育的基本任务。《幼儿园教育指导纲要(试行)》明确指出:"幼儿园教育应当贯彻国家的教育方针,坚持保育与教育相结合的原则,对幼儿实施体、智、德、美诸方面全面发展的教育","幼儿园应为幼儿提供健康、丰富的生活和活动环境,满足他们多方面发展的需要,使他们在快乐的童年生活中获得有益于身心发展的经验"。

幼儿园的全面发展教育,是指以幼儿身心发展的现实与可能为前提,以促进幼儿在体、智、德、美诸方面全面和谐发展为宗旨,并以适合幼儿身心发展特点的方式、方法、手段加以实施的,着眼于培养幼儿基本素质的教育。在这里,全面发展有两层含义:一是指所有幼儿的发展,幼儿素质水平要达到这一教育阶段所提出的标准与要求;二是说幼儿各方面的素质都要有所提高,不能重此轻彼。对此,在《幼儿园工作规程》《幼儿园教育指导纲要(试行)》等法规文件中,都有明确的要求与规定,只有真正理解其深刻含义,才能全面地提高幼儿的基本素质。而适合幼儿身心发展特点的基本活动形式无疑就是游戏,因为游戏是幼儿期的主导活动,除自发自主的游戏活动能为幼儿的成长带来益处之外,有目的、有计划、丰富的游戏活动更是必不可少的促进幼儿发展的教育手段。通过游戏,可以达到玩中健体、玩中启智、玩中育德、玩中储美的教育目的,使幼儿得到全面、和谐的发展。

(一)游戏,强健幼儿体能

健康,是一个人在身体、精神和社会等方面都处于良好状态的总称。这是世界卫生组织对健康的定义。同时,世界卫生组织认为,由于缺乏运动而引起的体能低下,会造成多种健康问题。那么,什么是体能呢?体能是人从事活动所需要的身体能力。它包括对疾病的抵抗能力,肌力及肌耐力,心脏循环性耐力,动力和速度,柔软性和敏捷性、协调性、平衡性和正确性,等等。虽说一个人即使不锻炼,体能也会"自然增长",但这种自然增长毕竟是有限的。要提高人体机能就必须开展丰富的体育锻炼活动,加速身体各器官系统、肌肉组织的新陈代谢。因此,体能锻炼的意义就在于增强体质,提高健康水平。运动不仅能够增强幼儿的体能,更会给予幼儿生命的关怀。从这个意义上讲,关注幼儿体能发展,培养幼儿的运动兴趣和能力,是幼儿健康发展最基本的保障。

图2-5 户外游戏"滚铁环"

就幼儿游戏来看,大部分游戏活动都有积极主动的肢体运动参与,这些肢体运动能有效促进幼儿的血液循环,有助于其身体更充分、更旺盛的新陈代谢,也有利于幼儿端正体态的形成。丰富多样的体育游戏活动,会使幼儿灵活性、平衡性、操作技能以及协调能力得到锻炼和发展,特别是游戏活动中的愉悦感受更有利于身心的健康发展。

1. 促进幼儿身体全面发展

第一,游戏活动中的肢体运动有利于幼儿骨骼和肌肉的生长发育。骨骼生长需要不断地吸收蛋白质和无机盐(特别是钙和磷),而人体必须有足够的维生素才能使钙和磷得到很好地吸收。幼儿在进行户外游戏活动时,阳光中的紫外线,可以使其皮肤中的一种物质(麦角固醇)转化成维生素 D,会促进对钙、磷的吸收;游戏中的跑、跳等动作对骨骼的骨化中心能起一种机械刺激作用,改善血液循环,促进骨骼的生长发育。所以,经常性地进行户外游戏活动,能使肌纤维变粗,肌肉血液供应良好,毛细血管增多,促使肌肉强壮。

第二,游戏活动有利于神经系统的生长发育。肌肉活动是在神经系统的直接指挥下进行的,肌肉有节律地收缩和放松会对神经系统产生良好的刺激作用。由于神经系统与身体各组织、器官的联系加强了,因而会改善和提高彼此之间的协调能力。

第三,游戏活动有利于幼儿心脏的生长发育。经常参与户外游戏和体育游戏活动的幼儿,心肌健壮,心脏跳动次数比一般幼儿要少,这是心脏健康的表现。

2. 增强幼儿抵抗疾病的能力

幼儿期是人一生中身体发育的重要阶段。运动作为防治疾病的手段是任何药物都无法替代的。比如,一个人坐着不动,1 分钟只能摄取 1/4 升的氧气,而跑 5 千米,1 分钟能吸取 2 升的氧气,等于坐着不动时的 8 倍。仅从获氧量来看,运动与否对健康的影响就大不相同。经常性、常规化的在各种气温条件下(适宜于幼儿)开展的体育游戏活动,尤其是冬季进行的室外体育游戏,能更有效地改善心脏、血管系统的功能,改善幼儿身体对冷、热气温刺激的适应性,有利于幼儿适应环境、抵御疾病能力的提高。

此外,游戏活动还能改善幼儿的心理气质,形成热情活泼、积极向上的精神风貌。

(二)游戏,开启幼儿心智

游戏能够开启幼儿心智,使幼儿更加聪明。一方面,一个人是否聪明,主要取决于大脑机能的发挥。幼儿大脑需氧量一般占整个人体需氧量的 50% 左右。游戏活动中会消耗大量的能量,为了满足游戏的需要,新陈代谢加速,血液循环增强,从而保证大脑获得更多的氧气和能量。大脑工作时的能量源于血液中的葡萄糖,游戏活动可使体内胰岛素工作

图 2-6 益智游戏"国际象棋"

正常,使大脑处于兴奋状态,更好地使大脑发挥"聪明"功能。另一方面,幼儿在游戏中、与环境相互作用的过程中,会主动探索、发现事物之间的关系与联系,认识客观事物的基本特征,如对物体分类、形成概念等。游戏的内容源于幼儿生活,游戏中的幼儿对已有知识经验、生活体验所进行的加工改造,正是幼儿创造性想象的源泉。

1. 提高幼儿解决问题的能力

问题解决是综合运用已有知识和认知的能力,是对一个不熟悉的问题情景进行分析,寻求解决办法的心理活动过程。20世纪70年代,美国著名心理学家布鲁纳等人开展了游戏对幼儿解决问题能力影响的实验研究。[①] 实验把3—5岁的幼儿分成自由游戏组、观察成人解题全过程组、观察成人按原理操作组、操作用具组、未见过用具组等5个小组,并为各组设置不同的环境条件,但提出共同的任务:在幼儿不能向前移动的前提下,用两根长短不一的棍子和一个夹钳去取放在远处的物品。实验结果表明,在完成实验规定任务的过程中,自由游戏组比其他各组有较明确的目标,有较好的主动性和坚持性,在这一过程中幼儿能不拘一格地、开放性地使用和利用实验所提供的工具材料和环境条件,解决问题的灵活性、创新性方面也更具优势。可见,游戏能够为幼儿提供没有压力但需要毅力的良好的解决问题的环境,这也是幼儿解决问题的良好心理条件。同时,由于游戏的类型不同,幼儿通过各种感觉器官和观察各种物体的不同特征、用途,在动手摆弄和探究物体的过程中,所获得认知和解决问题的能力显现出全面和多元的发展。

2. 培养幼儿的创造能力

创造力就是产生新思想和创造新事物的能力,它与思维的流畅性、灵活性、独创性及创造性想象紧密联系。创造性不只是与智力发展水平有关,智力发展水平相当的人,创造性不一定相同。创造性可以说是一种人格特征,一种乐于探索的内在精神。游戏,为幼儿提供了自由探索、大胆想象的机会,能够养成勇于创造的态度与精神。所以,爱玩的孩子聪明。这正是幼儿在游戏中能够学到的"非常特别的东西",而这种"特别的东西",正是能够适应未来发展的人才所具有的基本素质。

游戏中的幼儿对游戏材料的操作形式多样,他们可以对同一物体做出不同的动作或对不同物体做出同一动作,变换着方式尝试在自己的动作与物体、手段与目的之间联结的多种可能性,这种自由的尝试性操作扩大了他们与物体之间的相互作用与影响,幼儿可以大胆地、创造性地解决各种问题。于是,产生想法、操作尝试、解释问题、得出答案、评价答案、修正答案等一系列的创造性过程,不知不觉地在安全、和谐的环境中展开,特别是游戏中的"以物代物"更能反映幼儿变通与转换的创造力。张培隆、谢静言的《结构游戏对改善幼儿认知结构的作用》研究发现:结构游戏有利于幼儿创造意识的发展,提高其作品的独创性与复杂性;有利于改善幼儿的认知结构,优

[①] 邱学青.学前儿童游戏[M].南京:江苏教育出版社,2005:44-47.

化其认知技能,提高其操作能力。[①] 研究再次证实了皮亚杰以及国内外有关学者关于游戏比专门的知识教学更有助于幼儿认知能力的发展、结构游戏对提高幼儿的一般智力和创造力有明显作用的结论。

3. 促进幼儿语言交往能力

幼儿期是语言发展的关键期。皮亚杰认为,适应社会的主要工具是语言。语言导致行为的社会化,从而产生思维动作。幼儿获得了语言,便开始掌握社会交往和思维的工具,并逐渐用语言来表达自己的需要和情感,用语言来调节自己的动作和行为,用语言来认识和描绘客观世界。

在游戏中,幼儿会主动增强与同伴的接触或交往,产生语言交流的迫切要求。譬如:"欢迎下次光临!""我们今天有青菜、萝卜、鸡蛋……""请问你要买什么?""您好!您哪儿不舒服?"同时,游戏中经常有新的情景和新的需要,它既锻炼和丰富了幼儿的语言,也提供重复练习语言以及与同伴相互学习语言的机会,且学得有趣自然。因此,游戏促进了幼儿语言的发展,从而促进了幼儿社会性的发展。

语言交流与材料操作是游戏开展的基础。幼儿在共同游戏中,伴随动手操作、尝试、探索等游戏过程,需要大量的语言沟通,这一过程不仅提高了幼儿的交往能力,同时也激发了幼儿学习的积极性以及寻找问题解决方法的生动性,从而提高分析问题和解决问题的能力。

4. 手脑并用,促进智力发展

手部肌肉动作与智力发展有着密切的关系。手部肌肉动作不但表明了动手能力、视觉运动协调能力,更主要的是反映了人的一种精细的感觉和对外界刺激分析与综合的能力,这种能力是由幼儿神经系统的发育水平所决定的。游戏过程中,幼儿手脑并用的现象十分普遍,这就必然形成相互刺激、相互促进的关系。俗话说的"心灵手巧"正是此意,"手巧"与"心灵"好比一枚硬币的两面,不可分割、相得益彰。例如,幼儿在运用一次性纸杯做手工时,他必须按照既定目标去考虑、分析材料的使用及其加工手段。因为把一次性纸杯加工成为"水桶""望远镜"或"帽子"的"设计立意"和加工手段、工具使用、辅助材料选择与结合是有别的,加工过程所表现出的心智、技能和问题解决能力的程度不同。所以,手脑并用不仅能够促进幼儿的智力发展,也能有效提高幼儿的动手能力。

(三)游戏,培养幼儿的道德情感

德,是人的立身之本,就像树木的根一样,根扎得深就能长大成材。人的根就是德,有了德,就会像扎根深的树木一样长成栋梁之材。要培养健全的人格和优秀的道德品质,就必须从幼儿抓起。基于幼儿的认知特点,以说教的方式进行道德情感的培养是收效甚微的。游戏,往往带有道德情感的色彩,适宜的游戏是幼儿道德情感的一

[①] 张培隆,谢静言.结构游戏对改善幼儿认知结构的作用[J].上海教育科研,1993(5):52-54.

种表现形式,它能使幼儿在不知不觉中缓解心理矛盾,调整消极情感,建立是非观念。可以说,游戏对幼儿道德情感的产生和发展具有显著影响,对幼儿良好道德情感的形成具有重要意义。

1. 游戏能激发幼儿良好情绪

良好的情绪状态是幼儿身心充分发展的保证,也是形成乐观愉快、心地善良个性品质的条件。幼儿的各种情感,无论是积极的或是消极的都需要得到表现,而游戏就为幼儿提供了安全、妥当地表现自己情感的途径,从而使幼儿能够设法驾驭、控制不友好的、攻击性的行为,调整消极情感。游戏能满足幼儿现实生活中不能实现的愿望(如当医生、警察等),把想象中的事物与现实中的事物联系起来,并从中获得快乐。在游戏中,幼儿可以按自己的意愿去当"爸爸"或"妈妈",去"开汽车""开飞机"……他们可以尽情地想象,并在想象中满足自己的愿望,这对缓解幼儿内心的紧张和促进幼儿心理健康发展具有重要意义。当幼儿受到挫折和困扰时,游戏可以帮助幼儿缓解焦虑、害怕、紧张等负面情绪,从而减轻和克服心理压力;在假扮和游戏角色的转换中,幼儿能以角色应有的约束来控制和调整各种情绪。从心理学角度看,幼儿在生活中会受到不同程度的客观条件的限制和束缚,难免会使幼儿的心理产生紧张或压抑,而游戏则是松弛幼儿紧张情绪的良好方式。

幼儿在游戏中无拘无束、全神贯注,充分显示自己的本性,当他们能够自如地驾驭游戏时,就会产生自信心和成就感,从而产生愉快的情绪情感,而积极向上的情绪情感则有助于幼儿形成良好的道德品质。

2. 游戏是培养幼儿道德情感的有效手段

角色游戏是幼儿喜爱的游戏活动之一。在游戏中,幼儿会与其他幼儿协商角色的分配、材料的选择与使用等,特别是幼儿在角色扮演中通过模仿他人获得愉悦感,在潜移默化中自然习得"角色"应有的优良品质。譬如,在"娃娃家"游戏中,"妈妈"既要工作、做家务,还要做到细心照顾"孩子",对"孩子"要有耐心,送"孩子"上幼儿园;而"孩子"要做到对长辈应有的尊重和孝敬,对长辈讲话要有礼貌,并且要帮助长辈做一些力所能及的事情,"妈妈"累了,知道帮"妈妈"捶捶背,主动给"爸爸"倒杯水等。在游戏进行中,不知不觉间,幼儿通过游戏角色的转换、模仿,逐步懂得了尊老爱幼的道理。又如,"医院"游戏中,"医生"要坐诊,为"病人"看病,"护士"要打针、关心照顾"病人","医生"和"护士"对"病人"的这种关爱就会迁移到关心同伴及主动

图 2-7 娃娃医院游戏

探望、关照生病的家人等行为中去。长此以往,幼儿就会形成基本的道德观念。

幼儿道德情感的培养还可以通过音乐游戏、表演游戏来进行。这些游戏活动既满足了幼儿的表演欲望,又促进了幼儿良好道德品质的养成。比如,表演游戏"萝卜回来了""孔融让梨"等,通过小白兔送萝卜、孔融让梨这些具体的情景再现和角色模仿,会使幼儿体验到关心他人的道德情感、恭敬礼让的优良品质,并在日常生活中内化到他们的行为当中。

幼儿良好的行为规范、道德品质不是一朝一夕能够养成的,而是需要反复练习与巩固,游戏恰好能够提供这样一个不断反复实践的机会和环境,而且幼儿不会感到重复和厌倦,因为每次游戏的开始总会有新的内容的生成,幼儿会乐此不疲。所以,游戏有助于幼儿人格的完善和良好道德品格的形成。

(四)游戏,发展幼儿社会行为

社会性发展,是指人在形成自我意识、进行社会交往、内化社会规范、进行自我控制及其他社会活动中所获得的情感、意志、性格等心理特征的发展。幼儿社会性的发展不是与生俱来的,而是在后天与他人的交往中逐步发展起来的。游戏,正是促进幼儿社会性发展的重要途径。

1. 促进幼儿社会认知的发展

社会认知主要是指幼儿对自己、他人、社会环境、社会行为规范、社会文化的认知。幼儿通过扮演角色、模仿成人的活动来反映周围的生活,这就要求他们必须对社会性有一定的认知。与此同时,幼儿对社会的认知在游戏中又会得到重演,并逐渐使之得到强化与巩固,从而进一步促进幼儿的社会认知发展。

低龄幼儿对社会性认知相对较少,往往把自己和游戏角色混为一谈。比如,把自己的食物喂给玩具娃娃吃、给玩具娃娃打针等,在这种反复的过程中,慢慢地他们发现并得出游戏是可以"假装"的经验。随之,他可以用手指给玩具娃娃打针,用纸做的食物给娃娃喂饭等。就是这样的行为过程让幼儿开始了解"自我"和他人,并将两者区分开来。这就是幼儿社会性发展的表现。

伴随幼儿年龄的增长,对成人活动和社会环境的观察与认知,能够促使幼儿在游戏中去"真实地"反映他所观察和认知到的活动,从而提高幼儿社会认知能力的发展。例如,老师带领幼儿到火车站参观。此前,许多幼儿对火车站的认识是比较模糊的,他们这样说明火车站:那里停着许多火车。关于火车站的谈话只是以新的观念丰富了幼儿的知识,只有当幼儿有机会直接去感知火车和火车站的时候,这些观念才能变成"活的"。幼儿看到搬运工怎样装载邮件和行李,火车怎样进站,旅客怎样上车和下车,还观看了火车司机的工作,并同司机谈话。此后,幼儿展开了大规模的、内容丰富的游戏活动,所获得的丰富印象(经验)在他们的行动和言语中得到反映。如果只是停留在口头谈话的层面来了解火车站,那么,这种游戏是不可能发生的,所以说游戏是社会实践活动。通过游戏,幼儿掌握基本的社会关系,建立一些社会概念,学习社会规则并且遵守规则,接受集体的支配,履行集体的一致要求。

交往是幼儿了解他人、与他人共同生活的基础。幼儿只有在与别人的友好交往中,才能学会正确地认识和评价自己,协调好各种社会关系,为将来正常地进入社会、适应社会打下良好基础,而游戏就是幼儿社会交往和交往能力习得的重要途径之一。幼儿正是通过游戏在与他人的交往、分享和合作中,学习体会他人的情感,理解他人的想法,了解他人,获得社会交往的技能,并用他们特有的方式,来表达对现实社会的认识和理解。通过各种角色的扮演,幼儿可体验到父母对孩子的爱心、医生对病人的关心、顾客要尊重别人的劳动等社会成员的思想和感情,懂得人与人之间是需要理解和尊重的。游戏对幼儿日后融入社会并适应社会生活具有积极的促进作用。

2. 促进幼儿社会情感的发展

社会情感主要是指人在进行社会性活动时表现出来的自尊感、同情心、是非感和羞愧感等。社会情感是社会性发展的重要因素,只有社会认知而没有社会情感,社会认知就无法深化,有了社会情感,幼儿对社会的认知才能转化为社会行为。在幼儿社会情感的孕育和丰富过程中,游戏的作用不可低估。在游戏中,幼儿不仅可以满足自己身心的需要,并且可以获得影响与控制环境的能力,建立起行为准则。譬如,在棋类游戏中,对弈双方均需要按照统一的规则、方法进行,当幼儿能够遵守规则并按照规则要求完成游戏取得胜利,他会感到自己是个能干的人、有能力的人,从而激发起良好行为规范的再次履行以及遵守规范所带来的积极情感。

3. 促进幼儿社会行为的发展

游戏是幼儿对社会生活的一种再现,具有群体性。幼儿的人际关系虽然简单,但与幼儿的心理健康、社会行为的发展联系紧密。幼儿通过与同伴的共同游戏,把他感兴趣的事情反映出来,并在游戏中学会共处、学会合作。通过游戏,幼儿可以学到如何参与游戏,并为同伴所接受;通过游戏,幼儿可以学到如何商议、共同协作、互相配合;通过游戏,幼儿可以学到如何正确对待不同意见以及同伴之间的争吵,从而使其能够考虑他人感受、克服自身存在的问题。

游戏活动往往会使幼儿自觉自愿地约束自己的情绪、愿望,遵守规则或规定,使自己的行为服从游戏要求。因此,通过游戏,可以使幼儿学会分享、谦让、合作、互助,并规范自己的行为。例如,体育游戏"赛龙舟",游戏由四个小朋友共同来完成,其中一人有节奏地敲出能振奋人心的鼓声,另外三人必须随着鼓点,一齐用力向前划。为了能使游戏得以顺利进行,幼儿在游戏中的心意和动作必须协调一致,必须服从游戏规定的各项规则。重要的是如果没有动作的协调一致,就不可能有幼儿的共同活动。所以,游戏中的幼儿往往会自觉规范自己的行为。

在幼儿社会行为发展的初始阶段,协调一致是在游戏过程中逐步建立起来的,带有外部作用的性质,这种作用就是幼儿的合群性,即保证幼儿能在集体中过完全平等生活的品质。只有合群才能使幼儿逐步掌握和形成轮流、协商、合作等基本行为能力,才能有充分表现自己,大胆对游戏活动进行构思与创造的机会。要做到合群并参与到游戏中去,幼儿必须学会控制自己的不良情绪,约束自己的行为,提高自制力和意志力。于是幼儿在集体中开始学会理解和运用,这或许就是游戏性经验在社会性发展方面的最重要的价值。

在现实社会中,时常会有一些人以匪夷所思的行为挑战理性、社会规范,甚至挑战法律。据心理专家分析,这些人的性格大多是"一条道走到黑的"偏执型。事实上,我们身边也不乏一些有偏执倾向的人,这些人的想法为什么都是"单行道"呢?"偏执型人格形成的原因很多,像家庭教养、母爱缺失等,但现在容易忽视的是孩子幼年时的游戏缺失。"现在,幼儿园的孩子回到家,更多的家长会问"今天学了些什么",而不会问"今天玩了些什么"。其实,幼儿的工作就是玩,尤其是合作游戏,他们从玩中学会人际交往和社会规则。北京安定医院心理科医生西英俊评价说:"缺乏玩耍经历和能力的孩子,长大后不善于与人建立良好的人际关系,对他人很难有信任感,同时会形成更多消极的思维模式——他们都不跟我玩,肯定是合伙排挤我(其实是自己跟不上别人的节奏,或无法使自己融入群体)。"一般缺少游戏或没有玩伴的孩子,自己缺乏良好的处世技巧,又不能从他人身上得到反馈,久而久之,做事、想事都容易"一根筋"。因此,为了孩子健全人格的发展和社会发展,成人应该让幼儿尽情游戏。首先,尽量给幼儿提供没有"干净""安静""整齐"等附加条件和要求的游戏氛围,如可以用废旧材料给幼儿建立一个游戏角,让他们自己游戏并管理。其次,一般情况下不要干涉或打断幼儿的游戏,有问题等幼儿游戏结束后再说。再次,鼓励幼儿多到户外游戏,或邀请其他幼儿到家里来游戏。当然,游戏内容需要成人精心设计或选择,以防某些不良游戏内容对幼儿形成负面影响。比如,家庭中常玩的"骑大马"游戏就可能会滋长孩子的"小皇帝"思想。[①]

(五)游戏,培养幼儿的审美能力

简单地说,审美能力是指一个人对美的事物的鉴别、评价、欣赏能力。包括审美感知力、审美想象力和审美理解力。审美能力决定了一个人的审美活动是否能够展开以及展开的程度。就是说,具有审美能力的人不仅能够感受到美、识别美与丑,而且能够对美加以理解、分析、评价,判断美的性质、种类及其程度。

法国著名雕塑家罗丹有句名言:"美是到处有的,并非美在我们的眼目之前付之阙如,而是我们的眼目看不见美。"[②]生活中不是没有美,而是缺少发现美的眼睛。美,在我们的日常生活和客观世界中无处不在、无处不有。如何让幼儿拥有发现美的"眼睛"呢?游戏。游戏是幼儿的天性,在轻松、自由的游戏氛围中,幼儿更易于感知和接受美。因为幼儿最初的美感建立是无意识的,是通过模仿逐步学得的,对美感体验需要一个社会化过程,而游戏不仅蕴含着多种形式的美的元素,更是为幼儿提供了一个适宜的美感体验过程。通过游戏,这些美的元素会在幼儿身上不断集成和沉淀,形成厚积薄发之态。

[①] 周利波.儿时没玩好,长大易偏执[N].环球时报,2010-11-20(7).
[②] 葛赛尔.罗丹艺术论[M].傅雷,译.北京:中国社会科学出版社,1999:149.

1. 促进幼儿审美能力的形成与发展

对于发展中的幼儿来说，游戏是其感知美、体验美、表现美和创造美的一种特殊的审美活动。

在自然美、社会美和艺术美中，最具典型性的就是艺术美，并且最为幼儿所接受。游戏中，幼儿以艺术的形式主动地反映自然和社会生活中美好的事物，表现艺术作品中的角色形象，使用艺术化的语言，进行多种艺术形式的活动，装饰和美化着自己的生活环境，丰富着自己的审美情感。比如，音乐游戏中的歌唱、表演、舞蹈，可以使幼儿逐步懂得节奏美、旋律美和舞姿美；建构游戏可以使

图2-8　教师指导下的感受春天活动

幼儿认识到造型美、对称美和色彩美；表演游戏可以让幼儿体验到语言美、情节美和服饰美；角色游戏可以使幼儿懂得心灵美、爱护美和关照美。通过这些活动使幼儿拥有发现美的眼睛、感受美的心灵、创造美的头脑和双手。

自然万物，千姿百态，五彩缤纷，处处蕴含着美的韵律。自然美自然是有声有色、有形有态的。人，就生活在这个美的世界之中。要领会自然世界中的美，首先要对自然抱有一种欣赏的态度，要有一双能够欣赏美的眼睛，去感知自然美，这是获得自然美的首要条件。丰富多彩的户外活动，是幼儿感受生动诱人的自然美的有效途径。春天的山野葱绿，鲜花盛开；夏天的鸟鸣蝶飞，百花争艳；秋天的金叶满树，硕果累累；冬天的玉砌冰雕，银装素裹。自然界的奇峰巧石，潺潺溪流，竹茂树森，花香鸟语，林海莽莽，山花烂漫，清风拂面，泥土芬芳，等等，所有大自然赋予的一切都能给幼儿带来无穷的乐趣和美的享受。

与自然美相比，社会美在内容与形式的关系上更偏重于内容，社会美总是与反映人类文明进步的道德观、理想直接联结在一起。社会美就是人类社会生活的美，它蕴含于现实生活之中。社会美的核心是人美，如人的智慧、品质、意志、道德情感、创造力等，它包括外在美和内在美两个方面：内在美包括人生观、理想、修养等，它需要通过外在的行为、语言、风度等形象表现出来；外在美主要是形式的美，它显现着内在美，但又具有相当的独立性。比较而言，内在美是最根本、最持久的美。要让幼儿认识和理解社会美，或通过说教建立社会美的规则可以说是非常困难的。然而，通过游戏，幼儿就容易理解和接受，因为透过游戏的教育是寓教于乐的教育、潜移默化的教育。比如，角色游戏就是幼儿对现实生活的再现与反映，其主题、角色、情节均与他们熟悉的现实生活有关，它体现着幼儿对社会现实生活、现象的理解程度和肤浅的社会意识。在角色游戏中，幼儿根据自己的爱好、对现实生活的认识和理解，创造性地把

想象活动和实际活动结合起来,积极、愉快、自愿地设计和发展一定的情节,反映着社会中人与人之间的关系。从中幼儿可以习得尊老爱幼、遵章守纪、同情关爱、谦让礼貌等关于社会美的态度和情感。这些都有利于幼儿建立初步的美丑观和是非观,并逐步内化到自己的行为中去,形成初步的社会美的规范。

2. 幼儿艺术活动自身就是一种游戏

现代幼儿教育理论运用辩证唯物主义方法论,明确了在幼儿成长和发展过程中,外部要求或实际活动所引起的新需求与其自身已有水平之间所形成的矛盾和差异是幼儿游戏的真正原因。如果说,参与实际活动的需要或实际活动所引起的继发性需求是游戏产生的根源,那么艺术活动与游戏有异曲同工之处,因为实际活动的表现形式和幼儿参与实际活动的方式是多种多样的,艺术活动就是其中之一。

德国艺术史学家格罗塞在其《艺术的起源》一书中指出:"介乎实际活动和审美活动之间的,是游戏的过渡形式。游戏和艺术的不同之处,就因为它和实际活动一样,常常追求一种外在目的,而游戏和实际活动的区别,却因为它本身也含有愉快的情感因素;只有艺术是仅仅注重活动的本身,而毫不注重那无关紧要的外在目的。"[①]这是他对原始艺术的产生和发展做了大量研究和论证后形成的观点。他用一个非常形象的例子进一步说明了实际活动、游戏活动和艺术活动的关系。如果用直线表示实际活动,艺术活动则是圆圈,那么,曲线则表示游戏活动。游戏与艺术的共同之处就是"愉快的情感因素",并且艺术活动本身就是一种目的。那么,幼儿所进行的艺术活动正是一种快乐的实际活动,它是目的也是"直接得到快乐"的手段。

对游戏与艺术的关系,约翰·赫伊津哈有更加深入的论述,虽然他对席勒用"游戏本能"来解释艺术的起源提出质疑,但他自己也不得不承认,"我们发现确实很难抵制用游戏去对其进行解释的欲望。……游戏是艺术的生长点"。[②] 他同时认为,音乐在各个方面都与游戏有着紧密的联系,这与音乐和游戏的结构有关,这种联系之紧密以至于人们认为二者之间不可分割。对音乐的孪生姐妹——舞蹈而言,这种联系也同样成立。并非舞蹈包含着游戏的东西,而是舞蹈本身就是游戏必不可少的组成部分,舞蹈是一种特殊的、特别完善的游戏。

当我们认真审视幼儿艺术活动时,它确实具有自由、愉悦和假扮等游戏特征。对幼儿来讲,艺术就是一种游戏,"只有儿童从中获得欢乐和愉快的体验时,艺术才能真正成为儿童的需要,并且被儿童所接纳"。[③] 这是幼儿与周围环境相互作用的结果和最基本形式。因为,艺术活动可以帮助幼儿意识到自己的生命及生命活动所产生的结果,获得一定的感受和体验,并且是赋予生命以活力的情感体验。而且,艺术活动能满足幼儿成长过程中继发性的新需要。它强调的是活动过程中幼儿的愉悦性、体

---

① 格罗塞.艺术的起源[M].蔡慕晖,译.北京:译商务印书馆,1984:38.
② 约翰·赫伊津哈.游戏的人[M].多人,译.杭州:中国美术学院出版社,1996:184-188.
③ 曹中平.儿童游戏论——文化学、心理学和教育学三维视野[M].银川:宁夏人民出版社,1999:5.

验性和成长性。同游戏一样,艺术活动是幼儿生命中不可缺失的组成部分。①

对此,我们可以得出如下结论:如果将游戏视为幼儿成长过程中必不可少的"艺术"形式,那么,幼儿艺术活动实际上是美的形式上的游戏活动,是幼儿游戏中的高级形式,它所遵守的规则也必然是美的规则和艺术的规则。所以,我们可以把幼儿的艺术行为与过程理解为由本能行为逐步向有审美意识发展的过程,是实际活动向审美活动过渡的游戏形式。而且这种形式的过渡将伴随3—6岁幼儿的整个发展阶段。从这个意义上讲,游戏,不仅能够培养幼儿的审美能力,而且是最有效的形式。

游戏对幼儿的发展具有上述基本作用,并不意味着任何一个游戏都能同时达到这样的功能,某一游戏具有发展幼儿认知的功能,也并不是指全部的认知,更不是说游戏是万能的。这里所强调的是幼儿的年龄特征、教育规律与游戏的功能、作用具有合规律性、合目的性。事实上,不同种类的游戏,其主要功能也不一样。而且,游戏功能的发挥与教师(父母)的教育观念、教育行为、幼儿参与情况等因素密切相关。在幼儿园,即使是同一个游戏,在相同的环境下,由不同的教师组织实施、指导,其功能和效果也会存在一定的差异。

三、幼儿游戏与多元智能

智力理论一直是影响教育观的重要因素。1905年,法国心理学家比奈和西蒙首创人类智力的测量工具——比奈 - 西蒙量表(Binet-Simon scale);1911年,量表再次修订后,引起了全世界心理学家的广泛关注,并被译成多种文本,在全世界范围广泛使用。智商(IQ)逐渐成为衡量人类智能高下的重要标准,也形成了传统的智力理论。传统智力理论认为,智力是以语言能力和数理 - 逻辑能力为核心,以整合的方式存在的一种能力。所以,智力测验能较好地预测儿童在学校中的学业成就,但无法对儿童在现实生活中的实际表现和其他方面的成就作出有效预测和检验。然而,就是传统智力理论对智力做出的部分解释,导致学校、家长在这种传统智力观念的影响下,只重视儿童读写算能力的发展,或参照语文、数学方面的学业成绩来评价儿童的智力水平,使很多孩子在幼儿园阶段就背上了沉重的学业负担。事实上,语言智能、数理 - 逻辑智能并非人类智能的全部,现代智能理论认为,人的智能是多元的,并且不同的人会有不同的智能组合。

(一)多元智能理论

1983年,美国哈佛大学心理发展学家霍华德·加德纳教授在其《智能的结构》一书中,提出了一种全新的智力理论——多元智能理论(Multiple Intelligences)。他认为,人类的智能至少可以从七个方面来认识(后来增加至八个),即语言智能、数学逻辑智能、空间智能、身体运动智能、音乐智能、人际关系智能、内省智能和自然观察智能。

---

① 沈建洲.幼儿艺术教育活动指导[M].北京:北京师范大学出版社,2002:15.

（1）语言智能主要是指有效地运用口头语言及文字（听说读写）的能力，表现为个人能够顺利而高效地利用语言描述、表达及与人交流的能力。

可以通过讲故事、唱儿歌、玩接龙游戏或表演游戏等活动，来提高幼儿的语言表达能力和思维的敏捷性，促进幼儿语言智能的发展。

（2）数学逻辑智能是指有效地计算、测量、推理、归纳、分类，并进行复杂数学运算的能力，包括对逻辑的方式和关系、陈述和主张、功能及其他相关的抽象概念的敏感性。

通过玩商场、超市、医院等游戏，让幼儿学习分类、归纳，认识货币，并学会简单的加减运算等。

（3）空间智能是指能够准确感知空间及周周的一切事物，并且能把所感觉到的形象以平面或立体的形式表现出来的能力，包括对色彩、线条、形状、形式、空间关系的敏感性，感受、辨别、记忆、改变物体的空间关系并借此表达思想和情感的能力。

图2-9 加德纳著《智能的结构》

通过建构游戏、造型游戏以及对具体对象的观察体验，使幼儿形成空间概念，提高空间知觉能力。

（4）身体运动智能是指善于运用整个身体来表达思想和情感，灵巧地运用双手制作或操作物体的能力，包括平衡、协调、敏捷、力量、弹性和速度，以及由触觉所引起的能力。

通过体育游戏、建构游戏、户外活动来发展幼儿的大小肌肉群和动作协调性等。

（5）音乐智能是指能够敏锐地感知音调、旋律、节奏、音色的能力，包括对音乐节奏、音调、音色和旋律的敏感性，作曲、演奏和歌唱等音乐表现能力。

通过音乐游戏、唱歌、弹奏以及简单的填词等活动，让幼儿感受音乐的节奏、旋律以及音色，从而提高幼儿的音乐感受性和良好的音乐表现力。

（5）人际智能是指能很好地理解他人和与人交往的能力，即"知人"能力，包括善于察觉他人的情绪、情感，体会他人的感觉感受，辨别不同人际关系的暗示以及对这些暗示所做的适当反应的能力。

通过角色游戏、表演游戏，培养和提高幼儿在环境中有效地认识他人、理解他人，能够在共同活动中学会与人友好交往的能力。

（7）内省智能是指正确把握自己的长处和短处，具有自尊、自律能力，即"知己"能力。能够把握自己的情绪、意向、动机、欲望，以深入自我的方式来思考和规划自己的人生目标，具有独立思考的能力。

通过各种游戏活动或礼仪活动认识自我，以及自我与他人的区别，让幼儿能够正确地认识自己。

(8)自然观察智能是指善于观察自然界中的各种事物,对物体进行辨别和分类的能力。包括强烈的好奇心、求知欲,敏锐的观察能力,能了解各种事物的细微差别的能力。

通过户外游戏活动和各种观察活动,满足幼儿好奇心和求知欲,培养他们对科学的兴趣,以及观察、探索自然现象、客观事物的能力。

多元智能理论具有四个方面的特点:一是每个人在某种程度上都拥有所有这些智力;二是大部分人,如果给予适当的教育、鼓励和培养,能够开发出一项适用于全面竞争的占优势的智力;三是智力之间以一种复杂的方式相互作用;四是每一项智力又包含了多种智力形式,例如,一个人可能不会阅读,但却有丰富的口头词汇能力。[①]

多元智能理论对每一种智力一视同仁,将各种智力置于同等重要的位置,强调智力本身的公平性,视每种智力如同七色光谱上的每一种色彩一样,既不可替代,更无高低贵贱之分;多元智能理论注重幼儿智力的全面开发,认为0—7岁幼儿处于各种智能发育发展的关键期,这一阶段幼儿的智力能否全面平衡地发展直接关系到幼儿的一生。

多元智能理论证明了人类思维和认识世界的方式是多种多样的,每一个个体智能都是多种智能形式的独特组合,通过教育可以发现、发展幼儿的优势智能,从而把每一个幼儿培养成富有个性的、适合未来社会发展需要的人。与传统的智力理论相比,多元智能理论不仅提出了新颖实用的智能概念,而且提供了一个更为宽泛的智能体系。

(二)发现并促进幼儿多元智能的发展

【案例】教室里播放着舒缓的音乐,幼儿园小班的孩子们把自己的身体蜷缩,装扮成一粒粒的"种子"躺在地板上。老师:"春天到了,种子发芽了,它们从泥土里探出头来,太阳照在它们的身上,真舒服啊!"伴随音乐旋律,孩子们的身体慢慢舒展开来。"探出头来的嫩芽伸了个懒腰,长出了两片嫩叶,接着它们扭了扭身子,又长出许多叶子,微风吹来,叶子随着风儿轻轻摆动,禾苗慢慢成长起来。"伴随逐步明快起来的音乐节奏,孩子们站起身来,伸懒腰、扭身子、举起双手左右摇摆。"这时下起了春雨,禾苗抖动着叶子,张开了嘴巴甜甜地喝着雨

图2-10 小班综合活动"花儿朵朵"

---

① Lynda Fielstein, Patricia Phelps. 教师新概念:教师教育理论与实践[M]. 王建平等,译. 北京:中国轻工业出版社,2002:92-93.

水。""没过多久,雨停了,它们发现自己长大了,慢慢地开出了美丽的鲜花。阳光下,花儿们仰着一张张可爱的笑脸,高兴得跳起了舞!"音乐中下雨的滴答声渐渐停止,再次转向明快活泼的旋律。孩子们有的双臂向上张开舞动,有的双手做花瓣状于胸前,脸上露出欢快的笑容。

接下来,在教师指导下,孩子们分小组进行操作活动。A组:利用圆形的卡纸制作牵牛花头饰。B组:用彩色笔或油画棒填涂剪好的花瓣纸型。C组:利用教师提供的印章拓印三片花瓣的三角梅。D组:用手指点画的方式点画五片花瓣的桃花。

在活动室的种植角里还可以观察到老师和孩子们一起种植的多种植物。

——材料来源:厦门实验幼儿园　吴白茜

这一具体活动中,教师不仅可以观察幼儿在身体动作、情感、语言、音乐、美术、科学等方面的表现,还可以据此发现幼儿不同的潜能,为以后的教育活动和幼儿某方面的智能开发提供依据,而且游戏过程本身也促进了幼儿多元智能的发展。

幼儿的智力因素是多方面相对独立地表现出来的,八种智能因素对每个幼儿都同等重要。幼儿教育实践中不能只顾语言智能和数学逻辑智能发展,因为幼儿良好的表现,往往取决于他是否拥有运用语言和数学逻辑以外的智能;八种智能在每个幼儿身上以不同方式和程度进行组合,使得幼儿智力表现各具特点;幼儿的智力水平不能以其在幼儿园中的某一具体表现为依据,而是要看他解决实际问题的能力和创造能力;提高幼儿多元智能发展水平的关键在于发现和培育,教育实践中要善于有针对性地开发和培育幼儿潜在智能,培养、提高优势智能。游戏,便是最好的发现、培育手段,它具有促进幼儿多元智能发展的功能。

(三)促进不同幼儿不同层次的发展

在上述游戏情景的再现中,我们看到了多元智能理论关于不同智能表现幼儿的发现与发展理念在游戏活动中的实践与应用。这一过程以多元互动的形式,既给不同智能优势的幼儿以表现的机会,又促进了不同层次的幼儿得到不同层次的发展。制作、填涂、点画、拓印等操作活动以小组形式进行,就是依据幼儿不同的兴趣爱好、发展水平所预设的多元化操作练习。加德纳强调,虽然人的智能被分成了八种类型,但这并不意味着每个人只有其中的某几种,恰恰相反,每一个人都同时具有这八种智能,只是每种智能在个体智能总和中所占的比重不同而已。正是这种不同方式、不同程度的组合形成了个体智力的差异性。就幼儿园而言,同一个年龄班的幼儿都具有不同的智能发展潜力,在不同的领域有不同的表现,有的能歌善舞,有的擅长绘画,有的具有较强的口头表达能力,还有的具有较强的记忆力或运算能力,等等。就是说,幼儿的智能具有多元性,他的发展也可以由普遍领域到独特领域。普遍领域的发展是每一个正常人都可以达到的,而在独特领域并非人人都能达到完全相同的发展水平,这需要个体特殊的智能条件和持续的外部支持。

我们承认幼儿智能发展过程中存在的差异性和特殊性,以及个体在不同领域中发展的非同步性。不要求每个幼儿都同步发展,但相信每个幼儿会在其原有水平上都得到进一步发展和提高。这就要求教师给予幼儿全员性和全面性的关注,关注每个幼儿普遍的及独特的发展领域,并为其创设和提供建设性的发展环境。

(四)促进幼儿智能强项带动弱项发展

【案例】 在我用"放大镜"发现了不同孩子身上不同的闪光之处后,我尝试了"新闻播报台""讲故事擂台赛""小小魔术师"等多种形式的活动,以尊重孩子为前提,鼓励在这些方面有特长的孩子当主角组织开展活动。一段时间后,这些个孩子不仅表达水平有所提升,组织能力更是表现突出。他们在"新闻播报台"中,把平时文静的小萱推举到幼儿园的国旗下讲新闻;平时内向的睿睿小朋友在"讲故事擂台"中也脱颖而出,敢于大胆夸张地讲述。在魔术表演中,平时不爱表现的孩子也变得大胆大方了……

汝锦小朋友是一个胆子小、不善于语言交流、对自己很没有信心的孩子。在一次户外活动中,我发现汝锦小朋友跳绳跳得很好,因此在体育活动时,我特意让她在集体前表演跳绳,并让她为孩子们示范跳绳的正确动作。在课外,我还有意安排她带领几个孩子学习跳绳,结果汝锦的自信心慢慢地增强了,在参加班级跳绳比赛获得了一等奖的好成绩后,在集体前除了能表演花样跳绳,还能主动争取在集体前讲故事,整个人变得活泼开朗,自信了许多,在幼儿园的毕业典礼上她还代表班级的女孩子表演年段的舞蹈节目,获得了大家的赞赏。可见,每个孩子都是一个独特的生命体,具有不可重复和不可取代的唯一性。

——材料来源 厦门第十幼儿园 叶 琦

必须承认,幼儿之间在智能发展及其各种表现上存在着差异。有的幼儿语言表达能力有限,但解决问题的能力很强;有的绘画水平一般,但是身体运动的协调能力却非常好;有的阅读、计算让人伤透脑筋,但其操作能力令人惊讶。这种种表现正是幼儿智能多元化的体现。加德纳认为,有关人类个体不同智力强项的文献和形形色色认知方式的发现,对于教育有极大的启示。这在童年的早期辨识个体的强项和弱项,以便因材施教时加以考虑,是很重要的。一方面,每个幼儿所具有的独特能力的组合存在着质的不同,它难以从量上加以排序或分类;另一方面,每个幼儿都拥有相对于自己或是相对于他人的智能强项。

实践中,从幼儿的智能强项出发,并根据其智能强项加以引导或因材施教,使其智能强项得到进一步发展,这种做法本身没有什么不妥。但必须明确的是,发展幼儿的智能强项既不能偏废,更不能将其等同于早期定向培养。早期定向培养的结果往往会导致幼儿的强项更强,弱项更弱,这既有悖于幼儿教育的原则和《幼儿园教育指导纲要(试行)》的精神,也无法实现全面发展的教育目的。在发展幼儿智能强项的同时,更要关注其智能弱项的发展。

游戏能使多元智能理论关于"智力之间是相互促进的"作用得到最大限度发挥,

并在潜移默化中形成有效的以强项带动和促进弱项的发展。也就是说,通过游戏能够帮助幼儿发现、培育其自身的智能优势,并形成相互作用,以此带动弱项的学习和提高。上述案例中的汝锦小朋友,相对于自己或其他同伴,具有较强的身体运动智能,语言智能和人际智能则较弱。而教师正是在辨识了汝锦智能强项和弱项的基础上,采取必要的措施与形式,从强项入手加以因材施教,使汝锦的智能组合得以有效改善。这一案例说明,教师应以幼儿的智能强项为基础,帮助幼儿发展其并不擅长的那些智能或潜在的智能,在游戏中引导幼儿将自己从事智能强项活动时所表现出来的智能特点、意志品质广泛迁移到其弱项中去,实现智能上的"扬长补短",形成以强项带动弱项的良性互动,从而建构和组合自身的优势智能,实现全面和谐地发展。

第三节 游戏活动影响因素

目前游戏研究的普遍观点是用多元的视角看待游戏发展,尽管游戏质量常常会随着幼儿的自身发展而提高,但是某一既定发展状态的幼儿在不同的社会背景下会表现出不同的游戏水平,即了解游戏行为及其变化,必须与有关个体差异、文化和社会背景、特殊性以及各种环境因素等结合起来。了解这些因素的作用和规律,为我们重新构建幼儿的游戏实践活动、科学有效地促进幼儿发展提供理论依据。

一、幼儿个体因素

游戏是幼儿的主体性活动,除社会背景、环境等因素之外,幼儿个体内在的因素直接影响着游戏活动,幼儿的性别、年龄、气质、兴趣爱好使游戏活动各具独特的风格和特点。

(一)性别

对于游戏中的性别差异主要有两种观点。一种观点认为,性别对幼儿选择什么样的游戏有直接的影响。男孩子生性好动、好奇,喜欢运动量大的游戏,因而他们多选择动态、竞争性强和情节刺激、激烈的游戏活动。而女孩子相对胆小、文静,一般喜欢运动量较小的游戏,多选择比较安静的操作类游戏和持续时间较长的、有耐心的、有情节的游戏。另一种观点则认为,性别对幼儿选择什么样的游戏没有显著的影响,男孩和女孩之间其实没有特别明显的游戏偏好,他们只是受成人的影响,将日常生活中通过模仿成人而领悟到的男女之间的差异,表现在游戏之中。

事实上,无论是性别"对游戏有直接影响"还是"没有显著的影响","影响"是存在的,不"显著"不意味着没有"影响",只是多与少的问题。所以,我们的观点是明确的,即性别对幼儿游戏有直接的影响,主要表现在对玩具、游戏类型和游戏主题的偏爱上。一般情况下,男孩比较喜欢富有挑战性的、创造性的游戏和体力消耗较大的运动性游戏,喜欢捕捉瓢虫、蚯蚓、蜗牛,看蚂蚁搬家等探索性活动,喜欢模仿葫芦娃、奥特曼、变形金刚等角色;女孩则比较喜欢具有一定模仿性的表演游戏和较为安静的游戏,喜欢观赏小鸡、小鸟、蝴蝶,采摘花草等悦目类活动,喜欢白雪公主、灰姑娘、小白兔等角色。

以追逐打闹游戏为例,游戏之所以会存在性别差异,可以从幼儿的生理特征、养育方式和文化背景三个维度来解释。在生理特征上,雄性荷尔蒙会影响儿童的神经组织和行为。对胎儿的研究发现,雄性荷尔蒙会导致男孩更喜欢身体运动和打闹游戏。在养育方式上,父亲与男孩游戏的时间多于女孩,而且游戏的内容往往是身体活动的游戏,包括追逐打闹游戏,成人鼓励男孩的追逐打闹游戏,但并不鼓励女孩的追逐打闹游戏(Humphreys & Smith,1984)。成人认为追逐打闹游戏对男孩子来说是适当的,但对女孩子是不适当的。在文化背景上,在一些非西方国家和地区,如对墨西哥、博茨瓦纳、吕宋岛和冲绳等地的研究证明,追逐打闹游戏中的性别差异受到当地文化背景与传统的影响,具有明显的文化差异。例如,在博茨瓦纳,女孩往往玩追逐打闹游戏,而且男孩和女孩一起玩这种游戏。在一些村庄,女孩还参与带有明显暴力性质的拳击活动(这种拳击活动不允许伤害对方的身体)。[①]

关注游戏活动中幼儿的性别差异,目的是为了更好地发展男女幼儿各自的优势,并通过游戏尽可能弥补或发展由性别带来的不足。比如,在大运动量的游戏活动中,根据男女幼儿的身体差异,合理控制活动强度和运动量;在社会性游戏中,不能因其性别而刻意支持或限制幼儿玩某一种游戏,应该允许他们自愿选择自己喜欢的游戏;在游戏活动的安排上,既要有分散的自由游戏活动,以充分发挥幼儿的个性,又要适当安排由男女幼儿共同进行的合作游戏,以便互相弥补、互相学习、互相影响,以促进幼儿健康和谐地发展。

(二)年龄

不同年龄段的幼儿会表现出不同的游戏方式和发展水平,这在幼儿游戏发展阶段中已有较详尽的论述。幼儿从感觉运动游戏、象征性游戏到规则游戏,从单独游戏到联合游戏,从单一内容到游戏主题的多元化,都说明幼儿年龄与游戏发展密切相关。

在幼儿园,我们可以观察到不同年龄班幼儿的游戏状况。同样是"搭积木"游戏,小班幼儿往往会将一块积木搭到另一块之上,或者将几块积木平行排列,多进行独自游戏;中班幼儿则能两人或多人合作,但积木的搭建水平依然较低;大班幼儿能多人进行商议,搭建物有主题、较复杂,操作过程中有比较明确的分工与合作。这说明不同年龄段的幼儿因生理、心理、社会行为、智能、语言等发展水平的不同,游戏方式也

---

① 杜玉珍.国外对追逐打闹游戏影响因素的研究现状[J].早期教育,2009(10):12-13.

会有别。从幼儿智能发展的角度来看,低年龄段幼儿往往会玩一些用感官来了解事物的游戏,伴随幼儿成长过程中社会性需要的产生,加之语言能力的提高和知识经验的积累,便发展到合作性的游戏,而后逐渐发展到用思考来辨别和认识事物的规则性游戏。

教育实践中,以幼儿年龄特征为依据组织开展游戏活动,往往会起到事半功倍的效果。

(三)个性差异

在幼儿游戏活动中,幼儿的不同表现往往源自个性差异,而非发展水平上的差异。这种差异是由幼儿的气质、兴趣爱好、能力等因素造成的,表现在游戏的兴趣和游戏的风格等方面。一般来说,幼儿游戏的兴趣、程度、内容等与其想象力、幽默感、情绪情感、好奇心、探究能力、交往能力等密切相关,具体表现在以下几个方面。

一是幼儿的玩性有别。有的幼儿玩性较重,有的则较轻。那些玩起来会忘记吃饭、忘记回家,甚至憋尿、不管不顾的孩子就属于玩性较重的。他们的游戏兴趣高涨、主动性强、精力充沛,愿玩运动性或想象性游戏,喜欢装扮,思维发散,乐于交往,并且具有较强的沟通能力和变通能力;玩性较轻的孩子一般被认为是那些比较文静、语言不多、中规中矩的孩子,他们在与同伴的游戏活动中受动性往往高于主动性,游戏中他们更喜欢作用于操作物而非人。

二是游戏表征趋向不同。有的幼儿依赖观念想象,凭借事件、角色来创造出一个想象的世界;有的幼儿依赖物体想象,他们凭借现实物品转换或环境创设来创造出想象世界。前者较多注意游戏情境中的社会因素,后者更多关注同一情境中的物理因素。所以,参与到游戏活动中的每个幼儿其表现不同,各自游戏行为差异就会显现。

三是同种游戏材料的运用倾向有别。有的幼儿倾向于用材料进行装扮,有的则倾向于用材料进行构型。研究表明,倾向于装扮的游戏风格有助于发散思维的形成,同时,对装扮的鼓励也有助于发散思维能力的提高;而倾向于构型的游戏风格有利于幼儿空间智能的形成与发展。

四是对游戏的探究性表现不同。有研究者对游戏、模仿、观察与幼儿创造性关系进行过对比研究。研究把幼儿分为三组,第一组为自由游戏组(让幼儿用新奇材料自由玩耍),第二组为模仿组(让幼儿模仿实验者用该材料所示的使用方法),第三组为观察组(让幼儿观察实验者用该材料所示的使用方法)。结果发现,第一组幼儿在举出材料独特用途方面的得分明显高于其他两组。可见,游戏更有利于促进幼儿的想象力和创造力。另有研究者以五六岁幼儿在游戏中的非语言反映作为研究对象,并将幼儿分为模仿组和游戏组进行比较研究。研究人员从创造性思维的流畅性、变通性、独创性等因素考量被试的反应。结果表明,游戏组比模仿组在创造性上得分要高,因为游戏组的幼儿在实现任务目标的种类和独创性上、同一材料利用的多样性上

均高出模仿组一筹。[①] 也就是说游戏中幼儿的探究性表现有别,探究性表现越丰富,越有利于幼儿创造力的形成与发展。

在教育过程中,成人需要认真对待和尊重幼儿反映在游戏当中的个体因素。因为每个幼儿都是不同的,我们不能简单地将一个幼儿与另一个幼儿做比较。游戏中要为不同个性的幼儿提供不同机会,并让他充分体验丰富的游戏内容,感受游戏的成功和快乐。

当然,除考虑上述个性差异之外,还要考虑幼儿的情绪、健康等因素。虽然情绪、健康等只是偶然因素,但也会对游戏产生直接的影响,对此也要引起足够的重视。

二、社会环境因素

人的本质在于社会性,幼儿的成长过程也是社会化的过程。社会环境因素呈现出良好的、适宜和稳定的状态,则对幼儿社会化进程起着促进、推动作用;相反,则会产生消极作用。社会环境因素对幼儿游戏的影响包括家庭亲子关系、伙伴关系、社会文化背景以及教育因素等。

(一)家庭

家庭对幼儿的影响是巨大的,包括家庭结构、家庭生活方式、家庭居住环境、家庭养育方式、家长素质等,这些因素都会对幼儿游戏产生重大影响。

从家庭来考察,孩子的游戏是在亲子关系中开始萌生的。当然,游戏的发生、发展也能反映出亲子关系是融洽的还是紧张的。一方面,建立了良好母子依恋关系的孩子,好奇心和求知欲强,有积极探索的热情,善于社会交往,因而游戏的积极性就高;另一方面,安全感会让孩子更为大胆和自信,当他们处于一个陌生的环境时,对周围的一切更容易引起好奇而去积极探索,更快地熟悉环境而参与游戏。

在亲子关系中,与母亲相比,父亲更倾向于和孩子玩运动性、力量性的游戏,而且游戏中的父亲的言行举止、解决问题的方式方法等会潜移默化地影响孩子,有助于孩子的自主、自立能力的发展和自信心的树立,特别是对孩子在游戏中的运动能力、建构能力、操作能力的发展具有积极的促进作用。

从家庭教养方式来看,不同的家庭教养方式对幼儿的游戏品质会产生不同的影响。

一是敏感型。在孩子的养育上家庭成员过于敏感或紧张,表现出过度地保护孩子、包办行为过多,导致孩子产生依赖心理和行为,个性倾向于无独立性。游戏的行为特征表现出模仿、拘谨、跟随、缺乏主见或旁观他人游戏。

二是冷漠型。家庭成员往往对孩子比较放任、较少必要的约束,孩子有较充裕的可自由支配的时间或所从事活动的自由程度比较高,具有独立性。游戏过程中由于

---

① 董奇.儿童创造力发展心理[M].杭州:浙江教育出版社,1993:89.

言行举止过于放任,缺乏必要的交往技能或规则约束,与他人的合作游戏常常会失败。

三是专制型。家庭成员在孩子的养育过程中武断专横,孩子的言行举止受制于发号施令,个性倾向于无独立性。游戏的行为特征表现出不善于交往、孤独,具有一定的反抗性和破坏性,喜欢独自游戏。

四是温和型。家庭成员之间相互尊重、和谐民主、关系融洽,家庭氛围良好,孩子具有较强的独立性,交往和解决问题的能力较强。游戏中常常会成为游戏的主角、组织者或领导者,喜欢玩装扮游戏。

不同的家庭阶层和家庭结构,也会影响幼儿的游戏水平。也就是说,家庭的社会阶层不同,对孩子游戏的认识和支持程度是不一样的。一般来说,处于社会中上阶层的家庭比中下阶层的家庭更支持和鼓励孩子游戏,更容易充当孩子游戏的支持者和指导者。家庭结构不同对幼儿的游戏也有一定影响。比如,不完全家庭的孩子在情绪情感上的焦虑和不安,会影响其社会性、思维的变通性和想象力的发展,从而影响幼儿游戏的主动性、游戏的复杂性和游戏水平。

可见,幼儿的游戏品质,幼儿对游戏的偏好,以及幼儿游戏的风格等,会不同程度地受到来自家庭各方面因素的影响。

(二)伙伴

伙伴关系是幼儿成长和发展过程中的重要因素之一。幼儿有没有伙伴,伙伴间的关系、熟悉程度、年龄、性别等因素,对幼儿的游戏活动都会产生影响。特别是在今天,许多家庭都是"独二代",伙伴就显得更为重要。

一般来说,游戏过程中,有伙伴的参与,幼儿操作游戏材料的技能会变得更加熟练和有目的性,并且能在更复杂的行为水平上进行整合,幼儿似乎更能发现和利用游戏材料的物理性质,更多地运用想象和装扮来使用游戏材料。从游戏结构来看,与伙伴共同游戏会使游戏更趋于复杂化和情节化。同时,幼儿有游戏伙伴且伙伴关系和谐,会进一步增强游戏的社会性和合作性。当幼儿与熟悉的伙伴一起游戏时,社会性装扮游戏会较多地发生,而且幼儿更倾向、更愿意合作,游戏水平会更高,并趋于复杂化;象征性游戏的发生频率和时间也会高于与不熟悉的伙伴在一起的游戏,不熟悉的玩伴之间更多地开展的是平行的机能性游戏。

从幼儿玩伴的年龄看,同龄幼儿由于共同的年龄特征,共同的知识经验,对客体能产生共同的理解和体验,加之相互之间的游戏水平、技能水平相当,容易形成共同游戏的倾向,有助于游戏的顺利进行和展开。同时,幼儿在游戏中通过不断的比较、整合,相互影响,会促进各自游戏水平的发展与提高。混龄幼儿在一起游戏,会使他们在跨年龄段的游戏情景中主动整合自己的行为,扩大交往的技能。特别是低年龄段的幼儿,在比他们大的幼儿的带领和关照下,其游戏内容有时会超越身心发展水平,他们的游戏能力和水平也会有较大提高。

从幼儿玩伴的性别看,同性伙伴一起游戏时,较多地玩与自己性别相符的玩具和游戏,并较多地使用熟悉的物体;当异性伙伴共同游戏时,他们玩的玩具或游戏较为中性,会出现与自己性别不符的游戏现象,或倾向于探索新异事物;当同性多于异性时,游戏往往会倾向于同性游戏。总之,与不同性别的幼儿一起游戏是促进幼儿性别角色社会化的重要因素。

(三)媒体

电视是一种活动图像的电子接收器和重要的传播方式,是直观反映现实生活、社会现象和艺术品的视听传达媒体。它以声像结合、动态而连续的画面、直观而形象的信息传达方式吸引着人们,幼儿也不例外。可以说,电视对人类的影响是深刻而巨大的,几乎没有孩子不喜欢看电视。

近年来,计算机逐步成为人们工作和学习的必需品。计算机是一种能够按照事先存储的程序,自动、高速地进行大量数值计算和各种信息处理的现代化智能电子设备。特别是与 Internet 连在一起形成的信息交流网络,更是功能强大。从表征上看,它不仅具有电视机的一般功能,还具备资料查阅、网络通信、游戏娱乐等多种功能。这让许多孩子喜欢计算机,甚至迷恋计算机。

电视、计算机、等对幼儿的影响越来越显著,这已成为不争的事实。仅从这些媒体对幼儿游戏的影响来看,一方面使幼儿的接受性游戏时间延长,另一方面也是导致幼儿在游戏中模仿或演绎某种言行的直接诱因。换言之,它直接地影响着幼儿游戏的内容。比如,幼儿喜欢看动画片,《奥特曼》《孙悟空》《喜羊羊与灰太狼》等都是幼儿的最爱,哪个电视台播出、什么时间段,他们都很清楚,且时间准确、换台及时。在观看过程中,他们可以做到眼盯屏幕、一动不动、废寝忘食。他们会将看到的内容或角色的行为、语言运用到游戏中去,尤其是对他喜欢的角色的模仿更是有模有样,甚至惟妙惟肖:"来吧!你们这些怪兽,我奥特曼是不怕你们的!""师傅,悟空这厢有礼了!""我是潇洒哥,画个圈圈诅咒你!"

有调查显示,77.10%的幼儿玩过电脑游戏,在玩电脑游戏的幼儿中,有84.04%的幼儿是在家里玩,说明家庭是幼儿玩电脑游戏的主要场所;48%的家长反映他们的孩子每次玩电脑游戏的时间在 20 分钟以内,20—40 分钟之间的占32%,超过 40 分钟的占20%;幼儿最常玩、最喜欢玩的是益智类和战斗类游戏,最不喜欢玩的是战斗类和棋牌类游戏。这一结果表明,益智类游戏是幼儿最常玩,也是最喜欢玩的电脑游戏类型之一,而战斗类游戏则表现出突出的矛盾现象,在幼儿最常玩、最喜欢、最不喜欢的游戏类型中所占比例都很高。[①] 幼儿玩电脑游戏往往受游戏中一些迷人的、新鲜的元素所诱惑,统计分析表明家长们认为最能吸引孩子的电脑游戏元素:首先是"动听、有童趣的音乐",其次为"活泼可爱的角色设计",再次为"不时获得奖励"。关于

---

① 石晋阳,张义兵.关于低龄儿童与电脑游戏的家长调查报告[J].学前教育研究,2005(4):46-48.

电脑游戏对孩子到底有多大帮助,调查从"提高计算机技能""获得有益知识""激发兴趣""丰富情感"及"启发思维"等五个方面,利用五点量表对家长进行测量。结果表明,"启发思维"和"激发兴趣"得分最高,被家长认为对孩子是有帮助的,而其余三项得分偏低,不被家长看好。

幼儿正处在身体发育和心理发展的重要时期,幼儿的成长正遭遇新技术、新媒体的冲击。家长、幼儿教育工作者乃至整个社会都应该对下一代的成长负责。可以说,电视、电脑对幼儿的影响程度与成人的指导有着密不可分的联系。实践经验表明,幼儿观看电视或玩电脑游戏的时间,以每天控制在半小时左右为宜。为了减少或避免电视、电脑对幼儿产生的负面影响,成人在陪同幼儿观看电视、玩电脑时,应对幼儿进行有目的的随机教育或正面引导,能够从幼儿的心理层面出发,立足幼儿的健康成长,以游戏的方式来诠释他们的童年,让他们在欢乐、和谐、适宜的游戏活动中得到发展。

(四)幼儿园的课程方案

教师指导下的各种教育活动都是广义的课程。如果运用简化的方法反映幼儿园所持有的基本理念,那么,任何幼儿园课程都可以在"连续体"上找到一个合适的位置。[①] 同样,幼儿园组织的各种教育活动,都可以看作是从纯游戏活动、较多的游戏、较少的游戏,到非游戏活动的连续体上的某种状态。从其结构的严密性和松散性不同来体现其程度,从无结构到较低结构到高结构化的连续体。因此,不同的课程设计与实施会对游戏产生不同的影响。

在目前的幼儿园教育中,高结构的课程对幼儿完成教师传授任务和活动知识的强调,有抑制幼儿游戏的数量、水平的倾向,建构性或有目的操作性游戏较常见。低结构的课程以幼儿为中心,强调幼儿的自然发展,鼓励发现学习和发散型思维的训练,注重幼儿社会性及情感的价值的发展,象征性游戏和合作的自然游戏更常见。如何达成连续体的平衡,更好地解决游戏与教学之间的关系,这也是当前幼儿园课程改革的重点。

三、物理媒介因素

物理媒介因素是幼儿游戏的重要条件,包括游戏的时间、空间和材料等。物理媒介因素更多地体现出一种主观上的"物化"作用,从某种意义上讲,它是幼儿游戏得以正常开展的前提。所以,科学有效地建构幼儿游戏的客观物质环境,在一定程度上保障了幼儿游戏的顺利开展和游戏过程的质量。

(一)游戏时间

时间是幼儿游戏的重要保证。无论是幼儿的哪类游戏都需要充裕的时间来保

---

① 朱家雄.幼儿园教育活动设计与实施[M].北京:高等教育出版社,2008:3-10.

障。因为时间的长短直接影响幼儿游戏的内在品质和游戏的种类。有较长的游戏时间,幼儿才有可能逐渐发展出认知层次较高的游戏形式,游戏内容也会得到进一步丰富。若幼儿游戏时间较短,他们就没有足够的时间招朋引伴、彼此商议,或深入探索和建构游戏材料,游戏就无法深入,幼儿通常会从事认知层次较低的游戏,或在游戏中无所事事、旁观、转换行为和功能游戏。

在游戏的开始与发展过程中,每位幼儿都有其探索材料、熟悉玩伴和自发游戏的个性方式与速度,有些幼儿需要较长时间进行角色游戏或表演游戏,有些幼儿需要时间沉浸在富有个性特征的游戏角色或情感世界之中。而且准备、选择游戏材料,邀请游戏伙伴也需要时间,游戏内容、形式不同所需时间也不尽相同。基于多种因素,如果时间太短促,幼儿将无法进入良好的游戏状态。按照幼儿身心发展规律和幼儿园教育规律,不同年龄段幼儿活动时间虽有区别,但游戏时间应保持在30分钟左右,大班幼儿需要更多一些时间,小班幼儿游戏时间也应保持15分钟以上,除非幼儿无法发展游戏。

在教育实践中,需要考虑的是:不同的游戏究竟需要多少时间能够完成,时间长短对游戏的质量和数量将会产生怎样的影响。一般说来,只有充裕的游戏时间做保证,幼儿才可能尽情地投入或愉快地享受游戏,才能真正达到游戏的目的。反之,如果游戏时间短促,幼儿尚未掌握游戏的技巧、规则或游戏材料,便要停止游戏的话,不仅会使幼儿不能感受游戏的乐趣,而且有可能阻碍幼儿的游戏意图,降低游戏的价值。

(二)游戏空间

游戏的地点、空间密度[①]和空间结构等因素对幼儿游戏的影响也是明显的。在幼儿园,通过对幼儿游戏活动的观察发现,狭小、低矮的游戏空间会使幼儿情绪紧张、心情烦躁,甚至引起纷争,从而对幼儿的身心造成不良的影响。幼儿在狭小、杂乱的游戏空间里,容易发生走动或奔跑时碰撞物体或相互碰撞。国外有研究者发现,空间密度制约着幼儿游戏活动的水平和质量。美国学者史密斯和康洛利在20世纪80年代初,通过对15平方英尺、25平方英尺、50平方英尺、75平方英尺等几种不同空间密度的对比研究发现:当空间密度依次变小时,幼儿大肌肉游戏活动会逐渐减少;当空间密度降至25平方英尺时,幼儿游戏中的社会行为及合作行为减少,侵略行为增多;当空间密度降至15平方英尺时,这种情况更加严重。研究进一步指出:当把一个足够大的、开阔的游戏空间分割成几个小的空间时,幼儿意外事故减少,合作行为增多,认知能力增强。

实践中,要为幼儿提供和创造足够的游戏空间,这主要是针对户外游戏场地而言的。然而,由于游戏的性质、内容、参与人数的不同,对游戏空间的要求也不尽相同,

---

① 空间密度是指幼儿在游戏场地中所占的人均面积。

所以并非越大越好,而是使空间密度保持在一个适当的水平上,为幼儿创设愿意参与各种游戏活动的机会和条件,室内游戏活动应考虑的是适合的游戏活动空间的创设,教师需要根据幼儿人数、游戏的性质和特点,划分相应的游戏区域。一般而言,幼儿活动室可以采用临时性游戏区与长期性游戏区相结合的方式设置3—5个游戏区。此外,幼儿游戏场地的选择与创设,在确保没有危及幼儿生命的安全隐患,保证幼儿能够安然无恙地开展游戏活动的基础上,应以能够激发幼儿的兴趣为主要依据,同时所提供的游戏场地应多种多样,基本做到大、小场地相结合,开阔空旷场地与有游戏设备的场地相结合。这样的游戏空间可以使幼儿在游戏中恰当地释放情绪,玩得痛快而尽兴。

(三)游戏材料

幼儿游戏的物质基础是游戏材料,有了这个基础,才能确保游戏的进行,也只有在与游戏材料的相互作用中,幼儿才能产生一定的情感体验。进一步说,游戏材料是幼儿的教科书和学习的基本工具,它为幼儿学习和掌握知识技能,发展智力提供了基本条件;而一旦与材料脱离,幼儿就无法进行真正意义的游戏活动,学习也就无从谈起。从这个意义上讲,游戏材料与幼儿游戏行为有密切的关系。

从游戏材料的性质、功能来看,可将其分为两大类。一类是成型的、造型完整并有专门用途的玩具。这种材料多是对人、物的模拟或实物模型,如卡通玩具、人或物的毛绒玩具、厨房玩具、交通工具玩具、乐器玩具等。另一类是结构材料或可组合、变化的半成品,以及各种可供拼摆、玩弄的废旧物品,如插接材料、自然物、包装盒、旧衣物等。在幼儿园,教师通常会利用模拟实物玩具开展象征性游戏,因为这类玩具更适宜于年龄小的幼儿。但是,用这类玩具开展的游戏,其内容(主题和情节)不如用结构材料、半成品或废旧物品的游戏丰富,后者具有更高的智力发展价值。

游戏材料的数量、种类是制约幼儿游戏的因素,对游戏的性质、内容产生一定影响。换言之,不同种类和数量的游戏材料会构成一定的知觉场,影响着幼儿游戏的性质和主题。例如,当幼儿眼前只有一个娃娃时,幼儿会倾向于玩"过家家"游戏;当眼前有多个娃娃时,可能会玩"幼儿园""打针"或"上课"等游戏。一般而言,游戏材料数量、种类较多,幼儿之间因争抢材料而引起的纠纷就会减少,当然,游戏材料的数量、种类与幼儿的年龄也有一定的关系,幼儿年龄小,同种类游戏材料的数量就要相对多一些,以满足幼儿相互模仿、平行游戏的需要。

需要注意的是,在幼儿游戏活动中,游戏材料的提供并非越多越好。史密斯和康洛利(1972)研究表明,当幼儿玩大型器材时,语言游戏、体育游戏和合作游戏都会增加。当玩具设备数量增多时,幼儿的社会性游戏、攻击性行为减少。当游戏材料、玩具设备数量减少时,幼儿间会出现较多积极的社会性接触,攻击性行为也会随之增多,但团体游戏不会受到影响。[①]

---

① 邱学青.学前儿童游戏[M].南京:江苏教育出版社,2005:153.

综合实践活动

　　[思考] 有的家长在看到幼儿园一日活动的日程表时,对幼儿园安排的各种游戏活动表示不理解,认为浪费了时间,如果你是老师,怎么向家长解释?

　　[讨论] 相对游戏的正向功能,有学者提出不是所有的游戏都是好游戏,也有一些不同形式的坏游戏,如何理解这一观点?怎样鉴别游戏的好坏?

　　[练习] 调查了解家庭或幼儿园游戏材料、游戏空间、游戏时间现状,并尝试建议高品质的游戏活动。

第三章　游戏与幼儿园教育

幼儿园是对3周岁以上学龄前幼儿实施保育和教育的机构,是基础教育的有机组成部分,是学校教育制度的基础阶段。幼儿园教育是指适龄幼儿在幼儿园所接受的教育。它既是基础教育的重要组成部分,又是我国学校教育和终身教育的奠基阶段。

幼儿园教育以游戏为基本活动。在幼儿园,游戏与教育既有区别又相互联系。就其活动的本质而言,游戏与教育是两种不同的活动。游戏是一种不受外力约束的、游戏者自发自主的活动,是幼儿理解、体验现实社会和生活的一种手段,更是幼儿主要的生活方式;而教育是根据一定社会或阶级的要求,有目的、有计划、有组织地对受教育者的身心施加影响,把他们培养成为一定社会或阶级所需要的人的活动,是加速受教育者成长与发展的一种手段,是对人类认识和改造客观世界及自身的积极的影响活动。就二者的活动方向而言,游戏的价值在于通过具体活动,实现幼儿认知能力、运动能力、社会性和情感的发展;而教育则是将社会要求和幼儿发展需要的各个方面纳入一个整合的(体智德美)、有计划的影响系统,来促进幼儿身心全面发展。就二者的活动过程而言,游戏是一个自然的、潜移默化的促进过程;而教育是一个有目的、有意识地培养、加速过程。所以,二者以不同的途径和方式,发挥着各自的作用与优势,相辅相成,在全面促进幼儿的发展上达成一致,即游戏和教育的结果都是为了促进幼儿健康发展。

第一节　游戏与幼儿学习

幼儿园是幼儿脱离家庭,正式进入社会的第一个特殊而全新的集体生活、学习场所,其重要性及其对幼儿人生初始阶段的意义不言而喻。如何看待和处理游戏与学习的关系,为幼儿科学创设、合理安排既达到幼儿教育目的,又符合幼儿教育规律、幼儿身心发展特点的幼儿园一日活动,是幼儿园教师必须直面的任务和研究课题。

一、幼儿游戏与幼儿园游戏

幼儿游戏通常是说自然状态下的幼儿的主动活动(参见本书第一章第一节,本章不再赘述)。由于游戏是幼儿根据自己的需要、兴趣和喜好,在特定的环境中以偶发刺激引起的自发自主的活动,其形式与内容具有极大的随意性和无意性,游戏中要实现的发展与支持具有较大的偶然性。

幼儿园教师和幼儿家长通常都会有这样的经验：给幼儿提供一些小积木等操作材料和玩具碗碟，他就会按照自己的意愿开始随意摆弄、玩耍。你若问他："在玩什么？"他会答："玩积木，玩这个。"这时，你如果将一个玩具娃娃提供给他，玩具娃娃就会引起游戏性质的变化。虽然幼儿仍然玩那些小积木或碗碟玩具，可不再是原来的随意摆弄，因为玩具娃娃会给他（她）某种角色或具体游戏内容启示。她可能会给玩具娃娃喂饭，自己成了"妈妈"，他可能会利用玩具娃娃转换自己的"角色"成为玩具娃娃的"哥哥""领袖"。由此会让我们明确两点：一是幼儿之所以游戏并不是为了接受教育，而是为了玩耍。吸引幼儿的只是游戏的过程，而不是游戏中的教育因素；游戏的教育因素不易被幼儿直接感知，而且游戏本身也不能自动发挥它的教育作用。二是游戏的发展是通过新材料的引入或成人的干预指导而产生和深化的。幼儿在游戏中产生了角色意识，并在游戏中再现角色之间的关系和角色与玩具之间的特殊关系。也就是说，是成人的干预促进了游戏的发展，凸显了游戏的教育价值。对此，可以这样理解，游戏的教育因素蕴含在游戏的角色扮演、材料使用和情节发展之中，干预指导幼儿游戏的意义就在于发挥了游戏中的教育因素。

幼儿从家庭到幼儿园，尽管其主要活动还是游戏，依然是从游戏到游戏（幼儿园以游戏为基本活动），但后者的"游戏"与幼儿在家庭中或自由自发的游戏有质的不同，幼儿园游戏是基于集体活动和教育背景下的游戏，游戏活动的内容结构和外部条件都发生了根本性的改变。作为教育制度下的一级教育机构，幼儿园体现的是教育职能和作用，强调的是教育职能作用下游戏的有序性、教育性的发挥和游戏中幼儿的发展。

首先，幼儿园游戏是有目的、有计划的幼儿活动，凸显游戏对幼儿发展的价值。家庭中的或纯粹自发的游戏既可能产生正效应也可能产生负效应。由于幼儿年龄小、不成熟，缺乏基本的是非判断能力，纯粹自发的游戏产生负效应的可能性就比较大，即使产生正效应，那也是零星的或偶发的，效应价值的指向性也不明确。幼儿园游戏则不同，它是幼儿园教育的基本活动，不仅有明确的活动目标，而且活动中的教师以多重角色身份或游戏材料介入游戏活动，能够及时有效地降低或消除游戏中的负效应因素，使游戏中促进幼儿发展的正效应得到充分发挥，从而体现游戏所具有的潜在的教育价值，并实现一定的教育目标。

其次，幼儿园游戏是专业人员精心设计和组织实施的幼儿活动。幼儿园游戏是经过教师精心设计、编排或筛选、加工过的，游戏材料以及游戏材料的投放是根据幼儿年龄特点、游戏内容形式而精心准备的。也就是说，幼儿园游戏的组织是系统化、教育化和规范化的幼儿活动。游戏活动的组织与实施具有一定的目的性，游戏中要实现的发展具有一定的方向性。

再次，幼儿园游戏的时间和空间是预设的，是幼儿一日生活制度的重要组成部分。没有入园以前，幼儿在什么时间、什么地点游戏都具有较大程度的自主性。幼儿园游戏则不同,幼儿的游戏时间、地点须遵守幼儿园的作息时间或幼儿班级一日活动安排。

最后,幼儿园游戏是基于幼儿年龄班的集体游戏活动。幼儿游戏通常是个体的或几个伙伴之间的游戏,而幼儿园游戏则是班集体的。幼儿园虽然会有活动区游戏、小组游戏或自由游戏,但也是基于班集体开展的,意味着游戏伙伴更多,游戏环境、材料、内容更加丰富,游戏的教育意义更加明显。总之,幼儿园游戏是在幼儿园教育目标的宏观指导下,由教师组织开展的有目的、有计划的活动,是幼儿园教育的基本活动和重要的活动形式。这也正是幼儿园游戏与幼儿游戏的区别所在。

对幼儿游戏和幼儿园游戏进行分析讨论,是为了更好地理解游戏的自然发展价值和游戏的教育价值之间的关系。从完全自发的幼儿游戏到适宜的干预,是通过游戏外部条件的某种改变,促进了游戏的发展,这就与教育有效联系起来了;从幼儿游戏再到幼儿园游戏,是依据幼儿教育规律,将游戏纳入有目的、有计划、有组织的教育背景之中,而且幼儿依然是游戏活动的主体,游戏的自主性、愉悦性、幻想性、有序性和创造性等本质特征没有改变,这就与幼儿教育有效整合起来了,并且成为幼儿园教育的基本形式与手段。

二、幼儿学习的基本途径

学习是在经验的基础上形成的相对持久的行为或行为潜能的变化,是获取知识和掌握技能的过程。幼儿的学习主要有两种方式:一种是通过教育情境的学习,一种是通过游戏情境的学习。

(一)关于游戏与学习的几种观点

长期以来,基于游戏与学习的不同认识和价值判断,在处理游戏与学习的关系上就有不同的看法。

(1)对立论:业精于勤,荒于嬉。把游戏与学习看成是两种完全不同的活动。持有这种观点的人认为游戏是无目的的活动,学习是有目的的活动;游戏是一种练习,是表现已有的经验,学习是一种探索,是接受新的知识;游戏的结果对发展的内容具有偶然性,学习的结果对发展的内容具有必然性;游戏是轻松愉快的休闲活动,学习是具有外在压力的严肃活动。

这种观点把游戏与学习完全割裂开来,并形成了事实上的对立关系。学习被狭隘地圈定在以教育活动为中心的、教师指导下学习教材的、发生在课堂上的学习方式,对广义的学习却视而不见。教育实践中,持有这种观点的人往往会反对或限制游戏,他们认为把时间和精力花在游戏上,就意味着占用了学习的时间和精力。

(2)同一论:游戏就是学习。把游戏与学习视为同一个过程,认为游戏的内容和学习的内容无法区分,在游戏和学习中都产生新的经验,因此游戏就是学习,学习也就是游戏,两者不用分辨。

这种观点无视二者的本质特征,无限放大了游戏的作用,夸大了游戏与学习的内在联系,混淆了二者的概念和功能。在这一观念影响下,教育实践中会出现两种情况,或者把严肃规范的学习(教育)活动说成是游戏,即严肃的"游戏",把教育活动、领域活动都冠以"游戏";或者随心所欲地把一切游戏活动都认为是学习,即放任的"学习",无论游戏质量如何,是否产生正效应,均以"学习"视之。

(3)相关论:游戏与学习是相辅相成的。把游戏和学习看成是相互促进的并列活动,认为游戏获得的是学习机制,学习获得的是系统的知识;游戏积累直接经验,学习接受间接经验;游戏中获得的直接经验成为学习间接经验的背景,学习获得的间接经验又成为游戏的背景。因此,游戏有助于学习,学习的成果在游戏中练习和巩固。

游戏与学习的确相关,但二者之间是一种内在的有机联系,且关系紧密,而非并列关系。并列,就有可能忽视幼儿的学习特点,有悖于幼儿园以游戏为基本活动的理念。教育实践中可能出现学习活动和游戏活动交错进行的情况。

(4)统一论:游戏和学习是可以相互转化的。这种观点认为游戏是幼儿意愿的活动,学习也必须成为幼儿意愿的活动才能奏效。当学习要求转化为幼儿的需要,外在目的转化为内在动机时,学习与游戏之间便实现了转化。通过转化,幼儿在游戏中获得学习,在学习中体验到游戏般的乐趣。

游戏与学习的本质特征不同,二者相对独立(绝不是对立)又相互联系。我们可以强迫幼儿学习,但却不能强迫幼儿学到或掌握所要求的学习内容,只有通过幼儿内在的需要和转化,学习才具有现实意义,这便是通过游戏的学习。所以,在幼儿园教育实践中,教学游戏和学习过程游戏化的出现就成为必然。

上述观点是在所依据的理论基础上,从不同的视角、在特定的范畴内提出的,这也是游戏与学习自身所具有的复杂性和丰富性导致的结果。这些不同观点对幼儿园教育实践具有积极的启发或指导意义。

事实上,关于游戏与学习的讨论表现在多领域或多层面,这些讨论和看法对开阔我们的视野,辩证认识和理解游戏与学习的关系有直接帮助。美国创造学研究专家罗杰·冯·伊区认为,游戏是打开人们心智枷锁的重要途径,它可以使儿童和成人保持思考的空间性,不受心智枷锁的束缚,可以从游戏中激发各种新创意和新点子,不仅对儿童及青少年的创造生涯具有不可低估的作用,而且还可以让儿童和成人在无压力的环境中自由表露内心世界。在其《当头棒喝:如何激发创造力》一书中,他是这样论述游戏与学习、工作的关系的。首先,他请人回答"在何种活动及情况下,你最能够产生新创意?(譬如:从事例行工作、思考问题、在体能活动之中或之后、在深夜里、在驾车之时、在他人陪伴之时)"他将所获答案整理归纳为两大类。第一类回答系基于事实需要:当我面临一个有待解决的问题时;当事情砸锅了,而我必须出面收拾残局时;当情势所趋,必须满足某项需求时;当期限迫近时……最能激发产生新创意的灵感。这些回答,证实了一句"需要是创造之母"的古老谚语。但是,令人感到有趣的是,尚有相当多的人是在迥然不同的情况下,最能激发新的创意。所以,第二类回答主要内容有:当我四处游荡之际;当我正在从事一项不相干的活动时;当我心不在焉地思考问题时;当我自己轻浮放荡之时;当我喝完第二瓶啤酒之后。

通过对上述答案的分析,他认为,需要是创造之母,游玩确实是创造之父。嬉戏的态度是创造性思考的起点。他用一本书的话表达了自己的观点:只要你心理上存在着游玩嬉戏的态度,就必能激发许多新创意。这是因为你解除了心理防卫,打开了心智枷锁,也不必实事求是、墨守成规,而且不怕犯错。他进一步分析道,在生活中,人总是面临"不赢即输"的局面,假如你无法获胜就等于失败。许多竞赛游戏、运动比赛、掷铜板、赌博、争辩等等,都是如此。而且,在游玩时所面临的是完全不同的逻辑——"赢或不赢"。这点很重要,因为在"赢或不赢"的逻辑下,即使犯下错误仍然不必受罚,却能学习到更多的经验。总之,如果赢了,当然赢得胜利的果实,万一不赢,也学得失败的教训。这是一种稳赢不输的局面,何况,游戏的唯一成本只是时间。儿童们也都知道游戏是最佳的学习方式。就拿儿童踢足球来说,他们交互传球,进行各种游戏,大家玩得开心。最重要的是,他们因而增进了球技。长此以往,就逐渐领悟了诀窍,而且日趋精通。儿童之所以擅于游玩,就是因为他们无须患得患失。[1]

但是,仍然有人认为"游戏是无意义的",是随随便便的玩耍,并不等于正经八百的工作;认真工作和学习的态度应该是停止游戏,全心全意地做事和学习。假如未能产生具体可见的成果,便不算是工作或学习。针对这一观点,罗杰指出,古希腊人就认为在游戏中可以学习。希腊语中游戏(Paidia)和教育(Paideia)的词根相同,都是指儿童的活动。对于儿童来说,只要他在游玩,他就是在学习、在生活。所以,游戏的产品之一是趣味性——这是最有力的激励因素之一。对此,他列举了几位较有成就的电脑程序设计师、人造卫星设计经理、微处理机公司总裁等对游戏态度的认定,即凡是能够享受工作乐趣的人,必能发挥更大创意。以此来佐证他的观点。

苏联教育家柳布林斯卡娅认为,游戏是幼儿获得知识并使知识更加确切的一种方式。例如,教师发觉幼儿所做的"娃娃家"的游戏已经不再发生变化而"陷于停顿"之后,就带领幼儿去参观做童装的裁缝店。在幼儿观察了解裁缝店里的设备、接受订做衣服,以及熟悉剪裁师和缝纫女工制作衣服的基础上,他们再玩的"娃娃家"游戏就发生了很大的改变。幼儿有了自己的"裁缝店",并陈列出儿童服装杂志,装饰了游戏区,游戏中还包括订做衣服、量尺寸等程序。可见:"游戏不是在儿童中间自发地产生的。儿童不可能反映他们完全不知道的东西"。[2] 知识经验是幼儿游戏的基础,幼儿游戏的水平反映他们对事物理解和掌握的程度。人的认识活动的发展就是从反映现象过渡到反映事物本质的。通过教师有目的的引导,幼儿学习是对所观察的事物逐步作出细致的判断、分析和重新综合,在游戏中幼儿进一步加深了对知识的感受和理解,所以说"儿童的游戏是对所感知的现象进行分析,并且随后做出综合的一种特定

---

[1] 罗杰·冯·伊区.当头棒喝:如何激发创造力[M].黄宏义,译.北京:中国友谊出版公司,1985:118-120.

[2] 柳布林斯卡娅.儿童心理发展概论[M].李子卓,等译.北京:人民教育出版社,1961:202.

方式。"①这种综合保证幼儿在以后的游戏中继续分析所反映的现象,同时就建立了新的联系,创造了新的组合,如此反复,幼儿将更快更好地获得有效知识。

事实表明,游戏与学习虽是两个差别极大的概念,但两者之间存在着一定的统一性。从游戏的本源看,游戏本身除了具有娱乐功能外,也具有学习功能。而学习有广义、狭义之分,游戏在某种程度上就是存在于未成年人生活中广泛意义上的学习,它与正规教育中的学习尚没有完全分离。尤其是在幼儿期,学习就是在游戏中进行的,学习与游戏往往融为一体,没有分化。因此,游戏是幼儿用以认识、理解和掌握世界的独特方式。

(二)游戏是幼儿有效的学习方式

通过上述讨论,我们可以得出这样的结论:游戏是幼儿学习的一种有效的方式。因为游戏是承载重新设计的教育目标的有效载体,是发展幼儿主体性并使幼儿得以主动学习和发展的适宜的、有效的途径;游戏是幼儿的基本活动,是幼儿与周围环境相互作用的基本形式,是最能表现与肯定幼儿主动性、自主性和创造性的活动;它具有独特的教育价值、学习价值和效能价值。

在游戏中,幼儿会与同伴或成人进行必要的交往,幼儿不仅受到他人特别是成人的影响,同时也会影响他人。这样的交往,有益于幼儿对物质世界的认知,有益于幼儿对生活环境的认识,有益于幼儿操作能力、解决问题能力的提高,有益于幼儿的社会性发展和与人合作能力的提高。对此,有学者认为,游戏对于幼儿的作用无异于教学对于学生的作用。从这个意义上讲,游戏在幼儿的发展中具有新的构建与积极的生成作用。

幼儿智能的发展与游戏具有相互促进的作用。一方面,游戏创造最近发展区,幼儿新的发展可能就孕育于游戏活动之中。幼儿在游戏中的表现要高于实际生活中的表现就充分地证明了这一点。另一方面,伴随幼儿心智的发展,游戏活动本身也会发生积极变化,游戏对象由成人逐步扩展到同伴,由个体活动逐步发展到集体活动,且游戏活动的水平不断提高。正是由于游戏水平和能力的提高,也促进着幼儿多元智能的发展和优势智能的组合。

游戏作为幼儿自发的活动,可以使幼儿养成主动探究和学习的兴趣,以及正确的学习态度。在游戏中,幼儿运用视、听等感觉器官去认识、了解客观事实或现象,并运用自己的想象与理解能力来解释事物、现象之间的关联、原因或结果,从而获得主动的学习经验;游戏作为幼儿快乐的活动,可以使幼儿体验到通过自己的努力达到各种目的的满足感,包括支配感、胜任感和克服困难取得成功后的成就感等主体性体验,这有助于幼儿形成积极情感和自信心;游戏作为幼儿独立活动的基本形式,可以使幼儿形成独立决策与活动的能力,为幼儿提供独立决策、独立做事的机会,有助于幼儿独立性人格的形成;游戏作为幼儿创造性的活动,可以使幼儿不怕冒险和失败,勇于

---

① 柳布林斯卡娅.儿童心理发展概论[M].李子卓,等译.北京:人民教育出版社,1961:207.

探索与创造,这有助于幼儿形成创造性的人格特征。有研究表明,爱玩并会玩的幼儿具有较强的创造能力。上述这些品质的形成,正是通过学习所要达到的目的。

苏联教育家马卡连柯曾指出:"游戏在儿童生活中具有重要意义,具有与成人活动、工作和服务同样重要的意义,儿童在游戏中怎么样,当儿童长大的时候,他在许多方面的工作中也会怎么样。因此,未来活动家的教育,首先要在游戏中开始。"①那我们寄予幼儿的厚望不就应该从游戏开始吗?所以,游戏是幼儿学习的有效途径和方式。

三、教育实践中的幼儿游戏与学习

教育家们从一开始就认识到游戏对幼儿的重要意义和教育作用,柏拉图、亚里士多德等人就是其中的代表。由于中国古代的幼儿教育实施场所主要在家庭,较少受到官方政治和社会的严格规范,教育的形式和内容相对自由灵活,幼儿游戏活动比较普遍。当时的有关教育原则、教育目的、教育方法等论述也多与游戏有关。

(一)产生与发展

在古代,我国的教育家或教育者就强调"严教"和"乐学"。他们意识到幼儿时期形成的道德品行是和天性融为一体的、根深蒂固的、难以改变的,可谓"少若成天性,习惯成自然"。因此,"早谕教"的目的就是为了及时加强幼儿辨识是非、善恶的能力。那么,"早谕教"从何入手呢?最能体现幼儿天性的游戏存在着最大的教育契机,对游戏的干预就成为当时幼儿教育的主要手段和任务。"严教"可以说就是教育者对游戏的态度,它强调的是对幼儿游戏的干预和严格控制。凡是符合当时社会所崇尚的道德观、伦理观的游戏,便被视为正当的游戏,教育者不会横加干涉;反之,就是败坏幼儿品质的不正当游戏,必须加以禁止。

在"万般皆下品,唯有读书高"的封建教育思想影响下,读书成为当时的家庭和教育者的最高追求。然而,作为启蒙教育的蒙学,幼儿读书识字、习文背书的所谓童子功训练的教学方式是枯燥的、乏味的。这种读死书、死读书的苦学方式直接导致幼儿厌学或逃学。宋人绘画作品《村童闹学图》就是学童大闹学堂的真实写照,作品描绘的是先生伏案酣睡、学童趁机玩闹的情景:其中三个学童在戏弄先生,一个在背后摘先生的帽子,案前两童一个头戴假发髻、面贴胡须、手持戒尺、身披纸带扮着老儒生模样,另一个则在描画先生睡姿;其他学童各自玩耍,或坐观,或指手画脚,或身卧书桌脚蹬板凳

图 3-1 仇英摹本《村童闹学图》

---

① В.И.亚德什科,Ф.А.索欣.学前教育学[M].北京师范大学外国教育研究所,译.北京:人民教育出版社,1981:334.

耍杂技，或头顶书本扮鬼脸。总之，他们耐不住静坐读书，趁着先生打瞌睡嬉闹无忌，却把学堂闹得混乱不堪。

　　古代教育家认识到这种读书方式不符合蒙学阶段幼儿的学习特点，便提出了"乐学"。"乐学"就是以适合的方式方法，让幼儿通过操作或体验的游戏活动达到学习的目的。尽管古代幼儿游戏生活没有形成比较系统的文字记载，但在其他各种形式的作品，如古诗、绘画、小说中，我们依然可以领略到古代幼儿丰富多彩的游戏形式和内容，比如七巧板、益智图、华容道、灯谜、字谜、偶戏、童谣、歌舞游戏、野趣等。可见"乐学"思想是从幼儿的身心特点出发，通过游戏使幼儿将更多的时间和精力投入到正当的学习中去，变苦学为乐学，以提高学习效能，从而实现"唯有读书高""学而优则仕"的教育理想。

　　就幼儿园教育实践中的游戏而言，福禄培尔是教育史上第一位提倡者和实践者。他强调游戏是幼儿园教育的基础，幼儿教育是在游戏中进行的。从1837年开创幼儿园之日起，他就将游戏引入幼儿园，积极主张游戏在幼儿园的重要意义和作用，在实践中从不同的角度运用游戏的有利因素，改善幼儿园教学的内容和方法。在他看来，一个游戏着的幼儿，一个全神贯注地沉浸于游戏的幼儿，正是幼儿期最美好生活的表现。从这个意义上说，幼儿园应当是幼儿游戏的乐园。对此，他恳切地呼吁：母亲啊！鼓励和支持幼儿的游戏！父亲啊！保护和指导幼儿的游戏！

　　福禄培尔认为，玩具是游戏的物质基础。为了更好地引导幼儿认识自然、扩大知识、发展能力，福禄培尔在幼儿园教育实践中创制了一套供幼儿使用的玩具，并称之为"恩物"。恩物就是将自然界所属的一切性质、法则、形状等具体化、象征化，以便于幼儿了解世界、认识世界。六种恩物及其作用如下。

　　第一种恩物是6个不同颜色的绒线球。每个球各系一线，线色与球色一致。在成人指导下幼儿观察、抓弄这些柔软的小圆球，熟悉它们的形状、颜色和状态，发展幼儿的辨色能力；或抛甩小球，一边说前后、上下、左右，发展幼儿的空间知觉能力；或将球置于掌心，表示"有"，反之表示"无"，借此发展幼儿肯定或否定的概念。福禄培尔从观察和实验中运用6个小球设计出50种玩法，较系统地训练和发展幼儿的各种能力。

图3-2　第一种恩物

　　第二种恩物是木制的球体、立方体和圆柱体，其高度和直径一致，球代表动，立方体代表静，圆柱体则为动静兼备。它可以使幼儿认识物体的各种形状、性质和彼此的关系，并且可以用它们拼成小桌子、小凳子、炉灶及其他物体。通过不同的组合和玩法，发展幼儿的创造力和想象力。

　　第三种恩物是8个木制小立方体，组合起来可成为一个大的正立方体。它可以使幼儿认识物体的各种形状、性质，理解部分与整体的关系。通过堆砌组合，锻炼和发展幼儿的创造性组合能力,以及造型、搭建、象征性联想的能力。

第四种恩物是 8 个木制小长方体。每个长方木块长 5 厘米,宽 2.5 厘米,高 1.25 厘米,合起来成为 5 厘米的正立方体。幼儿在操作中可通过长方体的比较获得长、宽、高的概念。

第五种恩物是可以分为 27 个等值的木制小立方体。其中有 3 个小立方体分别对分,形成 6 个三角体;有 3 个小立方体分别 4 等分,形成 12 个三角体。

图 3-3 第五种恩物

第六种恩物是可以分为 27 个小长方体的木制立方体。其中一些还可以分成平板、斜角等更小的部分。

六种恩物又可组成一个大的恩物。第一、二种恩物供 3 岁前低龄幼儿游戏之用,后四种恩物供 3—7 岁幼儿操作使用。此外,福禄培尔还设计了一些辅助性游戏材料,包括形状各异的彩板、纸片、小棒、金属环等,通过这些游戏材料,幼儿可以学习计算、获得造型经验。

我国清光绪二十九(1903)年,在时任湖广总督张之洞的策划下,湖北巡抚端方在武昌阅马场寻常小学堂设立了中国第一所幼儿教育机构——湖北幼稚园,开中国幼儿园教育之先河。1904 年 1 月,清政府颁布《奏定学堂章程》,定幼儿教育机构为蒙养院,随后北京、湖南、江苏、上海等地的蒙养院陆续诞生。清末、民初的幼儿园教育受日本的影响很大,而日本的幼儿园教育主要受西方幼儿教育,特别是德国幼儿教育家福禄培尔思想的影响,加之教会幼儿园的影响,当时中国的幼儿园教育实际上也受到了西方幼儿教育的影响。课程设置完全照搬国外模式,缺乏中国化的、系统的课程设计。对此,陈鹤琴先生曾多有批判。

在清政府制定的蒙养院章程和民国时期制定的幼稚园课程标准中,都设有游戏这项专门的内容。《奏定蒙养院章程及家庭教育法章程》将游戏分为随意游戏、与人游戏两种。随意游戏是幼儿各自的游戏活动,与人游戏是集合众多幼儿的各种游戏活动。认为游戏的关键是要使幼儿心情愉快,身体健康舒适安全,并且要养成幼儿爱众乐群之习气。民国政府颁布的《幼稚园课程标准》中,规定的科目有音乐、故事、儿歌、游戏、社会、自然、工作、静息、餐点等,开展的游戏内容有计数游戏(如抛掷皮球,可兼习计数),唱歌和故事表演游戏,节奏和舞蹈的游戏,感觉游戏,应用简单用具的游戏,模拟游戏(如模拟猫捉老鼠的动作或叫声)以及各地方固有的传统游戏等。

1919 年,陈鹤琴先生回国以后,对婴幼儿的心理与教育进行了长期的观察和研究。1923 年,他创办了南京鼓楼幼稚园,对幼儿园教育理论和实践进行了实验与研究,其中包括游戏研究。在他的《儿童心理之研究》和《家庭教育》等著作中就有专章论述游戏和玩具,可以说这是当时对游戏理论、游戏价值以及游戏的种类和内容方法等比较全面、系统的研究。他认为，对于幼儿来说，游戏就是工作，工作就是游戏。"幼稚园里的课程很容易'游戏化'……我相信无论什么工作，都可以化作游戏，这要看教师的能力了。"[①]他不仅从玩伴、幼儿游戏时的着装以及玩具的整理、归置等方面论述了游戏与玩物的关系，还提出了玩沙、塑泥、穿珠以及剪纸、图画等具体游戏方法，对幼儿玩什么也提出了自己的看法和建议。特别是陈鹤琴先生撰写了《玩具》《儿童玩具的分类标准》《儿童玩具与教育》等著作，并阐明了什么是玩具、什么是好的玩具、玩具的教育原理以及玩具在幼儿教育中的重要地位。在当时受封建传统思想影响，要求幼儿"循规蹈矩""少年志成""勤有功，嬉无益"的观点普遍存在的状况下，幼儿园设备、条件极其简陋的条件下，陈鹤琴先生关于游戏的研究有效促进了我国幼儿园游戏的开展。

总的说来，国情不同、文化背景有别，幼儿园教育实践中的游戏在不同国家经历了不同的发展过程。在我国，由于受封建正统思想的影响，尽管幼儿有游戏的愿望，政府也有相应的规定，但无论是在育婴堂、蒙养院还是在幼稚园，幼儿真正的自主游戏活动时间、内容、形式都是非常有限的。

(二)新中国幼儿园教育实践中的游戏与学习

1949年以后，我国幼儿园教育经历了一系列的重大改革和发展。从废除单元教学，到全面学习苏联幼儿教育经验、实施有计划的分科教学，再到综合主题教育活动、五大领域以及课程模式多元化。随着国家经济社会的迅猛发展，国民对教育的要求逐步提高，幼儿园课程改革和游戏研究日益深入，越来越多的教育研究者和幼教工作者意识到游戏对于幼儿发展的重要价值。

20世纪50年代，教育部虽然颁布了《幼儿园暂行教学纲要(草案)》和《幼儿园教育工作指南》，但是，由于幼儿园教育还未纳入基础教育的组成部分、学校教育制度的基础阶段，没有受到应有的重视。一方面，幼儿园的普及程度有限，加之教师专业化程度偏低，游戏活动并不被人们所认识；另一方面，即使有幼儿园也基本上处于"托儿所"的状态，"看好"孩子即可，游戏就是"放羊"。1981年，教育部制定并颁布《幼儿园教育纲要(试行草案)》，将幼儿园课程划分为思想品德、语言、常识等六个学科，体现的是国家统一的学科课程、对学科知识的重视，游戏基本成为幼儿园课程的附加物或点缀。

20世纪80年代中期，伴随国家对外政策的进一步开放，国际间的教育交流和信息逐步正常化，幼儿园教育越来越多地接触到了除苏联以外的多种教育理论与实践，同时对我国老一辈幼儿教育家的教育思想、课程理论进行了重新认识和研究。为适应当时教育整体改革的需要，促进幼儿园教育质量的提高，全国许多地方和研究者开始对幼儿园课程结构进行了新一轮的实验与研究，游戏在幼儿园课程中的地位和作

---

① 陈鹤琴.陈鹤琴教育思想读本·幼稚教育[M].陈秀云，柯小卫，选编.南京:南京师范大学出版社,2012:23.

用开始受到重视。一些幼儿园的课程方案中有了游戏活动。但总体上看,对游戏与幼儿园课程、幼儿学习之间关系的研究还不够深入,尤其是尚未从实践层面论证游戏对幼儿发展的必要性和必然性,实践中还普遍存在"重上课、轻游戏"的现状。

20世纪80年代末,教育部颁布实施《幼儿园管理条例》和《幼儿园工作规程》,分别指出:"幼儿园应当以游戏为基本活动形式。""游戏是对幼儿进行全面发展教育的重要形式。应根据幼儿的年龄特点选择和指导游戏。应因地制宜地为幼儿创设游戏条件(时间、空间 材料)、游戏材料应强调多功能和可变性。"1996年修订并颁布的《幼儿园工作规程》更加明确地指出,幼儿园"以游戏为基本活动,寓教育于各项活动之中"。这一命题无疑是正确的,反映了幼儿园教育的基本原理与普遍规律,对于扭转我国幼儿园长期以来存在的"重上课、轻游戏"的现象具有积极的意义。这一时期也是我国幼儿园游戏研究迅速发展的时期。刘焱、华爱华等一批专家学者从游戏观,幼儿游戏的特征与实质,游戏与课程、教学的关系,游戏与幼儿学习的关系,幼儿园和游戏指导方法与策略,幼儿园以游戏为基本活动的实践模式等方面做了深入研究,对我国幼儿园游戏实践起到了积极的引领作用。同时,国内许多幼儿园和幼儿园教师从实践层面全方位开展幼儿园游戏研究,取得了累累硕果。

新世纪以来,伴随《幼儿园教育指导纲要(试行)》的颁布实施,幼儿园游戏研究与实践更是迈上新的台阶。游戏不仅是幼儿园课程的重要组成部分和实施的重要途径,而且游戏还具有生成课程的重要功能。应从课程概念的分析来看待游戏在幼儿园课程中地位的变化,游戏既是幼儿园课程的内容,也是幼儿园课程的实施途径,游戏重在对儿童主体性的培养。

第二节 幼儿园以游戏为基本活动

基本活动是指最经常、最适宜,也是最必须的活动。对幼儿或幼儿园来说,游戏就是这样一种活动。

"游戏是幼儿的基本活动""幼儿园以游戏为基本活动"是两个既有联系又有区别的不同命题。"游戏是幼儿的基本活动"是从发展心理学的角度,对游戏与幼儿及其发展关系的认识与概括,是对游戏的发展价值的肯定。而"幼儿园以游戏为基本活动"则是从教育学的层面,对游戏在幼儿教育过程中的地位及其作用的确认,是对游戏与幼儿园教育之间关系的本质性概括,是对游戏的教育价值的肯定。前一个命题是后一个命题的必要前提与基础,后一个命题是前一个命题在教育实践领域中的延伸与扩展。

长期以来,以知识传授为价值取向的学科中心课程在我国幼儿园占据着统治地位。在这种课程观的支配下,以分科教学为特征的"上课"成为幼儿园教育的主要形式和教师的中心任务。游戏对幼儿身心发展的作用并未受到真正重视。要改变这种现状,必须改变以往的课程观、教育观、知识观和学习观。从"游戏是学前儿童的主导活动"到"游戏是幼儿的基本活动",并落实到"幼儿园以游戏为基本活动",可以说,幼儿园教育的课程形态发生了根本性的改变,由学科课程转向综合课程、活动课程,课程观的转变以及幼儿园课程改革必将带来幼儿教育观、知识观和学习观的变革。

一、幼儿园"以游戏为基本活动"的教育行政法规地位

教育部 1981 年 10 月颁发的《幼儿园教育纲要(试行草案)》虽然表述了游戏在幼儿园教育中的重要意义,肯定了游戏在幼儿园教育中的地位,但是受当时课程观的影响,人们对游戏发展价值认识的不足,加之缺乏必要的法律依据,游戏在幼儿园教育实践中的地位只是徒有虚名。事实上,游戏在幼儿园教育中的教育行政法规地位的真正确立,始于《幼儿园管理条例》和《幼儿园工作规程》的发布。

(一)《幼儿园管理条例》与《幼儿园工作规程》

1989 年 6 月,中华人民共和国原国家教育委员会第 2 号令发布了《幼儿园工作规程(试行)》。同年 9 月,原国家教育委员会以部令的形式颁布了《幼儿园管理条例》,《条例》第三章第十六条规定:"幼儿园应当以游戏为基本活动形式。"1996 年 3 月,再次以部令的形式颁布了《幼儿园工作规程》,同时废止 1989 年 6 月发布的《幼儿园工作规程(试行)》。《幼儿园工作规程》第四章第二十一条明确提出:"幼儿园教育工作的原则是体、智、德、美诸方面的教育应互相渗透,有机结合。……以游戏为基本活动,寓教育于各项活动之中。"并在第二十五条对幼儿园游戏做出相应规定:"游戏是对幼儿进行全面发展教育的重要形式。应根据幼儿的年龄特点选择和指导游戏。应因地制宜地为幼儿创设游戏条件(时间、空间、材料),游戏材料应强调多功能和可变性。应充分尊重幼儿选择游戏的意愿,鼓励幼儿制作玩具,根据幼儿的实际经验和兴趣,在游戏过程中给予适当指导,保持愉快的情绪,促进幼儿能力和个性的全面发展。"

《幼儿园管理条例》和《幼儿园工作规程》有关游戏的表述与规定,其意义体现在以下几个方面:第一,从教育观念上强调、政策法规上保障幼儿游戏的权利,明确了幼儿园教育的基本形式,确立了游戏在幼儿园教育中的地位;第二,从理论上探讨了游戏的功能及其在幼儿园教育中的意义和作用,并试图建立具有中国幼儿教育特色的游戏理论;第三,用科学的方法对幼儿游戏的相关问题,尤其是对幼儿园游戏现状进行研究,探讨了游戏促进幼儿发展的方法和影响因素;第四,在幼儿园游戏实践研究上,积累了比较丰富的、可行的、可借鉴的经验,并加以总结和推广。[①]

游戏在幼儿园教育中地位的确认与确立,无论是对当时的课程观、教育观、幼儿学习观,还是对占据幼儿园教育主导地位的传统教学模式,都起到了非同凡响的影

---

① 邱学青.学前儿童游戏[M].南京:江苏教育出版社,2005:170 - 171.

响。自20世纪50年代苏联凯洛夫等人的教学思想引进中国以来,以课堂为组织形式、以知识传授为主要目的的师生双边活动的传统教学一直占据我国整个教育体系的中心地位,发挥着核心作用,可以说,对我国教育的影响是巨大而深远的,幼儿园教育也不例外,教学概念引入幼儿园教育,知识学习、课堂讲授和巩固练习等教学活动成为幼儿园教育的基本活动。在这种幼儿园教育现状的基础上,提出"以游戏为基本活动,寓教育于各项活动之中",对当时以语言、常识、计算、音乐、美术、体育六科分科教学形式为主,户外游戏和体育游戏为辅的幼儿园教育来说,其意义无疑是翻天覆地的变革。

然而,当游戏在幼儿园的地位被提高到"以游戏为基本活动"时,教师在认识上的疑问和实践中的困惑便接踵而来。是以"游戏"为基本活动,还是以"游戏活动"为基本活动?游戏要不要追求教学目标,游戏是目的还是手段?游戏在教育过程中是内容还是形式?是幼儿的游戏,还是教师的游戏?等等。正因为有这样或那样的问题,正因为幼儿园教育需要一种具有可操作性的指导纲领,正因为更加需要具体而深刻、能够有效规范幼儿园教育实践的操作指南,带有强烈时代特色的《幼儿园教育指导纲要(试行)》应运而生。

(二)《幼儿园教育指导纲要(试行)》

《幼儿园教育指导纲要(试行)》是遵循我国宪法和教育基本法律精神,根据党的教育方针和《幼儿园工作规程》而制定的,《幼儿园教育指导纲要(试行)》鲜明地体现着国家的意志,是对全国幼儿园教育进行宏观治理和指导的单行法规文件。它与其他有关幼儿园教育的行政法规一起,构成一个受共同原则指导的、具有内在协调一致性的、层次不同的幼教法规体系,推动着我国幼儿教育事业科学化、法制化进程,指引着幼儿教育向更加健康、正确的方向发展。

自《幼儿园管理条例》和《幼儿园工作规程》颁布实施以来,我国幼儿园教育基本形成了适应不同区域经济、社会发展需要的多元化的办园格局,幼儿教育从理论到实践都发生了意义深刻的变化。特别是幼儿园课程观、幼儿学习观的发展变化,让我们重新审视游戏的教育价值与功能。只有当幼儿作为学习与发展的主体受到重视,游戏活动的教育价值才能真正被人们所认识和理解,并为"幼儿园以游戏为基本活动"提供客观依据和实施环境。

客观而公允地说,《幼儿园教育指导纲要(试行)》吸取了以往幼儿教育改革的经验与教训,全面展示了当代中国幼儿教育界对幼儿教育的基本理解和共识,体现了政府对幼儿教育的重视和关怀,凝聚着专家、学者以及广大幼儿教育工作者的智慧和汗水。同时,对幼儿园教师所关心的问题、实践中的疑问和困惑等做出了明确的回答。

首先,游戏是幼儿的基本活动,这不仅是因为幼儿喜欢游戏,且占有幼儿的时间最多,更重要的是游戏最适合幼儿的发展,最能满足幼儿的发展需要,最能促进幼儿的成长,游戏是幼儿身心发展的一面镜子,在游戏中幼儿身心发展有最真实自然的反映。幼儿游戏的时间是教师观察与了解幼儿身心发展水平与特点的最好时机,幼儿可以根据自己的兴趣、爱好来自己决定活动的内容与方式方法,教师也可以针对每个幼儿的特点进行适当的干预。以游戏为基本活动,就是让幼儿在游戏中生活、在游戏中学习、在游戏中成长,既满足了全面发展的要求,也关注了现代幼儿教育注重个别化教育的要求。以游戏为基本活动成为幼儿教育的特色和鲜明的特点。

其次,幼儿园有组织的游戏区别于自然状态下的游戏,是在教育特定环境下进行的活动,并将游戏因素与教育因素有机结合,因而具有教育性和有序性特点,同时把幼儿在游戏中的主体性体验、游戏性体验看作是其最本质的需要,也是教育最重要的内容,因而又具有主动性、愉悦性和虚拟性的特点。所以,幼儿园游戏包含在所有幼儿园教育活动之中。

最后,把游戏看作是幼儿教育的基本活动,是对幼儿人格和权利的尊重,是对幼儿身心发展特点、幼儿学习成长特点的尊重,是对幼儿教育规律的尊重。游戏活动是教育活动的基础,教育的价值是在游戏活动中实现的。所以,教师不仅是促进幼儿发展的教育者,更是幼儿学习的支持者、合作者和引导者。

二、幼儿园"以游戏为基本活动"的基本内容

幼儿园以游戏为基本活动的核心目的在于:创设与幼儿年龄特点相适宜的幼儿园生活,保障幼儿游戏的权利和童年生活的快乐;创造以幼儿主体性活动为特征的幼儿园教育活动体系,全面促进幼儿主体性的发展,使幼儿在生动活泼、积极主动的学习环境中,获得身心和谐、健康的发展。

(一)保障幼儿游戏的权利和童年生活的快乐

游戏是幼儿的天性。所有健康的幼儿都喜欢游戏,都有强烈的游戏需求。有童年就有游戏,一个没有游戏的童年绝不会是美好的童年,只有经常游戏且会游戏的幼儿,才是真正的、健康的幼儿。幼儿在游戏中、在与同伴的交往中,不断体验着成功与失败、自由与规则、过程与结果,在满足需要的同时,丰富并完善自身人格的发展。以游戏为基本活动,强调的是"幼儿为本"的教育思想,关注的是幼儿的兴趣和需要,让幼儿拥有快乐的每一天,切实保障幼儿游戏的权利,尊重幼儿的游戏,为他们提供游戏的便利条件,使幼儿在游戏中获得满足和发展。

在保障幼儿游戏权利、给予幼儿发展权利的基础上,幼儿园游戏要能够满足幼儿多方面发展的需要,使他们在心理和情感方面不受外来权威的管束和压制。根据本班幼儿的年龄特点,开展多种类型的游戏;教师要尊重幼儿选择游戏的意愿,引导幼儿积极主动地参与游戏活动,在游戏中保持愉快的情绪;让幼儿在宽松、和谐的教育环境中成长,形成健全的人格品质,使他们在快乐的童年生活中获得益于身心发展的经验。

(二)为幼儿提供充分的游戏时间和游戏自主权

幼儿园应充分保证幼儿每天有足够的自主游戏的时间(不少于1.5小时)。在幼

儿一日活动安排上,幼儿园或教师不仅不能随意挤占幼儿自主游戏的时间,而且还要提供和创设开展自主游戏活动的必要条件,引导幼儿自主地选择、计划活动,支持他们独立、认真地完成活动任务;鼓励幼儿在自主游戏活动中,以自己喜欢的、恰当的方式,表现自己的长处、分享成功体验;鼓励幼儿在游戏中大胆表现和创造,促进幼儿能力和个性的发展;主动研究自主游戏中幼儿生成性学习的规律和特点,对幼儿给予适时指导,强化并体现自主游戏的教育价值。

在自主游戏过程中,需要教师特别注意的是:一方面,由于受年龄、性别、兴趣爱好的影响,幼儿喜欢的游戏会各不相同,所以要允许幼儿自由选择游戏内容和游戏伙伴;另一方面,要善于观察游戏中幼儿的行为与表现,即使是幼儿的无意创造,教师也要加以有意引导。

(三)创设与幼儿年龄特点相适宜的游戏环境

在幼儿园教育活动中,活动的内容和组织应充分考虑幼儿在游戏中学习这一特点,注重活动开展的趣味性与操作性,尽可能以游戏的方式使幼儿获得游戏性的体验,寓教育于游戏之中、寓教育于生活之中。

1. 创设愉悦宽松的心理环境

让幼儿充分感受到他们有自由选择游戏的权利或学习的方式,积极鼓励幼儿自主选择感兴趣的游戏和自己喜欢的学习方式。必要的时候教师可以用启发或暗示的语言加以引导,如"你可以去玩你自己喜欢的游戏""你想做什么?愿意和谁在一起?""你觉得怎样才能使你最开心?""老师和你一起做",等等,消除幼儿紧张或拘束的心理,逐步引导幼儿进入快乐的游戏情境。

2. 提供或创设丰富的物质环境

幼儿的游戏总是在一定的场合、时间以及对一定材料的操作中进行的。这就要求教师在确保游戏时间的基础上,根据幼儿游戏的需要,为幼儿创设并提供安全适宜的游戏空间,丰富的、可选择的物质环境和条件,以满足幼儿自由选择、愉快游戏的基本需求。例如,在活动室、走廊、阳台、楼梯间、室外场地等诸多场所,由幼儿自由选择游戏的内容、形式,并自主分割游戏空间的大小,同时提供丰富多样的、适合其年龄特点的、能够促进幼儿学习发展的游戏材料,让幼儿选择并与各种游戏材料发生交互作用。

幼儿园的活动空间、设施、操作材料与常规要求,应有利于引发和支持幼儿游戏活动的开展,有利于幼儿在游戏中与游戏环境、材料相互作用。充分利用室内外区域,有效扩大幼儿的游戏空间,提供充足的、适宜的、不同类型层次的、符合安全卫生要求的玩具和游戏材料,充分利用废旧物品和自然材料开展游戏活动,注重玩具、材料的多功能性和可变性,积极利用周围的自然环境和家庭、社区等教育资源,有效扩展教育环境的内容和范围,让幼儿在宽松的环境中进入游戏角色或学习状态,真正使幼儿在玩中学、学中玩,让幼儿在游戏中感受到接纳、关爱与支持,体现游戏活动的教育价值。

3. 适时、适宜地对幼儿游戏给予指导与干预

幼儿园的教育过程是幼儿与教师共同合作的过程、相互影响和相互作用的过程。教师是幼儿园教育环境中的重要因素，教师主导作用的发挥直接影响着幼儿主体性以及游戏价值的体现与发挥。

首先，用不同的方法指导不同年龄段的幼儿游戏。小班幼儿容易受外界环境的影响，喜欢模仿自己生活周围的人和事，这就要求教师要时刻注意观察游戏中的幼儿，当他们对游戏材料不感兴

图3-4 怡人的幼儿园游戏环境

趣、不会玩、不喜欢玩或只喜欢玩某一种材料时，教师要用相同的或类似的游戏材料加以示范性引导，这样就会引起幼儿的有意模仿，对幼儿起到一定的暗示性指导作用。对中、大班幼儿，教师可以作为一个参与者、发问者、倾听者或解决问题的帮助者去指导幼儿游戏。当幼儿需要教师帮助或教师认为有必要介入幼儿游戏时，教师可根据游戏内容和游戏发展要求，以游戏者的身份参与幼儿游戏，并通过特定的游戏角色与幼儿形成干预性互动，起到指导游戏的作用。游戏活动结束后，教师还可以给幼儿留一点分享的时间，让幼儿把游戏过程中的快乐体验、存在问题、想法或做法讲一讲，以利幼儿用他们自己的方式来分享经验、解决问题。

其次，以不同的方式指导不同类型的游戏。由于幼儿在游戏中所使用的材料不同，游戏规则不同，游戏活动空间、范围有别，游戏会表现出不同的特点或进程，而不同特点和类型的游戏过程所表现出的问题也不尽相同。所以，教师要根据游戏的特点及幼儿的需要来指导幼儿的游戏。比如，在角色游戏中，教师要重点指导的是角色特点或角色间的各种冲突，以及幼儿间的交往技能；在表演游戏中，教师要帮助幼儿加深对文学作品的理解，体验角色情感，提高语言、情感的表达能力，以及道具的正确使用等；在结构游戏中，幼儿需要的是操作技能或是材料运用方面的指导。

最后，对同一游戏活动的不同发展阶段给予适时指导。幼儿在游戏过程中的不同阶段，或基于游戏情节的变化，其表现和需要是不一样的，所以教师对游戏过程中的每一阶段的指导也应该是有区别的。这是因为，如果教师不能根据游戏发展的需要或阶段来指导游戏，就有可能导致幼儿游戏始终在原有水平上停滞不前。因此，伴随游戏情节或阶段性的发展，教师要考虑到幼儿已有的经验，尽可能预计游戏发展趋向，及时发现游戏中的新变化或者幼儿的想法，以便为幼儿提前准备多种类型及功能的游戏材料，有效解决游戏停滞的问题，并以此指导幼儿游戏向更高水平发展。

（四）形成卓有成效的幼儿园教育活动体系

幼儿园教育的目的是促进幼儿身体正常发育和机能的协调发展，增强体质，养成良好的生活、卫生习惯，提高参加体育活动的兴趣；发展幼儿智力，培养正确运用感官和语言交往的基本能力，增进对环境的认识，培养有益的兴趣、求知欲望和初步的动手能力；萌发爱家乡、爱祖国、爱集体、爱劳动、爱科学的情感，培养诚实、自信、好问、友爱、勇敢、爱护公物、克服困难、讲礼貌、守纪律等良好的品德行为和习惯，以及活泼开朗的性格；培养初步的感受美、表现美的情趣和能力；满足幼儿多方面发展的需要，使他们在快乐的童年生活中获得有益于身心发展的经验。要实现这一目的，就必须形成卓有成效的"以游戏为基本活动"的幼儿园教育活动体系。

《幼儿园教育指导纲要（试行）》指出："幼儿园的教育活动，是教师以多种形式有目的、有计划地引导幼儿生动、活泼、主动活动的教育过程。"幼儿园教育活动是帮助幼儿获得有益的学习经验，促进其全面发展的各种活动的总和。"多种形式""各种活动"不仅指五大领域的教学活动，也包括生活活动、学习活动和游戏活动，它可以是集体活动，也可以是小组活动、个别活动或自选活动。

如何才能建立和形成有效的幼儿园教育活动体系呢？

首先，有效的幼儿园教育活动应具备以下三个特点。

一是活动性。幼儿的身心特点决定了他们不可能像中小学生那样主要通过课堂、书本知识的学习来获得发展，而只能通过积极主动地与人交往、动手操作物体、实际接触环境中的各种事物和现象，去体验、观察、思考、积累、整合自己的经验。因此，离开活动就没有幼儿的发展，幼儿园的教育必须以引导幼儿生动、活泼、主动地参与各种活动为宗旨。也就是说，教育实践中必须注重和体现幼儿学习的活动性，只有在活动中的学习才是有意义的、有效的学习。

二是游戏性。幼儿园教育活动是引发幼儿生动活泼、主动活动的过程，要使幼儿主动地参与到各种活动中来，就必须重视游戏的价值。因为游戏是幼儿与周围环境相互作用的基本形式，是满足幼儿自身需要的基本活动。游戏既能够满足幼儿快乐的需要、认知和行动的需要，也能满足自我表现和获得成功的需要。[1] 幼儿成长的需要引发了游戏的开展，给幼儿带来了快乐，而快乐又使幼儿对游戏产生了进一步兴趣，游戏中蕴含着丰富的教育元素和价值，所以说，幼儿学习的最好形式就是游戏。

三是综合性。幼儿园教育强调幼儿身心全面和谐的发展。那么，提供给幼儿的刺激也应该是全面的、完整的、综合的，这就决定了幼儿园的教育活动具有综合性的特点。而综合性体现在教育活动的目标、内容、形式三个方面。幼儿园教育活动目标应关注幼儿认知态度、情感态度、个性态度以及动作技能的综合确立；在内容上，不能把幼儿园教育活动理解为一个个活动的简单相加，应注意各种具体活动内容之间的有机联系，提供给幼儿的各种活动在内容上应相互渗透、相互影响，从而帮助幼儿建

---

[1] 许卓娅，张晖.幼儿园课程理论与实践[M].南京：南京师范大学出版社，2002：180-181.

构完整的认知结构;幼儿园教育活动是通过多种方式和途径来进行的,不能仅把教师专门组织的具体的学习活动看成是幼儿园的教育活动,还应把幼儿的学习活动、游戏活动及生活活动有机地结合起来。

其次,科学合理地安排幼儿一日活动。在一日活动的各个转换环节或生活活动中,教师应以多种形式的游戏活动来丰富完善幼儿的一日活动。比如,在幼儿洗手、如厕、进餐等环节中,教师可用手指游戏或简便易行的游戏贯穿整个生活活动,使幼儿保持良好的情绪体验和学习积极性;在教学活动中,尽可能将教学与游戏这两种互为补充的活动形式结合起来,从时间、空间、活动的内容、活动的形式等几方面将幼儿的经验整合在一起;教师在组织集体活动时,尽可能以游戏的形式引导和激发幼儿积极参与活动的欲望,避免时间上的隐性浪费,以保障集体活动的质量;在自由游戏时间段,要给幼儿充分的自由活动机会,并以关怀、接纳、尊重的态度与幼儿交往,关注幼儿在活动中的表现和反应,敏感而细致地觉察他们的需要,善于发现游戏中的教育价值,以适时、适当的方式做出应答,形成有效的师生互动。

最后,支持幼儿的游戏,让幼儿成为游戏的主人。幼儿不是教师布置游戏任务的完成者,也不是教师教学愿望的执行者,幼儿是根据自己的需要和愿望来进行游戏活动的。所以,要让幼儿自主决定游戏的方式方法,确定想玩什么、怎样玩、和谁玩、在什么地方玩,等等,并主动控制游戏活动的进程。

全面支持幼儿游戏有利于幼儿的协调发展。只有从不同的视角、不同的层面以及各个领域支持幼儿游戏,才能刺激幼儿去发现问题,寻求解决问题的途径与方法,激发他们从游戏中学习并获得各种有用的知识与经验。

三、幼儿园"以游戏为基本活动"的实践分析

幼儿园的基本活动与幼儿园教育的性质、价值,幼儿主动的、生动活泼的主体性学习发展地位,以及幼儿园教育活动体系的建构有着密切的联系,以什么为基本活动是幼儿园教育的核心。"以游戏为基本活动"的提出,意味着长期的以学科教学为基本活动的幼儿园教育开始转型。然而,我国幼儿园多年来以教学为基本活动,在短期内扭转"重上课、轻游戏""重知识技能的学习、轻个性及社会性发展""重结果、轻过程"的教育体系和教育实践模式并非易事,转型是一个长期而艰辛的过程。

(一)幼儿园的游戏现状与究因

1. 幼儿园游戏现状

华东师范大学华爱华教授著文认为,在幼儿园课程改革初期,"以游戏为基本活动"的提出所产生的最直接的效应就是幼儿园开始重视游戏了,但是,在幼儿园小学化教学倾向、教师放任幼儿游戏的现状得到一定改变或遏制的同时,也直接导致了教师对幼儿游戏的进一步控制,或对游戏内涵的异化。比如,在教学计划中,教师周密地安排游戏的过程,强调了游戏活动的计划性,使游戏结构化;在游戏的设计中,教师规定了幼儿游戏的内容和行为,为游戏而游戏,使游戏成为教师导演下的"表演"或

"展示"活动;在组织游戏的过程中,教师反复强化着幼儿必须达成的即时目标,使游戏变成了追求(目标)结果的活动;在幼儿自发的游戏中,教师干预的力度加大,其结果是教师所到之处,幼儿的游戏就会中断。而且,教师通常在缺乏观察的情况下,从主观认识或"教学目的"出发干涉幼儿改变游戏思路,使幼儿被迫按照教师的想法去游戏。游戏中,教师会把教学目标转化为游戏规则,使幼儿围着教师转,以至于有幼儿在"游戏"中问教师:"什么时候玩我们的游戏?"游戏中的幼儿好像一点也不开心。这一切被有的学者指责为"不是幼儿游戏,而是幼儿被游戏"。

面对游戏现状,有教师开始意识到,这是以虚假的游戏取代真正的游戏。于是,一方面引发了幼儿园教师对游戏本质的思考,另一方面也引起了一些学者对幼儿园"以游戏为基本活动"这一命题的怀疑。教师们提出了一系列疑问:幼儿游戏中要不要追求我们想要实现的目标,那样的话,还是不是游戏?同一种活动可以既是游戏又是教学吗?实践中要不要对游戏和教学做出区分?通过探讨,教师们认识到:游戏是无外在目的的活动,游戏的目的在于游戏本身;游戏是幼儿自发自主的活动,幼儿有极大的选择自由度;游戏是更注重过程的活动;游戏是幼儿已有经验的表现活动;游戏是幼儿体验积极情感的活动。正是因为以这些特征来界定游戏,个别学者便认为,如果以游戏为基本活动,那么如何保证让幼儿获得我们想让他们获得的特定经验?因为幼儿在游戏中获得的经验具有很大的不确定性。对此,华爱华教授将幼儿园游戏、教学这两类活动称为"游戏""游戏化教学",前者是指幼儿自发的游戏(活动的本体就是游戏),后者是服务于教学的游戏(活动的本体是教学,游戏只是手段),并主张通过保证自发游戏时间以及尽可能将教学游戏化来实现"以游戏为基本活动"。然而,纵观十多年来幼儿园的游戏实践,教师最关注的还是游戏化的教学;教师教研活动中关心的主要问题是如何教学而非如何游戏,或者是与教学目标的实现直接相关的游戏而非幼儿自发的游戏,而且主要是着力于区角活动和主题活动的游戏化形式。

为进一步了解幼儿园教师对游戏价值的认同,以及游戏在幼儿园课程中所处地位,华爱华教授对100多名幼儿园教师进行了集体口头调查,答案出乎意料。当问到"现在的幼儿在幼儿园里游戏的时间比过去多了还是少了"时,85%的教师回答是"少了"。她们的依据是,过去有专门的分类游戏,现在角色游戏和结构游戏都被安排到区角里去了,成了区角活动的一部分。教师们认为,幼儿的角色游戏和结构游戏水平不如以前了,因为区角活动中的角色游戏不能让幼儿自由地展开主题和情节,幼儿反映各自生活经验的自主表现被狭小的空间限制了;区角里的结构游戏材料和人数也都是有限的,以至于幼儿不能尽兴地开展搭建活动。至于为什么不专门安排角色游戏和结构游戏,教师们的回答是"没有时间"。因为一日生活中有主题活动、区角活动、教学活动、户外活动、生活活动等,专门的角色游戏和结构游戏似乎很难列入其中。对于主题活动与游戏是否有关,区角活动是不是游戏,教师们的回答就不再确定了。

对于游戏在幼儿发展中的作用,所有教师都持肯定意见,但对于"玩"和"教"哪个对幼儿更有用,大部分教师认为"教"更有用,理由是"教"能让幼儿学到知识,能看到教学的效果,而"玩"能否让幼儿学到知识则很难确定。可见,幼儿园管理者与教师在认识上非常赞同游戏在幼儿发展中的地位和作用,也坚信游戏可以为幼儿提供理想的学习条件。而在实际操作中,仍然以教学活动为主导,而且游戏和教学是彼此分离的,即便有一些交叉和融合的尝试,也依然是两个独立的个体。也就是说,将教学内容在游戏中加以运用,其目的还是教学目标的达成。当问到"你对游戏和教学哪一个更用心"时,大部分教师回答"对教学更用心",理由是教学容易把握,而对游戏则很难做到既不过度干预又不放任自流。这一回答也说明了幼儿园游戏实践在认识上和行为上存在较大差距。

这一结果表明:一是以前十分受重视的角色游戏和结构游戏被安排到区角里去了,但这是没有办法的,这表明教师对游戏现状的不满和无奈;二是有了活动区,游戏却减少了,这说明教师对游戏的本质有了充分的认识,她们已认识到游戏对幼儿来说是自由的,幼儿在"玩什么""怎么玩""与谁玩"等方面应有充分的选择权,否则就不是游戏;三是教师把角色游戏和结构游戏看成是真正意义上的游戏,因为这两类游戏具有自由的特征,而活动区的其他活动可能未必那么自由;四是教师对游戏的价值认同程度与对游戏的实际重视程度是不一致的。据此,我们可以说教师已经认同游戏对幼儿发展的价值,理解了游戏的本质,不满于游戏减少的现实。而在教师的无奈中恰恰隐含了解决问题的契机,因为这里揭示了两个核心问题:一个是如何处理游戏与主题活动、区角活动的关系,二是如何把握自发性游戏的指导尺度。解决了这两个问题,或许就能摆脱当前的困境,在"以游戏为基本活动"的实践探索中实现新的超越。[①]

2. 幼儿园游戏现状究因

反思当前幼儿园游戏现状:游戏的组织开展预设性、结构性偏强;教师在游戏中的角色定位仍处于主导地位,在介入指导过程中干预过多;游戏活动与教学活动缺乏应有的内在联系,基本处于分离的、平行式的状态。

尽管教师明确了游戏对于幼儿的价值,但开放的思路和理念由于主客观因素,还没有真正落实到教育实践中去,依然牵制着幼儿的活动,并让幼儿按照教师的预设进行游戏活动。在指导策略上,教师依然包办着大部分工作。教学中幼儿所获得的经验没能成为游戏的支持,幼儿的经验、能力的缺失又无法通过教学而得到促进和提高等问题依然存在。幼儿最终只是为游戏而游戏,游戏水平不能得到有效提高,游戏也没能成为促进幼儿发展的手段。

造成现状的原因有以下几点。

一是幼儿园以往的老问题,如怎样看待教学与游戏、如何开展游戏活动、怎样的游戏活动才能有效支持幼儿的发展等没有得到有效解决,而"以游戏为基本活动"实践中,游戏与区角活动、游戏与主题活动、游戏与教学、游戏与领域活动,如何有效指导游戏等新问题又不断出现,使新老问题交织在一起,更是增加了问题解决的难度。

---

① 华爱华.幼儿园课程改革中的游戏实践分析[J].幼儿教育,2009(4).

二是片面追求幼儿发展的近期效应。实事求是地讲,幼儿园教师对于游戏的作用、价值的认识是到位的。然而,受"不要让孩子输在起跑线上"的观念影响,家长对孩子、对于幼儿园的期望值却不断升高,对幼儿园开展游戏活动抱着不响应、不支持的态度,他们认为"勤有功,嬉无益""业精于勤而荒于嬉",如果幼儿园"以游戏为基本活动",还需要把孩子送幼儿园吗?"玩"是不可能玩出知识的!所以,家长们多要求幼儿园教孩子识字、算术、英语、计算机等"有用的知识、技能"。在这种态度和要求下,幼儿园游戏活动的组织与开展必然受到一定的影响。

三是示范性幼儿园数量少,示范作用发挥不足。近年来,我国各省市教育主管部门先后开展了示范园的评选活动,这些示范性幼儿园无论是在师资力量、硬件条件,还是在游戏活动的开展上都是走在当地前列的,示范性幼儿园的评选目的也是为了更好地发挥其指导、示范、引领等作用。然而,从现实来看:一方面,示范性幼儿园的数量较少,对其他幼儿园的指导示范性影响有限;另一方面,示范性幼儿园的示范引领积极性和主动性不强。这里面既有管理体制、指导经费的支出等因素,也有示范性幼儿园和非示范性幼儿园各自的责任与义务不清的因素。

四是教育行政部门对学前教育疏于指导和管理。在我国的广大农村特别是中西部地区,农村小学附设幼儿园、学前班是当前幼儿教育的主力军,而基层教育行政部门的教学检查与评估机制主要是针对义务教育并以小学为主,没有建立有效的幼儿园(学前班)的检查与评估机制,受人、财、物等因素的制约又疏于对幼儿园(学前班)的常规指导和管理,使一些农村幼儿园(学前班)在课程设置上、教学方法上更趋向小学化,更有甚者将教学活动和游戏活动完全对立起来,游戏的地位被忽视和弱化。

部分非公有制幼儿园受经济利益驱动,一边尽量压缩教育成本,一边又不断扩大生源和班级规模,直接导致幼儿游戏材料和活动空间的不足与减少。同时为了迎合家长需求,使所谓的教学成果可以直接观察和评价,致使注重"上课"和技能训练,幼儿在园的游戏时间却不断地被缩短。

五是优质幼儿教育资源相对匮乏,"以游戏为基本活动"的实施有一定困难。一方面,在我国的大部分地区,幼教经费投入不足,幼儿园教师的工资待遇普遍不高,教师流失严重。没有稳定的、高素质的教师队伍,幼儿园"以游戏为基本活动"就不可能得到有效实施。部分师资力量强、办园条件好的幼儿园则因在园幼儿人数多、班额大,教师工作超负荷,在客观上造成了教师工作量的增加和游戏活动开展的困难,最为直接的就是活动纪律难以维持。如甘肃省某县直幼儿园大班幼儿数高达78人之多,面对这样的班级规模,正常的活动都难以开展,游戏活动也就更无从谈起。另一方面,幼儿园活动场地和游戏材料严重不足。幼儿活动场地狭小这种问题在一些城市幼儿园表现得尤为突出。伴随城市建设的高速发展,幼儿园的空间受到挤压,户外场地越来越小,一些幼儿园甚至已经被高楼大厦所包围,即使能够开展一些游戏活动也只能上楼顶。游戏材料不足主要表现在农村幼儿园,一些农村幼儿园除了有几个沙包和铁环之外,可以说什么都没有。以这样的办园条件来实施"以游戏为基本活动"既有一定困难,也不现实。

事实上,这些不仅是制约我国幼儿园游戏活动开展的因素,也是制约我国幼儿园教育发展的因素。正因为如此,《国家中长期教育改革和发展规划纲要(2010—2020年)》关于学前教育的发展提出以下要求:"明确政府职责。把发展学前教育纳入城镇、社会主义新农村建设规划。建立政府主导、社会参与、公办民办并举的办园体制。大力发展公办幼儿园,积极扶持民办幼儿园。加大政府投入,完善成本合理分担机制,对家庭经济困难幼儿入园给予补助。加强学前教育管理,规范办园行为。制定学前教育办园标准,建立幼儿园准入制度。完善幼儿园收费管理办法。严格执行幼儿教师资格标准,切实加强幼儿教师培养培训,提高幼儿教师队伍整体素质,依法落实幼儿教师地位和待遇。教育行政部门加强对学前教育的宏观指导和管理,相关部门履行各自职责,充分调动各方面力量发展学前教育。重点发展农村学前教育。努力提高农村学前教育普及程度。着力保证留守儿童入园。采取多种形式扩大农村学前教育资源,改扩建、新建幼儿园,充分利用中小学布局调整富余的校舍和教师举办幼儿园(班)。发挥乡镇中心幼儿园对村幼儿园的示范指导作用。支持贫困地区发展学前教育。"

我们坚信,伴随各级各类幼儿园对《幼儿园教育指导纲要(试行)》的深入实践,《国家中长期教育改革和发展规划纲要(2010—2020年)》对学前教育发展意见的落实,幼儿园发展中所面临的问题会逐步得到解决。

(二)教师在组织指导游戏时存在的问题与对策

除上述一些较为宏观的制约因素以外,华爱华教授的调查了解到,教师在组织开展和指导游戏活动时还存在一些具体的问题和困惑。

1. 关于游戏的时间

许多教师认为,幼儿园一日生活中幼儿自由游戏时间不足,但又没有时间可增加。显然,这种认识本身就有问题,这一现象也是不正常的,因为按照教师的要求玩和按照幼儿自己的意愿玩对幼儿发展的意义是不同的。于是,教育行政部门就对有关课程实施作出规定,要求幼儿园保证幼儿每天自由游戏的时间不少于一定的量。许多幼儿园因无法改变现有的时间安排,而把幼儿入园离园、餐前餐后、活动转换环节等过渡的零散时间作为幼儿自由游戏的时间。

应该说,保证一定的单位游戏时间(即一次连续游戏的时间)有助于提高幼儿的游戏水平。角色游戏中情节的复杂性和结构游戏中作品的复杂性,以及构思情节和作品的行为目的性等决定了游戏是需要时间来保障的,而游戏内容的复杂性和行为的目的性正是幼儿游戏水平的体现。如果单位游戏时间过短,幼儿的游戏水平就只能停留在低层次上。因此,保证幼儿的游戏时间,特别是单位游戏时间是极其重要的。

2. 关于区角活动的性质

有了区角活动,游戏反而减少了,这是实践中的教师普遍反映出的问题。那么,为什么会是这样的结果?为什么区角活动不是游戏呢?这是因为区角活动中的大量材料都由教师预设了特定的目标,规定了玩法,而幼儿对有些区角并不感兴趣,常常需要教师引导着去选择。教师能够将这类活动与游戏区分开来,说明教师已充分认识到游戏的本质,认识到这类操作性活动不能取代游戏。

区角活动究竟应当如何定位,它是自发性游戏还是个别化学习?对此,华爱华教授提出了判断实践中区角活动性质的一些依据,即观察各活动区幼儿操作材料的行为,以替代行为(将该材料想象成其他物品进行装扮)、探索行为(特定探索:按教师规定的方法操作;自发探索:不按教师规定的方法自由地进行多样性操作)、表现行为(特定表现:按教师预设的目标进行手工、建构、绘画、表演等;自发表现:按自己的想象进行手工、建构、绘画、表演等)、练习行为(特定练习:不断重复一种规定性操作行为;自发练习:不断重复一种自己喜欢的行为)作为观察指标,如果幼儿的替代行为和自发性行为占绝对优势,这个区角活动的性质是游戏性的,否则就不是。

幼儿园应该倡导游戏性的区角活动。实际上,区角活动的性质取决于材料的投放方式,在游戏性区角活动中应当投放大量不预设特定目标、不限定玩法的非结构性材料,以及有多种玩法的低结构材料(如玩色、玩水)。当然,游戏性区角活动并不排斥教师按一定的教学目标设计限定玩法的高结构材料,但这类材料应当是少量的,这样才不至于影响幼儿选择的自由度。如果将区角活动定位于区角游戏,便不会存在幼儿自发性游戏时间不够的问题了。

3. 关于主题活动与游戏的关系

目前,我国大部分幼儿园都是以主题的形式来实施课程的,各幼儿园开展主题活动的形式也有很大差异,如果教师把主题活动做成主题背景下的分科教学,那么游戏至多就是服务于某种特定教学目标的手段;如果教师把主题活动做成主题背景下的探索活动(类似瑞吉欧的方案教学),那么具有游戏意义的自主探索和自发表现就会渗透在主题开展的过程中;如果教师把主题活动做成主题背景下与主题名称相关的系列活动,那么教师就会根据这些活动的需要组织不同形式的游戏;如果教师把主题活动做成主题背景下的环境创设,那么幼儿的美术建构活动就会占据主题活动的主要过程。

无论我们怎样理解游戏,有一点是可以肯定的,即游戏是幼儿按自己的意愿开展的活动。因此,教师只需为幼儿提供游戏的时间、空间和与主题相关的某些材料。至于幼儿自发开展的游戏是否与正在开展的主题活动相关,则取决于幼儿在主题活动过程中获得的经验和对主题中某些内容的兴趣。教师如果想组织幼儿开展与主题相关的游戏,就一定要为幼儿预先做好经验准备。比如,想让幼儿玩"上小学"的游戏,就必须让幼儿参观小学以获得相关经验,否则,试图让幼儿通过玩游戏来获得有关小学的经验是不可能的。幼儿在没有经验的情况下游戏,游戏就不成为游戏了。[1]

---

[1] 华爱华.幼儿园课程改革中的游戏实践分析[J].幼儿教育,2009(4).

(三)"以游戏为基本活动"的实践途径

在幼儿园游戏的问题上,我们要反对三种倾向:一是反对轻视和忽视幼儿游戏的游戏无用论倾向;二是反对盲目崇拜幼儿活动的自发性,把游戏活动神圣化的倾向;三是反对和避免把游戏仅仅作为灌输知识技能的手段的倾向。基于此,幼儿园"以游戏为基本活动"的实践需要处理好以下几种关系。

1. 模糊教学与游戏或并列教学与游戏

华爱华教授认为,幼儿园"以游戏为基本活动"的实践,可以从两种不同的做法入手:一种是模糊教学与游戏的界限,使二者相互融合,互为生成;另一种是分清游戏与教学的界限,使两者并列相对独立,但绝不是对立。

模糊教学与游戏的界限是"以游戏为基本活动"的最高境界。它一方面需要教师具有在游戏中隐含教育意图的能力,在游戏环境的创设和材料的投放中将课程的内容客体化,使幼儿在作用于环境和材料的过程中获得知识和经验;另一方面又需要教师具有对幼儿发展进行日常观察与评价的能力。也就是说,教师必须观察幼儿的游戏行为,看懂幼儿游戏行为所蕴含的发展水平,并预测在当前活动中幼儿可能获得的发展,即善于在游戏中发现幼儿正在进行的无意性学习,并给予及时支持,或者善于从游戏中捕捉与课程目标相关且与幼儿发展需要相适应的内容,设计出游戏之后的教学,从而使幼儿在游戏与教学的相互融合中获得自主发展。

分清游戏与教学的界限是以保证教学之外的自发游戏时间来实现的。也就是说,既然游戏作为幼儿园的基本活动,当游戏与教学相对独立或并列存在时(教归教,玩归玩),那么幼儿游戏时间和机会应当远远多于或大于教学时间。在这里,游戏不仅起到调节幼儿精力和调适幼儿心理的作用,而且客观上也能使幼儿在愉悦的氛围中进行无意性学习,这一学习过程与教师有目的的教学活动虽无直接关联,但自发游戏的特征之一就是已有经验的表现和小步递进的自我发展。因此,这种纯自发的游戏能够帮助幼儿巩固知识和经验并从中获得新的经验,只是幼儿获得的是我们无法预料和不确定的发展。所以,这种自发的游戏与教师预设的教学相对独立或并列的处理方式,在幼儿的整体发展中仍能取得相得益彰的效果。

进一步说,教师选择哪一种做法,这与教师现有专业水平和幼儿园的客观条件有关。如果教师的专业水平还不足以把握游戏与教学互为生成、相互融合的关系,幼儿园也不具备建立完善的活动区的条件,且幼儿多空间小,那么就从游戏和教学并列开始做起,并在实践中不断积累经验,逐步提高把握游戏和教学之间关系的专业素养,最终达到将游戏和教学相互融合的境界。

2. 游戏精神与幼儿园教育实践

教育活动中游戏因素的缺失是活动不具吸引力的一个主要原因。通过恢复、开发、设计教育活动中的游戏内涵,以教育活动的游戏性来焕发教育的活力与情趣,对幼儿的学习具有重要意义,也是幼儿教育的重要手段和基本形式。然而,幼儿园"以游戏为基本活动"并不等于幼儿园所有的活动都以游戏的方式进行,更不能将游戏神圣化。

首先,我们反对盲目崇拜幼儿活动自发性的做法或游戏神圣化倾向。视游戏为幼儿园的基本活动,并非以游戏来替代幼儿园的教学活动,而是要把游戏活动纳入幼儿园教学活动的范畴,主张教师对游戏活动的指导,为幼儿在游戏中的学习活动创设"有社会文化内容"的环境,支持、促进幼儿在游戏过程中进行的学习活动。

其次,我们也反对不顾幼儿身心发展特点与学习需要的做法,把幼儿当作被动的知识灌输对象或容器,单纯地把游戏作为强化巩固教学效果的手段,忽视或轻视游戏活动对于幼儿身心健康发展的意义与价值。

正确的做法或处理方式应当是将游戏精神以及游戏活动所体现的主体精神与"有社会文化内容"的教学因素有机结合起来,为幼儿创设与提供丰富多样的学习活动和机会。以这种认识来指导幼儿园教育实践,就会在幼儿的自由活动与教师发起的、有组织的活动之间保持适当的平衡关系,同时还要把游戏活动的一些要素有效地整合或渗透到非游戏活动中,使非游戏活动游戏化。① 这种做法既有助于维护幼儿游戏的自然性,也会保持教学内容的内在目的、开放生成和主动体验的特性存在。从这个意义上讲,非游戏活动游戏化并不关注活动的外在形式,而是彰显活动本身所蕴含的社会文化内容的丰富性和愉快性,以及游戏的态度与精神。如此,教学就必将成为一个生动、真实、开放而有意义的活动过程了。可见,非游戏活动游戏化的目的是使学习活动主体化,它所强调的是幼儿在幼儿园的各项活动中生动活泼、主动积极地学习与经验积累,真正成为学习与发展的主体,而非为游戏而游戏,也不是以游戏活动来取代教学活动。

3. 游戏活动中的教师与幼儿

英国哲学家沛西·能指出:"学校生活的条件无论变得怎么'自然',它总还是一种在经过选择的环境、在广大世界中的一个人为的小世界中过着的生活,而教师就担负着选择的任务。他们为演戏布置好舞台,准备好道具。因此,即使他们对编剧并不认为有份,而只是怀着友好的兴趣注视着戏剧的发展,但是他们已经在一定的限度内规定了行动所采取的形式。"② 幼儿园"以游戏为基本活动",要真正体现以幼儿为本的核心理念,强调幼儿在游戏活动中的自主性、积极性和主动性,就必然涉及教师应当如何对待幼儿游戏的问题:是完全放任自流还是进行适宜的干预?实践证明,教师合理的干预指导是幼儿有效自主学习的保证。

长期以来,受以知识传递为价值取向的教育观的影响,幼儿园教育活动中以教师为主导、以学科为基础的"上课"占居中心地位,以"自由自发"为基本特征的游戏被看作与教学无关,或游戏仅仅作为教学的工具和手段来使用,从而忽视了幼儿主体性、积极性、创造性等的发展,形成了我说你做、被动接受、不平等的师生关系。

---

① 刘焱.幼儿园游戏教学论[M].北京:中国社会出版社,1999:283-284.
② 沛西·能.教育原理[M].王承绪,等译.北京:人民教育出版社,1964:111-112.

"以游戏为基本活动"的新型师幼关系,就是力图体现幼儿在先、教师在后的活动指导思想。教师与幼儿之间的关系是一种游戏者与游戏者之间的平等关系,他们共同承担游戏过程中各自的角色义务,共同创造一种和谐的游戏氛围,共同维护游戏的规则,同时教师在游戏者角色的基础上重点在于支持和帮助游戏的进行与发展,即游戏的支持者、合作者、指导者。这是因为,一方面幼儿在游戏中并不考虑游戏的价值与结果,也不是有目的地进行游戏,幼儿的游戏就是这一特定时期的行为和心理活动;另一方面,幼儿的游戏并非是无序的、乱七八糟的,通常会具有一定潜在的指向性,有时是想试试自己的力气,有时是想验证一下思考的结果,有时是一种探究活动、想发现些什么,等等。所以,充分准备、细心观察、热情帮助、有效支持是教师的基本态度和主要任务。教师要在活动中细心观察并适时介入,从幼儿游戏行为和情感态度中分析他们的需要、经验,以及动作、语言、情感、认知和社会性等方面的发展水平。在具体的介入指导中尽可能淡化原有目标,将干预指导隐形于操作材料和行为之中,让幼儿在师幼共同创设的和谐的游戏氛围中,无拘无束、自由快乐地学习,而不是在教师的监控下,小心翼翼地完成特定的学习任务。从这一意义上讲,教师又是游戏环境的营造者、游戏过程的观察支持者、游戏成果的分享者,从而形成和体现新型的师生关系,真正发挥游戏的自然发展价值和教育引导游戏发展的价值。

当然,在实践中教师还要尊重幼儿的个体差异,根据幼儿动作和体能的发展水平,帮助每个幼儿在不同层次、不同程度上得以提高,个性潜能得以发挥,由此推动全体幼儿向更高层次发展。

第三节　幼儿园游戏与课程、教学

游戏中发生着大量的学习活动,它既可以被纳入教学及其指导的范畴,也是幼儿园课程的形式之一。教学是教师对幼儿学习活动有目的、有计划、有组织的实施、指导过程,而幼儿园课程是为幼儿精心选择和组织的学习经验,是幼儿园进行的各种活动的总和。作为幼儿教师应当以系统论的观点看待幼儿园游戏、课程、教学之间的关系。仅就游戏并从游戏的视角出发来看,游戏不仅是幼儿园课程的重要组成部分与教育教学的基本途径,而且教师还可以根据幼儿在游戏活动中表现出来的学习兴趣与需要建构新课程。

一、课程与教学

(一)关于课程与教学的几种主张

对于课程与教学的关系,由于受不同文化传统特别是教育传统的影响,中外研究者对此有不同的理解,至今仍没有形成比较一致的认识。归纳起来,主要有以下几种不同的主张。

(1)大教学论观。这种观点认为教学是上位概念,课程只是教学的一部分。课程是教学内容的代名词,课程往往被具体化为教学计划、教学大纲和教科书。这一观点的突出代表是苏联的一些教育学著作。自凯洛夫时代至20世纪80年代,课程就一直被作为教学内容来谈,而作为教育科学的一个相对独立部分——教学论则担负起教学及其过程的概念、本质、教学原则、教学内容、教学方法和组织等基本问题的研究任务。由于我国长期受这种教育学模式的影响,至今仍未出现根本性的变化。

(2)大课程论观。大课程论认为教学是课程的一部分,对教学的研究是课程论的重要组成部分。这种认识源于英美教育文献对"课程"与"教学"的交互使用。像泰勒这样的知名学者就是把教学作为课程的一部分来对待的。哈利·布朗迪和蔡斯也认为课程这一概念是母系统,教学是子系统。课程作为一种客观存在与教学是不能分离的,但课程的涵盖范围要宽于教学,教学是课程的组成部分,教学只是课程的实施与设计。在我国也有学者持此观点。

(3)一体化论观。一体化论认为,课程论与教学论是密不可分的,不能孤立地存在,必须把它们综合起来进行整体性研究。因为课程与教学之间的分裂状态在学校或课程、教学实践中必然被打破。对此,西方学者经过课程与教学、课程论与教学论关系问题的讨论已形成一些共识:课程与教学既有关联,又是各不相同的两个研究领域。课程强调每个学生及其学习的范围,教学强调教师的行为;课程与教学存在着不仅仅是平面的、单向的相互依存的交叉关系;课程与教学不可能在相互独立的情况下各自运作。

(4)目的—手段论。这一观点认为,课程与教学是目的与手段的关系。西方一些研究者意识到,在课程与教学两者需要加以分离的前提下,提出课程是学校的意图,教学是达到教育目的的手段,它们分别侧重于教育的不同方面。许多关于课程与教学的隐喻也是从这样一个角度来分析的,如:

课程是一幢建筑的设计图纸,教学则是具体的施工过程。图纸是施工的依据,工程的好坏是由实际施工与设计图纸之间的吻合程度,以及施工过程及其质量决定的。

课程是一场球赛的方案,教学则是球赛的过程。尽管球员要贯彻事先制定的方案意图,但具体问题的处理是要根据具体情况做出明智而快速反应的。

课程是一个乐谱,教学则是对作品的演奏。其关键不是演奏的乐曲,而是演奏员对乐谱的理解和自身的演奏技巧。

从这些隐喻中不难看出,课程与教学联系紧密,是"你中有我,我中有你"的、具有不同侧重的两个组成部分,且相互交叉重叠。

(二)幼儿园课程的来源与要求

幼儿园课程与一般课程在来源上是一样的,有以下三种不同的来源:其一是原生性来源——知识;其二是内生性来源——幼儿;其三是外生性来源——社会。由于幼儿园课程具有综合性目标结构,单项课程来源所具有的教育性不足以诠释幼儿园教育的本质,加之教育性受幼儿身心发展特点制约,幼儿园课程必须通过对各个维度的来源及制约因素进行教育学遴选、重组、加工、综合,形成遵循幼儿教育规律的一体化课程结构。这就在客观上形成了对幼儿园课程的特殊要求。

首先,从幼儿的身边开始。就幼儿园教育活动内容的选择,《幼儿园教育指导纲要(试行)》提出以下原则:既符合幼儿的兴趣和现有经验,又有一定的挑战性;既符合幼儿的现实需要,又有利于其长远发展;既贴近幼儿的生活来选择幼儿感兴趣的事物和问题,又有助于拓展幼儿的经验和视野。从幼儿身边选择活动的内容,能够真正体现幼儿的主体地位,尊重幼儿的特点、兴趣、爱好和动机,也加强了以幼儿生活为基石、课程内容与幼儿生活及社会现实的紧密联系。如此,教师的教学显然是建立在观察、倾听幼儿的基础之上的,幼儿就会成为课程的真正主人,活动的主人,就会得到全面、和谐的富有个性的发展。

其次,关注幼儿的兴趣点。《幼儿园教育指导纲要(试行)》提出,教师应善于发现幼儿感兴趣的事物偶发事件中所隐含的教育价值,把握时机,积极引导。关注幼儿在活动中的表现和反应,敏感地察觉他们的需要,及时用适当的方式应答,形成合作探究式的师生互动。教师对幼儿的尊重,不能仅仅停留在对幼儿态度的亲切和蔼、不体罚这一层面上,而应该做到细心地观察幼儿的一言一行及其细微的情绪变化,耐心地倾听他们的诉说,平等地与他们对话,理解他们的思维方式、学习方式、行为方式和兴趣点。然而,教育实践中的许多时候,幼儿所熟悉的不一定是他们喜欢和感兴趣的。因此,教师要有一双慧眼,善于捕捉和发现孩子的兴趣点,并进行充分的关注,创设机会,适时适宜、机智巧妙地加以激发和引导,使教育目标和幼儿的兴趣保持一致,从而使生成的课程达到最理想的效果。

最后,与幼儿的发展相适宜。《幼儿园教育指导纲要(试行)》提出:"教育内容、要求能否兼顾群体需要和个体差异,使每个幼儿都能得到发展,都有成功感","以发展的眼光看待幼儿,既要了解现有水平,更要关注其发展的速度、特点和倾向等"。教育实践中,对部分幼儿表现出的兴趣和需要,教师在预设课程时很难全面地考虑到。所以,新生成的课程往往处在预设课程范围之外。对此,教师在尊重幼儿兴趣和发展需要的基础上,经遴选、加工将预设课程范围之外的内容及时补充进来,拓展课程内容,有效扩大幼儿学习范畴和学习机会。不仅如此,教师还应仔细观察个别幼儿在游戏中表现出的兴趣、涉及的主题,主动积极地寻找新的课程生长点,形成最近发展区。这就要求教师的着眼点应与幼儿的发展相适宜,做一个敏锐的观察者。

(三)幼儿园课程与教学

狭义的幼儿园课程一般指学科教学活动,而广义的幼儿园课程泛指在幼儿园发生的一切活动,包括游戏活动、生活活动、自由活动以及具有潜在教育意义的整个生活环境。由于我国中小学长期沿用学科课程,使幼儿园也将课程理解为分科教学活动,常常把幼儿园的作业理解为各科课程,这是狭义理解幼儿园课程的典型,而世界各国儿童早期教育课程都是从广义上来理解的。近年来,随着幼儿园课程改革的不断深入,我国幼儿教育理论界及幼教改革先行园广泛吸取了古今中外的各种有价值的幼儿教育思想和理论,对接受广义的课程观已逐步趋向共识。

从广义的课程观来看,幼儿园课程是存在于一切活动中的、为幼儿精心选择和组织的学习经验。所谓经验,是指实践得来的知识和技能,包括客观存在于幼儿之外的知识和幼儿主观自身内在的要素,两者必须通过主客体相互作用才能内化为幼儿具有的经验。经验的载体是活动,幼儿必须通过活动,才能获得经验。所以,幼儿园课程是帮助幼儿获得有益的学习经验,促进其身心全面和谐发展的各种教育活动的总和。它具有基础性、发展性、整体性、活动性等特征。

幼儿园课程作为"课程"的下位概念,虽然具有课程的一般形态,但在幼儿园教育实践中又有其独特性,这种独特性主要表现在幼儿园课程以经验中心为基本价值取向,以活动课程为主要形式,同时,兼有隐性课程的特征。《幼儿园工作规程》《幼儿园教育指导纲要(试行)》所提出的,以及我们在幼儿园教育实践中所说的"通过环境教育幼儿""寓教育于一日生活中""以游戏为基本活动""在生活中,在游戏中,在幼儿自主活动中指导幼儿学习"等,均反映了幼儿园课程的基本特点与要求。

幼儿园教学一般包括两种形态。一是领域活动,这类活动的目标主要是促进某领域知识的学习、应用和拓展。在内容上,领域活动所包括的教育性经验依然侧重于直接经验和即时信息,虽然不排除间接经验,但仍然改变不了直接经验在全部内容中的核心地位,而且,就是那些直接经验和即时信息的获取,往往也是通过"直接经验化"的方法来实现;在形式上,领域活动表现为各种各类的活动,这些活动的具体形态视幼儿园的环境和课程资源而定。二是综合活动,这类活动是根据幼儿学习实际和生活实际,将几个领域或学科有效整合起来用活动教学的方式加以组织而成的,通常以主题的形式呈现。这类教学在幼儿园是主流课程。综合活动在目标上与领域活动不同,主要侧重于幼儿整体的发展,强调系统经验的获得,培养综合能力,因而在内容的组织和形式的选择上也体现出综合性。目前在幼儿园普遍应用的主题活动、方案教学、区角活动等课程模式均属于这类活动。

综上所述,由于课程与教学各有侧重,课程更倾向于研究"教什么,学什么"的问题,而教学则更关注于"怎样教,怎样学"的研究,相互不能取代和覆盖。对于幼儿园教育来说,"怎么教"远比"教什么"更具实际意义。尽管课程为教学提供了目标、内容与方案,但是教学并不是课程的简单翻版和再现。从幼儿园教育实践来看,预成性课程不可能完全把握幼儿的需求或反应、群体与个体之间的差异,以及教师个人的教学能力与风格。因此,教学是课程的重建和发展,是教学主导与学习主体之间的重构过程。从幼儿园课程与教学活动所涉及的范围,以及课程论和教学论研究的对象来看,目的—手段论似乎更为适宜一些。在幼儿园,两者在一定程度上,也可以说是内容与形式的关系,而且只有在教学过程中发现"怎样学"才能使课程真正适宜于幼儿的年龄特点与学习需要。

进一步说,结合幼儿园教育对课程与教学关系的探究,会使我们更加明确幼儿课程与教学的特殊关系——以游戏为基本活动。游戏,作为幼儿的基本活动,是与幼儿年龄特点相适应的学习方式,这就意味着幼儿园课程与教学的共同出发点是游戏。

二、游戏与课程

如何看待游戏和课程之间的关系?应从对课程概念的分析来看游戏在课程中地位的变化。受不同课程观的影响,人们或者忽视游戏,对游戏放任自流,或者只重视游戏形式,忽视游戏实质。通过上述讨论,我们将幼儿园课程理解为实现幼儿园教育目的的手段,为帮助幼儿获得有益的学习经验,促进其身心全面和谐发展的各种活动的总和。这种认识与理解强调的不仅是幼儿活动本身,它更强调活动对幼儿发展的意义。

(一)幼儿园课程中几种诠释游戏的模式

美国研究者狄佛瑞(Rheta Devries)发现[①]:实践中的游戏具有差异性,这种差异表明了不同课程观对游戏的解释与实践。

表3-1 不同课程观对游戏的解释

模式	教室形态	主要目的	教师角色	材料和活动
模式1	游戏是教学之外附加的活动	课业	权威	有限
模式2	游戏是改装的活动	课业	开放	多数比较空泛
模式3	游戏是发展社会性与情绪的活动	社会性与情绪发展	不干预;关怀照顾;偶尔有些温和的权威	很多;难易程度上常低于幼儿的操作能力
模式4	游戏是与幼儿全面发展相整合的活动	社会性、情绪、道德及智能的发展	参与;关怀与照顾;民主作风	很多,具有挑战性

模式1:教师更多关注的是教学,游戏与课程是相分离的,只是在学业之后加一段幼儿自由的活动,而教师不参与,其主要任务和教育行为是监控。在这种情形下,所加的自由活动不属于教育性活动,更像是成人工作后的休闲,游戏成了教学与课程之间的调剂,材料是平庸的、装饰性的,难以启发幼儿学习思考与解决问题能力的发展。

模式2:其内容通常是以游戏的方式展现,但教师仍以课业为中心。教师对游戏的理解集中在形式上而不是内容上。游戏是外在的形式,内容本身不能激发幼儿内在的兴趣,幼儿清楚地知道:这就是游戏。这种包装下的"游戏"利用了幼儿的边缘兴趣,在一定程度上起到了引起幼儿注意的作用,但是却不能维持。

模式3:幼儿随心所欲地自由游戏,即玩他自己想玩的游戏,这被人们称之为"儿

[①] 根据冯晓霞在"第二届全国幼儿园游戏与课程、教学关系研讨会"(2004年12月,厦门)上所作的《幼儿园课程中的游戏——实践的视角》报告内容整理。

童只是在玩而已"。原因是不少游戏材料在层次性、变化性、挑战性上不足以满足幼儿的操作,或者说游戏材料的提供跟不上幼儿发展的进程与需求,不能有效提高幼儿的创造性思维和解决问题的能力。同时,由于幼儿的活动过程缺乏教师的引导与支持,游戏难以拓展和深入,更不会形成新的发展点或生成新的教育点,达不到课程所要求的目标。

模式4:既保持了幼儿游戏的基本特征,又使游戏潜在的功能与价值发挥到极致。幼儿具有较高的活动热情和积极性,并且游戏中的学习是适宜的、潜移默化的。在努力营造良好的人际交往氛围的基础上,教师认真地对待每个幼儿的游戏行为,不仅与幼儿有积极互动的接触,且共同探讨、共同游戏;认真研究、观察幼儿,努力了解活动中幼儿的想法和观点,通过提出更有深度和针对性的问题,给幼儿提供不同观点的例证和活动支持,从而把游戏引向深入,可见教师在活动中的角色是多元的,活动目标是隐蔽但明确的;教师不干预幼儿的主动性,让幼儿自己尝试探索,获得更有效的学习。这与课程所达到的目标是一致的。

比照分析上述几种模式,"模式4"对幼儿园课程中游戏的诠释与实践是最为理想的,在保持幼儿游戏特征的基础上,又让游戏潜在的功能发挥到极致。

(二)游戏生成课程和课程生成游戏

"生成课程"(emergent curriculum)一词最早见于贝蒂·琼斯于1970年所著的《课程就是发生的事》(*Curriculum Is What Happens*)一书的前言中。其基本特征是具有自发性,如琼斯所言,人们对"生成课程可以感受它,但无法预测它。它需要实践它的人对游戏的力量充满信任,对在许多可能性之间自发选择的信任","你无法把生成课程当作一个计划,或一个产品来呈现。我们意识到,它应该是在一个特定群体中产生的一个计划过程"。与此同时,生成课程也力图在课程的自发性和课程的计划性之间保持平衡。因为生成不是偶然的、随意的、教师被孩子牵着鼻子走的课程。"如果真是那样,课程就不叫课程了。"[①]

在游戏与课程之间,彼此存在一种双向关系,课程可以生成游戏经历,而幼儿的游戏行为又可以影响课程内容。

1. 游戏生成课程

游戏生成课程是指教师根据幼儿在游戏中表现出来的学习需要、兴趣,及时地组织与引导幼儿展开相应的学习活动,帮助幼儿扩展、丰富或深化有关的学习经验,从而使幼儿园课程更适合于幼儿的学习需要与兴趣,较好地解决课程的目标、内容与幼儿学习和发展的现有水平之间的"相称"或"匹配"问题。游戏生成课程的关键在于我们是否能够敏感地觉察和关注到幼儿在游戏中显露出来的学习需要与兴趣,适时地加以引导或支持,使课程在游戏中获得进一步发展。

---

① 朱竹林.近十年我国关于学前生成课程的研究综述[J].早期教育,2008(3):14-15.

【案例】主题活动"老房子,新房子"的由来

自由活动时,几个喝完牛奶的孩子在结构区内游戏,也许是材料(乐高与清水积木)带来的暗示:他们搭的都是形状各异的房子。一连几天只要一有自由时间,结构区里便会出现孩子们的身影,看来,他们对房子产生了浓厚的兴趣。"除了积木,还可以用什么材料来搭建房子呢?"抓住孩子们的兴趣点,我把这个问题抛给了孩子们和他们的爸爸妈妈。当孩子们带来和家长一起设计的房子时,大家都迫不及待地要来介绍,有像摩天高楼、智能小区这样的新房子,也有像爱心小屋、漂亮的亭子这样的老房子……于是关于"老房子和新房子"的讨论在孩子们中间展开了。我在想,这不正是让幼儿喜欢的游戏活动与我们幼儿园的课程相联系的契机吗?于是,我将孩子们在游戏中的生成愿望,与我们大班学习的二级主题"老房子、新建筑"进行了预设性的再创造,形成了新的主题活动——老房子,新房子。①

通过这一案例我们可以看出,教师组织的学习经验与幼儿在游戏中表现出的主题和兴趣有关,幼儿有机会巩固和学习各种与房子、建筑相关的技能和概念。更为重要的是,教师根据幼儿在游戏中的兴趣表现、问题解决,结合当前活动内容,生成和构建出新的课程内容,进一步帮助幼儿学习掌握新的经验。

图 3-5 幼儿作品:老房子新房子

2. 课程生成游戏

课程生成游戏是指教师依据幼儿园课程标准、大纲等制定的幼儿园课程目标、内容,把游戏作为课程实施或教学的基本途径,包括为幼儿创造丰富的、有意义的游戏(学习)环境,精心设计与组织专门的游戏活动等,在游戏中支持、促进和引导幼儿的学习与发展。教师通过对幼儿游戏的观察,引导幼儿选择那些可能与幼儿的兴趣、需要相匹配的预设课程中的材料或技能,精心组织安排相关活动,进一步帮助幼儿学会某个具体概念或某项技能。

【案例】游戏活动:奇特的房子展评会

在了解学习一些具有特色的房子、建筑过程中,结合孩子们平时喜欢的事物,班上创设了"奇特的房子"的环境主题。主题展示了许多生活中没有的房子,如牛奶屋、玩具房、冰激凌房、饮料房等,这一环境主题的创设又一次激发了幼儿的兴趣,于是孩子们的游戏"奇特的房子"便产生了。在游戏中幼儿尽情发挥、大胆想象,创造出各种

---

① 张琦. 从"我们的城市"主题活动看幼儿游戏与学习的整合[EB/OL]. [2010-10-3]. http://www.cnbbjy.com.

各样的房子。当孩子们兴奋地将自己的创造介绍给小伙伴时,我却再一次思考:这次"老房子,新房子"的主题开展,得到了家长的普遍支持、幼儿的积极响应,能不能让孩子们尝试用多种方式介绍自己的房子呢?如何运用游戏的特征来组织这次活动,让幼儿在老师的预设活动中得到游戏般的体验呢?于是,"奇特的房子展评会"这个具有多元整合特点的游戏化活动便自然生成。①

幼儿园课程蕴含着一定的目标和任务,教师需要把相关的知识经验、情感态度、行为动作等目标、任务进行分解转化,并以各种活动为载体组织引导幼儿参与活动,形成有益经验。上述案例正是在教育活动的基础上,结合环境主题、幼儿的需要和兴趣点,教师巧妙地从教育活动中生成、拓展为幼儿喜欢的游戏活动——"奇特的房子展评会";教师采用多种游戏指导策略,不露痕迹地将科学、艺术、语言等教育内容融入游戏;在特定的空间,教师为幼儿创设了愉悦的、积极主动的游戏环境,让幼儿与环境形成了有效的互动。更为可贵的是,主题环境的创设为幼儿提供了在游戏中自主自愿地重复和再创造的学习情境。

三、游戏与教学

在当前的幼儿园教育实践中,游戏与教学仍处于"分离平行""趋于融合"或"相互融合"的状态,还没有真正融合、进入有效整合状态。

(一)幼儿园游戏活动和教学活动的结合类型

目前,幼儿园游戏活动和教学活动的结合类型,大致可分为分离式、组合式和融合式三种。② 这取决于对教育活动内容选择的不同价值取向。第一种是认为教育活动内容即教师教学的材料,关注的是教师的教学,特别是知识和技能的传递,而不是幼儿自主活动,因此实际操作过程中二者的结合会呈现出分离式的状态;第二种是认为教育活动内容即幼儿的学习活动,关注的是幼儿做什么,强调教育活动与社会生活的联系,关注幼儿自己对活动过程的参与,因此二者的结合更倾向于(组合式)的状态;第三种是认为教育活动内容即幼儿的学习经验,决定学习质量的主要方面是幼儿而不是教材,关注环境创设,关注幼儿经验获得,强调幼儿在与环境交互作用过程中知识的建构。这应该是我们追求的最完备状态,即融合式的状态。

为了更好地说明二者的关系,引用朱家雄教授《幼儿园教育活动设计与实施》一书中的活动实例③,对游戏活动和教学活动结合不同的类型进行分析说明,诠释游戏活动和教学活动要实现真正融合所历经的不同阶段。

【案例一】分离式结合的教育活动 完全结构化的教学:美丽的东西

---

① 张琦.从"我们的城市"主题活动看幼儿游戏与学习的整合[EB/OL].[2010-10-3]. http://www.cnbbjy.com.
② 朱家雄.幼儿园教育活动设计与实施[M].北京:高等教育出版社,2008:13-18.
③ 案例一、二、三引用朱家雄幼儿园教育活动设计与实施[M].北京:高等教育出版社,2008:14-18.

教学目的：培养幼儿学会正确使用同义词。

教学方法：帮助幼儿在掌握"美丽"一词的基础上，掌握"好看"和"漂亮"等同义词。

进行活动时，要准备一些具体的材料，如三束花、三只蝴蝶(卡片)、三条头巾。

活动开始后，教师先要求幼儿说出美丽的东西。教师拿出一束花来，幼儿要说："美丽的花。"拿出一只蝴蝶，幼儿要说："美丽的蝴蝶。"拿出一条头巾，幼儿要说："美丽的头巾。"在幼儿会说"美丽"这个词的基础上，教幼儿使用"漂亮"等同义词。一次请三个幼儿来，各拿一束花，并用同义词形容花的美，但不能用相同的词。如幼儿要分别说："美丽的花！""这花多好看呀！""多漂亮的花！"并摆出欣赏花的姿态。说对后，大家拍手表扬。然后把花分别交给其他三个幼儿，按着上边的玩法再进行一次，然后可换成蝴蝶、头巾再继续活动。

借用这个案例说明，这是游戏活动与教学活动结合的第一个阶段：辅助期。在这一阶段，教师将游戏作为组织教学的一种辅助手段，如教师借助花、蝴蝶、头巾等教具，设计"用一个好听的词或一句话来描述它们"的游戏，以引起幼儿对认知对象的好奇心，或调节情绪，消除练习时的枯燥乏味之感。此时的幼儿仍然处于被动的、接受性的学习状态之中，游戏在教学中所发挥的仅仅是一种辅助作用。

【案例二】插入式结合的教育活动：蜡染

活动目标：

1. 让幼儿学习"蜡染"的美术表现手法。
2. 让幼儿用自己的方式创作"蜡染"的美术作品。

活动准备：蜡染用布、宣纸、各种颜色的液体染料等。

活动步骤：

1. 教师在活动室内挂一块蜡染的布，告诉幼儿，这是云南地区的工艺美术品，是那里的老百姓发明和创造的。

2. 教师向幼儿演示用裁成边长20—25厘米见方的宣纸做"蜡染的布"的方法：

(1) 将宣纸对折，再对折，再沿对角线对折。

(2) 将折好的宣纸的一角浸入红色的液体染料，取出后，再将另一角浸入绿色的液体染料；再取出，还可将另一些部位浸入其他颜色的液体染料。

(3) 将染过的宣纸打开即成。

3. 教师运用其他折纸的方式再次演示做"蜡染的布"的方法。

4. 让幼儿根据教师的演示做"蜡染的布"。

5. 鼓励幼儿用自己的方法制作"蜡染的布"，并向别人展示自己的作品。

这是游戏活动与教学活动结合的第二阶段：组合期。在这一阶段，教育目标从传授知识转向重视智力的发展，这一变化表现为游戏介入教学全过程，即根据教学要求设计的游戏逐级成为教学环节之一，并与其他教学环节组合成一个更为充实的、积极的教学活动。在"蜡染"活动中，教师在讲解并演示之后，组织幼儿进行"蜡染的布"

的操作游戏,以巩固幼儿对蜡染工艺的实际意义的理解。此时游戏的作用是调动幼儿的学习积极性、参与性和注意的持久性,但此阶段的游戏仍然受到教师的直接控制,游戏的目标、规则、时间、次数仍然由教师统一安排。

【案例三】融合式方式结合的教育活动:风车转转转

内容与要求:

1. 初步感知风力,对风车的转动现象感兴趣。

2. 尝试制作风车。

活动建议:

1. 做风车

(1)准备材料:正方形硬纸、纸条、小纸盒、一次性纸杯、树叶、筷子、吸管、胶布、细尖小棍、剪刀、图钉、小锤。

(2)幼儿自由选择各种材料自制风车(纸杯风车、纸条风车、树叶风车、纸盒风车)。

(3)将自己制作的风车介绍给同伴,交流使用材料、制作方法等。

2. 玩风车

(1)幼儿尝试快跑、慢跑、迎风跑、逆风跑、不跑等,观察风车的转动变化,一起讨论什么情况下风车才能转动,怎样让风车转得快,怎样让风车转得慢等。

(2)比比谁的风车转得快。

3. 感受风

在刮风的日子,带幼儿一起到户外静静坐下,引导幼儿思考:你能看见风吗?你怎么知道刮风了?让幼儿看看风中景物变化,闭上眼睛听一听风的声音,闻一闻风的味道。

游戏活动与教学活动结合的第三阶段:融合期。这一阶段,游戏在教学中得到了较充分和恰当地运用,教师把教育的内容、要求融于一个或几个游戏之中。当游戏结束时,教学要求也随之达到。上述案例中风车的游戏不仅帮助幼儿巩固了对风力的认识,同时也发展了幼儿动作的协调性、灵敏性、动手操作能力以及积极主动探究事物的品质。

从上述三个阶段可以看出,游戏教学是将游戏机制引入教学过程,它不是游戏与教学的简单相加,而是在游戏与学习的联结点上,将游戏与学习统一起来。因此,游戏教学与幼儿的自发游戏及其他教学活动方式既相互联系,又相互区别。它除了具有幼儿自发游戏和教学的某些共性外,还具有自身独特的性质。

(二)游戏教学化与教学游戏化

传统的游戏与教学观认为游戏和教学无直接关系,对二者的内在必然联系和统一性视而不见,把游戏排斥在"教学"范畴之外,视游戏为幼儿满足自我需要的活动、学习之外的一种放松和调剂,或是用于"鼓励""奖励"幼儿学习的方式,导致游戏与教学截然分离。游戏教学融合观虽反对这种观点,但也不赞成将游戏与教学(学习)进行简单相加,而是要抓住游戏与教学的联结点来帮助幼儿有效地学习。这一观点要达成的是游戏与教学的相互整合与统一。

游戏与游戏化或者教学与教学化是两个不同的概念。《新华字典》对"化"是这样表述的：放在名词或形容词后，表示转变成某种性质或状态。也就是说，游戏教学化、教学游戏化与原本的教学、游戏是不同的概念，所指也是不同的，一个是点，一个是面。

1. 游戏教学化

游戏教学化是针对某游戏，进行方法、规则的讲解、示范或引导创编的过程，同时对参与者进行实际辅导的教学行为，或对游戏进行加工改造，使之具有教学性质。它主张在教育目的的层面上来认识游戏的教育价值，认为游戏本身包含着教育目的所要追求的结果，幼儿游戏是以促进幼儿的一般发展，尤其是以"主动学习"为特征的主体性发展为趋向的，游戏本身就是价值，游戏既是幼儿

图3-6 游戏中学习，学习中游戏

获取经验适应现实社会的途径，也是有益于幼儿身心健康发展的活动，可以帮助幼儿学会学习、学会解决问题，主张把幼儿的游戏纳入幼儿园课程。

2. 教学游戏化

教学游戏化是以游戏作为教学的组织形式，把要达成的目标教学内容贯穿其中，有目的、有针对性地组织教学的过程。它是从教学手段的层面上来认识游戏的教育价值，把游戏作为传授知识技能的手段，利用游戏完成一定的教学任务。教学游戏化主张从游戏中抽取某些有教育价值的因素，加上一定的教学内容，将教学内容与游戏因素结合起来，从而提高教学活动的效果。

幼儿园的游戏有着双重目标，对于作为游戏主体的幼儿来说，游戏的目标是内在的——为游戏而游戏；对于教育者来说，游戏是幼儿发展的手段或基本途径，游戏目标是外在的——促进幼儿发展；事实上，许多教师对游戏的内在目标是有深刻理解的——游戏本身也是目标。基于此，游戏既是目的也是手段。那么，游戏能够在多大程度上与教学和谐相融，取决于目的和手段的协调程度。要使游戏最大程度发挥它独特的教育性，发挥其他活动不可替代的功能，那便要让游戏成为游戏，只有这样，幼儿才能获得最佳发展。也就是说，只有当游戏本身是幼儿活动的内在目标时，游戏才是最合适的教育手段。

（三）幼儿园游戏与教学整合的基本路径

幼儿园游戏与教学整合也是近年来幼儿园游戏活动研究的一个亮点，即以问题探究为游戏主线的研究性游戏，其显著特点"就是探究与幼儿游戏同步进行，以幼儿生活中可能遇到的问题为契机，不断引申出新的活动内容。在游戏的过程中，不时产

生需要解决的问题,不断出现有冲突的情景。游戏的开展过程就是幼儿解决生活中问题的过程。"①幼儿园游戏与教学融为一体,其活动主旨以生活实践为根基,活动内容在师幼同构中不断生成,活动形式既有集体活动、小组活动、个体活动,也有幼儿园、家庭、社区的活动,幼儿在游戏活动中的发展也呈现出多元态势。

下面以研究性游戏"垃圾变废为宝"为例加以阐述(材料来源:厦门集美幼儿园陈晓琳)

1. 在教学活动中生成游戏主题

【案例】人类的生活每天都会产生无数的垃圾,在幼儿园的许多活动中也经常看见幼儿将废旧的垃圾扔得到处都是,美工区各种纸团、纸片,操作活动后的废弃材料等散落满地,在教师的提醒下幼儿却着急得胡搅成一团直接扔向垃圾桶,对垃圾的分类处理和资源回收、变废为宝的环保意识薄弱。经常能听到幼儿这类的争执,分区结束后收材料时,子晗准备把桌面、地板上的垃圾全清除掉,好卓大叫:"你怎么这么浪费啊?老师说纸袋的另外一面还可以拿来画"。且家长常用心地配合教师带来家里的一些瓶、鞋盒、纸袋等废旧材料让幼儿创作,如果肆意地浪费也是对环境的压力。结合主题"我们的城市"中的"我爱我的城市"这一活动,通过让幼儿在平日里注意回收各种各样的垃圾,学习分类不同种类的垃圾,并利用将安全、卫生、可制作的废旧材料变废为宝,实现资源的回收利用,为城市的环境保护做贡献。由此,研究性游戏"垃圾变废为宝"应运而生了。

这一案例就是通过"我爱我的城市"主题活动获得一定经验的基础上,幼儿积极主动思考和探索下,生成与主题相关的、新的游戏内容。幼儿园教学活动或多或少地包含着游戏的因素,只是有的显得比较隐性,有的较为显性而已,它需要教师对其进行具体分析,并对其中的游戏因素和教学主题进行有效整合,为游戏的生成提供可能与依据。而且,以主题活动、教学内容为源头所生成的新的游戏内容的方式,会使游戏更具生命力和亲和力。

2. 游戏进行中存在的问题回到教学活动中有效解决

【案例】几次游戏结束后我发现了问题,如:幼儿能将筐里的垃圾分类放到两个箱中,并进行打包运输,但捆扎后的箱子仍不牢固、经常掉,幼儿对如何扎实的捆绑仍缺乏相应的技能,还需提供捆绑手册;幼儿对于分类整理后的可回收垃圾运送到美工区进行再制作,但需要用材料时要翻箱倒柜地找,有的索性倒得满地都是;幼儿直接将筐内的垃圾投放到两个垃圾箱中,不符合幼儿的生活经验,正常的流程应是在家中提供可回收与不可回收两个垃圾桶,投放垃圾的同时就做好了垃圾分类的工作,可回收垃圾缺乏整理,还需进行更细一级的分类,如瓶类、纸盒类、纸袋类,才能方便幼儿的取放、利用。

我及时与幼儿进行了一次交谈,根据孩子的生活经验和遇到的问题进行了以下

---

① 陆娴敏.幼儿游戏之旅[M].南京:南京师范大学出版社,2004:5.

调整:a.制作问题墙,将幼儿遇到的问题和集体的智慧通过绘画、照片、文字的方式展现,包括压缩整理垃圾的办法等。b.增添新材料,再投放一辆垃圾运送车和打包绳,学习分类打包、捆扎、运输。c.开展科学学习活动:可回收的垃圾还可以变成什么?并尝试跨区合作。

  创设"环保小超市":引导幼儿对可回收材料进行细致分类,如瓶类按材料、高矮、用途分;纸盒按形状、打开方式、厚薄分,纸袋按形状、颜色、材料分,并标价,引导幼儿按需拿取、珍惜资源。每隔一段时间进行材料整理、统计,增添"缺货""新品""推荐"等标签。

  建议跨区游戏:成立服装公司、建筑公司、装饰公司,引导幼儿将废旧材料加以改造,制成"新产品",进入超市,成为新一轮的买卖游戏。

  分析案例中影响幼儿游戏的原因:一是幼儿认知经验不足;二是幼儿操作技能不足;三是幼儿交往经验不足。对此,教师组织幼儿回到主题活动或相关教学活动中去获取经验,包括垃圾分类、材料管理的学习,丰富了幼儿相关知识经验;对打包、捆扎、运输具体操作方法和步骤做必要的讲解和演示,幼儿掌握了一定的操作技能;提供成立服装公司、建筑公司、装饰公司等跨区游戏的有效建议,帮助幼儿形成了交往的经验等,促使幼儿有更多的机会去生成新的游戏情节,这样,在游戏中遇到的问题回到教学中去寻求解决途径,教学便成为推进游戏发展的强有力的支撑。

  3.在游戏表征中再现教学经验

  【案例】幼儿制作的"新产品"越来越多,幼儿不知道如何标价才合适,如制作的风车的标价比原材料纸盒、吸管还要便宜。幼儿生产的"新产品"越来越多,在展示区已经越来越没位置了,幼儿辛苦制作的产品经常被堆压坏了。

  "新产品"由于运用到许多原材料,若要按制作成本加手工劳作费的方式计费,则会牵涉加法,但加法是大班下学期的内容,便选择以花片的形式替代,可以通过花片累积给予的方法付账。

  超市的"买卖游戏"可以鼓励幼儿跨区交流,发展社会性交往,如服装公司生产的手工衣服可以拿到表演区去穿戴,建筑公司生产的风车可以拿去建构区摆放等。三家公司之间还可以比销售量,制作海报、宣传口号,再融合"主要产品销量统计图"的直观表现,激发幼儿参与的积极性和成就感。

  案例显示出在教师为幼儿创设的真实或模拟的场景中,幼儿的游戏活动内容是丰富的、多元的。如:利用废旧材料制作"新产品",为"新产品"进行标价,"原材料"的加工制作费用计算,"超市""服装公司""建筑公司"的跨区合作,等等。游戏在整合了语言、艺术、科学、社会等领域的认知和操作经验的同时,幼儿在教学活动中各种经验的习得与积累也在游戏过程中得到反映,而且幼儿的这种反映是创造性地再现教学活动中所获得的经验。在整合过程中,教师针对幼儿的经验和需要来组织游戏,使幼儿游戏过程真正成为他们不断发现问题、解决问题的学习过程。

图 3-7　废旧材料超市　　　　图 3-8　材料打包、运输

　　实践证明,从幼儿的兴趣需要、生活经验出发,以抓住问题—储备经验—推进游戏为线索的游戏引领,以游戏与教学的整合为支持手段,是促进幼儿游戏的主体性体验、提高幼儿的游戏能力与水平的有效途径,也是切实基于幼儿的发展和需要而进行的课程实践。可见,幼儿园游戏与教学的整合,能够有效帮助幼儿获得新知识、新经验、新技能以及游戏水平的提升,全面促进幼儿的健康发展。

综合实践活动

　　[思考]如何理解《指南》中提出的"要充分认识生活和游戏对幼儿成长的教育价值,把握蕴含其中的教育价值"?

　　[讨论]联系实际分析游戏的教育功能,讨论衡量游戏是否成功的标准是什么?

　　[练习]观察幼儿园教师介入游戏的时机、时间、方式,尝试解决游戏中过多限制或过度放任是否需要干预的问题。

第四章　幼儿园游戏组织与实施

从幼儿游戏到幼儿园游戏，是将自然状态下的自发自主的游戏纳入到有目的、有计划的教育背景中，对幼儿身心施加影响、促进其健康发展的过程。游戏作为一种特殊的幼儿活动，由相互联系、相互作用的多种要素构成，各种要素在不同时空背景下组合变化，内容丰富多彩，形式多种多样。相对于幼儿游戏来说，幼儿园游戏从内容、形式到环境条件等各种构成要素就更为复杂。研究幼儿园游戏就是为了在探究幼儿游戏发展规律的基础上，依据不同年龄班幼儿的特点，遵循一定的施教原则，组织多样化的游戏活动，发挥其各自的优势与价值，并使各类游戏相互作用，促进幼儿健康发展。

第一节　幼儿园游戏特点、结构与分类

在遵循幼儿身心发展特点和幼儿教育规律的基础上，观察分析各年龄班幼儿的游戏现状，了解幼儿游戏发展水平与需要，结合各年龄班教育目标设计游戏活动方案，是组织实施幼儿园游戏活动的基本前提。要设计一个恰切的游戏活动方案，并使其发挥最佳效能，就必须对幼儿园游戏活动的特点、结构和分类进行深入分析。

一、幼儿园游戏及其特点

幼儿园游戏指的是教育背景中的幼儿游戏，是在整个幼儿园教育目标的宏观指导下，由教师组织开展的游戏活动，是整个幼儿园教育的基本活动和重要的组织形式。尽管幼儿园游戏与幼儿游戏的本质是一致的，但幼儿园游戏的外部条件已有很大的改变。所以，游戏的发生具有一定的指向性，游戏所实现的发展具有一定的目的性。也就是说，在幼儿园是有目的、有计划地对幼儿实施集体教养的教育机构背景下，幼儿园游戏既具有自然条件下幼儿游戏的一般特点，又具有其独特性。

（一）计划性和稳定性特点

幼儿园游戏的时间与安排具有一定的计划性和稳定性。作为幼儿集体教养的场所，幼儿园的一日生活由各种不同类型的活动构成，游戏包含其中。游戏被有目的、有计划地相对固定安排在幼儿一日活动的某一时间段内，一方面体现了幼儿园游戏活动开展的计划性和时间上的稳定性，另一方面体现了幼儿教育的规律性、幼儿园教育内容的科学性及其特点。稳定而有计划地科学安排游戏活动，有利于幼儿养成良

好的生活习惯、学习习惯和行为习惯,这是幼儿园以外的幼儿游戏所无法比拟的。幼儿园以外的幼儿游戏时间段、游戏时间长短、什么时间可以游戏、在什么地方游戏、游戏对象是谁等都是随意的或不确定的,游戏是可有可无、可多可少的自由活动,或者说成人高兴并有时间,幼儿就可以多玩一会,反之就要少玩或不能玩。

(二)选择性和群体性特点

幼儿园游戏的环境与背景具有高度的选择性和群体性。幼儿园游戏活动无论是在游戏环境上还是在游戏背景上,都有别于日常生活中那种完全自发的、自然的幼儿游戏。它包含两层意思:一是幼儿园游戏环境、材料是经过教师精心创设和有意选择的,是按照教育目标特意创设或提供的一种秩序化了的环境,具有一定的教育意义;二是幼儿园的这种机构教养方式与教育特点为幼儿提供了群体游戏的背景与氛围,提供了伙伴交往与共同游戏的可能,而且有更多的游戏材料供幼儿选择,游戏的内容、形式会更加丰富。同时,幼儿也会受到一定的限制,即参与游戏的幼儿必须遵守一定的规则,必须意识到并且学会尊重其他同伴的存在与权利,幼儿要学会与同伴分享、协商与合作。①

(三)教育性和指导性特点

幼儿园游戏过程具有明确的教育性和指导性。与幼儿游戏不同,幼儿园游戏从一开始就具有外在的目的性。"游戏在幼儿教育领域中运用的历史表明,游戏一旦进入幼儿教育领域,就不再是一种纯粹的自然活动,它受到教育价值观的规范,被打上教育影响的烙印而成为教育活动。"②教师通过对游戏目标的预先设计与过程的构建,来引起他们所期望的幼儿与物质环境的相互作用,以实现一定的教育目标。然而,这并不意味着幼儿园的游戏活动就要完全蜕变为没有任何乐趣与愉悦、没有任何游戏体验的教育活动,也不意味着幼儿园的所有游戏活动都具有明确的目的性。幼儿的生活需要游戏,更不能没有游戏。有游戏的生活才是幼儿幸福、美好的生活。正是由于游戏对幼儿生活的重要性,福禄培尔把幼儿的游戏看作是人在这一阶段最纯洁、最神圣的活动,看作是幼儿生活中最美丽的花朵。所以,游戏对于幼儿来讲不只是嬉戏,而是幼儿的一种生活方式,幼儿从这种嬉戏中获得生活的快乐和身心发展。正如美国著名的儿童教育家斯波戴克所指出的那样,幼儿园的游戏是"教育性的游戏",这种游戏的特征在于,它一方面服务于教育目的,另一方面又使幼儿得到满足与快乐。③

对幼儿园以外的幼儿游戏,成人也是时常关注或给予指导的,然而,受成人教育观、儿童观的影响,这种指导往往带有很大程度的随意性和片面性,也可能会在某种程度上干扰或阻碍幼儿游戏的发展。因为在不少家长看来,游戏只是让孩子玩玩而已。在幼

---

① 刘焱.幼儿园游戏教学论[M].北京:中国社会出版社,1999:136.
② 刘焱.幼儿园游戏教学论[M].北京:中国社会出版社,1999:97.
③ 王春艳.幼儿园游戏:本体价值的失落与回归[J].教育导刊·幼儿教育,2005(3):8-10.

儿园则不同,教师是经过专业学习和训练的,懂得幼儿身心发展特点,具有指导游戏的专业知识技能。《幼儿园教育指导纲要(试行)》中明确指出,教师要"善于发现幼儿感兴趣的事物、游戏和偶发事件中所隐含的教育价值,把握时机,积极引导",这里所强调的游戏远远高于"玩玩而已",通过教师对游戏的参与和有针对性的指导,幼儿游戏水平得以提高,可以更好地学习适应未来社会的知识经验和相关技能,使自身能力在游戏中得到锻炼。因此,教师对游戏的功能和指导意义应有更深刻的认识。

二、幼儿园游戏活动结构

如前文所述,幼儿园游戏活动由相互联系、相互作用的多种要素构成,游戏活动能否发挥最佳的功能,取决于各个要素之间的协调与统一。幼儿园游戏活动由游戏任务、游戏信号物、游戏行为和游戏规则四个相互联系的要素构成,这也是幼儿园游戏活动设计的主要依据和关键所在。

(一)游戏任务

1. 游戏任务及表现形式

游戏任务规定了游戏活动的方向,支配着整个游戏过程,直接规范着幼儿的游戏内容。游戏活动是幼儿与环境相互作用并认识环境的过程,游戏的目的在于所进行的活动本身,而不是获得外在结果,通俗地讲,即为游戏而游戏。事实上,每一个游戏都或多或少地蕴含着明确而具体的任务,只是有些任务是以掩蔽的方式存在罢了。由于游戏任务更多的是自我规定的或已认同的,因此,游戏任务可能会因自我需要的满足、游戏过程的调整和变化等而被掩盖。但无论游戏任务是外显的还是掩蔽的,从表现形式上看包含以下几个方面。

(1)游戏认知。动作技能和智力技能表征着游戏的水平,任何游戏都包含有多种认知成分。如角色游戏中对各种角色身份、角色关系、情境事物的认知,建构游戏中对各种构造技能、对象、材料的认知,等等。这些游戏任务虽然具体明确,但往往是内隐的。与之不同的是规则游戏中的任务则是外显的,它直接指向游戏结果。

(2)游戏交往。绝大多数游戏都是在交往活动中开展的,并以交往为游戏的支持系统。幼儿在游戏中的语言交往和非语言交往构成了游戏的基本成分,并且丰富和发展着游戏的进程。所以,游戏中的交往互动通常是显而易见的。

(3)游戏情感。运动性游戏中的幼儿通过体力消耗获得生理上的快感和精神上的愉悦;角色游戏和表演游戏中的幼儿往往可以通过角色投射特定的情绪情感,以获得心理上的释放和满足……然而,这类游戏的内隐任务往往在设计与组织游戏时容易被忽略,而关注于游戏的外显任务上,如体能发展、运动量、表演技能、表现力等。事实上,游戏中内隐的情绪情感更是教师应该关注的任务。

2. 准确有效的游戏任务是游戏活动设计的中心

在幼儿园教育实践中,为了保证游戏任务的落实,游戏组织者在分析游戏目的的基础上,要进行明确而具体的任务确立,并清楚表述。如语言游戏"说正反——巨人的花园"活动设计,其任务是,幼儿能从意义相反的字、到词、再到句的逐步拓展。围绕这一任务,游戏活动方案可设计为:由一个幼儿扮演巨人,其他幼儿扮演在巨人花园里玩耍的小朋友,当"巨人花园大,巨人花园美,有红花,有黄花,我们爱看花。哈哈哈哈哈,巨人醒来了,要把你来抓"的儿歌停止时,巨人抓住其中一个小朋友并说出一个词,同时要求被抓者对出反义词,说对后继续游戏。尽管这个游戏活动的任务是鲜明和外化的,但从游戏过程来看,幼儿的快乐不仅仅在于说对一个反义词,而在于他在"玩"的过程中,能够产生以兴趣性、自主性体验以及成功感为主要成分的游戏性情绪情感体验。因此,好的幼儿园游戏应该与幼儿已有的经验之间形成"合适的距离",既不能让幼儿感觉太简单而无趣,也不能使其感觉太难而无自信,而是让幼儿感觉到一定的挑战性,在不知不觉中完成游戏任务,且能产生游戏性体验。这正是幼儿园游戏活动要充分挖掘内隐任务之价值所在。

(二)游戏信号物

1. 游戏信号物

游戏信号物(游戏内容、游戏材料)是游戏过程中代表一定信息内容的游戏操作物。作为幼儿操作对象的游戏信号物是游戏内容或信息附着的载体,它将游戏内容具体化、象征化和模拟化。在游戏过程中,游戏信号物起着"桥梁"和"中间人"的作用,它既是完成游戏任务的重要载体,以激发幼儿的游戏动机和兴趣,又是游戏过程中用以传递、表达信息的载体,以引起幼儿的游戏联想和游戏行为。游戏信号物可以是实物、图片、音像材料,也可以是言语动作等,是物质和意识的统一。

2. 游戏信号物设计与运用应关注的问题

第一,游戏信号物(游戏内容)的设计能够贴切地反应现实并具有一定的抽象性,既能保持幼儿对游戏信号物的操作热情和兴趣,又能保证他们获得一定知识。如果游戏信号物(游戏内容)选择不当,要么会导致其功能发挥不足,活动内容与幼儿生活脱节,既不利于游戏的发展,也不利于拓展幼儿的经验和视野,要么缺乏挑战性或是难度太大,导致活动内容不能满足幼儿的现实需要,不能有效地利用幼儿已有的知识经验,甚至与幼儿已有经验发生冲突,既不利于幼儿游戏兴趣的保持,也不利于游戏价值的体现。因此,游戏信号物要有助于幼儿理解知识、掌握方法和发展能力,有利于展现知识经验的生成过程,为促进幼儿的发展服务。所以游戏信号物的呈现与使用都是需要经过精心设计才能确定的。

第二,游戏信号物(游戏材料)的设计要与活动内容以及幼儿的年龄相贴近,既要生动有趣,又要具有较强的操作性。材料是活动的物质基础,幼儿正是通过感知操作进行学习的,而且材料的多寡与优劣直接影响幼儿的学习效果。游戏信号物是活动内容具体化的载体,它既向幼儿传递着有价值的信息,同时也在实现游戏活动设计的理念与目的。对此,教师提供的游戏信号物应在很大程度上与问题解决联系在一起,让幼儿学会利用材料所承载的各种信息去进行分析、思考,寻找答案,获得相关的知识和解决问题的办法。当然,游戏信号物的提供既不能过于单调,也不能过分新奇精巧或花样品种过多,更不能把激发幼儿的游戏兴趣寄托在操作材料上,花不必要的精力去"精心"准备既烦琐又无效的操作材料。要充分考虑材料的简便性和有效性,尽可能就地取材、一物多用。

(三)游戏行为

1. 游戏行为

游戏行为是指游戏参与者为了完成游戏任务,按照一定的游戏规则,对游戏信号物(游戏内容、情节、材料、语言、动作等)的一系列实践操作动作。游戏行为是游戏活动的具体体现,也是吸引幼儿注意力、积累有益经验和快乐体验的重要因素。这是因为游戏行为的丰富或单一,将直接导致整个游戏活动的有趣或枯燥。在角色游戏中,幼儿通过语言和动作表达、表现角色的行为方式,展开游戏的情节和进程。这一过程中语言和动作行为相互补充,共同承载游戏的主题及其情节的变化,使游戏的内容更加丰富,形式、情节更加戏剧化。在建构游戏中,幼儿通过借助并使用一定的物化材料的操作行为来反映对周围世界的认识。在表演游戏中,幼儿则运用动作、语言、表情等方式创造性地再现文学作品。因此,在游戏过程中,游戏行为的类型、行为的持续时间、行为的目的性、行为的社会性和幼儿的情绪状态等都是影响游戏发展的重要因素。

2. 游戏行为干预

在幼儿园教育实践中,不仅要求教师在设计游戏活动方案时对上述影响因素给予充分考虑,教师还要适时地对游戏中的幼儿游戏行为施加一定的影响或干预,以保证游戏发展价值和教育作用的实现。一方面,创设具有一定教育意图的游戏环境来间接地影响幼儿的行为,激发其对周围事物的兴趣,并积极投入游戏活动;另一方面,教师以游戏者的身份直接参与游戏过程,具体指导幼儿的游戏进程,不断提高幼儿行为质量和活动水平。两者有机结合,相得益彰,会取得良好的活动效果。如果说创设良好的游戏环境、制订适切的游戏活动方案、做好游戏开展的准备工作,是幼儿游戏活动的外部帮助和支持,那么,教师对幼儿游戏过程的影响和干预,就是游戏方案得以实现的关键环节,是对幼儿内部活动——游戏行为的规范与提升,是对游戏发展和幼儿成长的具体指导。

(四)游戏规则

1. 游戏规则及其类型

游戏规则是根据游戏任务而提出的每个游戏参加者必须遵守的行为规范及行为结果的评判规定。幼儿游戏的规则是对幼儿游戏行为及其过程的约束,是对其游戏行为进行评判的准则,更是幼儿在游戏中有效学习的保证,它调整着幼儿的行为和学习活动。幼儿游戏的规则主要体现在以下几个方面。[①]

[①] 吴云. 对幼儿游戏规则的探讨——兼谈幼儿规则游戏[J]. 学前教育研究,2003(3):20-22.

（1）内隐的游戏规则。内隐的游戏规则表现为"游戏内在的情境性和秩序感"，它是在游戏过程中得以体现的。游戏的秩序维系和所实现的情境性，使游戏不同于日常的生活，而创造着自己内在的、隐性的秩序和规则。没有游戏的情境性和秩序感，就不会有游戏的顺利进行。这是游戏者必须而且能够遵循的，是游戏之前、之中、之后，游戏者之间达成的共识和默契。游戏的内隐规则是所有的游戏所具有的，包括幼儿的"玩耍游戏"，又特别体现在"想象游戏和装扮游戏"中。

（2）外显的游戏规则。外显的游戏规则是指为了游戏活动的顺利进行，在游戏开始前由游戏指导者或游戏者向"所有游戏人"宣布的，是人人可以眼见和直接认知的基本准则。例如，在幼儿"捉迷藏"的游戏中，就不允许捉人者"偷看"小朋友是"藏在哪"，而必须被蒙上眼睛或待在哪一个"指定的地方"。这就是外显的游戏规则在发生作用。这种游戏规则是人们在创制游戏时就约定好的，或是在游戏过程中人们根据游戏的情况逐步制定完善的。

（3）世界的规则是游戏的规则。"世界的规则"是指客观事物及人类社会发生发展的规律。这些规则有些是为我们所知的，有些并不为我们所知，但又时刻在发生作用。对于幼儿更是如此。幼儿对客观世界和自身的发生、发展、活动规律的认识处于"蒙昧和无知"的状态，但"世界的规则"并不因此而停止发生作用或产生改变。正因为如此，幼儿的游戏活动为幼儿认识自身及其之外的客观世界的规则提供了窗口和途径，实现着幼儿"认识世界规律"由可能性向现实性的转化。譬如，在角色游戏中，幼儿积累了某些角色的体验，才能有效建立"人际关系发展的规则"；在"户外观察游戏"中，幼儿通过对昆虫的观察，在好奇、探究、认知的游戏体验中，才能对"自然界的规律"有所认识。

（4）规则游戏中的游戏规则。规则是游戏本质的特征。在幼儿游戏中，如果没有幼儿的规则行为，就没有游戏可言。因此，一切真正的游戏都是规则游戏。具体地说，以突出游戏的规则性，旨在养成幼儿的规则意识和行为习惯的专门的游戏活动，称之为"规则游戏"。规则游戏中的"游戏规则"是外显的，但它又不同于外显的规则，这些规则多由教育者（主要是教师或家长）根据幼儿发展的某种需要设计而成的，如教师为培养幼儿"良好卫生习惯"而设计的规则游戏。事实上，规则游戏中的游戏规则更多地体现在竞赛性游戏中。

总之，无论是游戏的规则还是规则的游戏，都是为评判幼儿游戏行为、行为结果而提出的规范或准则。它可分为三类：角色行为规则——为不同游戏角色所规定的行为准则；内容玩法规则——为保证游戏顺利进行，对内容和玩法制定的准则；竞赛性规则——为确定胜负所制定的准则。

2. 在设计或制订游戏规则时应注意的问题

一是游戏规则的表述要简单、明确而有效。由于幼儿不具文字阅读能力，对于语音信息的记忆能力有限，加之他们对抽象规则和约定的理解能力较弱，但又不能不了解游戏规则，因此通过语言方式给出的游戏规则既要简单明了，又要使幼儿在听了之后能理解、记住。二是游戏规则不应对游戏行为有过多限制。合理的游戏规则总是对幼儿规范的游戏行为给予肯定和鼓励,而限制或制约其不良的游戏行为,从而让幼儿在游戏中既能尽兴,又受到一定的行为约束。

通过对幼儿园游戏及其特点、结构的分析讨论,我们可以将幼儿园游戏的结构特征归纳如下:幼儿园游戏具有明确的教育性和计划性,教师的科学设计与介入是游戏得以顺利实施、游戏价值得以体现的基本前提,游戏任务决定游戏的方向,游戏信号物是游戏内容、信息的载体(游戏活动的物质支柱),游戏行为是游戏过程的具体体现,游戏规则是游戏顺利完成的保障。可见,其中的结构因素不是孤立存在的,而是相互联系、缺一不可的。既然是结构特征,它反映着活动的本质,从这个意义上讲,我们也可以把它视为幼儿园游戏活动的评价参照系。

三、幼儿园游戏活动分类

幼儿游戏的内容、形式丰富多彩、种类繁多,并且是客观存在的,而游戏的分类却是人为的。由于研究者的切入角度不同、研究重点有别,其分类的方法也各不相同。

从幼儿认知发展的角度(皮亚杰),以幼儿认知的不同发展阶段为依据,可将其划分为感觉运动游戏、象征性游戏和规则游戏。

从幼儿社会性发展的角度(帕顿),以幼儿在交往活动中的行为水平及其发展为依据,可将其划分为偶然行为(无所事事)、旁观行为、单独游戏、平行游戏、联合游戏和合作游戏。

从游戏自身出发,以游戏的特征为依据(斯米兰斯基),可将其分为功能游戏、建构游戏、扮演游戏和规则游戏。

从游戏自身出发,以游戏的内容为依据(史密斯),可将其分为模仿游戏、探索游戏、尝试游戏和造型游戏。

从游戏自身出发,以幼儿在游戏中的行为表现及特征为依据(加维),可将其划分为动作性游戏、探索性游戏、表现性游戏、建构性游戏和角色扮演游戏。

从游戏自身出发,以幼儿在游戏中不同的身心体验形式为依据(比勒),游戏可分为机能游戏、想象游戏、接受游戏和制作游戏。

按照游戏的教育作用,苏联有学者把游戏划分为模仿性游戏、创造性游戏、有规则的游戏和民间游戏。

此外,还有以游戏的主题、以所利用的代替物以及从游戏与教育教学关系的角度等对游戏进行的分类。

在以上分类基础上,我国研究者从幼儿教育规律出发,立足于幼儿发展,基于游戏的特点、内容、性质、环境条件等要素在幼儿生活、教育教学中的地位和作用,同时在吸收国外,特别是苏联的游戏分类理论的基础上,不断总结实践经验,逐步形成具有我国幼儿园特色的游戏活动分类形式。黄人颂主编的《学前教育学》(1989年版)把幼儿园游戏分为"创造性游戏"与"有规则游戏"两大类六种游戏类型。伴随幼儿园游戏实践与游戏研究的逐步深入,幼儿园游戏活动的分类正在不断发展和完善。

(一)创造性游戏和有规则游戏

创造性游戏是指以幼儿自由创造为主的游戏活动,包括角色游戏、结构游戏、表演游戏。有规则游戏是指以教师组织和创编为主的游戏活动,它通常带有教学性质,即教师利用游戏的形式完成一定的教学任务,以学科科目来明确其职能,如智力游戏、音乐游戏和体育游戏等。

1. 角色游戏

角色游戏是指幼儿在角色扮演中,通过语言、动作、表情的模仿或想象,创造性地反映周围生活的一种游戏。在具体情景中,运用动作和语言,使用有意义的物品(游戏材料),进行角色间的互动,展开游戏过程。游戏的主题、角色、规则都由幼儿根据已有生活经验独立确定,如"娃娃家""超市""医院"等。

2. 结构游戏

结构游戏是幼儿利用各种不同的结构材料及对其的操作来反映周围生活的一种游戏。结构材料包括积木(竹)、积塑、插片、金属结构材料、油泥、砂、水以及各种纸盒、易拉罐、纸板等操作材料。通过灵活多变的接插、镶嵌、排列、组合、粘合、编织、穿孔等操作活动,理解几何形体、空间关系和物体的大小、长短、轻重、厚薄、平衡等物理性质,发展幼儿的造型能力和创造性思维能力。

3. 表演游戏

表演游戏是幼儿根据故事、童话内容进行角色模仿或表演的游戏,即幼儿扮演作品中的角色,用对话、动作、表情等富有创造性的表演再现文艺作品,如故事表演《小兔乖乖》《下雨的时候》《金鸡冠的公鸡》,等等。表演游戏除了由幼儿扮演角色表演外,还有利用形象的玩具来代替文学作品中的角色,由幼儿操作代替角色的动作,用幼儿自己的语言声调来表现角色的桌面表演,以及利用木偶、皮影进行表演的木偶戏、皮影戏等。换言之,表演游戏中幼儿不仅可以自己扮演角色,也可以借助木偶、玩具等来表演。

4. 智力游戏

智力游戏是根据一定教育目标而设计的、需要幼儿完成一定智力活动任务的一种规则游戏。它将教学因素和游戏形式紧密结合,使幼儿在轻松愉快、自如有兴趣的实际活动过程中达到增进知识、发展智力的目的。智力游戏的形式多样,如感官游戏、记忆游戏、比较游戏、分类游戏、推理游戏、语言游戏和计算游戏等。通过游戏可以调动幼儿的学习兴趣,培养勤动脑的好习惯,巩固所学知识。

5. 音乐游戏

音乐游戏是在音乐伴奏或歌曲伴唱下,按一定规则,符合音乐的内容、性质、节拍、曲式等要求进行的游戏。它是以动作来表现音乐,以音乐来衬托动作,使动作表现得优美、富有节奏感和表现力。音乐游戏的主要作用是提高幼儿音乐感受力和表现力,培养幼儿活泼开朗的性格。幼儿音乐游戏多种多样,有些音乐游戏有一定的主题、情节和角色,有些音乐游戏往往有竞赛或舞蹈(律动、队形)的因素。

6. 体育游戏

体育游戏是幼儿以完成一定的体育任务、增强体质为目的,以发展走、跑、跳、投、钻、爬、攀登、平衡等基本动作为活动方式的一种游戏,也可称为活动性游戏。体育游戏大多是有规则或带有竞赛性质的游戏,也有一些是器械游戏,如球类、绳类、环类等。体育游戏的内容非常广泛,形式活泼有趣,符合幼儿爱好活动的特点,能培养幼儿勇敢、坚毅、守纪律等优良品质。

(二)主动性游戏和被动性游戏①

1. 主动性游戏

主动性游戏是指幼儿除了需要智力活动外,更需要运用肢体、肌肉的活动去进行的游戏。主动性游戏中,幼儿既可以自由控制游戏的速度,也可以按自己的意愿来决定游戏的形式。需要大肌肉活动的游戏自然属于主动性游戏,一些诸如造型游戏(绘画、手工、建构)、玩玩具、角色游戏、玩沙、玩水、唱歌、打击乐等,需要肢体活动,而且是幼儿主动进行或推进的游戏活动也属于主动性游戏。根据游戏方式,主动性游戏可以分为以下四种。

(1)操作性游戏。运用四肢大小肌肉的活动来进行的游戏。大肌肉活动中,需要手脚协调才可以进行的攀、爬、抛、捉等动作,小肌肉活动中,推拉玩具、揉搓胶泥、拼插图形等,需要运用手腕、手掌、手指等才能进行的动作活动,与此相关的游戏活动,都称为操作性游戏。

(2)建造性游戏。幼儿利用大小积木、拼插玩具或类似的建构材料来搭建房屋、桥梁或其他物品的游戏活动。

(3)创造性游戏。幼儿凭借已有知识经验,运用简单的工具材料,用心制作物品以表达自己的创造或想象的游戏活动。一切绘画、手工活动都属于创造性游戏,玩沙、玩水游戏中,借助沙、水和其他辅助工具、材料进行造型的活动也属于创造性游戏。

(4)想象性游戏。幼儿利用现有的物件或玩具,凭自己的想象力而进行的想象性游戏活动。例如,表达不同情绪情感的角色扮演、幼儿听到音乐所做的与音乐节奏相符的律动等。

2. 被动性游戏

较为静态的活动多属于被动性游戏。在这类游戏中,幼儿只需观看、聆听或欣赏,而不需进行体力方面的活动。在整个游戏活动中,尽管幼儿多是在接受信息,但他们会主动地去思考、联想或想象。例如,看图书、听故事、看电视、听音乐等都属于

---

① 朱邓丽娟,等.幼儿游戏:上册[M].北京:北京师范大学出版社,1994:121-123.

被动性游戏。

(三)手段性游戏和目的性游戏

1. 手段性游戏

手段性游戏指以游戏的方式达到教育教学的目的,即教学游戏化。手段性游戏是把游戏作为教育教学的手段,教师对游戏目的、进程有较大程度的控制,游戏中的幼儿不能完全依照自己的愿望展开游戏。

2. 目的性游戏

目的性游戏是指为幼儿提供为玩而玩、获得游戏性体验的条件,使幼儿在活动过程中体验快乐并使个性、情绪及社会性等方面得到发展的游戏活动。目的性游戏注重游戏活动本身,游戏中幼儿可以自由、主动地支配自己的行为,但缺乏必要的活动指导和操作性指导。

除上述游戏类型外,根据幼儿游戏活动的性质、器械、场地、幼儿身心发展阶段、参加游戏人数等因素,还可作下表中分类。

表 4-1 幼儿园游戏分类表

分类依据	游戏类别
从场地上	室外游戏　室内游戏
从活动程度上	活动性的游戏　安静性的游戏
从使用器械上	有器械的游戏　无器械的游戏
从参加人数上	小组游戏　个人游戏　集体游戏
从幼儿年龄段上	小班游戏　中班游戏　大班游戏　混龄游戏

(四)对游戏分类的认识

幼儿教育实践中,一些教师对游戏分类的认识是比较模糊的,这些模糊认识会直接影响幼儿园游戏活动的开展和活动质量,所以需要进一步讨论,以澄清认识,理清思路,更好地指导幼儿园游戏实践活动。

1. 对游戏分类的认识不同,游戏的开展与指导就有所不同

目前,教师对游戏分类在认识上的误区主要有两个方面。

一是从字面上来理解,认为除了创造性游戏,其他游戏都是没有创造性的;除了有规则的游戏,其他游戏都是无规则的;主动性游戏以外的游戏都是被动的,被动的都是不好的。这种片面的理解致使对应的两种游戏对立起来。其症结就在于教师对游戏分类的认识与理解出现偏差,使游戏活动指导和教师作用的发挥受到限制,导致幼教实践中创造性游戏"放羊"、规则性游戏被教师"高度控制"的现象依然存在。

事实上,游戏的分类只是相对的,游戏的名称或以对应而得,或以学科得,或以功能作用命名,等等,其划分或命名的依据多种多样。比如,主动性游戏和被动性游戏就是我国香港地区对幼儿园游戏的分类,被动性游戏只是相对于主动性游戏在"活动量"上的区别,并非优劣之分。再比如手段性游戏和目的性游戏,我们知道,幼儿是

游戏的主体,游戏的效果取决于幼儿是否积极地、主动地、全身心地投入,但在教育实践中实施目的性游戏时,由于缺乏必要的操作性,往往会使游戏流于形式,游戏的功能作用得不到正常发挥。

二是认为幼儿园游戏就是教学游戏,把教学游戏完全等同于规则游戏。教师在组织教学游戏时,往往利用规则游戏名称,假借游戏对教学内容加以传授或复习巩固,目的是使幼儿更好地掌握知识,如"科学游戏""计算游戏""语言游戏"等等,在整个游戏过程中,教师始终是活动的发起者、组织者、监督者,并反复强调外加的所谓"游戏规则",幼儿则处于被动状态,享受不到游戏过程的快乐与满足。

2. 游戏性质不同,倾向性不同

创造性游戏和规则游戏是根据游戏形式和内容上的差异而划分的,其目的性和倾向性非常明确:一个是幼儿可以按照自己的需要、兴趣和意愿来进行的游戏,教师是游戏的支持者;一个则是以教师组织和创编为主的游戏,它虽然是为教育教学服务的,但幼儿具有一定程度的自主性,游戏过程具有较强的吸引力和趣味性。

从游戏的规则上看,创造性游戏的规则是内隐的,规则对游戏的制约是隐蔽的,幼儿在游戏中有高度的自主程度,自由创造的空间也很大。而规则游戏的规则是外显的,规则对游戏的制约是公开的,需要幼儿严格按照游戏规则开展游戏活动,其自主程度相对较小,自由创造的余地有限,但创造性是存在的,只是创造性的表现方式发生了变化。

可以说这两种游戏是目前我国广大幼教工作者在认识上较为一致的分类方法。由于游戏的特点、教育作用等比较明确,幼儿园教师可以根据教育活动需要选用和设计,能够较灵活地运用和有效操作,也便于幼儿园教育教学管理。

3. 游戏功能不同,各自独立又相互联系

游戏活动有别于幼儿的日常活动,因为游戏是在一定的时空中有序进行的活动,并且不同的游戏其功能和侧重点有所不同,如角色游戏侧重于角色扮演及其社会性发展,结构游戏侧重于认知过程的操作或建构,体育游戏侧重于运动技能及其运动中的身心发展,智力游戏侧重于知识的学习掌握和智力水平的发展,等等。尽管各种类型的游戏是相互独立的,但游戏之间却有着密切的内在逻辑联系,而非严格意义上的并列关系,各种游戏之间存在不同程度的重合或交叉。如角色游戏可以辐射和渗透到其他游戏之中,智力游戏具有较强的扩散性和迁移性,几乎所有游戏都不同程度地包含了智力的成分。

对于手段性游戏和目的性游戏也不是孰是孰非的问题,在开展教育活动中应具体问题具体分析。如在实现五大领域教育目标时可以采用手段性游戏达成,仅仅依靠目的性游戏易造成目标流失。而目的性游戏更适合以幼儿经验为基础进行一定的探索和创造活动,获得游戏性体验和良好个性的发展。

综上所述,游戏分类,是为了充分发挥不同游戏的功能与作用,以最佳的游戏形式有效促进幼儿的发展。教师要在充分认识和理解的基础上,清除对游戏分类认识上的局限和影响,不拘泥于形式或类别,开展多种多样的游戏活动,全面促进幼儿发展,提高教育质量。

第二节 幼儿园游戏原则与组织形式

教育原则是根据一定的教育目的、规律提出的指导教育教学活动的理性规范和准则。作为基础教育的组成部分,幼儿园以游戏为基本活动,游戏活动的组织与实施必须遵循一定的原则,否则,游戏活动的实施就会出现随意性,使活动难以控制,活动质量也无法保障。而幼儿园游戏活动的组织形式,则是基于原则和一定的活动目的、内容以及活动开展的主客观条件来安排活动的具体方式。

一、幼儿园游戏原则

幼儿是不同于成人的正在发展中的社会成员,他们享有不同于成人的特殊权利,如生存权、受教育权、发展权以及游戏权等,这反映了人类对幼儿在社会中的地位和权利的认可与尊重。保障幼儿生命安全、合法权益和快乐成长既是幼儿园的责任与义务,也是幼儿园游戏的基本原则。教师要努力创设安全、适宜的游戏环境,严格检查游戏材料、设施和游戏场所,确保幼儿的游戏安全与游戏过程的愉悦。游戏活动中,教师要尊重幼儿的人格尊严,尊重他们的思想感情、兴趣、爱好、要求和愿望,将幼儿作为具有独立人格的人来对待,让他们在幼儿园快乐地度过每一天。

游戏原则是游戏活动的出发点和总调节器,是幼儿健康、快乐成长的基本保证,在一定程度上决定着游戏的内容、方法、组织形式和活动质量。所以,根据幼儿教育原则、身心发展规律以及幼儿园游戏活动的特点,幼儿园游戏还必须遵循以下具体原则。

(一)全面促进幼儿主体性发展的原则

游戏活动计划的制订和活动设计,要突出并落实在"全"字上。一方面,游戏必须促进幼儿体、智、德、美诸方面的和谐发展,以及幼儿身体各器官、各系统机能的协调发展和知识、技能、能力、情感、态度等心智机能的协调发展;另一方面,游戏要促进全体幼儿的发展,在重视全体的同时,还要关注个体差异,有针对性地采取最有效、最合理的游戏方式和方法促进每个幼儿在原有基础上得到发展提高。

主体性是幼儿在活动中能动地驾驭、控制活动对象(客体)的自主性、独立性和创造性表现。幼儿主体性发展主要指向活动中幼儿的主体意识的充分发挥与展现。游戏中的幼儿不是被动的参与者,而是积极的体验者、思考者和创造者,教师则是幼儿游戏的支持者,游戏活动目标与要求的实现必须以幼儿为主体,并在幼儿与教师的互动中共同达成。这就要求教师丰富游戏形式,提供与幼儿年龄特点、经验、能力和需要相适应的游戏材料,激发幼儿活动的欲望,使幼儿在愉悦的活动环境中主动观察、独立思考、发现问题、解决问题,凸显幼儿在游戏中的主体地位。

(二)传承与创新相结合的原则

把握游戏的时代特征是人们运用和传承游戏的成熟标志,也是游戏展现生命力的必然结果。我国传统游戏种类繁多、形式多样,且具有强烈的娱乐性、趣味性、竞技性和再造性特点,为幼儿园收集整理、开发利用传统游戏提供了可能性和可行性。通过去其糟粕、取其精华,或融入时代元素、社会文化等,加工改造传统游戏,使传承与创新结合起来,丰富幼儿园游戏种类和内容。

"老狼老狼,几点了"是幼儿非常熟悉的传统游戏,其主题和形式虽已陈旧,但游戏结构是幼儿喜欢的。而《喜羊羊与灰太狼》是当前幼儿喜爱的动画片之一,利用此片中的情节和角色,改编成"灰太狼,灰太狼,几点了",当"灰太狼"报出12点的时候,"灰太狼"追"羊",而"羊"们可以迅速站到地垫上,表示到"家"了,然后逐渐加大难度的游戏结构,赋予传统游戏时代发展特征,创编新游戏"喜羊羊和灰太狼",其创编过程本身就具有极大的乐趣和吸引力,而且游戏活动过程中,幼儿会主动地将动画片中的有关情节融入游戏,不断地改进和丰富游戏,使游戏更好玩、更完善。同时,在充满乐趣和创造性的游戏情节中,也增强了幼儿的合作意识和创新能力。至此传统游戏焕发出新的生命力。

(三)尊重幼儿实际水平与适宜发展相协调的原则

幼儿活动的兴趣取决于环境条件,同时受个体素质倾向性的制约。也就是说,幼儿活动兴趣只有在相宜的诱因条件下才会形成。诸多研究表明,幼儿游戏活动的倾向性受幼儿年龄、性别、心智水平、环境条件等因素的影响,游戏活动的水平与幼儿的感知运动器官、知识经验、社会性情感、创造性思维、身体状况等密切相关。这就要求教师在组织游戏活动时,将游戏活动划分为不同层次,投放不同的游戏材料,采用不同的指导方式,创设与幼儿实际水平相适宜的游戏条件或环境,以达到每个幼儿在不同水平和层次上的协调发展。这里的"不同水平"既包括不同年龄段幼儿的整体水平,又包括同一年龄段中幼儿的个体水平。

(四)低成本高效益相统一的原则

幼儿园游戏活动也要讲效益,一方面是说教育效益,另一方面是讲经济投入。幼儿园游戏活动提倡以最小的经济代价获取最大的教育实效,有条件、有投入当然最好,没有条件,没有能力投入,创造条件、挖掘资源也要保障游戏活动的开展。无论是教育效益还是教育实效,其指向均为幼儿的快乐成长。对此,具有一定经济条件的幼儿园,要为幼儿配备丰富而适宜的游戏设施和材料。经济条件不足或欠发达地区的农村幼儿园,应从实际情况出发,因地制宜,挖掘有效资源,创造必要的游戏条件,满足幼儿游戏的需要。

目前,我国欠发达地区幼儿园、西部农村幼儿园还普遍缺少必要的游戏材料和设施。陶行知先生说:"活的乡村教育要用活的环境,不用死的书本。"这就是要因地制宜,充分利用或转化现有环境条件为积极的教育资源,让环境"活"起来,让游戏"活"起来。这里有着用之不尽的自然资源和广阔的活动环境,而且真实自然,小河边、小树林、小山坡都是开展游戏的好地方;游戏材料随处可得,各种花草、种子、秸秆、泥沙、石子等都是幼儿游戏的好材料;游戏内容可简可繁,踏青、堆雪人、滚铁环、投掷、套环、下棋等都是幼儿所喜欢的;游戏形式不拘一格,钻、爬、跑、跳都是幼儿乐此不疲的;游戏方法丰富多样,编、扎、搓、染、摆、搭、砌等都是幼儿展示创意和创造才能的好办法。这种充分发挥活环境、活资源,不拘泥于形式,内容丰富多彩的游戏活动,是城市幼儿园希望却无法实现的,其乐趣和创造意味也是运用成型玩具或材料进行游戏所不能替代的。

【游戏研究随笔】来到榆中县来紫堡乡方家泉村幼儿园进行"欠发达地区幼儿园游戏活动指导"研究已有半个多月了……

随着攀岩运动的兴起,城市一些幼儿园装备了外形美观的攀岩墙,极富挑战性和冒险性的攀岩墙吸引了众多的孩子。可是,昂贵的价格和场地要求,对于农村幼儿园来说真是望"墙"兴叹。或许人们会想:农村的孩子每天要走很长的路,山里的孩子爬山也能达到锻炼的目的,他们需要攀岩墙吗?回答是肯定的。"爬"对农村或山里的孩子们来说是很平常的事儿了,然而,日常生活中的"爬"缺少了太多的乐趣,他们也是孩子,应该享有与城市孩子同样的快乐!

在研究者的建议下,经多方协商,村里的施工队为幼儿园的孩子们免费建造了一个农村版"攀岩墙",老师们利用休息日完成了攀岩墙的图案设计和绘制——"美丽的海底世界",并在沙池周边立上废旧轮胎、刷上颜色,让这个原本"土里土气"的攀岩墙变得既安

图4-1 自制的攀岩墙

全又美观,成为幼儿园里一道别具一格的风景线。每当看到孩子们快乐攀爬的身影,我就感到由衷的释然。接下来,在我们研究者的撺掇下,村里还为幼儿园自制了秋千架、独木桥、攀爬网等游戏设施。

——摘录于《游戏研究记录与分析》

此外,幼儿园游戏活动的组织和开展,还要遵循各要素相互协调、作用的原则。幼儿园和家庭、社区之间要形成合力,创设安全健康、积极向上的游戏环境,既要为幼儿创设人与人相互交流的游戏条件和氛围,提供人与物相互作用的环境和材料,使教师、幼儿、游戏内容、环境、材料等要素之间交互作用,达到一种动态的平衡,又要恰当地考虑各要素在整个游戏活动中的地位和作用,优化各要素间的协调方式,形成班、园、家庭、社区互动的游戏活动网络,拓展游戏内容,扩大游戏领域,丰富游戏形式,全面提高幼儿教育质量。

教育实践中,应从两个方面来把握游戏原则。一方面,原则之间既相互独立又相互联系。每个原则的针对性和问题解决的指向性是不相同的,各自具有独立性。然而,原则之间的独立性是相对的,因为游戏的最优化并不是某一个原则的认识所能承担的,它需要一个完整的原则体系,所以,原则间是相互联系的。只有综合把握各个原则,并发挥各自的功能,才能有效解决游戏任务、内容和方法等一系列问题。片面夸大或贬低某一游戏原则都是不对的。另一方面,原则是游戏组织与实施必须遵循的基本要求,也是长期实践经验的积累,伴随游戏理论和实践的发展、经验的不断丰富,游戏原则还需要结合实际,不断探索和完善。

二、幼儿园游戏组织形式

对幼儿园游戏组织形式的探究,其意义在于:营造良好的游戏氛围,改善和优化游戏环境,使多方面的积极因素参与到游戏活动中,最大限度地调动幼儿游戏的积极性和主动性,实现游戏的教育价值。其目的是:依据幼儿的年龄特征、游戏特点,选择符合幼儿兴趣和需要的、有价值的游戏内容,创设自然、愉悦的游戏环境,并以有效的游戏组织方式促使幼儿主动地、积极地参与到游戏活动中,使幼儿从不会玩到会玩,从无意识的创造到有意识的创造发展,从无规则意识到有规则意识并逐步得以强化,全面促进幼儿身心健康发展。

幼儿园游戏活动的组织形式多种多样,除幼儿园经常开展的集体游戏、自选(小组)游戏、个别游戏和亲子游戏等组织形式外,还有以下游戏组织形式。

(一)"以大带小"的混龄游戏形式

混龄共同游戏是指幼儿园在同一时间、同一地点、不同年龄段幼儿共同开展同一主题的游戏活动。混龄游戏有助于不同年龄的幼儿在互动中获得不同层次、不同水平上的交往经验、情感与能力的发展。游戏过程中大带小、小学大,开放式的游戏形式能够有效增加不同年龄的幼儿与同伴交往的机会,帮助他们学习社会交往技能,更好地促进其社会性的发展。

从游戏组织形式上看,幼儿在一个较大的游戏空间进行共同游戏,打破了小、中、大班的班级界限,为幼儿的创造活动、合作游戏提供了更大范围、更多层次、更多机会和可能。同时,也加强了教师对游戏环节的指导,提高了教师的团结协作能力,避免了教师的重复劳动。在游戏场地有限的幼儿园也可以采取两班幼儿对半混编的共同游戏形式,充分利用现有的游戏资源,既能实现游戏资源共享,又能有效拓展游戏内容。

从幼儿发展的角度看,"以大带小"增进了同伴之间,特别是不同年龄段幼儿之间的交流与沟通、分享与学习的机会。尽管幼儿喜欢与同龄伙伴交往,但长期共处同一环境的同一年龄段幼儿之间相互学习或模仿的敏感性会逐步衰减,而且相互之间的影响也是有限的。"以大带小"的混龄游戏形式在一定程度上改变了幼儿所处的境况,特别是小、中班的幼儿更多的会从与他不在同一环境,但有关联的人(如年龄稍大的幼儿)那儿学到家长和老师没有教的知识或经验,并且这种学习是主动的、自然的、潜移默化的。活动中的大孩子虽然不会像老师和家长那样考虑得面面俱到,对小孩子的照顾也不会那样无微不至,但他们的行动、经验经常会使小孩子积极响应,这一过程使小孩子从大孩子那里学到了一定的知识或经验,同时也增强了大孩子的自信心和责任感。因此,混龄共同游戏有助于不同年龄的幼儿在互动中获得不同层次、不同水平上的发展。

【案例】混龄游戏活动:今天我当家

活动背景:我园是寄宿制幼儿园,幼儿生活相对封闭,接触社会的机会比较少。对此,我园每月组织一次全园参与的社会性游戏活动"今天我当家"。由不同班级的教师、保育员以及后勤工作人员扮演各场所的服务人员,创设"嘟嘟熊西饼屋""水果沙拉屋""闽南小吃店""英才电影城""七星瓢虫电脑创作室""迪斯尼游乐场""套环游戏室"等生活场所,每个幼儿拥有一定的"资金",在规定的时间内到不同的"场所"活动。

活动目标:引导幼儿合理消费,锻炼幼儿从小学会支配资金的能力。通过"大带小"活动,增强大班幼儿的责任意识和小班幼儿的规则意识,培养幼儿间相互帮助、友好相处的良好行为习惯。

活动过程:活动开始前,各年龄段幼儿分别跟随老师参观将要开展的各种活动场所,了解各活动区域的游戏玩法与要求。然后,大班幼儿每人领取10元人民币,再去小班带领一名幼儿,和小班幼儿一起到不同的"生活场所"自

图4-2 游戏"我带宝宝去拍照"

行活动,将10元人民币消费完。若想继续参加游戏,可征得"场所"工作人员的同意进行服务性劳动,如收拾餐桌、打扫卫生等,换取相应的劳动报酬(钱币)以继续参加游戏。游戏结束后,大班幼儿要将自己所带领的小班幼儿安全送回到他的班里再返回自己班级。教师运用调查表格"给我今天的表现打个分"(内容包括:我消费、我去过、我打工、我照顾、我快乐)的形式,组织幼儿讨论自己在游戏活动中的表现,加以总结表扬、鼓励并提出希望。

效果与观察:幼儿在活动中,学习合理消费,学习交流交往,学习照顾弟弟妹妹和听从哥哥姐姐的话,在遇到困难时两人协商,主动寻求解决问题的办法。教师在活动中,不仅要观察了解本班幼儿情况,还要对与本班幼儿在一起的幼儿的发展做观察了解,以利教师评价总结,反思不足,积累经验。

——材料来源:厦门英才幼儿园

(二)"以点带面"的班级特色游戏形式

班级特色游戏是在游戏区的基础上,依据本班幼儿发展特点而精心创设的与本

班幼儿发展密切相关的主题游戏区。即每个年龄班在一定的时间段以一个游戏区为主,以利游戏的深入和持久,兼设其他区域,以丰富游戏形式和内容。班级特色游戏区的创设与幼儿的年龄特点、需求,以及教师的阶段性要求、教育教学内容相关,具有一定的规律性。

　　幼儿年龄小的班级多创设与生活习惯、集体生活、自理能力紧密联系的游戏区。例如,小一班可创设与自理能力、精细动作发展紧密联系的"小巧手"游戏区(系鞋带、扣纽扣、编辫子、绕线团、串珠子等);小二班可创设与身体机能发展相联系的"我真棒"游戏区(钻纸箱、布袋跳、追"毛虫"等)。幼儿年龄较大的班级可以开设具有创造意义的手工制作区、科学区、建构区或自制棋类区等。例如,大一班的"自制棋类"游戏区(环保类的植树棋、垃圾回收站棋,交通类的交通规则棋、飞行棋,知识类的拼图棋、蛛网棋,传统类的五子棋、八阵图、华容道,等等);大二班的"自然材料"游戏区(自然材料收集站、标本制作、自然物粘贴、自然物建构等)。

　　各年龄班的特色游戏形式,有利于游戏活动的深入开展,有利于不同年龄段幼儿之间的交流与分享,有利于教学相长,有利于调动幼儿参与游戏的积极性与主动性,更有利于幼儿在全面发展的基础上,个人的潜能与特长得到发挥与发展,有效形成由班级主区带辅区、各班特色辐射全园、互促发展、相互提高的以游戏为基本活动的良好局面。

(三)"以强带弱"的层次互补游戏方式

　　《幼儿园教育指导纲要(试行)》指出,幼儿园教育要"关注个别差异,促进每个幼儿富有个性地发展"。受遗传因素、环境条件和生活经验的影响,每个幼儿都有其独特的发展潜能和个性特征,即便是同一个年龄班的幼儿,各自的发展水平和进程也不尽相同。对此,教师要根据幼儿的个别差异给予相应的指导。活动中,教师要充分了解幼儿在各方面的差异,针对不同的对象,采用不同的措施、策略,进行恰当的教育,使其在各自的基础上获得发展。也就是说,教师要在各种活动中观察了解幼儿的不同表现,根据观察结果和相关评价标准、手段,对幼儿的表现加以分析归纳,有针对性地对幼儿进行指导。

　　首先,关注差异,以强带弱。依据幼儿能力及其表现,活动中形成"以强带弱"的帮扶活动方式,往往能起到互促发展的效果。一方面,能力较弱、不善表现的幼儿可以得到引领、启发和激励,在能力较强的幼儿的带领下,更容易达到唤起、激发其参与活动的效果,树立自信心;另一方面,能力较强幼儿在"带弱"的同时,自身能力会得到更快更高的发展。

　　其次,因材施教,分层指导。对于游戏活动持续时间短、目的性不强、游戏水平较低的幼儿,教师尽可能采取分组、分层次进行活动,投放不同的游戏材料,设计不同难度的游戏,提出不同程度的要求,进行不同层次的指导。

　　最后,关注"边缘",及时引导。边缘性幼儿是指活动中处于游离状态或跟不上活动节奏的幼儿。观察发现,幼儿园活动中,总会有个别幼儿处于若即若离、心不在焉的活动边缘状态。对这些幼儿,教师在观察了解的基础上,以参与者、支持者或引导者的身份,及时从活动的内容上、形式上加以引导或提醒,使其回归活动中心。

【教育随笔】建筑游戏中的分层指导

今天,是我们中班建筑游戏的时间,活动主题是"十字路口"。

首先,我和孩子们共同探讨十字路口的形状及其周围建筑物的搭建设想。然后,我讲解了活动的要求,接下来就是分组合作了。

通常,我都是根据能力强弱将孩子们分成若干小组,希望能力强的孩子能够以强带弱。不过,受两周前线描画分层教学的启发,我突然有了新想法,何不在建筑游戏中也尝试一下呢?于是,我安排了7名能力较弱的孩子在一起,并为他们示范搭建了一个十字路口的简单造型。对他们的要求是:请把老师搭建的十字路口变长,并在它的周围搭建各种建筑物。对其他我认为能力较强的几组,我没有示范,只是提出建构要求:分工合作,共同搭建一个丰富多彩的十字路口。活动开始后,我没有急于引导能力较弱的那一组孩子们,而是去观察其他组的孩子。一会儿我就发现,他们对十字路口的搭建显然没有突破重点,只是搭出了十字形、三岔路口等比较模糊的轮廓,甚至有一个小组的孩子们已经分裂为两个部分,在各自搭建各自的。看来,这几个小组的搭建活动还没有表现出建筑游戏的重点。

正当我打算重新集中孩子们再次进行指导示范的时候,却惊奇地发现,能力较弱的那组孩子们不仅丰富了我所示范的十字路口,还把各个街道变得更长,道路两边的建筑物有高有低、错落有致,而且他们又开始合作搭建第二个十字路口了。其中,年龄最小的明明和小小还在调整对齐两边的马路,他们在模仿的基础上掌握了建构的基本技能,而且我的示范指导起到作用了。

面对这一结果,不由得使我对今天的游戏进行反思:在以往强弱搭档的游戏过程中,几乎都是能力强的孩子在搭建主要内容,能力弱的孩子就是在玩那么几块积木。今天,因为分层活动和指导,我把能力强的孩子们放在了一起,结果他们非但没有成功合作,还互不相让,分裂成两派,更没有完成今天的游戏任务。看来,我的游戏组织策略还需要进一步研究调整啊。

——材料来源:海宁市机关幼儿园 诸嫣婷

(四)"以师带民"的家园协同游戏形式

家园协同游戏是充分利用幼儿亲师性行为和血缘性依恋特点,在游戏活动的目的性和有效性上达成一致,使幼儿园和家庭的教育影响形成相互联系与融合。即在教师的指导下,幼儿园游戏的具体内容和方式在家庭中得以延伸,使幼儿游戏的能力得到巩固和加强,同时父母在与孩子的共同游戏中,也能够切身感受和体验孩子成长的喜悦和历程。

在幼儿园的各种教育资源中,家长是可以调动和利用的最有效的资源之一。家长所处的行业、所从事的职业多种多样,其中不乏某方面的行家或专家。仅从这一点看,充分发挥家长的专长、特长、经验等资源优势,争取家长的支持与合作,是幼儿园拓展游戏活动、丰富游戏资源的有效渠道。幼儿园创设或开展"医院""银行""交通"等游戏区或游戏活动时,就可邀请相关职业的家长参与、指导游戏活动,既可以让幼儿掌握科学规范的知识技能,又可以增强游戏的新鲜感。农村的幼儿家长可以利用农闲时,在场院、麦场等空旷地带,与孩子们共同进行传统或民间游戏。幼儿园则可以将这些游戏活动精选出来,并使之发扬光大,在各种大型活动或亲子游戏活动中展示,争取更多的家长效仿,让家庭成为幼儿园教育强有力的支持者和参与者,幼儿园成为家庭教育的指导者和帮助者,使家园双方结成促进幼儿健康成长的共同体。同时,通过游戏活动,双方及时了解、掌握孩子的表现,并加以联系沟通,使家园教育更具目的性和有效性。

【游戏研究随笔】今天,方家泉村幼儿园大班的活动是"草编",使用的材料是玉米棒皮。为了丰富活动内容,老师邀请了部分家长参与活动,并为孩子们现场示范、制作。第一组的孩子围坐在本班幼儿董月香妈妈的周围,他们的神情很专注,望着玉米皮在董妈妈的手中上下翻飞,不一会儿就变成了漂亮的小草帽,董妈妈又在小草帽上插了几朵小野花,孩子们情不自禁地赞叹起来:真好看哪!几个孩子用羡慕的眼光去看董月香,她的小脸露出自豪与得意。其他几个组的花篮、花瓶、草垫也在孩子家长的手中轻松地完成了。

孩子们观看了这些物件的整个编结过程,学习了简单的编结方法,孩子和家长在活动中获得了极大的满足感和愉悦感。教师在活动总结的时候说:"你们的奶奶和妈妈都有一双能干的巧手,今天老师和你们一起从她们那儿学到了编结的本领,今后让我们用学到的本领共同建设美好的家园!"

——摘录于《游戏研究记录与分析》

(五)"以旧带新"的民间传统游戏形式

民间传统游戏内容丰富、形式多样,如"切西瓜""炒黄豆""老鼠偷油""做皮球""放鞭炮""小猫和蝴蝶""老鼠钻洞""老狼老狼,几点了""老鹰捉小鸡"等等。虽然都是些"老"游戏,但因其具有强烈的趣味性、竞争性和再造性而深受幼儿喜爱。传统游戏不仅能够达到强身健体、健脑益智的效果,也能够有效解决园舍小、场地窄、游戏材料短缺的矛盾。当然,一些传统游戏不可避免地带有社会历史条件下人们的思维发展水平和特点等时代烙印,所以传统游戏需要不断注入时代气息和新的活力,使"老"游戏变换新玩法。这一加工改造过程需要教师和幼儿一起动脑筋,想办法,每一个幼儿都可以成为游戏的"设计师",或增加游戏的难度,或改造游戏结构,或改编游戏中的歌谣,或与其他游戏活动形式相结合等,如此会产生更佳的游戏效果。

【案例】对传统游戏"切西瓜"的加工创编

游戏的传统玩法:幼儿手拉手围成一大圆圈。一名幼儿边念儿歌边做"切西瓜"的动作绕着圆圈走,念到最后一个字时,将身边两名幼儿拉着的手切开,然后站在切开的位置。被切开的两名幼儿则朝不同方向跑一圈,先到达原位者为胜,做下一轮的"切瓜人"。

在幼儿玩游戏的过程中，老师发现幼儿都在做同一种动作，且动作单一，缺少变化，而且大部分幼儿没有肢体动作，玩过几遍后，幼儿注意力和兴趣下降。于是，老师根据幼儿的游戏水平及特点，与孩子们一起对游戏进行了创编。

创编后的新玩法：一轮游戏结束后，选一名幼儿做"吃瓜人"，并站在"西瓜"中间说："我把西瓜切好了，现在我要吃了它。"这名幼儿发出"啊呜"声音做吃瓜状，这时，其他幼儿便要蹲一下，反复进行，直到所有幼儿都蹲下。然后，"吃瓜人"边做扔的动作边说："西瓜吃完了，我要把西瓜子儿扔了。"话音落时，所有幼儿向"吃瓜人"扔瓜子的方向跑。

对传统"切西瓜"游戏的改编，增加了游戏的情趣，提高了幼儿的游戏兴趣，更进一步发展锻炼了幼儿的身体控制能力，同时，也使游戏的目的变得清晰起来。

——摘录于《游戏研究记录与分析》

对游戏活动组织形式的探索过程，也是游戏理论与实践的统一过程。相关的游戏理论研究和幼儿教育理论研究为幼儿园探索游戏活动的组织形式提供了思路。实际上，上述游戏活动组织形式就是幼儿园在学习有关理论并通过实践总结发展出来的，其中带有新见解、新思考和新创造的因素，更有待进一步地发展规范和总结推广。

下面两则"游戏研究随笔"或许能给我们深入研究游戏活动的组织形式有所启迪，让多种形式的游戏在适当的时间、地点，以恰切的方式呈现出来，发挥游戏的效能和作用，满足幼儿发展需要。

【游戏研究随笔】清晨，天空飘起雪花，不一会儿，地上、屋顶、山坡已是银装素裹。中班的"小手绢"印染活动，在温暖的教室里按部就班地进行着。我人在教室，心却悄悄地溜到了室外，因为那满眼的雪。再回头看看孩子们，他们也在不时地向外张望。

望着窗外的雪，内心抑制不住冲动，雪地——多么好的一张大白纸啊！抓住时机，带孩子们到室外去，到雪地去！我以征询、鼓动的眼神示意老师。

孩子们小心翼翼地踏着老师的脚印，生怕破坏了满地的银白。孩子们大胆地挥指作画，欣喜地大叫："老师，快看我画的！"小鸟飞，小猫跳，小鱼游，小花开，稚嫩的手指在雪地上勾画着，那么专注。

望着孩子们的一幅幅雪地作品，我思绪万千。孩子们的造型活动应该是放飞心

图 4-3 孩子的雪地画

灵，陶冶性情，愉悦心境的活动。大自然造就了美的意境，提供了创造美的机会，幼儿从中获得了美的体验和感受，因为他们发现了美，也创造了美。

接下来，整个幼儿园沸腾了，堆雪人的，打雪仗的，高声大叫躲闪着的……

——摘录于《游戏研究记录与分析》

【游戏研究随笔】 方家泉村幼儿园背靠一座大山,山坡下流淌着清清的泉水,山坡的土是红色的,黏性很强,这个美丽的地方叫"红泥沟"。

今天,天气晴朗,LZ 市锦华幼儿园大一班的孩子们来到了方家泉村幼儿园,要和村里的孩子共同游戏。两个幼儿园的孩子们手拉手一起来到了红泥沟,可是,还没等老师做出安排,锦华幼儿园的孩子们已经冲上了山坡,小手快速地挖出红土,用手捧着放在河边,撩起小河里的水,开始和泥。这种场面感染了每一个孩子,都在挖土和泥,已经无法分辨两个幼儿园的孩子,他们已经融为一体。老师们只好各自分开,就近观察、照管这些孩子了。

玩泥的孩子个个兴致勃勃,配合默契。我也按捺不住地挽起袖子,团了一大团泥,做成"锅"状托好,用力反扣在地上,"啪"的一声,薄薄的"锅"底爆出了一个大洞:"谁来补我的锅?"我玩起了儿时的游戏。看到我的样子,孩子们兴奋极了,原来泥巴还可以这么玩呀!

玩泥本来就是孩子们的天性,城市幼儿园里的橡皮泥或 QQ 泥虽然五颜六色,可也有一定的局限性,哪有玩泥这般快活呀!

——摘录于《游戏研究记录与分析》

第三节 游戏在幼儿园一日生活中的贯穿与实施

《幼儿园教育指导纲要(试行)》指出:"教育活动内容的组织应充分考虑幼儿的学习特点和认识规律,各领域的内容要有机联系,相互渗透,注重综合性、趣味性、活动性,寓教育于生活、游戏之中。"这就要求幼儿园不仅要关注各领域内容的有机联系与渗透,还要加强生活活动、教育活动、游戏活动和过渡环节等活动的相互联系与渗透。换言之,幼儿一日生活的每个环节都应是教师组织的有益经验和活动实施的有效途径。

一、幼儿园一日生活的基本结构

对全日制幼儿园来说,幼儿一日生活就是幼儿从早上入园到下午离园所历经的全部内容和过程。幼儿在园的一日生活过程中,为了满足自身饮食、睡眠、探索、游戏等生理需要和情感、交往等心理需要,会积极与周围环境发生作用,并力求表达自己的主观愿望。这样,幼儿园一日生活就成了幼儿的知识能力与外部条件之间、幼儿的主观愿望与成人的要求和安排之间交互作用的过程。这一过程主要由引发活动、室内活动、室外活动、整理活动、转换环节和回忆活动等基本结构构成。[①] 这种重复性和

---

① 玛丽·霍曼,伯纳德·班纳特,戴维·P.韦卡特.活动中的幼儿:幼儿认知发展课程[M].郝和平,周欣,译.北京:人民教育出版社,1995:94.

连续性的幼儿园一日生活结构特点,凸显了幼儿园生活化和游戏化的教育活动特点,即一日生活本身即教育。因此,幼儿一日生活的每一个环节都能给幼儿提供不同的经验,具有某种教育价值。

下表(表4-2)是我国幼儿园一日生活的基本结构和内容安排。当然,活动的顺序和具体的作息时间、内容安排不是固定不变的,但基本结构和内容大同小异。

表4-2 幼儿园一日生活基本结构与内容

一日生活基本结构		具体内容
时间	基本活动	
7:00—8:00	入园	入园、晨检
8:00—9:00	引发活动	谈话、早锻炼、早点
9:00—9:40	室内活动	集体活动
9:40—10:20	转换环节	整理、休息、间操
10:20—11:00	室外活动	体育游戏、传统游戏、沙水游戏、种植活动、养殖活动
11:00—11:20	转换活动	整理、盥洗、安静活动、餐前准备
11:20—14:30	餐饮及睡眠	进餐、整理、午睡
14:30—15:00	起床及午点	起床、整理、盥洗、午点
15:00—16:00	室内活动	集体活动或区域活动
16:00—16:50	自由活动	自发游戏活动或户外活动
16:50—17:00	转换环节	谈话、评价、休息、整理
17:00—17:30	晚餐或离园	餐前准备、晚餐、离园

(一)引发活动

"好的开始是成功的一半"。引发活动是每天活动的起始,其作用不言而喻。教师从晨间谈话入手了解并指导幼儿选择、讨论一日生活计划。但教师不要试图去影响、干涉幼儿对活动的选择或期望,而是要帮助他们学会由自己做出选择。

引导幼儿对活动计划的讨论可以使他们发现,自己能使某件事情发生,能够主宰自己的行动。对于教师来说,讨论计划不仅能帮助幼儿形成一个与自己的思想有关的表象,还提供了一个鼓励幼儿的思维活动进行积极反映的机会。这一过程为教师和幼儿提供了一天的良好开始:幼儿明确了一日生活的基本内容,对所进行的活动有一定的心理准备;教师可以洞悉幼儿对活动的态度和意愿,对活动中有可能遇到的问题或困难做出预设,有针对性地确定活动重点和所要观察的内容。

(二)室内活动

室内活动主要有教师组织、指导的主题(领域)活动和区域活动,以及相关的转换活动。室内活动所占时间比例是一天中最多、最长的,在时间和空间上相对集中,是幼儿一日生活中最基本的结构要素。幼儿运用材料进行探究、学习新的技能,尝试用不同的想法以及把他们认为有意义的知识经验组合在一起。教师则支持和指导幼儿操作探索,归纳经验,帮助幼儿实现计划或丰富他们的活动。在以获得知识和能力结构为主的游戏活动中,主要采用集体活动的方式,注重幼儿活动的转换,注重在过程中发现问题,积极探索,解决问题,注重游戏过程的评价,而不是结果的评价。在以幼儿动手操作为主的游戏活动中,教师为幼儿的实践提供必要的材料,运用直接传授或间接模仿的方式,帮助幼儿获取一定的操作技能,注重在游戏过程中及时纠正幼儿的知识性和操作性错误。

(三)室外活动

室外活动的主要作用是让幼儿在户外尝试一些想法和发现。时间分散,多以教师间接指导的游戏活动为主,形式自由活泼,分散进行。教师要鼓励幼儿尝试发现,交流想法。以幼儿兴趣为主,教师不包办代替,鼓励幼儿大胆设计游戏的过程,充分体验自发、自主、创造,但要注重将幼儿的自发行为变成有效的教育因素,延伸游戏的内容。

(四)整理活动

整理活动是当上一个活动计划完成后,在开始进行下一个计划之前,教师和幼儿一起收拾整理环境材料的过程。整理活动能帮助幼儿感觉到他们对所用材料应负的责任,并能意识到对教室环境的影响。由于幼儿园内供幼儿使用的玩具、用品是丰富多样的,而且各种物品都有指定的存放空间和不同的整理方法,所以说,让幼儿逐步学会对各类物品进行分拣、归类、堆积、倒出和装进,这样幼儿才能知道什么东西放在什么地方,并开始了解存放材料的规律。

(五)转换活动(过渡环节)

转换活动是过渡环节,起承上启下的作用,连接上一个环节,延续下一个环节。教师要协助幼儿有序整理,积极转换。在转换环节中尽量使用固定的作息时间表,帮助幼儿掌握每一环节的名称,让幼儿清楚地知道下一个环节是什么,应该做什么。在每个活动结束时使用明确的信号,让幼儿意识到要转向下一个活动了。

(六)回忆活动

回忆活动伴随每一活动环节的开始与结束,它虽不像转换活动那样直接转承,但却同样具备引出活动或为下一个活动做铺垫的作用。幼儿通过回忆他们所做过的事情,开始看到他们的计划与活动之间的联系,能对他们的行为和思想有更清楚的意识。幼儿通过谈论他们在游戏活动时间的行动,展示他们在活动中使用的材料,分享他们在活动中完成的作品,语言和动作经验得到很好的储存和运用。回忆可以使幼儿对自己的操作活动经验进行整理,以得到更好的储存和运用。如果活动进行得顺利,对自己的工作满意和自豪,幼儿会迫不及待地与教师和同伴分享,更加有兴趣、有信心地投入到下一个活动中。因而回忆活动不仅帮助幼儿对自己的经验进行评价,提高他们进一步活动的能力,同时能使教师及时体察幼儿活动状态,适时反思并及时调整活动计划的隐性环节显性化。

二、游戏贯穿幼儿园一日生活的意义与要求

《幼儿园教育指导纲要(试行)》要求:"幼儿园应为幼儿提供健康、丰富的生活和

活动环境,满足他们多方面发展的需要,使他们在快乐的童年生活中获得有益于身心发展的经验。""快乐的童年生活"最现实的表现就是幼儿每一天的具体生活。一方面,幼儿在一日生活中的表现,反映了幼儿学习和发展的状况,另一方面,幼儿一日生活的质量,反映了幼儿园教育的现实和所提供的各种条件。从这个意义上说,幼儿园应成为幼儿快乐成长的乐园,让幼儿愉快地度过在园的每一天。

(一)游戏贯穿幼儿园一日生活的意义

让幼儿真正地在幼儿园度过愉快而有意义的每一天,前提是将游戏贯穿幼儿一日生活基本结构,实现幼儿一日生活的优化整合。优化整合绝不是简单地组合或相伴,其实质是基于系统内在的逻辑关系、积极因素和有机联系,将系统中分化了的各要素及其内部有效成分之间进行联通。具体到一日生活的优化,就是在幼儿一日生活中体现游戏内容的综合化、游戏组织的有序化、游戏形式的多样化,形成层层递进、环环相扣的幼儿一日生活体系。它包含了教师的直接指导和间接指导,有组织、有目的的活动及其转换环节,集体活动、小组活动和个体活动的有效结合,以及幼儿整个一日生活的相互联系、相互补充和相互促进。

1. 优化一日生活内容

《幼儿园教育指导纲要(试行)》指出,幼儿园的教育内容应是全面的、具有启蒙性的。对幼儿一日生活活动内容的选择应体现三个原则:一是既适合幼儿的现有水平,又有一定的挑战性;二是既符合幼儿的现实需要,又有利于其长远发展;三是既贴近幼儿的生活来选择幼儿感兴趣的事物和问题,又有助于拓展幼儿的经验和视野。科学、合理地安排和组织幼儿一日生活,在内容上相互联系、相互渗透,在时间安排上应有相对的稳定性与灵活性,既有利于形成秩序,又能满足幼儿的合理需要,照顾到个体差异。把各种教育内容与幼儿生活联系起来,把游戏活动同幼儿一日生活结合起来,使幼儿一日生活构成一个有效的教育整体,从不同的角度促进幼儿情感、态度、能力、知识和技能等方面的发展。

2. 优化一日生活方式

幼儿园教育活动应根据需要合理组织、科学安排,因时、因地、因内容、因材料灵活地加以运用。以室内活动、室外活动,园内活动、外出活动,生活活动、学习活动、游戏活动,集体活动、小组活动、个别活动、自选活动等多种方式开展教育活动。

不同的活动有其自身的特点,多种方式的合理安排,能够有效形成互相补充、协调配合、动静交替、丰富多彩的多元化一日生活。例如,集体教育活动中教师能够有效地引导幼儿学习,保证全班幼儿在同一时间、同等条件下获得基本相同的经验或知识,提高他们的观察、思维、语言、自控等能力,有利于培养幼儿的集体观念和纪律性;小组活动为幼儿提供了与同伴、教师交流讨论、合作分享的机会与条件,幼儿可以积极主动地操作各种材料,教师有更多的机会观察、了解幼儿,并适时给予适当的帮助;个别活动和自选活动是教师面对一两个幼儿所进行的具体指导,或由幼儿自主选择活动内容和伙伴、自主决定活动方式,这样能给幼儿带来更多的快乐,使幼儿获得更多的操作、交往、表现的机会,满足不同幼儿的不同兴趣需要,适应不同的学习方式、发展速度,有利于幼儿主动性、积极性、创造性、独立性和社会性的形成与发展。

需要教师注意的是,优化幼儿一日生活方式,并非简单地交叉各种活动,也不是形式迥异的活动越多越好,而是在形式上、内容上,在活动转换过程中,要尽量减少不必要的集体行动和过渡环节,减少和消除消极等待或盲目现象,在一日生活中培养和建立良好的常规,避免不必要的管理行为,逐步引导幼儿养成自我学习和自我管理的良好习惯。

3. 优化一日生活环境

就幼儿园教育而言,环境既是教育的背景,也是教育的手段,同时又是教育自身。在经过优化、美化的环境中,能够使幼儿心灵得到潜移默化的影响,从而达到促进幼儿发展的目的。

一日生活环境的优化由师生双方共同从物质环境和精神环境两方面进行。显性的物质环境的优化创设,会让幼儿在自由的想象和创造过程中体验快乐,感受到参与环境创设、美化环境的自豪与骄傲。良好的精神环境氛围,会让幼儿充分感受温馨与快乐,在潜移默化中学会与同伴、老师之间的团结协作、和谐共处。所以,一日生活环境的创设,对幼儿的发展具有陶冶和启迪、约束和引导、平衡和补偿等积极的作用,使幼儿在"无声"的环境中受到熏陶感染。

游戏,是幼儿表达各种不同经验和想法的多元方式之一,是幼儿最喜爱的活动,是幼儿的基本生活方式,在游戏中,幼儿以有意义的方式操作与其想法相关的事物。将游戏贯穿一日生活,优化其内容、方式和环境,对幼儿的健康成长具有现实意义和深远意义。

(二)游戏贯穿幼儿园一日生活的要求

1. 活动时间统而不死,活而有序

《幼儿园教育指导纲要(试行)》指出,幼儿园一日生活的"时间安排应有相对的稳定性和灵活性"。活动安排既要遵守幼儿园一日作息时间要求和常规,又要依据幼儿和活动的具体情况灵活处理。

通过晨间谈话、活动讨论或图示等方式,让幼儿明了一日生活安排和活动顺序;在活动展开之前,明确提示幼儿将要进入的下一个活动;在活动结束时,以休整、材料准备、局部环境创设等过渡环节,暗示接下来的活动及其内容,使幼儿在心理和情绪上有所准备,以达到活动间的自然衔接,幼儿积极主动地配合,自然、主动地进入每个活动程序,确保一日生活时间的相对稳定,避免不必要的消极等待现象。受幼儿活动兴趣、内容、形式等因素的影响,活动时间可能出现延长或缩短的现象,对此,教师可利用整理、区角、分组等有效形式或手段主动调整,巧妙安排,以达到统而不死、活而有序之目的。

2. 活动内容源于自然,来自社会

依据《幼儿园教育指导纲要(试行)》教育内容选择的原则,幼儿园活动内容主要从以下三个方面来确定:一是以丰富幼儿生活经验或需要来确定。鉴于小班幼儿身心特点,可安排生活技能、集体意识、情绪情感等方面的活动。例如,"幼儿园真好玩""自己的事情自己做""宝宝有礼貌""我的一家人"等。中大班幼儿生活活动范围逐步扩大,具有初步的独立性和探索欲望,可安排认知发展、科学探索、审美表现、强健体能、自我保护、生活环境等方面的内容。例如,"捕光捉影""走失了怎么办""独自在家"等活动。二是从有关出版物或本地区的各种资源特色来选择确定。例如,选择一些具有本地区特点的社会经济、人文景观、自然风光、民情风俗等,结合各年龄段幼儿的发展水平,按一定的逻辑顺序,从易到难、循序渐进地编排活动内容。三是从社会生活中选择确定活动内容,引导幼儿关注发生在身边的或是通过媒体信息了解到的社会中的重大事件、热点问题,在此基础上选择对幼儿发展有价值、有意义的事件生成活动内容。例如,"太空的奥秘""神舟十一号""奥运会""火灾""地震"等。

3. 活动过程有别,综合贯穿

从我国当前的幼儿园课程看,幼儿自发的自由活动、教师创设的区域活动和以经验获得为主的主题(或领域)活动,三个过程不同的活动往往在幼儿园一日生活中共存。

主题(领域)活动的基本过程是:获得—转换—发现—评价。主要采用集体活动方式,教师提出并设计活动主题,以知识、能力的获得和直接指导为主,注重知识、技能的习得,以及问题的提出和解决。既注重活动过程的评价,也关注结果的评价。

区域活动的基本过程是:实践—探索(示范)—模仿—纠正。主要采用自选或小组活动方式,教师为幼儿的操作实践提供材料支持,活动内容可选,以幼儿动手操作和教师观察为主,间接指导、适时干预(材料、角色、身份)为辅,注重游戏过程中的经验积累或体验,以及知识、技能的习得。关注活动过程中发现问题和解决问题。

自由活动的基本过程是:兴趣—操作—引导—鼓励。主要以幼儿的自主结合或个别活动方式出现,教师为幼儿创设和提供必要的游戏环境和条件,以幼儿兴趣为主,从幼儿快乐出发,鼓励幼儿自由游戏,大胆设计游戏的过程,让幼儿充分体验和享受自发、自主的游戏快乐。关注幼儿游戏过程和内容,注重积极有效的教育因素的发挥。

基于此,对游戏贯穿幼儿园一日生活的讨论与研究,就是要解决游戏在幼儿一日生活中的纵向贯穿与横向联系,为幼儿的发展提供更为适宜的指导和帮助,发挥游戏促进幼儿发展的整体效能。所以,教师要明确并处理好游戏既是课程又是幼儿园基本活动的关系,有目的、有计划地整合自由游戏、区域游戏和主题(领域)游戏,并贯穿于整个幼儿园一日生活的始终。

三、游戏在幼儿园一日生活中的实施

1. 主题游戏

主题游戏是教师根据教学目标组织的游戏,以游戏的特点来组织教育活动,以游戏为手段,服务于特定的教育目的和任务,使幼儿有游戏般的乐趣和体验。主题游戏有着一般游戏和日常生活所不能替代的功能与价值,在幼儿一日活动中所占比例最大,用主题来冠名,其意义在于凸显幼儿园教育目标的整合、各大领域教育内容的整合和教育方式的整合。主题游戏活动主要有两种形式:一是围绕某个领域教育目标进行整合的领域主题游戏;二是对幼儿园健康、社会、语言、科学、艺术五大领域教育目标进行整合的综合主题游戏。

【案例1】综合主题游戏——"有趣的线"

一、活动目标

1. 感知线的奇妙之处,获得丰富的生活体验。
2. 感受活动的快乐,萌发创造性想象和发散思维。

二、活动构成

活动	名称	领域	说明
活动一	下雨了	科学	带幼儿观察雨(像一条条直线落在地上)
活动二	变变变	科学	几何形状的变化
活动三	线婆婆的故事	语言	故事描述了线婆婆的变化本领
活动四	神奇的五线谱	艺术	知道五线谱的奇妙,进行唱歌活动
活动五	美丽的毛线画	艺术	用各色毛线粘贴出不同画面。用线蘸颜料作画
活动六	大家一起来跳	健康	跳绳、跳皮筋、跳方格等
活动七	建筑物	社会	观察建筑物的线条美
活动八	毛线编织	操作	用毛线编织、缠绕、编辫子、门帘、翻角角等

——材料来源:《游戏研究记录与分析》

活动评析:

这组活动是一个整合的综合主题游戏,活动选择了幼儿生活中最常见的事物,紧紧围绕一个主题,从幼儿的生活实际以及幼儿的发展水平出发,由各领域选择出相应的活动,用游戏的形式贯穿全程,让幼儿充分体验和感受有趣的事物及奇妙的变化,既整合了各领域的内容,又促进了幼儿的适宜性发展,使游戏与主题得到了很好的融合。

【案例2】领域主题游戏 社会领域——"五彩缤纷的路"

一、活动目标

1. 以每天所走的路为主题,收集各种材料玩修建马路的游戏,感受社会的发展变化,培养建设美好家乡的情感。
2. 了解点、线、面材料的特质,能从多角度来比较点、线、面的不同。
3. 相互合作,密切配合,共同享受劳作成果,体验游戏带来的快乐。

二、活动材料

1. 点状材料,如纽扣、贝壳、瓶盖、小石头、图钉、豆子、果核、弹珠等。
2. 线状材料,如火柴棒、竹筷、铁丝、木条、绳子、钉子、纸条、毛线。
3. 面状材料,如图画纸、牛皮纸、盒子、书、笔记本、垫板、竹片、木板、树叶、金属网。

4. 其他辅助材料,如黏土、稻草等。

三、活动过程

1. 讨论活动:组织幼儿观察、讨论各种道路——山村小路、马路、高速公路、高架桥等。

2. 想象活动:用图画纸绘制出从自己家到幼儿园的道路,再设计出一条心目中理想的路。

3. 操作活动:年龄较小的幼儿使用点状材料,一种是整齐排列成长长的道路,不能弯曲,一种是排成回旋状的道路;年龄中等的幼儿使用线状材料组合成宽、窄、曲、直的道路,然后将点材和线材组合起来,利用两者不同的特质,制作成宽、窄、回旋、笔直、弯曲等各种道路;年龄较大、能力较强的幼儿用面状材料,或将点、线、面材料结合制作立体马路。

4. 游戏活动:在建好的道路中划出格,两组幼儿分别站在道路两头,用猜拳方式决定步数,最先到达终点为胜。

——材料来源:《游戏研究记录与分析》

活动评析:

这是一个围绕社会领域教育目标,借助结构游戏方式进行的领域主题游戏,教师在幼儿游戏中采用不同的指导方法,指导不同年龄段的幼儿用收集的点、线、面的废旧材料,建造宽、窄、笔直、弯曲、回旋的各种道路。其材料的来源简便易得,既考虑了游戏材料的特点,同时又考虑了游戏的发展水平,即活动的最大价值在于遵循了因材施教、个别指导的教育原则,在同一活动中,使不同层次的幼儿相互影响,在原有水平上有了不同程度的发展,其内隐的社会性发展目标得以彰显。

【案例3】领域主题游戏活动 语言领域——"有趣的纸影"

一、活动目标

1. 观察纸影的变化,萌发学习兴趣,感受生活的变化与世界的奇妙。
2. 借助纸影的变化,能大胆想象,完整表达。

二、活动材料

投影仪、废旧纸张、绘画纸、音乐磁带等。

三、活动过程

1. 观察活动:教师用废旧纸张随意团、捏、拉成型,放置在投影仪上,请幼儿仔细观察投影仪上有趣的纸影。

2. 想象活动:教师提出问题:"你看到的纸影像什么?"幼儿对纸影进行想象;教师变换纸影的角度或更换纸型,并要求幼儿将两个以上的影像组合在一起,用一句完整的话表达出来。

3. 构思活动:教师将几个不同的纸型放置在投影仪上,将幼儿分成若干个小组,幼儿将几个影像联系起来进行想象,编创一个生动的小故事,也可添加画面所需要的任务、背景等。

4. 讲述活动：每组幼儿选择不同的方式进行讲述。如戴头饰表演讲述、绘画讲述、配音乐讲述等，教师进行具体指导。

5. 操作活动：幼儿可观察自己的手放在投影仪上产生的影像，幼儿可在室外观察云彩的变化，幼儿可观察墨迹或水迹的变化等，让幼儿进一步感受和体验奇妙的变化。

——材料来源：《游戏研究记录与分析》

活动评析：

这是一个突出语言领域发展目标的主题游戏活动。教师在活动中，利用生活中常被丢弃的废纸，给幼儿做了一个小魔术表演，加之活动结束时的各种延伸活动，深深吸引和感染了幼儿。既激发了幼儿的学习兴趣，又扩大了幼儿的眼界，使幼儿感受到了生活的变化与世界的奇妙，同时达到了充分发挥幼儿创造性想象能力及锻炼幼儿说话能力的教育目的。围绕这个框架，还可以做成以科学领域或艺术领域为主体的主题游戏活动，这正是主题游戏活动的"融合"之魅力。

2. 区域游戏

区域游戏是幼儿在人为创设的自然情景下的游戏，教师提供游戏情景与材料，体现一定的教育意图和要求。教师根据幼儿园健康、社会、语言、科学、艺术五大领域教育目标，利用现有的环境场地条件，创设不同的活动区或角，使幼儿任意自选地开展游戏。其活动和操作内容大多来自主题教学游戏，时间相对比较集中，投放人力较多。主要解决幼儿教学活动中未尽兴、动手操作能力的迁移、实验或操作中材料少等问题。

(1) 益智游戏区。益智游戏是幼儿通过观察、探索、动手操作、阅读、竞赛等形式开展的游戏活动。其内容包括自然角的动植物观察、科学区的探索发现、桌(地)面上的动手操作和棋牌类、娱乐类等活动，以及图书角或阅读区的阅读欣赏等活动。

(2) 建构游戏区。建构游戏是幼儿利用各种不同的建构材料，通过与建构活动有关的各种动作塑造物体形象，反映周围生活的一种游戏。其内容包括积木搭建、积塑插接、自然物(沙水、雪、土)雕塑、废旧物品组合等。

(3) 角色游戏区。角色游戏是幼儿按照自己的意愿、兴趣、经验、能力扮演角色，进行有内容、有情节、有角色的交往，通过模仿和想象，独立自主、创造性地反映现实生活的游戏。其内容包括以模仿家庭和社会生活为中心的幼儿所有的扮演活动。

(4) 表演游戏区。表演游戏是由幼儿自愿参加的，通过歌唱、舞蹈、乐器演奏或扮演文学作品中的角色，来抒发情感，表达对生活和文艺作品理解的游戏活动。其内容包括唱歌、跳舞、打击乐、故事表演、童话剧、木偶剧和皮影戏等。

(5) 美劳游戏区。美劳游戏由幼儿自愿参加，自定主题，自选活动种类和材料，以绘画、制作为主要活动形式的游戏。其内容包括绘画、手工、欣赏等。

(6) 运动游戏区。运动游戏是幼儿在室内外运动场所进行的，自定运动形式、自选运动器械，或手持玩具，或徒手，或利用自然物，以身体运动为主要形式的游戏活动。①

【案例1】区域游戏 益智游戏区活动——"种植列车"②

活动过程与评价：

游戏环境(包括环境、材料、教师参与)	幼儿游戏表现	游戏目标与幼儿发展分析
自然角：用饮料瓶制作"种植列车"，每个瓶子是一节车厢，每节车厢里有种植的大蒜，每节车厢为一组 准备：土、小铲子、小水桶、小喷壶 记录本：每个组一个记录本，把每星期观察到的变化画下来，每组由3名幼儿组成，轮流画 幼儿从家中带来大蒜，老师带领幼儿在火车的车厢里开始种植活动	孩子们从种植开始，每天来园时都到自然角，找到自己组的车厢，仔细观察蒜的变化并及时给它浇水 每组幼儿给自己组起一个好听的名字，一共10组 1."食肉龙"组 2."宇宙人"组 3."长得快"组 4."霸王龙"组 5."奥特曼"组 6."冠军"组 7."三角龙"组 8."怪兽"组 9."恐龙"组 10."外星人"组 各组每星期请一名幼儿把蒜的变化画下来，3名幼儿轮流画	结合季节特征，老师组织幼儿进行种植活动，把数学的排序放到种植的游戏活动中，使孩子们在轻松、愉快中学会排序 在活动中孩子们知道了种子发芽需要土壤、水、阳光，知道了选种也很重要，种植前要选择籽粒饱满、无病虫害的大蒜作为种子，还要准备好土、小铲子、小水桶、小喷壶等 把全班幼儿分成10组，每组3个人，这样他们可以分工合作，有给蒜浇水的、有负责记录的，每星期轮换一次 在活动前老师要求幼儿记住自己组的车厢，还要知道别的组是第几车厢。幼儿相互观察、比较，看哪组的蒜长得好

【案例2】区域游戏 建构游戏区活动——"玩干湿沙"③

活动过程与评价：

游戏环境(包括环境、材料、教师参与)	幼儿游戏表现	游戏目标与幼儿发展分析
沙池、各种沙水玩具及可以玩沙的废旧物品 户外活动时，孩子们要求教师带他们去玩沙，看到沙子被浇树的水浸湿	孩子们议论着沙子湿了的原因孩子们争论着，各说各的	沙是孩子们常见、喜爱的一种自然物。在玩沙的过程中孩子们的感知力、想象力、创造力均能得到较好的发展，并能激发幼儿的探索欲望，使幼儿在与沙的零距离接触中得到快乐

---

① 汪荃.大班游戏课程[M].北京：中国妇女出版社，2003：8.
② 汪荃.大班游戏课程[M].北京：中国妇女出版社，2003：93.
③ 汪荃.大班游戏课程[M].北京：中国妇女出版社，2003：23.

续表

游戏环境(包括环境、材料、教师参与)	幼儿游戏表现	游戏目标与幼儿发展分析
教师引导幼儿感受沙子的特性。"你们猜,是湿沙垒山高还是干沙垒山高?为什么?" 老师又问:"你们再猜猜要是往可乐瓶里装沙,是装干沙快还是装湿沙快?为什么?" 将幼儿分成"干沙组"和"湿沙组",先比赛垒高,然后再交换比赛一次	垒高:湿沙组的孩子们一边垒一边拍;干沙组的孩子们不断地往上倒沙子 装瓶:湿沙组的孩子们装沙时,要不停地敲打瓶子;干沙组的孩子们装沙顺利,速度快	根据实际情况,引导幼儿利用现有的教育资源感知湿沙的黏性与干沙的疏散、流动性 孩子们在游戏中设法克服困难,互相交流、合作 这个活动的目的是让孩子们都能亲自体会干湿沙的特性,都能获得成功与失败的体验

3. 自由游戏

自由游戏也叫自发游戏,是幼儿在自然状态下发生的游戏,不受外力约束,幼儿按自身的需要、兴趣、能力自发展开的,以获得自我满足和愉悦为目的活动。时间、活动场地、操作材料都比较分散。

【案例1】自由游戏——"小蜜蜂"

活动情景：

幼儿两人一组自由组合,一边朗诵歌谣,一边猜拳决定胜负,同时做相应动作。

两只小蜜蜂呀(两手做"二"状),

飞在花丛中呀(做小蜜蜂飞舞状),

左飞飞,右飞飞,

飞呀(同时用石头、剪子、布猜拳决定胜负),

(出同样的拳),啊啊(输的人)啪啪(赢的人)。

【案例2】自由游戏——"拍三角"

活动情景：

幼儿两人比赛或多人分组比赛,幼儿用各种纸张折叠成三角形,事先决定张数放在地上,猜拳决定优先权,由胜的一方先玩,用手掌着地,拍对家的三角,拍翻过来为赢。

活动评析：

自由游戏活动方式简单,游戏的人数少,自由组合,不占用场地,可随时进行。

四、各种游戏活动形式之间的关系

为了更好地说明自由游戏、区域游戏和主题游戏三者之间的关系及其在一日生活中的地位,我们运用简化的图示方法可以在幼儿园一日生活中的"连续体"上找到相应的位置。在这个连续体的一端,游戏的自由度高,倾向于幼儿自主自发,满足幼儿的游戏兴趣、需要,强调幼儿的自然发展和一般能力的获得,教师以间接控制为主;而在这个连续体的另一端,游戏的自由度相对较低,强调教师的预先设定和指导,直接控制程度较高,注重教师的环境创设,完成一定的教育教学任务,让幼儿获得知识和技能。

下图说明了幼儿园各种活动形式之间的关系。

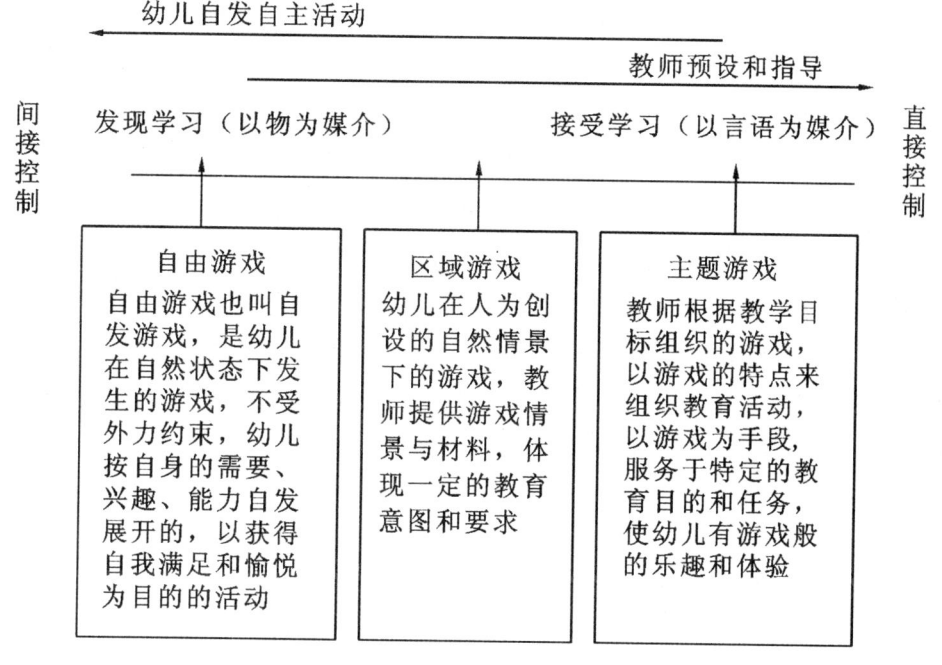

```
        ←——— 幼儿自发自主活动
                        教师预设和指导 ———→
间接     发现学习（以物为媒介）    接受学习（以言语为媒介）    直接
控制                                                            控制
```

自由游戏	区域游戏	主题游戏
自由游戏也叫自发游戏,是幼儿在自然状态下发生的游戏,不受外力约束,幼儿按自身的需要、兴趣、能力自发展开的,以获得自我满足和愉悦为目的的活动	幼儿在人为创设的自然情景下的游戏,教师提供游戏情景与材料,体现一定的教育意图和要求	教师根据教学目标组织的游戏,以游戏的特点来组织教育活动,以游戏为手段,服务于特定的教育目的和任务,使幼儿有游戏般的乐趣和体验

1. 自由游戏、区域游戏、主题游戏是相对独立的

(1)自由游戏自由度高。自由游戏是幼儿在自然状态下发生的游戏,不受外力约束,幼儿按自身的需要、兴趣、能力自发展开的,以获得自我满足和愉悦为目的的活动。游戏的内容是多方面的,游戏的难易是多层次的,游戏的材料是多种类的,游戏的玩法是多变的,游戏的时间是不确定的,游戏占据的空间是多方位的,其活动时间、活动场地、操作材料都比较分散,随意性较大。自由游戏的自由度高,完全由自己做主,幼儿游戏性最强,教师对游戏的干预最少。

(2)区域游戏选择性大。区域游戏是教师按照幼儿每一阶段的学习特点,有目的、有顺序地创设的游戏活动区,如益智游戏区、建构游戏区、角色游戏区、表演游戏区、美劳游戏区、运动游戏区等,投放相应的游戏材料,幼儿可以任意选择并开展游戏,教师也可以给幼儿建议活动内容、形式等。其组织形式较松散,但需要教师有一定的控制,把握游戏的方向。区域游戏为幼儿的活动提供了更广阔的空间、丰富的材料等,同时更注重了个体发展的差异,为发展较快和相对迟缓的幼儿提供了适宜的内容,引导幼儿间的横向交流。

(3)主题游戏综合性强。主题游戏是教师根据教学意图创设游戏条件,让幼儿在游戏中或游戏化的活动中生动活泼、积极主动地学习和发展。这样的游戏活动有着一般游戏和日常生活所不能替代的功能与价值,在幼儿一日活动中综合了各种游戏活动因素,活动时间比例最大。主题游戏虽然是在一定的教育目标控制之下,但不是使幼儿的学习受到强制,因其选用了符合幼儿年龄特点的游戏内容,能使幼儿在学习中从心理上参与到游戏过程中来,带给幼儿游戏般的快乐和体验。

2. 自由游戏、区域游戏、主题游戏是相互联系的

(1)自由游戏、区域游戏、主题游戏活动结构由低到高发展。自由游戏的自由度、随意性更大一些,但目的性、计划性不强,幼儿以愉悦为主,在玩中学,组织形式是松散的,教师对幼儿的控制是低结构的。区域游戏中幼儿的自主性强、随意性也较大,但有一定的目的性和计划性,幼儿以操作为主,在探索中学习,教师对幼儿的控制也是较低结构的。自由游戏规则是内隐的,制约是隐蔽的,区域游戏的规则是半隐半显的,制约是半隐蔽半公开的,其规则和目标要求是渗透在活动中的。主题游戏的自由度小,是在教师有目的、有步骤的引导和组织下实施的教学过程,幼儿活动中隐含着学习的过程,目标指向明确,组织严密,教师对幼儿的控制程度很高,呈现出高结构的教育形式。教育的最终目的就是要指导幼儿在低结构的教育活动中,将观察发现和探究的能力迁移到高结构教育活动之中,虽然游戏的外部条件变了,但幼儿的主体性本质不变。

表4-3 游戏活动组织形式及特征结构表

活动类型	模式特点	游戏目标	游戏规则	组织形式	控制程度
主题游戏	学习为主 直观中学	公开的	显性的	严密的	高
区域游戏	渗透为主 操作中学	半公开	半隐蔽	松散的	较高
自由游戏	愉悦为主 从玩中学	不公开	隐蔽的	自由的	低

(2)自由游戏、区域游戏、主题游戏活动层次逐级递进。自由游戏的个体性和自由性鲜明,由于幼儿不受集体形式的游戏框架束缚,所以幼儿可以创造性地改变游戏进程,可以随心所欲地变换游戏情节,可以利用各种材料扮演所需角色,而这种游戏角色、内容、材料的丰富、充实,可以更好地满足幼儿游戏的心理需求。区域游戏则好似一架"桥梁",是教师在对幼儿自由游戏中的表现进行细致观察了解后,针对幼儿的个性差异、兴趣爱好、能力进行有效的材料投放及区域设置,其优点是利于幼儿个性

发展,因材施教,但也有不足之处,如容易造成幼儿的"放任自流"。主题游戏是在教育目标完成的过程中,教师对自由游戏和区域游戏有观察、有引导,抓住教育的契机,随着教育条件的变化和教育目标的调整,使游戏对幼儿的发展有益并迎合教育方向,是一种最有效、最灵活的教育手段。

(3)自由游戏、区域游戏、主题游戏活动内容交叉互补。自由游戏对主题游戏和区域游戏具有迁移与深化的作用,自由游戏给幼儿提供的氛围是自然的、宽松的,幼儿把主题游戏、区域游戏中获得的相关知识和体验,形成和发展的游戏技巧,自如地、创造性地运用到自由游戏中,并能将已有的经验迁移到其他活动中,使原有知识、能力得以扩展和延伸。区域游戏对主题游戏活动具有铺垫与延伸作用,主题游戏内容的生成可以来自区域游戏中幼儿探索时引发的思考,而区域游戏的活动和操作内容可以是主题游戏后的回放,为主题游戏提供了实践的场地,使幼儿活动兴趣得以延伸,解决幼儿操作(实验)中材料相对缺少、进一步促进幼儿动手操作能力的迁移等问题。主题游戏对区域游戏和自由游戏的影响可以是前置的,即对以后的学习具有引导、启迪的作用;可以是过程性的,即对当前的学习中遇到的困难和普遍矛盾予以解决;可以是后置性的,即对幼儿一个时期的学习经验进行归纳和整理。

总之,游戏形式的发展是在教育实践中不断完善和提高的,任何一种游戏形式都只是一个相对稳定的活动模式,必须形成一个开放的系统,保持内在的自组织性功能,才能为教育活动提供一个更为广阔的空间,为儿童的发展创造一个适宜的教育环境。

五、面临多元能力挑战的教师

英国列斯特大学珍妮特·莫伊雷斯(Janet Moyles)博士,从幼儿游戏和认知发展研究者与实践者的视角提出,教师在组织实施游戏活动之前,首先要自问下列一些问题:[1]

- 我要为幼儿提供怎样的游戏?
- 我为什么要制订和设计这个游戏计划?
- 幼儿有怎样的已有经验?这个主题(游戏)是否提供给幼儿重新架构和丰富已有知识的机会,同时又提供幼儿复习、修正之前习得技能的机会?
- 我的计划(设计)和幼儿园的要求是否相符?
- 我所计划(设计)的主题(游戏)包含哪些基础概念?
- 活动中可以涵盖哪些课程领域?
- 以怎样的方式进行?是工作、活动、自由游戏还是教学游戏?

---

[1] Janet Moyles. 不只是游戏——儿童游戏的角色与地位[M]. 段慧莹,黄馨慧,译. 台北:心理出版社,2000:144.

- 需要进行哪些资源准备工作？我自己是否熟悉并了解这些资源？
- 如何布置或创设活动环境？
- 倘若有个别需求的幼儿，该如何处理？
- 我想做的是否能够引起幼儿的兴趣、刺激或具有启发性？
- 我要如何督促和评估个别幼儿在活动中的学习情形和态度？
- 我需要进行哪一种形式的观察？是个别幼儿、小组还是集体？
- 我需要保留哪些记录？

从上述问题来看，多种游戏形式的组织与实施，对教师的专业知识和专业能力具有较高的要求，尤其是在创设游戏环境能力、游戏活动中的观察能力、适时帮助指导能力、生成教育内容能力、与幼儿互动能力、评价幼儿发展的能力等方面，教师都面临着极大的挑战。

1. 教师要有敏锐的观察和分析游戏活动的能力

在现阶段的幼儿园教育中，教师已不再只是关注幼儿学习的结果，而转向了关注幼儿日常生活中的寻常行为，学习解读、分析幼儿，所以观察、分析幼儿的能力是专业化水平重要表现之一。不同的游戏形式背景中，其幼儿表现特征和发展价值是不同的，所以教师不仅需要细心观察孩子的行为，还要及时判断和分析游戏行为的发展意义，从而采取有效的应答和指导策略。例如，在混龄的游戏形式的开展中，每个教师都同时面对着本班、同年龄和不同年龄的幼儿发展水平差异性大的问题，教师无时不处在一个对象的比较中，孩子的行为随时呈现给你的是差异，面对同一个游戏、同一种游戏材料，教师看到的是行为迥异的玩法和玩法背后蕴含着的发展水平、发展特点的区别。当教师用不同年龄段的发展目标来观察和指导孩子时发现，孩子的行为远比三个年龄的发展目标要复杂得多，年龄与目标的对应远不是我们想象的那么简单，教师的观察随时会激起大脑的思考：是年龄差异？是个性差异？是同龄中发展水平差异？教师介入的适时性就需要依据孩子是个别的、同龄互动还是混龄互动，来考虑介入的时机和方法等。这与以前的游戏活动指导大不相同，教师对幼儿的游戏心理和游戏行为不仅要知其然，而且要知其所以然，才能充分体现教师组织游戏活动的水平。

2. 教师要有调整预设游戏活动计划的能力

幼儿游戏活动设计是用系统的方法来研究、探索游戏活动过程中各种要素之间的内在联系，以及各要素的作用与效果之间的联系，目的是通过一套具体的操作程序来协调、配置、实现各要素之间的有机结合，获得最优化的游戏活动效果。对于生成游戏活动的选择和实施，在一定程度上满足了幼儿的兴趣和需要，具有不可预知性和偶发性，但对于教师来说把握起来有一定的难度。而预设的游戏活动对于幼儿的学习活动具有计划和定向作用，但由于是教师选择和制定的计划，有时又无法准确定位幼儿的游戏水平和活动兴趣。相对来说,生成和预设各有优势,不应该是对立的,而应该是互补的。对教师而言,具备游戏活动设计所需要的专业知识和经验是生成的前提,适宜而有效的随机游戏活动应该体现设计的一般原理,设计也必须具有"弹性"。

以前教师视预设计划是神圣不可改变的,把设计中的目标进行到底。不管幼儿今天喜欢不喜欢,也不理会来自幼儿的信息,不管幼儿是是否生成了别的问题,教师都要按预定计划进行。例如,在许多观摩活动中,教师看似在轻松地跟幼儿互动,其实脑子里充满了教案,在想着下一步该怎么说,该拿什么教具,幼儿产生的热点并没有引起教师的关注,脑海里想得更多的是设计好的教案,因为这个教案是审查过的,在其他班试教过的,如果变化了会产生不可预知的效果,怕"演戏"演砸了,所以来自幼儿生成的有价值的东西没有真正进入到教师的意识。然而,新的教育观念告诉我们,预设仅仅是一种假设,不是固定不变的。在教师和幼儿互动过程当中,可能幼儿的发展印证了假设,符合预设的兴趣,与幼儿的发展区是一致的,也可能是否定了教师先前的预设,那就需要及时调整和随机把握,即教师要对自己预设的计划进行反思,要关注来自幼儿的信息,要在跟幼儿的互动过程当中不断地预设生成,达到平衡。因此,这对教师的预设计划能力提出了很高的要求。

3. 教师要有回应和评价幼儿游戏活动的能力。

新的教育理念要求教师要对幼儿生成的内容有较高的回应能力,因为生成的东西是不确定的、事先没法预料到的,对教师的回应能力是一个非常大的挑战,而教师教育机智恰恰体现在这一点。很多幼儿园都在研究回应的策略,尤其是在幼儿园的游戏活动组织与实施中,要求教师必须直面幼儿生成的问题,有时候需要及时回应,有时需要转移幼儿视线,而有时候需要鼓励幼儿继续探索。

教学中的非预期性事件是对活动预设是否充分的检验,反映了教师设计活动时的经验,是对教学的反馈信息,是教学反思、教学调整的重要依据,也是教师教学观和教学水平的一个重要标志,一个好的教师会积极关注教学中的非预期事件,而不是极力回避。教学中非预期性事件的发生是必然的,对教师是一种挑战,教师必须及时做出反应。

【教育反思】这个球该不该接?

一次,我组织开展主题活动"味道"。活动室四周摆放着幼儿收集来的各种食品、调料等。幼儿自由探索、品尝着各种食物和调料的味道,气氛活跃。其中,幼儿感受最深的是辣味。经过一段时间的自由探索,幼儿开始交流自己的感受和体验。就在这时,一个幼儿突然站起来说:"我感到太辣了,我要喝水!"全班随即沸腾起来:"我也觉得太辣了,我也要喝水——"场面开始混乱。此时,我心里十分矛盾:这是一次公开活动,如果我同意他们出去喝水,活动还能顺利进行下去吗?如果不同意他们喝水,我该如何往下引导?换句话说,孩子们抛过来的"球",我该不该接?如果接,该怎么接？

——材料来源：远望幼儿园　朱会淼（http://blog/sina.com.cn/u/2433882047）

应对非预期性教学事件的教学智慧源于什么？源于教师长期教学实践的经验积累，善于进行反思性教学实践的教师更容易从应对非预期性事件的经验中产生教育智慧。教学中任何一个非预期性教学事件只要被教师关注并做了价值判断，那么即使是该"接球"，而没有能力去接，对教师来说也是有意义的。

此外，幼儿园游戏活动的开展与实施的成败，还取决于管理者的办园理念与素质，办园的条件与经费投入，社会力量的支持和参与程度，等等，因而需要我们在教育实践中不断探究和反思，为游戏活动的开展提供一个更为广阔的空间，为幼儿的发展创造一个适宜的教育环境。

综合实践活动

[思考]有人认为幼儿游戏就是幼儿园游戏，你同意这个观点吗？为什么？

[讨论]针对某一幼儿园的一日活动安排，根据你对游戏是幼儿园基本活动的认识，分析该活动安排是否体现了游戏是幼儿园基本活动的思想，为什么？并对一日活动安排进行调整。

[练习]熟悉了解帕特/皮亚杰量表、豪威斯同伴游戏量表和史密兰斯基角色游戏估量表，并尝试使用游戏观察量表客观地观察和评价幼儿游戏。

下篇　幼儿园游戏指导

幼儿园游戏是一种多结构的活动，它给科学地看待和实践幼儿园游戏提出了复杂的多方面的问题。现代教育学从各种不同的角度，如历史学、逻辑学、心理学，特别是教育学的角度来研究游戏，因为游戏不同于其他活动，它的动机不在于结果，而在于动作本身，游戏同强制性的动作和操作方法没有关系，正是基于这样一个特点，实践中往往把幼儿游戏的自发性和游戏中发展幼儿的自主性，作为评判游戏是幼儿游戏还是成人游戏的标准。站在公共教育的角度，每一个幼儿必须具备进入游戏者社会的能力，在这里找到自己的位置，运用一定的方式活动并能够与其他幼儿建立联系。教育的目的就是让幼儿能够认识到游戏小组或游戏集体能否顺利共同活动，取决于每个幼儿在共同活动中占有什么样的位置，必须使幼儿养成对自己在共同游戏中活动的负责态度，与同伴的相互关系协调一致。这些品质不是天生的，其发展大都取决于幼儿的生活环境和受教育环境。所以，教育情境中最重要的因素就是创造教育条件。

教育部2012年10月发布的《3—6岁儿童学习与发展指南》明确指出："幼儿的学习是以直接经验为基础，在游戏和日常生活中进行的。要珍视游戏和生活的独特价值……"这不仅体现了以游戏作为幼儿园教育基本活动的理念，更蕴含了幼儿园游戏指导行为以关注幼儿经验、保证幼儿游戏的特点为前提，否则一切指导都可能是徒劳的，甚至可能成为幼儿发展的障碍。由此，幼儿园游戏指导行为的定义应是指教师对幼儿独立从事的操作或实践活动的组织、引导、促进行为。幼儿在活动中充分发挥积极性和主动性与教师指导并不矛盾。相反，教师合理指导是有效自主学习的保证。教师应当明确来自自己的影响是通过幼儿间接地表现出来的，正是由于这种变化，教师指导也由帮助幼儿获得或有效获得具体知识、技能转到了引导幼儿在游戏中创造自己的生活、促进幼儿自己构思而行动的本领、成功开展游戏活动上来。所以，关于教师如何介入幼儿的游戏，如何确定教育的干预方法，在多大程度上把握和理解幼儿相互影响的界限，以及那些传授给幼儿而且幼儿掌握之后就用来调整自己的方法的有效延展等，探讨这些问题，无论是对教育科学或实际活动来说，都有着重大的意义。

第五章　幼儿园角色游戏

第一节　角色游戏概述

一、角色游戏的内涵

角色游戏是指幼儿"以模仿和想象,通过扮演角色创造性反映周围生活的游戏"①。

角色游戏是学前儿童典型的游戏形式,它在儿童2岁左右出现,3—5岁是幼儿角色游戏发展的高峰期,其后,角色游戏逐渐减少并被规则游戏所取代,在幼儿园各类游戏中,角色游戏深受幼儿喜爱,是幼儿最主要的游戏活动类型之一。

角色游戏是幼儿通过象征的方式对角色、动作、材料和情景等方面进行想象的活动,角色游戏既富有假想性,又具有真实性,它是把想象活动和现实生活创造性结合而产生的游戏活动。

(一)特殊的想象是角色游戏产生的心理基础

角色游戏过程是幼儿运用创造性想象的过程,想象活动是角色游戏的支柱,贯穿于整个游戏过程。在角色游戏中,创造性想象主要表现在三个方面:

一是对游戏角色的假想,即以人代人。幼儿在游戏中,把自己想象成一个或多个特定的社会角色,并通过动作、表情、言语来进行角色扮演,表现出自己对这个角色的认识和体验。例如,孩子在游戏中假装成爸爸、妈妈、医生、病人、司机、售货员等不属于自己真实身份的角色,并模仿这些角色的行为特征。

二是对游戏材料的假想,即以物代物。在角色游戏中,幼儿常常以玩具或材料代替另外一种真实物品。例如,在游戏中,积木被当作饼干,沙子被当作米饭,扫帚被当作马等。在这些假想活动中,真实的材料和物品被称为替代物,这些东西所象征的事物被称之为被替代物。在游戏中,替代物和被替代物在幼儿思维中出现的顺序有两种情况:一种是由替代物引发的想象活动,即这个东西可以当什么,如把积木想象成饼干;另一种情况是由被替代物引发的想象,即什么东西可以当作"它"。例如,在游戏中,幼儿制作生日蛋糕,需要生日蜡烛,便会寻找与生日蜡烛在外形上相似的小棍

---

① 黄人颂.学前教育学[M].北京:人民教育出版社,1989:253.

代替。

三是对游戏动作和情景的假想,即情景转换。在游戏中,幼儿的行为并非反映当时真实的生活情景,而是通过语言和材料操作来表现假想的生活情景。例如,把眼前的情景假想成为医院、超市、理发店、邮局等场景。

(二)社会生活经验是角色游戏的源泉

角色游戏是幼儿对现实生活的一种积极主动的再现活动,从角色游戏内容来源上看,游戏的主题、角色、情节都与幼儿的社会生活相关,幼儿的生活经验越丰富,角色游戏的内容和情节也就越丰富。角色游戏虽然是对现实生活的反映,但又不是简单地对社会生活的重现,幼儿是根据自己对社会生活的印象和理解设计游戏情节和动作,按照自己的意愿、兴趣和能力来进行游戏。

(三)高度自主性是角色游戏的重要特征

自主性是指在一定条件下,个人对自己的活动具有支配和控制的权利以及能力。角色游戏的高度自主性是相对于所有的游戏都具有自主性而言的。在角色游戏中,幼儿玩什么主题,扮演什么角色,情节怎么进行,选择什么样的玩具,采用什么玩法,都由幼儿依照自己的意愿、经验、能力进行,正是角色游戏的高度自主性使它成为幼儿最喜欢的游戏类型之一。

二、角色游戏的基本结构

(一)游戏主题

角色游戏主题指游戏反映的主要内容,有主题是角色游戏的一个重要特点。艾里康宁认为,在角色游戏的结构要素中,主题是一个核心,统率着其他结构要素,幼儿扮演角色的所有行动都服从于游戏主题。[①]

角色游戏的主题来源于幼儿的社会生活,如娃娃家、糖果店、餐厅、理发店、小超市、小学、医院等,只要是幼儿感兴趣的社会职业和生活内容都可以成为游戏主题,随着幼儿年龄的增长和生活经验的扩展,角色游戏主题也在不断丰富。

影响幼儿选择游戏主题的因素主要有以下方面:第一,对社会生活内容的熟悉程度,幼儿熟悉的社会内容,更容易成为他们选择的游戏主题;第二,有无他们愿意扮演的角色;第三,有无吸引幼儿的材料,年龄越小的幼儿越容易依赖眼前材料的暗示而产生角色游戏主题。

(二)游戏角色

角色是幼儿在游戏中扮演、模仿的对象,也是角色游戏的中心要素。幼儿在游戏中所扮演的角色性质通常有三种类型:

第一类,机能性角色。所谓机能性角色是指幼儿通过模仿对象的典型动作来进行

---

① 刘焱.儿童游戏通论[M].北京:北京师范大学出版社,2004:479.

角色扮演。例如,转动方向盘表示司机,挥动手臂表示交警,使用听诊器表示医生等。

第二类,互补性角色。所谓互补性角色是指以角色关系中另一方的存在为条件的角色扮演。例如,医生与病人、妈妈与宝宝、售货员与顾客、老师与幼儿等。在这类游戏中,幼儿往往更喜欢担任占主动地位的那一方,如医生、妈妈、老师等。

第三类,想象性角色。所谓想象性角色是指角色不是现实生活中的人物,而是幼儿想象或虚构的人物,如怪物、老虎等。

幼儿对角色的扮演具有一定的选择性,而影响到他们选择的因素主要有以下几个方面:第一,情感因素。幼儿往往喜欢扮演自己崇拜或尊敬的人,如老师、父母、司机、理发师等,有时也可能是幼儿生活中畏惧、害怕的人,如医生、警察等。第二,性别差异。3岁左右,幼儿已经开始有性别意识,这也反映在对游戏角色的选择上,男孩更爱扮演爸爸、叔叔、警察、司机等有明显男性特征的角色,女孩史爱扮演妈妈、售货员、护士等角色。第三,生活经验的影响。角色游戏是对生活内容的再现,对角色的熟悉程度也影响着幼儿对角色的选择,幼儿经常接触的、熟悉的人物角色更容易成为幼儿扮演的对象。

(三)游戏情节

角色游戏中的情节指幼儿对游戏动作和情景的假想,它是幼儿围绕游戏主题展开的具体活动过程。幼儿通常借助操作材料来假想游戏情节。例如,"妈妈"用"炊具"给宝宝做饭、"医生"用"听诊器"给"病人"看病。在幼儿的游戏中,往往主题相同,但具体的情节却各不相同。

幼儿对游戏动作和情景的假想具有概括性,是对现实生活中某一类动作或情景的概括。例如,医生给病人看病、妈妈照顾宝宝并不是具体某人完成这些活动的完整过程的翻版,而是所有相关事件的概括的、压缩的动作或情景。

幼儿最初的游戏情节都是简单、片面、不连贯的,随着幼儿年龄的增长和生活经验的丰富,角色游戏的情节发展由零散、片段到系统,并逐渐丰富和富有创造性。

图 5-1 角色游戏"119"

(四)游戏内部规则

和规则性游戏不同,角色游戏的规则是内隐的、包含在角色行为之中的,在角色游戏中,幼儿必须按照角色的行为特征以及角色之间的社会关系来展开游戏。我们在游戏中常听到孩子说"你要先给钱,才能买东西"、"医生要先消毒,才能给病人打针",幼儿虽然知道自己是在游戏,是假装的,但是他们总是尽可能地按照自己所观察到的社会生活中的人物行为来行动,这正是角色游戏内隐规则的体现。

三、角色游戏对幼儿发展的价值

(一)促进幼儿认知的发展

角色游戏可以促进幼儿认知的发展。幼儿在角色游戏中的行为是丰富多样的。例如,游戏环境的布置与创设、物品材料的制作与包装、角色分工、"商品"的陈列与展示、"广告"与"宣传"、"买卖活动"等,这些游戏行为自然地将语言、艺术、数学、科学等多个领域的活动综合起来。以角色游戏"书店"为例,幼儿在游戏中要制作图书和收款机,设计宣传广告,不仅发展了幼儿的动手能力,也促进了幼儿文字符号意识和应用不同艺术形式进行创造性表现的能力;幼儿将图书进行分类摆放、给图书定价格、买卖图书活动等,又可以让幼儿学习测量、分类等方法,以及进行简单的数的运算。

在游戏过程中,会不时产生有冲突的情景和需要解决的问题,幼儿要寻求面对问题情境时的解决策略,游戏开展的过程就是幼儿不断去调查、观察、讨论、实践的过程,在幼儿发现问题和解决问题的过程中,其分析、比较、归纳、概括、想象等综合能力也得到锻炼和提升。

(二)满足幼儿情感的需求

角色游戏发展了幼儿积极的情感。角色游戏是幼儿表现、反映自己社会生活经验的过程,也是对未来生活的预演,在很大程度上满足了幼儿对成人生活的好奇、模仿的愿望。同时,游戏的自主性也可以让幼儿充分享受到成就感,体验自信,在游戏中,幼儿通过模仿角色行为、体验角色情感态度,增强辨别是非的能力,发展同情心。

角色游戏也有助于幼儿消极情绪的释放。弗洛伊德认为,游戏是敌意或报复冲动的宣泄,儿童就是为了表达和实现在现实生活中不能实现的愿望,宣泄不满而游戏。在角色游戏中,幼儿能以一种安全的方式(避免惩罚)宣泄焦虑、害怕、气愤和紧张等情绪。例如,儿童生活中害怕打针和医生,在游戏中,儿童可以通过假扮"医生"给别的"病人"打针,而发泄对医生和打针的恐惧,体验到战胜恐惧的愉快。

(三)有助于幼儿的社会性发展

幼儿在角色游戏中结成了两种同伴关系:现实中的同伴关系和游戏中的角色关系。这两种同伴关系都为幼儿提供了充分的互动机会。作为现实的同伴关系,幼儿需要就游戏主题、角色分配、游戏内容、游戏情节等方面进行沟通交流,为了使游戏顺利进行,幼儿必须学会协商、轮流、分享、谦让、交换等交往技能;在假想的角色关系中,幼儿也必须进行角色的交往,学会正确表现角色行为、表达角色的情感,理解其他角色的意愿态度,遵守角色的行为准则,这有助于幼儿克服"自我中心",学习遵守社会行为规则,增强自制力。同时,在角色游戏中,幼儿通过角色扮演,体会角色的行为特征、态度情感,能加深幼儿对社会角色的认识,扩展对社会生活现象的理解,促进社会认知的发展。

第二节　角色游戏组织与实施

一、角色游戏组织与实施原则

（一）尊重和发挥幼儿游戏的主体性

在角色游戏的指导中，教师应尽量保持角色游戏高度的独立自主性特点，否则角色游戏就失去了应有的价值。

首先，幼儿的主体性体现在幼儿在各环节的参与性上。在以往角色游戏的开展中，有些教师把幼儿仅仅看作是一个"游戏者"，只需要在教师布置好的环境中开展游戏即可，于是游戏主题由教师说了算，环境布置由教师一手包办，游戏评析也是以教师讲评为主，幼儿变成了实现教师游戏意图的执行者。因此，要使角色游戏成为幼儿自己的游戏，教师就要在各个环节接纳、鼓励幼儿的参与，游戏主题的确定、材料的制作、角色的分配、情节的展开、问题的探讨和解决等都要充分发挥幼儿游戏的主体性，遵从幼儿的意愿，使角色游戏真正成为幼儿"想要玩的"而不是"老师要他们玩的"游戏。

其次，教师要尊重幼儿的个体差异性。角色游戏是幼儿表达自己对现实生活认识、理解和体验的一种方式，每个孩子的生活经验、兴趣存在差异，因此，幼儿对游戏的选择和玩法也会有所不同，在角色行为不违背社会规范、不影响其他幼儿游戏的前提下，应允许幼儿以自己的方式进行游戏。

最后，在游戏中，教师要学会观察等待，给幼儿自主解决游戏问题的机会和时间。教师要在观察的基础上确定干预的必要性和时机，尽量减少游戏中不必要的干预。对游戏中出现的问题，教师要多发挥幼儿的主体意识，引导幼儿通过思考、讨论寻求解决问题的策略。

（二）注重场内指导与场外指导的结合

在游戏中出现的问题并不一定全都能在现场即刻解决，有时幼儿游戏能力的发展、游戏问题的解决需要得到游戏活动之外的相关策略支持。比如，在游戏中因幼儿经验欠缺出现的问题，教师可以通过引导幼儿参观、调查、实地体验等方法增强感性经验，也可通过主题活动、阅读、家长参与、交流讨论等多种方法让幼儿丰富相关知识，在此过程中，幼儿不仅通过各种途径积累了与游戏主题相关的经验，提升了游戏能力，也体验到各种探究方法，探索了解决问题的策略；在游戏中，幼儿因操作技能造成的问题，如"商店"游戏中"收银员"对价格不会计算，"服装加工厂"游戏中"工人"制作服装方面的技能不够等，教师可以通过主题活动、领域活动、区域活动等教学平台,让幼儿练习相关技能;对于由玩具或游戏材料的不足、不当造成的问题,教师可以通过后期材料的提供和调整去推动游戏的发展,引发新的游戏情节;在每次游戏开始前和结束后,教师也可以组织幼儿针对游戏中出现的关键问题和矛盾焦点进行交流、讨论、分享,帮助幼儿发现和解决问题。

【案例】大班角色游戏:服装加工厂[①]

游戏一开始,加工厂的孩子就开始制作服装。时装表演队中的幼儿A很想要一件尖领的衣服,商店里没有,她跑到加工厂问,幼儿B回答说:"我们不会做这种尖领的衣服。"幼儿C是服装送货员,她负责把加工厂中制作好的服装送到商店里去。总经理问大家:"你们今天做了几件服装?"他们回答:"好像三件,又好像四件……"游戏结束的分享交流中,孩子们提出了意见:"加工厂要做快点,要不我们商店的衣服都不够卖了。""我忙着剪塑料袋,可对折后老是滑,不对称,没人帮我呀!""加工厂要加工一些我们想要的服装。"扮总经理的小朋友说:"我想记一记谁做得多,好奖励他们,可他们都不知道自己加工了几件。"

....

分析:在游戏的过程中,幼儿出现的主要问题有:(1)服装制作方面的技术不够,有些样式的服装不会做,制作中面对很滑的塑料袋无法制作出对称的服装,无法满足"顾客"的需要;(2)幼儿制作速度慢,不能按要求完成任务,造成商店的服装不够卖;(3)缺乏"数量"的概念,记不住自己完成服装数量的情况。造成这些问题的主要原因在于幼儿对服装加工厂工作流程的不太了解,也缺乏同伴之间的相互分工和配合,同时对服装制作的相关技能有所欠缺,这些情况,老师是无法在现场一一解决的。

策略:(1)在游戏结束后,老师针对游戏中存在的问题进行讨论,寻求解决问题的策略,针对"怎样按顾客的需求加工服装""哪些游戏中需要服装,需要什么样的服装""怎么才能记清楚今天到底做了几件服装,又送给商店几件""怎样完成任务使商店不缺货"等问题提出了以下解决方案:需要订做服装的要设计订单,工人按照订单加工服装;对加工完成的订单、送货的数量要记录;取服装要有凭据;这次游戏没有完成的制作任务可以延续到区域活动中继续制作,保证商店不缺货。(2)老师组织幼儿收集不同样式的服装图片,装订成服装图册,以便下次活动时给服装加工厂的工人参考。(3)在美工区投放各种塑料袋、包装纸等材料,让幼儿练习用对称剪的方法制作服装,提高幼儿的制作技能;在益智区设计服装图卡,让幼儿练习分类统计、记录的方法,使幼儿熟练掌握加减运算的知识。

(三)循序渐进,逐步推进游戏进程

在角色游戏指导中,教师要避免两种倾向的出现:一种是要避免"急于求成",手把手教会幼儿游戏。幼儿的生活经验和游戏能力有一个逐步增加和发展的过程,教师应相信幼儿的能力,尊重幼儿的现状,学会等待,给幼儿材料探索、同伴磨合以及尝

[①] 林菁主.幼儿园创造性游戏指导与实施[M].福州:福建人民出版社,2011:58-59.有改动。

试错误的机会和时间,切忌去"教"幼儿游戏。另一种是要避免角色游戏"原地打转"。一些教师把游戏仅仅看作是幼儿的娱乐活动,或是幼儿已有的生活经验的再现,在游戏指导中,不注重游戏进程的推进和发展,使幼儿的游戏经验和水平得不到及时扩展。游戏的过程是不断"生长"的,游戏活动不仅是幼儿表现和运用已有生活经验的过程,也不仅仅是幼儿"玩"的过程,这个过程也是幼儿学习和成长的过程。通过角色游戏,不仅要让幼儿获得游戏的快乐,还要扩展幼儿对社会的认知,激发他们的求知欲和探究精神,培养幼儿良好的社会交往技能和社会行为规范。游戏中蕴含的这些教育价值是随着游戏的发展自然而然展开的,它既是游戏发展的需求,也是游戏发展的结果。例如,要使游戏内容更为丰富、情节更为生动、幼儿行为更符合社会角色,教师就要进一步引导幼儿采用各种方式加深对相关社会场景的了解,扩展幼儿的社会认知,幼儿又将相关经验再转化为游戏行为,推动游戏的发展。

虽然每次角色游戏的开展都会经历大致相同的环节,但每次活动并非都是对前一次游戏活动的重复和再现,角色游戏的发展也不应是单纯环节的循环,而是一个层层推进的过程。这个发展过程见图5-1。

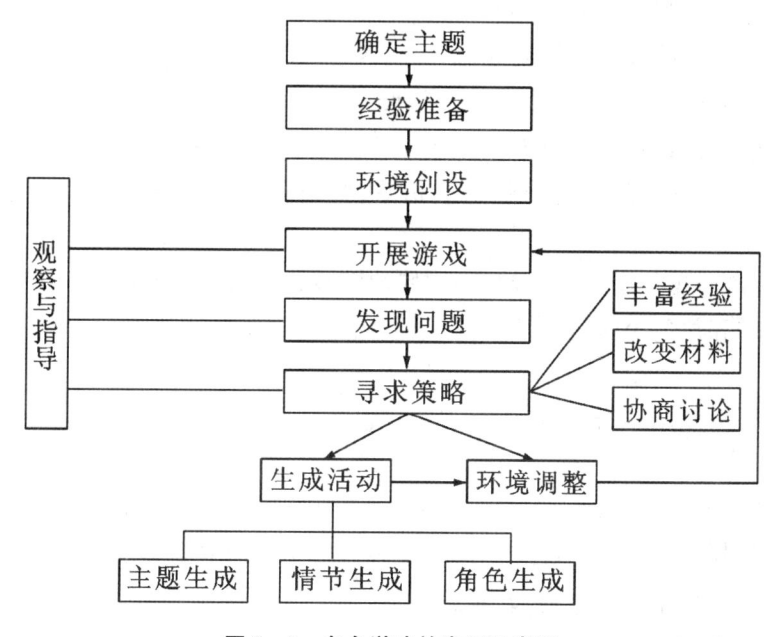

图5-1 角色游戏的发展示意图

(四)结合幼儿年龄特征和游戏阶段进行指导

在不同的年龄阶段,幼儿生活经验不同、兴趣不同、认知发展水平不同,幼儿角色游戏的发展水平也不相同。因此,对不同年龄班幼儿角色游戏的组织与指导,教师关注的侧重点、介入活动的程度、指导的方法都会有所差异。例如,小班的角色游戏以操作和模仿为主,教师重点关注幼儿"会不会玩",即游戏活动是否具备角色游戏的基本要素,如角色扮演意识是否明确、有无角色互动、有无对材料和情节的假想等;中、大班的角色游戏则以创造性为主,教师应重点关注幼儿"善不善玩",即主题如何延伸扩展、情节如何丰富、游戏中的问题如何解决等。小班幼儿的游戏活动中更凸显教师的引导性,中、大班幼儿的游戏活动中更强调幼儿的自主性。

在角色游戏进行的不同阶段,教师指导的侧重点是不一样的,所扮演的角色也有所差别。在游戏活动的准备阶段,教师更多的是幼儿经验储备的引导者、游戏环境的提供者,在游戏开展阶段,教师则成为活动的观察者、支持者、游戏伙伴,在游戏活动的结束阶段,教师更多的是问题的发起者和讨论的组织者。

二、各年龄幼儿角色游戏特点与指导要点

(一)小班幼儿角色游戏特点与指导要点

1. 小班幼儿角色游戏特点

小班幼儿角色游戏主题范围多集中在家庭生活和常见的社会生活场景,角色意识不强,容易被外界因素吸引而频繁变换角色甚至脱离或终止角色;游戏行为受玩具材料影响比较大,容易由材料刺激引发游戏行为,满足于摆弄物体或重复角色典型的动作,如幼儿反复"喂"娃娃,不断切菜;游戏主题较单一,情节简单;与同伴交往较少,常常不能与其他角色进行有效配合,如扮演医生的幼儿始终在忙着自己的事,一直没有注意到旁边的护士,没有角色之间的沟通。

2. 小班幼儿角色游戏发展目标

认知:了解并熟悉幼儿常见的生活情景,知道游戏中的主要角色和他们的主要职责。

情感:逐渐对角色游戏感兴趣,能愉快地游戏,能模仿角色的典型动作。

游戏主题和角色扮演:在教师的引导下,能提出、选择游戏主题,明确自己所扮演的角色。

材料选择与使用:了解并熟悉与主题角色游戏相关的玩具材料,会结合材料开展游戏。

社会交往:愿意与同伴一起游戏,游戏中有初步的角色互动和游戏交往语言。

规则与习惯:爱护玩具,能在老师提醒和帮助下将玩具整齐摆放。

3. 小班幼儿角色游戏指导要点

——通过观察、示范、混龄游戏等方法,让幼儿多渠道积累游戏的前期经验。

——根据儿童的生活经验有序地提供游戏材料,为幼儿提供种类少、同一种类数量较多且形状相似的成型玩具,避免幼儿为争抢玩具而发生纠纷,利用游戏材料的暗示帮助幼儿树立角色意识;通过材料介绍、尝试操作等方式,帮助幼儿熟悉游戏材料。

——根据幼儿游戏需要以及理解能力的发展水平,逐步拓展游戏主题。

——运用平行游戏或者角色身份的方式指导幼儿游戏,注重提升幼儿的角色意识,丰富游戏的内容,让幼儿在游戏中敢于尝试,大胆展现。

——通过图片暗示、教师示范等方法让幼儿学会有序地整理材料。

(二)中班幼儿角色游戏特点与指导要点

1. 中班幼儿角色游戏特点

随着幼儿认知水平的发展与生活经验的增加,中班幼儿游戏内容趋于丰富,幼儿假想与角色扮演能力有所提高,能用较适宜的语言动作表现游戏情节;中班幼儿角色意识比小班幼儿增强,他们会选择一个自己感兴趣的角色,根据这个角色去行动,角色扮演坚持的时间延长,但仍然会出现游戏主题不稳定,在游戏中频繁换场的现象;中班幼儿开始有明确的角色分工,角色互动的频率增加,能主动与相关游戏区域发生关系,但对角色关系的理解不够深入,在交往中常常与同伴发生纠纷。

2. 中班幼儿角色游戏发展目标

认知:加深对社会常见职业角色的认识,能理解不同角色之间的社会关系。

情感:喜欢参与角色游戏,愿意积极参与角色扮演活动。

游戏主题与角色扮演:能独立提出游戏主题,不断拓展游戏主题和丰富情节;喜欢自己扮演的角色,游戏行为符合角色身份;角色扮演较稳定。

材料选择与使用:能熟练地操作摆弄玩具材料,有意识地使用替代物;尝试创造性地使用材料,并在老师的启发下参与制作一些玩具材料。

社会交往:有与同伴交往的愿望和意识,能根据情节进行有效沟通和交往,在交往中会清楚表达自己的需要。

规则与习惯:能遵守游戏规则,爱惜玩具,游戏结束后能归类整理。

3. 中班幼儿角色游戏指导要点

——根据幼儿的主观意愿、生活经验和生活技能,生成、发展幼儿喜欢的、熟悉的游戏主题。

——根据需要添加半成品材料,以满足幼儿游戏情节发展的需要。

——用交流及情景再现的方式,巩固游戏行为,为游戏情节的丰富和生动化提供更多可能性。

——关注幼儿游戏交往中的各种冲突,引导幼儿采用合理的方式处理矛盾,解决纠纷。

(三)大班幼儿角色游戏特点与指导要点

1. 大班幼儿角色游戏特点

大班幼儿游戏经验进一步丰富,游戏内容不断拓展,能反映各种各样的社会生活,游戏情节丰富多变,有较强的角色意识,角色动作更加熟练,角色语言逐渐丰富。喜欢与同伴合作游戏,能按自己意愿自主选择和有计划游戏,能积极主动交往,角色互动和语言交流增加。

2. 大班幼儿角色游戏发展目标

认知:能了解社会生活各领域中的职业,能明晰相应角色的主要职责和特点。

情感:对游戏有浓厚兴趣,情绪愉快、精神饱满地参与角色游戏。

游戏主题和角色扮演:游戏主题明确稳定;角色意识强,能创造性地模仿角色行为,丰富游戏情节。

材料选择与使用:能有目的地选择替代材料,会利用现有材料创造性地解决问题;能根据游戏需要收集、制作玩具。

社会交往:能主动协调游戏中的各种关系,能尊重他人的意见和建议,协商沟通,合作完成游戏。

规则与习惯:能和老师一起讨论游戏规则并自觉遵守;能独立地归类摆放玩具并整理游戏场地。

3. 大班幼儿角色游戏指导要点

——投放丰富、多元的游戏材料,注重低结构材料的投入,满足幼儿游戏发展的需要,引导幼儿共同参与环境创设和材料的收集、制作。

——在游戏中培养幼儿的独立性,针对游戏中的矛盾纠纷,引发幼儿交流讨论,让幼儿尝试自主解决问题。

——观察幼儿的游戏行为,以游戏中出现的问题为契机,组织幼儿充分讨论,分享经验,开拓思路,以生成新的游戏内容和情节。

——注重幼儿学习与游戏的融合。以游戏引发幼儿探索学习活动,以学习推动游戏的发展。

三、角色游戏指导过程

(一)确立适宜的游戏主题

游戏主题的单一和封闭是幼儿园角色游戏开展中常见的问题。例如,小班、中班、大班的角色游戏主题雷同,很少有变化;游戏主题由教师选定,主题确立后通常按照教师的计划开展实施,幼儿很少有表达自己意愿和兴趣的机会;等等。角色游戏是幼儿反映和表现其社会生活经验的活动,在不同发展阶段,幼儿关注到的社会生活和社会现象的范围是不一样的,角色游戏的内容也应当追随幼儿的成长,反映幼儿的兴趣和需要,这样幼儿才能全身心投入游戏。

1. 角色游戏的主题内容

幼儿角色游戏一般包括以下两方面的主题内容:

(1)以家庭生活为中心内容的游戏主题。幼儿通过模仿家庭中的不同成员,再现和交流已有的家庭生活经验,通过这类游戏,不仅可让幼儿体现和感受家庭成员的相互关系和情感,也可以帮幼儿获得安全感和心理安慰。

(2)以社会生活为中心内容的游戏主题,如幼儿园、商店、医院、餐厅、学校等。幼儿通过扮演不同的职业角色,再现和交流已有的社会生活经验。这类以职业体验为主的游戏可以满足幼儿体验"成人生活"的愿望,也为他们学习社会规则、理解人与人之间的关系提供了一个重要的途径。

2.设立角色游戏主题的原则

在角色游戏中,游戏主题和内容不应该都是固定的、单一的、完全预设的,而应该是灵活的、丰富的、可以不断生成的;不应该是教师单独确立的,而应该是师幼共同建构的。

(1)适宜性和丰富性原则。角色游戏是幼儿生活经验的反映,游戏主题也应反映幼儿的成长,随着幼儿年龄的变化和生活经验的丰富,角色游戏的主题应不断扩展和丰富。幼儿生活范围通常由熟悉的家庭或幼儿园的生活,逐渐扩大到社会生活,幼儿的角色游戏主题也应遵循由近及远、由熟悉到新异的发展方向。例如,小班幼儿生活范围相对狭窄,对家庭生活和熟悉的社会生活有强烈的模仿意愿,小班角色游戏的常规主题可设娃娃家、理发店、医院、超市、小司机、糖果店等;中班幼儿生活范围逐渐扩大,开始对小区生活中常见的各种职业和角色产生好奇,中班的角色游戏除小班常设的游戏主题之外,还可包括饮料店、服装店、菜市场、银行、美食城等;大班幼儿交往范围进一步扩大,对社会各种职业的探究意识进一步增强,渴望在角色游戏中扮演更多成人生活。因此,大班角色游戏的主题可进一步扩展和多样化,除原有主题之外,还可开设电影院、影楼、书店、学校、邮局、电视台等。总之,幼儿角色游戏主题一方面要适应幼儿的接受能力和理解能力,另一方面教师要根据幼儿社会认知发展的状况,选择具有教育价值的生活内容为主题,引导幼儿游戏内容逐步丰富和多元化,使幼儿能将在社会生活中的认知在游戏中迁移、巩固和深化。

(2)计划性和开放性原则。主题的计划性指教师在开展角色游戏前,可根据班级幼儿的年龄特点、生活经验、兴趣以及主题教学活动的需要,预设角色游戏的主题。主题的计划性有助于教师有目的、有序地组织游戏活动,也有利于将游戏与主题教学活动更好地配合,但教师对游戏主题的预设必须建立在幼儿的生活经验、兴趣、需要的基础上。主题的开放性指在角色游戏活动进程中根据幼儿的兴趣和活动的需要对游戏主题进行调整,生成新的游戏主题或结束游戏主题。教师制定好游戏主题计划后,并非一成不变,幼儿在生活和学习的过程中,会不断对周围的社会现象产生新的兴趣,这些兴趣有可能在教师的预设之外,教师应去理解和尊重幼儿的想法,调整游戏计划,创设相应的游戏环境,让幼儿在假想的情景中去模仿和再现感兴趣的社会情景,在游戏中满足幼儿对这些现象进一步探索的需求。此外,随着幼儿角色游戏的开展,往往会在游戏进程中出现一些新的需要和问题,教师要善于捕捉其中的"价值",因为这些需要和问题很有可能是促使游戏进一步发展和深化的契机。

3.角色游戏主题产生的来源

(1)根据幼儿的年龄特点、发展需求创设游戏主题。不同年龄的幼儿其生活经验和兴趣爱好有所差异,教师应根据幼儿的年龄特点和发展需求选择适宜的游戏主题和内容。

【案例】大班角色游戏:阳光小学①

主题来源:大班第二学期即将结束,孩子们要准备进入小学,为减少孩子们对小学的陌生感,为入小学做好心理准备,我们组织幼儿参观了小学,观看了小学生上课、升旗以及课间活动。孩子们很兴奋,一些孩子在角色游戏中当起了老师,于是,为加深孩子对小学的认识和喜爱,我们决定组织孩子开展"小学生"的主题游戏,"阳光小学"就这样成立了。

(2)结合教学活动,产生游戏主题。教师可根据幼儿在教学活动中得到的经验,来帮助幼儿生成游戏主题。

【案例】小班角色游戏:娃娃家来客人了②

主题来源:随着主题活动"好伙伴"的开展,孩子们与伙伴的亲密度与日俱增,他们不仅在幼儿园里的好朋友越来越多,而且回到家后也会相互到好朋友家串门,经常听到孩子们在一起聊天:"昨天我去芮芮家玩了!""我去若言家玩了"……看到孩子们聊得那个开心劲儿,我们及时与幼儿一起讨论:如果家里来了客人,我们要怎么样招待客人?说什么话、做什么事情才更有礼貌?去朋友家做客需要注意些什么?随着讨论的深入,我们及时将"我家来客人了"这个游戏引入了孩子们最喜欢的区域——"娃娃家"内。

(3)以幼儿游戏中出现的问题为契机,引申新的主题。

【案例】幼儿在开展"金五星商店"角色游戏后出现了有的顾客不交钱就拿走商品,有的售货员看到了也不管,有的售货员却只知埋头收钱,还有的幼儿因"钱"而发生冲突。

在当天游戏活动结束后,教师让幼儿说说游戏活动中还有哪些问题要注意才能玩得更好。有的幼儿说"买了东西不付钱不对",但有的幼儿提出"没有钱,所以没付钱"。因此,有的幼儿提出可以开一个"银行",让大家到"银行"里去取了钱来买东西。这个建议得到大家一致赞同,于是在"金五星商店"旁又出现了"银行"。

在教师带幼儿到附近真正的商店参观回来后,幼儿感到"我们商店里的东西太少了",于是幼儿动手开始给商店制作"商品"。

商品丰富以后,又出现了新问题:货物架上拥挤不堪。于是,幼儿动手重新整理和布置商店。

随着游戏的开展,出现了幼儿因为同样的商品但价钱不同而发生冲突的问题。通过讨论,幼儿决定为商品制作价签。当很多顾客都来买东西时,营业员因担心东西卖完就只收钱,不给货。顾客就偷。为了解决这个问题,幼儿决定开一个工厂来制造更多的商品。经过讨论产生了新的主题——"工厂"。③

---

① 林菁.幼儿园创造性游戏指导与实施[M].福州:福建人民出版社,2011:106,有改动.
② 董旭花,王翠霞,阎莉,等.幼儿园创造性游戏区域活动指导:角色区·建构区·表演区[M].北京:中国轻工业出版社,2014:24.
③ 刘焱.儿童游戏通论[M].北京:北京师范大学出版社,2004:497-498.

(4)结合季节、节日,提出和确定新主题。

【案例】夏天的天气越来越热。有一次,我们在一起讨论怎么样才能让这个夏天变得清凉,孩子们说出了很多降温的方法,如吃冰激凌、喝冷饮等。讨论后,我们决定在班里创建一个新的区域"清凉一夏果果饮品店",亲手让这个夏天变得凉快点。建议一提出,孩子们就对活动产生了浓厚的兴趣。在简单的材料收集与准备后,我们的饮品店很快开张了。[1]

(5)根据幼儿近期关注的热点问题创设游戏主题。教师在生活和学习中要善于发现幼儿的兴趣点,及时引导幼儿生成相关主题。

【案例】几天前,彬彬从家里带来了一个肯德基玩具来幼儿园,许多小朋友围在他身边向他借这个玩具玩。他们一边玩还一边争相说着自己去肯德基的情况:什么时候去的,和谁一起去的,都点了什么食物,肯德基赠了什么礼物,等等,教师观察到幼儿的兴趣,在组织幼儿共同交流、协商的基础上,在班里开了一间"肯德基餐厅",很受欢迎。[2]

游戏主题和内容可以不断深化,但并非所有主题都可以一直延续下去,伴随着新的游戏主题的扩展,必然会有一部分游戏主题结束,当某一主题的角色游戏已经进行了一定时期,幼儿普遍对这一游戏失去兴趣,而游戏内容又很难有新的发展时,教师就可考虑结束该主题的游戏。例如,"肯德基"店的游戏已经进行了好几周的时间,不少幼儿兴趣逐渐降低,几乎无人光顾。此时,游戏主题就可结束。

(二)丰富幼儿的社会生活经验

角色游戏是幼儿在假想的情景中将他对现实生活和环境的认知、理解创造性再现的过程。因此,幼儿的生活内容越丰富、生活知识越多,角色游戏的内容就越充实,幼儿对角色的游戏的水平也就越高。

1. 幼儿社会生活知识和经验的日常积累

教师在幼儿的日常生活中应注意通过教学、参观、劳动、讨论、阅读、郊游等多种方式拓展幼儿的生活内容和视野,使幼儿积累对周围生活的知识和经验,尤其是对社会生活的感性认知和体验。同时,教师应有意识地引导幼儿学会观察周围生活,加深对各种社会职业和现象的印象,学会理解人与人之间的关系。

2. 结合游戏主题进行的相关游戏经验准备

在角色游戏开展前和游戏进程中,教师要帮助幼儿丰富和扩展与游戏主题相关的社会生活经验,以便幼儿在游戏中将相关经验进行迁移、再现和改造。幼儿进行角色游戏应准备的相关生活经验及其在游戏中的迁移内容主要包括以下几方面:

(1)对游戏角色的感知:引导幼儿了解在特定的生活场景中,有哪些角色,不同角

---

[1] 董旭花,王翠霞,阎莉,等.幼儿园创造性游戏区域活动指导:角色区·建构区·表演区[M].北京:中国轻工业出版社,2014:39.

[2] 董旭花:幼儿园游戏[M].北京:科学出版社,2009:91.

色的主要职责是什么,典型角色的行为有哪些;在游戏的情景中,幼儿将相关经验转化为对角色的模仿、想象和分配。

(2)对游戏物品的调查:引导幼儿了解特定生活情境中物品的使用;在游戏中,幼儿将相关经验转化为游戏场景的布置以及材料的准备和使用。

(3)对角色关系的理解:在特定的情境中,引导幼儿感知不同角色之间的交往行为,理解他们之间的相互关系;在游戏情景中,幼儿借助于对某一生活情境中成人关系的理解,再造不同游戏角色之间的关系。

3. 幼儿相关游戏经验的准备环节

幼儿相关游戏经验的准备一般需经历以下两个环节:

(1)相关信息的收集(带着问题调查):在这一环节,幼儿针对与游戏主题相关的问题进行调查,收集信息。教师可通过参观、访谈等多种方式帮助幼儿积累感性经验,调查的形式可以是班级集体调查,也可以是小组调查或亲子调查。游戏的相关信息收集既可以在游戏开展之前进行,为幼儿的角色游戏进行经验准备,也可以伴随游戏进程补充新的经验来扩展游戏主题、情节和内容或解决游戏中因幼儿经验不足而出现的问题。

(2)经验的整合汇总(围绕问题讨论):在这一阶段,幼儿通过交流讨论,将上一阶段获得的知识经验分享、整合、提升,并迁移为游戏经验。

【案例】角色游戏:爱心邮局[1]

调查前(设计问题)

·对人的调查

邮局里有哪些工作人员?邮局的工作人员穿的衣服是什么颜色的?

……

·对物的调查

邮局是什么样子的?寄信需要哪些工具?信封上为什么有两个邮戳?盖在邮票上的波浪线是什么意思?

……

·对人的活动的调查

信从哪儿寄来的?怎么寄信呢?邮递员是怎么送信的?

……

调查中(信息收集)

·个人调查

"寄信要用信封吧?好像还要贴邮票,还需要……"

——通过调查实践,幼儿独立将寄信需要的工具及流程用图画的形式记录下来。

·亲子调查

---

[1] 陆娴敏.幼儿游戏之旅:研究性游戏学习[M].南京:南京师范大学出版社,2004:26-28.有改动。

"我想寄一封信给我的好朋友,我不会写字怎么办?去哪儿寄?怎么寄呢?爸爸你来帮帮我吧!"

——幼儿和爸爸妈妈实地寄信,并把自己的操作过程用图画的形式记录下来,家长也可以用文字补充说明。

• 集体调查

邮局是什么样子的?邮局里有什么呢?

——师幼集体参观某邮局。

图5-2 邮局调查表一　　　图5-3 邮局调查表二

图5-4 邮局调查表三　　　图5-5 邮局调查表四

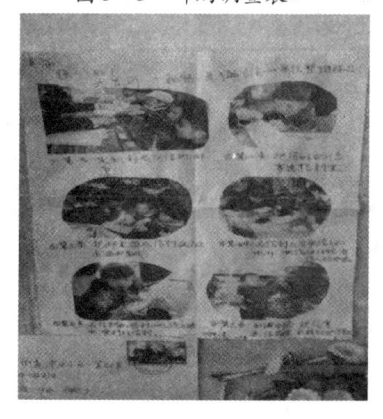

调查后(情景转换)

• 转换为游戏情景

——邮局里邮局的入口分"本地"和"外埠","爱心邮局"的入口分别有"本班"和"外班";邮局里的分信箱中写着详细的地址,"爱心邮局"的分信箱中画着不同的游戏标记;幼儿设计游戏用的邮票、信封、邮筒、标牌等。

• 转换为游戏角色扮演

——邮局里有邮递员、分信员、出售信封信纸的工作人员等,我们在"爱心邮局"里也有不同角色的分工。

• 转化为游戏情节

——信纸、信封、邮票的买卖,信件的分类与发送。

图5-6 小小邮票设计师　　图5-7 邮递员服装制作

(三)创设角色游戏环境

游戏环境是角色游戏顺利进行的物质前提和基本条件,它既包括空间、场地、材料、时间等物质环境,也包括人际关系、游戏氛围等心理环境。

1.布置合适的游戏场所

(1)设置相对固定的游戏场所,营造游戏氛围。固定的游戏场所和设备有利于激发幼儿的游戏兴趣和愿望,方便幼儿开展游戏。因此,教师可在活动室内设置固定的角色游戏区。一般而言,每个班级会有2至4个固定的角色游戏区,游戏主题可根据幼儿的兴趣和需求进行调整、更换。游戏场所的布置不仅要能反映相关游戏主题的主要活动场景,还要充分利用地面、墙面等立体空间,营造出与主题相关的气氛,让幼儿能较快地进入特定的游戏情境中。例如,"娃娃家"不仅可提供柜子、桌椅、小床

图5-8 "医生"上班前正在准备

等家具以及冰箱、电视机、厨具、餐具等生活用品,还可在桌上铺设桌布、放上一瓶装饰花,在墙上张贴幼儿全家福营造家的温馨氛围;"小医院"不仅给幼儿提供药品和听诊器等各种医疗用具以及药柜、手术台等设备,还可给幼儿提供白大褂、护士帽、口罩、工作牌,或采用红十字标志的大门、墙上张贴视力表等,给幼儿带来更真实的医院感受;"理发店"可通过在门口设立招牌、大镜子,墙面上张贴各种发型图、理发店海报,提供各种理发用品等,创设相应场景。

(2)游戏场所和设备的布置要满足幼儿游戏发展的需要,具有可变性和层次性。游戏场地布置好以后,并不是固定不变,而应随着幼儿游戏兴趣和游戏经验的发展,根据游戏的需要,进行相应的调整。例如,小班、中班、大班可以有相同的角色游戏主题,但各年龄阶段幼儿游戏的水平和需求有所不同,游戏内容和情节也各不相同,游戏场地的布置也应该体现出差异性和层次性。小班幼儿游戏情节相对简单,游戏动

作以体现角色典型动作为主,游戏场地的布置以能反映主题的简单场景即可;中班、大班幼儿对角色的理解更加全面,角色的分工越来越明确,游戏情节更加丰富。因此,场地的布置要体现功能的细化和多样化,以满足情节发展的需要,如进入中、大班后,原来单一场地的"娃娃家"可扩展为客厅、厨房、盥洗室等区域;"理发店"可分为洗发区、剪发区和烫发区;"医院"可细化为挂号处、药房、门诊、手术室等。在同一主题游戏发展的不同阶段,游戏场所的布置也应该随着游戏内容的变化及时调整以满足游戏发展的需要。

(3)各主题的角色游戏既要有独立区域,又要具有一定的开放性。相邻角色游戏区之间可用低矮的柜子或镂空式的隔断相对分开,既满足了各主题相对独立的区域需求,也便于幼儿相互交流。

2. 有计划、有目的地投放游戏材料

角色游戏的开展离不开充足、丰富的游戏材料,有的教师误认为游戏材料投放越多、越形象、越漂亮,幼儿就越喜欢,比如"麦当劳"里的汉堡、饮料,"小吃店"里的饺子、饼干等,都是精心做好,非常逼真,不需要幼儿制作,幼儿只需将它们摆在盘子上,端给"顾客"即可,结果不仅减少了幼儿动手操作的机会,缩减了游戏情节,时间一长,幼儿也容易对材料失去兴趣。因此,在提供角色游戏的材料时,要考虑到以下几点要求。

(1)教师提供的游戏材料应该具有可操作性。学前阶段的幼儿具有好奇、好动、好探索的特点,喜欢摆弄和操作物品。因此,角色游戏区的材料应尽可能提供给幼儿动手操作的机会。例如,"娃娃家"中各种餐具、厨具,"小吃店"中可以自己动手制作的食品,"糖果屋"中需要幼儿自己加工包装的各种糖果,等等。

(2)教师应该结合幼儿游戏的实际情况和游戏发展的需要,有计划、有针对性地投入材料。对材料的投入不宜片面追求"多"和"新",尤其是新开设的游戏,材料应该遵循由少到多、逐步添加的原则。先观察幼儿使用材料的情况,再适当调整。投入的游戏材料要符合幼儿的年龄特点,小班的材料应该简单、形象、生动,指向性强,幼儿容易操作,这样的游戏材料有利于他们更快进入游戏情境,确定游戏主题;中、大班的幼儿,除提供一些形象逼真、功能固定的专门化玩具之外,还应投入功能不确定的低结构的游戏材料,如纸盒、小木棍、油泥、饮料罐等。这些材料可以充分发挥幼儿的想象力,

图5-9 百宝箱中寻找并自制玩具

使游戏的情节更加丰富。例如,有的班级设立了百宝箱,投入一些废旧物品(如各种包装盒、塑料瓶等)和一些半成品(如彩纸、油泥等),幼儿在游戏中可以根据自己的需要在百宝箱中寻找相应的替代物。此外,教师还可专门设立工具箱,投放一些辅助

工具,如剪刀、胶带、胶棒、画笔、颜料等,以更好地满足幼儿在游戏中制作玩具的需要。

(3)教师还要根据游戏中出现的需要,随时增减与幼儿游戏主题相关的玩具和材料,引导游戏情节的发展。有的班级,同一主题的角色游戏区的材料往往长期无变化,材料得不到及时更新,这不仅无法满足游戏进一步发展的需要,还容易导致幼儿游戏兴趣的降低。

3. 让幼儿参与环境的创设和材料的准备

有的教师认为环境的创设就是自己布置好游戏场地,提供游戏材料,让幼儿在准备好的环境中进行活动,很少考虑到幼儿对环境创设的想法,也很少让幼儿参与到游戏环境的创设中。其实教师在游戏开展前,激发和调动幼儿共同布置游戏场地,引导幼儿观察讨论游戏中要应用到哪些重要的材料,组织幼儿共同收集相关材料、制作部分玩具,这不仅可以培养幼儿的动手能力,充分发挥幼儿的积极性、主体性和创造性,也有助于丰富幼儿相应的知识信息,加深幼儿对游戏材料的了解和操作能力,提高游戏水平。因此,教师应有意识地引导幼儿参与环境创设和材料准备过程,发挥这一环节的教育价值。

4. 提供充足的游戏时间

充足的游戏时间是幼儿深入开展角色游戏的重要保证。充足的游戏时间体现在两个方面。首先,每次角色游戏开展的时间要充足。角色游戏的开展所需的时间较长,幼儿每次自由游戏时间不能少于30分钟;反之,幼儿就没有足够的时间去结伴游戏、商量主题和情节,或进一步探索材料,还没有进入真正的游戏阶段时,游戏就停止了。这样,游戏应有的价值不能得以发挥,也会影响幼儿继续开展游戏的兴趣。其次,要给主题角色游戏充足的发展时间。一个新的角色游戏从主题确立到游戏展开到内容扩展、丰富到主题延伸,最后到主题结束,往往需要经历几个星期甚至一两个月的时间,教师要准备充足的时间和幼儿一起去经历经验准备、环境创设、熟悉游戏、发现问题、探索活动、解决问题以及内容扩展的过程。如果教师在幼儿刚刚熟悉某一游戏时,就匆匆更换游戏主题,幼儿的游戏很难深入和扩展。

5. 营造宽松、自由的游戏氛围

在角色游戏中,要营造宽松自由的心理氛围,首先要保证游戏中幼儿的高度自主性。角色游戏是一种具有较强自主性的游戏,幼儿玩什么主题、情节如何进行、采取什么玩法,都由幼儿依照自己的兴趣、意愿和能力进行,因此教师要充分尊重幼儿的想象、创造,减少对游戏的不必要的干预,最大限度给予幼儿游戏时间、空间、材料选择的自由。其次,制定相对宽松合理的游戏规则,营造宽松、自主、愉快的游戏氛围,让幼儿在游戏中敢于尝试,大胆展现。

(四)角色游戏现场指导

1. 鼓励幼儿按照自己的意愿选择游戏主题

游戏是儿童的内在需要,而非外力强求,只有幼儿自主选择的游戏,才能全身心投入。因此,在游戏的展开阶段,教师要允许幼儿根据自己的经验、兴趣和需要,自主选择不同主题的游戏区和角色。教师也可灵活运用多种游戏选择的辅助方法,如分组轮流优先选择、自插游戏牌、条件优先法(如内向、胆小的幼儿先选择喜欢的游戏或角色)。在确定主题时,对小班的幼儿,教师可启发幼儿选择游戏主题,如在游戏开始前,提示幼儿想好玩什么,扮演谁,想做什么,中、大班的幼儿可自己商量和确定游戏主题。

2. 教会幼儿分配游戏角色、解决游戏角色纠纷

在角色游戏中,幼儿经常会因为角色分配发生争执,面对这一情况,教师应该如何指导?游戏角色的分配一般按照幼儿的意愿和兴趣自行选择。小班应逐步培养幼儿懂得担任角色的能力,教师可以提出角色让幼儿选择,中、大班的幼儿可以自己商量分配角色。幼儿在分配角色时,也时常出现纠纷,教师可教给幼儿一些分配游戏角色的方法,如轮流、推选、念歌谣点将、猜拳等,既让幼儿学会解决纠纷的方式,也让幼儿体会到机会的公平性。同时,教师可以通过设立一些游戏规则来避免幼儿因为争抢角色出现的纠纷,如实施"挂牌上岗制","谁先拿到角色挂牌由谁扮演此角色"。此外,教师还可根据游戏情况,鼓励幼儿想象、创造,引申出新的角色来解决角色的纠纷。

【案例】竞争当爸爸[①]

一天,我班个子小小的健健和高高大大的佐君都想当爸爸。佐君说:"你个子那么小,怎么当爸爸呀?"健健理直气壮地说:"那我今天还穿新皮鞋了呢!"两人都想当爸爸,这可怎么办呢?我请其他小朋友帮忙想办法,有人说,今天你当,明天他当;有人提议,佐君个子高,像爸爸,佐君当。我给小朋友出了个主意:请小朋友来选爸爸。先请两个想当爸爸的小朋友说说自己的想法:你想在娃娃家做什么?你怎么当爸爸?让两个爸爸开展竞赛,小朋友认为哪个爸爸好,就让哪个小朋友当爸爸。佐君说:"我先给孩子包饺子,等大家都吃饱了,我们再一起去看木偶戏。"结果,小朋友推选了佐君,今天他当爸爸。

教师还要在自主选择角色的基础上,注意根据幼儿的不同兴趣和个性特点,对角色选配进行隐性调配。例如,让不善交往、安静、内向的孩子多一些扮演活动性强的互动角色的机会,如司机、警察、医生;对那些活泼好动、活动性过强的幼儿建议他们扮演一些需要耐性的角色,如收银员、护士等。要避免能力强的幼儿总扮演主要角色,而能力弱的幼儿总处于被支配的地位。在新游戏的开展阶段,可让能力强的幼儿

[①] 杨枫.学前儿童游戏[M].北京:高等教育出版社,2006:39.

担任主要角色,带动游戏角色的互动,起到示范榜样的作用。一段时间后,可采用轮流法或指定法,让能力弱的幼儿也能有机会担任具有一定挑战的角色。

3. 观察游戏状况,适当引导游戏

观察是指导幼儿游戏的前提和基础,在角色游戏中也不例外。在角色游戏中,观察主要围绕人、事、物三方面进行。观察游戏中的人,是指教师要关注幼儿在游戏中的意愿、能力与行为表现,如幼儿的兴趣,对动作、材料和情节的想象,角色坚持性,角色意识、角色交往情况等;观察游戏中的事,是指捕捉游戏过程中的现象和事件,如幼儿在游戏中出现的矛盾纠纷、幼儿在游戏中遇到的问题和困难;观察游戏中的物,主要指观察游戏场地和游戏材料的使用情况,如游戏场地是否过于狭窄、拥挤,布置是否合理,提供的材料能否引起幼儿的兴趣、引发游戏情节的发展。

在观察的前提下,教师要确定介入游戏的必要性和目的,切忌在游戏中无目的、无方向地参与,以免造成对幼儿游戏行为的干扰。在以下情况下,教师可介入幼儿游戏:

(1)当幼儿发生争执或意见严重分歧、出现不安全行为时,教师应及时介入。

(2)幼儿角色意识缺乏或淡漠,无法进入游戏状态时,如有的幼儿在游戏中无所事事,投入不到游戏中去,教师就需要适时引导。

(3)当幼儿在游戏中因技能或能力缺失而造成游戏中断、兴趣低落或影响游戏进程推进时,教师应给予指导。

在介入幼儿的角色游戏时,教师要尽量不破坏幼儿游戏的兴趣和氛围,在游戏中不随意发号施令,减少用指令性的语言进行直接干预,多以游戏者的身份介入,利用角色游戏的隐形规则去引导幼儿游戏,进行间接指导。例如,理发店区域无人光顾,幼儿无所事事时,教师可以顾客的身份提出理发要求,促进游戏情节的发展;娃娃家太吵,教师以小区保安的身份出现,提醒幼儿保持安静。

4. 角色游戏现场指导重点

幼儿角色游戏开展后,教师应该关注什么?教师对幼儿角色游戏的现场指导应重点关注以下几个方面:

(1)指导幼儿丰富游戏内容和情节,提高游戏水平。幼儿在游戏中常常因游戏技能欠缺影响到游戏的推进。幼儿在活动中表现出来的技能缺失主要表现为两种情况:一是角色扮演能力;二是活动中对材料的操作能力。对于前一种情况,教师可采用提问或角色的身份进行指导和启发,对于后一种情况,教师可通过示范讲解、暗示的方式来帮助幼儿正确使用材料。

(2)加强角色之间的内在联系,增强角色互动。角色之间的互动主要体现为以下两种情况:一是同一主题内各角色的分工和合作,如娃娃家内"爸爸"和"妈妈"的分工、合作,"小医院"中"医生"和"护士"的分工、合作,"小超市"中"顾客"和"营业员"的分工、合作;二是不同主题之间的互动,如"妈妈"跟"超市""营业员"的互动、"宝宝"跟"医生"的互动。

在角色游戏开展的过程中,幼儿因为经验的限制,往往容易局限于同一主题内的角色互动,因此,在指导角色游戏的过程中,教师应有意识地促进不同主题区域之间的互动和合作,让全部的角色游戏区尽可能关联起来。例如,娃娃家的妈妈可以带着宝宝乘车去超市买东西,爸爸可以去医院上班,爸爸妈妈也可带宝宝去服装店买衣服,去饮料店喝饮料,等等。幼儿会凭借着对现实生活中各种社会关系的认识,衍生出很多游戏情节。但要注意的是这种角色互动要自然、合理,不能由老师直接指挥。另外,增加一些流动性较强的角色,也有利于增加游戏的互动,如"小司机""送货员""邮递员""修理工"等,这些角色不需要固定的区域,可以给他们创设一些角色标志,让其他区角的幼儿能识别辨认并与之互动。

(3)引导幼儿遵守游戏规则。游戏规则有内部规则和外部规则,内部规则是伴随角色产生的,规定角色本身的职责和角色之间的相互关系,教师要引导幼儿加深对角色的理解和角色的合作互动。外部规则是所有角色要遵守的共同的规则,比如材料使用规则、人际交往规则、活动要求等。

(五)角色游戏结束工作

1. 愉快地结束游戏

使幼儿愉快地结束游戏是教师组织角色游戏的重要环节,教师要掌握结束游戏的恰当时机,在幼儿角色游戏已充分展开,但游戏兴趣尚未低落时结束游戏。一方面使幼儿能尽情地投入游戏,愉快地结束游戏;另一方面又保持了幼儿下一次游戏的兴趣。教师要根据幼儿游戏的情况灵活掌握结束游戏的方式,既可集体结束游戏,也可分组结束。例如,可提醒情节不再发展或整理场地、收拾玩具需要较多时间的游戏组先结束游戏,也可在场地允许的情况下让游戏情节正处于高潮的游戏组继续游戏。教师可用教师的身份提醒幼儿结束游戏,也可用角色语言告知幼儿。例如,教师提醒幼儿"下班时间到了",或用信号(如播放音乐)暗示的方式告知。

2. 引导幼儿收拾玩具材料和场地

游戏结束后,要引导幼儿整理场地、分类收拾摆放玩具,这既为下次游戏的顺利开展提供条件,也能培养幼儿良好的行为习惯。针对不同年龄段的幼儿,教师可采用不同的指导方法,小班的幼儿着重培养他们整理场地的意识,教师可带领幼儿一起进行整理工作,以示范、图片暗示或符号提醒等方式让幼儿学会有序摆放材料;中班幼儿大多已形成收拾玩具的意识和习惯,教师可只在必要时给予帮助;对大班幼儿,教师应尽可能鼓励督促他们独立完成整理工作。

3. 分享交流

游戏结束后的分享交流环节是游戏过程中非常重要的一个环节,有些教师把这个环节当成了以教师为主的"讲"和"评"的过程,教师对游戏情况进行总结和点评,对个别幼儿进行奖励和批评。在这一环节中,教师更重要的是引导幼儿对游戏中出现的问题进行原因分析和策略探讨,对游戏中出现的新创意进行交流分享,对游戏情节和内容的下一步发展进行规划。在交流分享的环节,要注重幼儿的表达、讲述和讨论,通过分享交流的环节,去提升幼儿整体游戏水平,推动游戏的进一步发展。

【案例】娃娃家的雯雯到"小商店"买白菜。售货员珍珍接过她手中的钱(雪花插片),但不让她把白菜拿走,使劲用手捂着白菜说:"不卖,不卖。不能拿走。"雯雯问:"我给你钱了,为什么不能拿走?"珍珍着急地说:"就剩这一个了!"雯雯悻悻地回到娃娃家,百无聊赖地在商店门口转来转去,趁珍珍不注意把白菜偷偷拿回了娃娃家。珍珍发现后大叫"娃娃家偷小商店的东西",接着,冲到娃娃家把白菜拿回来。

游戏结束后,教师组织幼儿讨论:今天小商店发生了什么事,有什么问题需要大家帮着解决吗?

珍珍:他们老偷我们的商品。

雯雯欲言又止。

教师:挑选完商品我们必须要做的是什么?

幼儿不约而同地回答:交钱。

教师:对,作为顾客要先交钱才能把商品拿走,而售货员也要把商店的商品看好。

雯雯:那我交钱了,他们也不让我拿走,我只好偷了。

教师:珍珍当售货员没卖给你,为什么?

珍珍:我没看到。

教师:是不是怕东西卖光了,就没有了?

珍珍点点头。

教师:我们一起想想,商品很受大家欢迎,卖完了怎么办?

瑜瑜:再上,用了再上。

教师:怎么上,从哪儿上?

汉一:用大卡车运来,从工厂运来。

教师:那我们班也开个工厂好不好?

小朋友一起说:好。

然后,教师与幼儿一起商量在工厂要生产些什么,用哪些材料做,经过讨论,生成了新的主题:工厂。[①]

四、角色游戏活动案例呈现

【案例】小班角色游戏"商店"[②]

主题由来:

在开展角色游戏"娃娃家"的同时,许多幼儿提出:爸爸妈妈平时会带着娃娃到商店买东西,我们可以开一家商店。因此我们决定开展"商店"的游戏活动,把娃娃家所需要的一些餐具、蔬菜、沐浴露投放到商店,这样娃娃家的爸爸妈妈就可以到商店购

---

① 刘焱.儿童游戏通论[M].北京:北京师范大学出版社,2004:498.
② 林菁.幼儿园创造性游戏指导与实施[M].福州:福建人民出版社,2011:82-86.

买家里所需要的物品,丰富了游戏情节。

游戏总目标

1. 了解商店的工作人员及其职责,初步学会模仿商店中各个角色的语言和动作,反映简单的现实生活。

2. 能遵守简单的游戏规则,学会游戏中使用礼貌用语。

3. 能运用分类的方法,有序地整理游戏材料。

4. 发展交往能力和合作能力。

商 店 (一)

游戏目标

1. 了解商店购物的基本程序:选择商品——付款,能到商店购物。

2. 初步使用礼貌用语。

游戏准备

经验准备:1. 亲子活动:请爸爸妈妈带幼儿到商店购物。2. 领域活动:语言游戏"买东西"。

材料准备:投放洗发水、沐浴露、蔬菜等玩具。

环境创设:在娃娃家的基础上增设商店的环境。

游戏过程

一、教师出示新增的商店游戏材料,导入游戏

1. 教师:前两天我们玩了"买东西"的游戏,学会到商店购物。今天在"娃娃家"游戏中开了一家商店,我们一起看看商店都有哪些东西(教师出示新增的商店材料,如洗发水、沐浴露、蔬菜等)。今天娃娃家的爸爸妈妈就可以到商店里买东西了。

2. 教师与幼儿一起回忆商店购物的流程:选择商品—付款。

二、师幼共同回忆上次游戏中出现的问题,引导幼儿丰富游戏情节

教师:在上次的游戏中,娃娃家的爸爸妈妈一直忙着煮饭炒菜,你们的爸爸妈妈平时在家还会做什么呢?今天我们有了商店,那么爸爸妈妈也可以去哪里呢?

三、提出游戏要求

1. 娃娃家的爸爸妈妈做家务要分工。

2. 商店的营业员与顾客之间要使用礼貌用语。

四、幼儿自主游戏,教师观察指导

1. 重点观察娃娃家的爸爸妈妈到商店购物的情况。

2. 帮助娃娃家的爸爸妈妈丰富游戏情节,提醒他们去商店买东西等。

3. 提醒营业员和顾客使用礼貌用语。

五、整理游戏材料,师幼分享游戏经验,评价游戏情况

1. 整理游戏材料。

2. 交流游戏情况。

教师:今天你扮演了谁?都做了什么?你们到商店买了些什么?

观察与反思

第一次玩"商店"游戏,娃娃家的爸爸妈妈很喜欢到商店买东西,"娃娃家"与"商店"的游戏有了基本联系。

"娃娃家"的游戏幼儿玩得很好,游戏中娃娃家的爸爸有的给娃娃喂饭,有的给娃娃洗澡,有的煮菜,幼儿的游戏体验较丰富,如爸爸或妈妈给娃娃洗澡时,先倒洗发水洗头,再倒沐浴露洗澡,有一定的程序,有的娃娃家的爸爸妈妈还会配合,一起给娃娃洗澡等,但是他们之间还是缺乏言语的交流。

存在的问题及其原因与对策

问题1:商店的物品一下就被娃娃家的爸爸妈妈买光了,营业员没有商品卖了。

原因:"商店"游戏是第一次玩,幼儿特别兴奋,游戏一开始娃娃家的爸爸妈妈就一下都跑到商店购物去了,而且对买多少量没有概念。

对策:(1)组织幼儿讨论,爸爸妈妈是怎么买东西的?买多少呢?(2)请家长有意识地带幼儿买东西,让幼儿初步知道要买自己需要的东西。

问题2:娃娃家的桌面、地上都是买回来的东西。

原因:幼儿缺乏整理的经验。

对策:(1)组织幼儿讨论:爸爸妈妈买回来的东西应该放在哪里?怎么放?(2)下次游戏中在商店投放一些塑料袋,让商店的营业员学习打包商品,继续丰富游戏情节。

商　店　(二)

游戏目标

1. 初步学习用塑料袋打包商品。
2. 基本能使用礼貌用语。
3. 知道买回来的物品应放在相应的地方。

游戏准备

经验准备:1.亲子活动:请爸爸妈妈带幼儿到商店购物,初步了解购物的量,了解收银员怎么打包算钱。2.谈话活动:"商店购物"。

材料准备:在商店新增塑料袋、毛巾等玩具。

游戏过程

一、教师出示新增的游戏材料——塑料袋,导入游戏

教师:前几天大家都和爸爸妈妈到商店购物,知道当我们选好了所需要的商品后就到收银台付钱,营业员会帮助我们将商品用塑料袋打包,今天在我们的商店中,老师也准备了塑料袋(教师出示塑料袋),商店的营业员可以用它来装商品。

二、师幼共同回忆上次游戏中出现的问题,讨论解决的对策

教师:在上次的游戏中,娃娃家的爸爸妈妈到商店买东西买得太多了,而且买完

东西回家后,东西都堆在桌子上,家里很乱,买回来的物品应该怎么摆放呢?

三、提出游戏要求

1. 营业员与顾客之间要使用礼貌用语。

2. 娃娃家的爸爸妈妈要整理买回来的物品。

四、幼儿分组游戏,教师观察指导

1. 重点观察顾客在商店购物的情况,以及营业员算钱、打包的情况。

2. 观察娃娃家的爸爸妈妈购物回来后整理物品的情况。

3. 提醒商店的营业员和顾客用礼貌用语。

五、整理游戏材料,师幼分享游戏体验,评价游戏情况

1. 整理游戏材料。

2. 交流游戏情况。

教师:今天谁当营业员?你是怎么做的?和顾客说了什么?

观察与反思

商店一开始就吸引了许多娃娃家的爸爸妈妈,大家很有序地购物,算钱时,大多数爸爸妈妈还会主动排队。三组营业员都配合得较好,其中一名营业员将每一件商品用手"嘀"一下,然后算钱、找钱,另一名营业员则将商品打包装进塑料袋,但仅有一名营业员会主动与顾客打招呼。当商店没有顾客时,有两名营业员会主动整理货柜上的物品,将牛奶一盒一盒地摆好,将毛巾折好,但是很快就整理好了,回到收银处无所事事。娃娃家的爸爸妈妈基本上会分工,如爸爸煮饭,妈妈给娃娃洗澡,煮饭和洗澡的程序都做得很好。

存在的问题及原因与对策

问题1:娃娃家的爸爸妈妈将买回来的苹果、西瓜等水果也放到锅里煮。

原因:幼儿缺乏什么食品必须煮,什么食品不用煮的经验。

对策:在教学活动中丰富幼儿这方面的经验。

问题2:娃娃家的爸爸妈妈频繁地去商店购物。

原因:由于娃娃家所需的物品必须去商店购买,因此爸爸妈妈频繁去商店。

对策:下次游戏可以在娃娃家投放一些必需品,如碗、盘子、勺子等,减少爸爸妈妈去商店的时间。

综合实践活动

[思考]依据角色游戏"爱心邮局"开展的主要环节及游戏内容,试分析在这个游戏中具体实现了角色游戏的哪些发展价值?

[讨论]不同年龄班有一些主题相同的角色游戏,教师在组织这些角色游戏时,怎么体现出年龄的层次性?

[练习]

项目一:选取幼儿园同一年龄段两个班的材料投放和幼儿角色游戏行为进行案例评析,对比分析各有什么特点以及形成这些特点的原因。

项目二:技能训练。叙事性观察记录——学习故事。内容:观察并记录一则幼儿在角色游戏时发生的"故事"。要求:记录应包括事件发生的客观过程、对事件的真实感受以及对现象的思考。

第六章 幼儿园结构游戏

第一节 结构游戏概述

一、结构游戏的内涵

结构游戏是指幼儿"利用各种不同的结构材料,经过创作反映周围现实生活的游戏"[1]。结构游戏的材料包括积木、积塑、胶粒、花片等专门的结构材料,也包括沙、石、水、土、雪等自然结构材料以及瓶子、挂历、纸盒等废旧物品和半成品的结构材料。

随着科学技术的发展,结构游戏无论从材料、玩法还是在结构造型上都发生了很大的变化,出现了塑料接插、金属螺丝结构等,结构游戏的概念扩展了,在众多幼儿喜爱的游戏之中,结构游戏以它独具的魅力深受幼儿的青睐。从教师来说,结构游戏材料提供的便捷、场地限制少、活动组织机动灵活因而成为每个班级游戏的首选内容。从幼儿来说,他们对种类繁多、质地多样、可随意变换、反复创建的积木、积塑、泥沙及生活中随处可得的废旧物品等建构材料爱不释手,在对这些材料进行搭建的过程中,实现自己搭建的需求及愿望,体验自己与同伴共同搭建的快乐感和成功感。

结构游戏通过幼儿建造各种物体或建筑物,手脑并用,促进思维发展和动手操作的能力。在使用各种材料的过程中,幼儿可直接了解各种物质的性能,认识各种材料的形状、数量等,并且在结构中获得运用各种材料的知识和经验,同时也锻炼了幼儿的设计和构思能力。

(一)结构游戏是一种创造性活动

结构玩具是一种素材玩具,它由各种结构元件组成。结构元件与形象玩具不同,当它处于无结构状态时,只表现为素材,只有通过构造活动,结构元件才会产生出千变万化的形象。结构玩具和结构活动方式的特点,使结构游戏具有丰富的表现力,为幼儿提供了创造想象的广阔天地,所以结构游戏是一种创造性很强的游戏。

(二)操作是结构游戏的基础

结构游戏的活动方式是对物品的构造,操作是构造活动的基础。结构玩具作为素材,只有在幼儿的实际操作中,即构造活动中,才具有可玩性。也只有在这种操作

---

[1] 梁志燊.学前教育学[M].北京:北京师范大学出版社,1998:259.

活动中,一个个结构元件材料才能产生千变万化的结构造型。操作使结构游戏的构造活动得以顺利进行,幼儿只有在操作活动中才能体验到结构游戏带来的愉快和满足,只看而不动手操作,则无结构游戏可言。

结构游戏和角色游戏一样,都是通过幼儿的想象,创造性地反映周围生活,但两者的游戏本质和游戏主题都是不同的。在角色游戏"娃娃家"中,幼儿分别扮演爸爸和妈妈,他们之间的合作是在模仿角色身份进行交流;而结构游戏"搭大楼"中,幼儿之间的交流是用结构材料进行操作,合作拼搭出高楼。两种游戏都需要想象和创造,活动方式却不同,表现的主题也不同。

表6-1 结构游戏和角色游戏主题、操作材料以及技能对比

	角色游戏	结构游戏
本质	扮演角色	结构各种材料
物品(材料)	可以以物代物,通过假想来反映角色的身份及情节	很少能以物代物,离开材料无法开展
主题	再现社会职业和社会生活内容	再现各种物品以及建筑物
技能	以角色扮演技能为主	以建构技能为主

(三)结构游戏是一种造型艺术活动

结构游戏的目的是通过构造活动塑造出物体的形象,以反映大自然和人类生活的美好景象。因此,结构游戏是一种造型游戏,是幼儿的一种艺术活动。如同绘画一样,结构游戏不仅能反映幼儿的美术欣赏能力,同时也需要幼儿掌握艺术造型的简单知识与技能,如结构的比例、性状、色彩等。所以结构犹如雕塑是立体造型艺术,幼儿拼搭的结构物往往比较夸张、充满童趣,反映了他们对生活中美的感受和对创造美的追求,具有审美意义。

二、结构游戏的类型

(一)积木建筑结构游戏

积木建筑结构游戏是用各种积木或其他代用品作为游戏材料进行的结构游戏。积木的式样很多,有大、中、小型积木,有空心或实心型积木,有主题建构积木、拼插积木、榔头积木、动物积木等。这种结构游戏在幼儿园开展较早,也较为普遍。

(二)积塑结构游戏

积塑结构游戏是用塑料制作的各种形状的片、块、粒、棒等部件,通过接插、镶嵌组成各种物体或建筑物模型。积塑轻便耐用,便于清洁。

(三)金属结构游戏

金属结构游戏是以带孔眼的金属片为主要的建造材料,用螺丝结合,建造成各种车辆及建筑物模型。

(四)拼图结构游戏

拼图结构游戏是一种用木板、纸板、塑料或其他材料制成不同形状的薄片并按规定方法进行拼摆的游戏,如可拼摆动物的房屋、故事情节等画面,包括以下几种类型:

(1)图像组合拼图游戏。将图案分散的各部分拼合成一幅完整的图案或画面的游戏。

(2)拼棒游戏。用火柴棒、塑料管、冰棍棒或用糖纸搓成的纸棍等棍状物作为游戏的材料,经过一定的卫生处理和色彩加工,拼接成各种美丽的图案。

(3)几何图形拼图游戏。用许多大小不等、形状各异的几何图形进行组画拼图的游戏。传统的七巧板就属于这类游戏,是将一块原型板按规定分成几块散片,然后用它拼成各种图形的游戏。

(4)自然物拼图游戏。利用各种形状的树叶、果实、石子等和纸拼成各种美丽的图案。

(五)串珠、串线、编织结构游戏

按照串珠、串线的形状、颜色进行有规律或创造性的串珠及编织活动,培养幼儿的手眼协调能力。

(六)玩沙玩水玩雪结构游戏

沙土是一种不定型的结构材料,幼儿可以随意操作,幼儿也可利用水、雪玩划船、堆雪人、打雪仗等游戏。玩沙、玩水、玩雪都是一种简便易行的结构游戏,在城市、农村都可以广泛开展。

图6-1 玩沙  图6-2 玩雪

三、结构游戏的构成因素

(一)选择结构材料

对游戏材料的选择是结构游戏的起始环节。幼儿对游戏材料的选择有以下特点:

(1)幼儿选择游戏材料与结构主题的关系随着年龄的增长而提高。小班幼儿在选择结构材料之前,感兴趣的仅仅是材料本身,他们还不能对游戏主题进行思考。中班幼儿是在结构过程中,逐渐明确最后建构物的。大班幼儿在选择结构材料时有更

多的思考,其选择更多地与建构主题有关。

(2)结构材料的丰富程度影响幼儿对材料的选择。在材料丰富时,可以看到幼儿明显的选择过程,但在材料匮乏时,幼儿就会因为争取材料而来不及构想建构的主题。

(3)幼儿对成品玩具和自然材料的选择倾向性受幼儿生活经验和个性特征的影响。

(二)构想建构主题

建构主题,就是幼儿在结构游戏中要构造的物体。幼儿对建构物的假想具有年龄差异,不同年龄的幼儿对最后建构物假想的时间进程是不同的。小班幼儿在结构游戏之前,通常没有清晰的构想,中、大班有些幼儿在材料选择前就有了构想,有些则是在结构游戏过程中逐渐形成和完善其构想的。

(三)建构物体

结构游戏的核心要素就是建构,即幼儿的操作。幼儿对建构物的操作水平往往受材料性质、活动空间、活动时间、活动人数以及教师的指导的限制,也受到幼儿自身生活经验和空间想象力、造型能力和表现力的限制。

(四)对建构物功能的假想与利用

幼儿对建构物的假想存在着差异,有些幼儿在构想建构物时就开始想象建构的功能,有些幼儿在建构活动过程中逐步形成对建构物功能的假想,有些幼儿则在建构物完成后开始想象其功能。对建构物功能的运用经常与幼儿的角色游戏有关,比如用大型积木搭建的房屋变成了角色游戏中的娃娃家,构建的汽车等成了角色游戏中的道具。

四、结构游戏对幼儿发展的价值

(一)促进幼儿动作精确性和手眼协调能力

结构游戏的操作性特点,使幼儿手指、手腕、手臂肌肉的力度和灵活性得到锻炼,手的控制力得到加强,从而培养了幼儿的基本动作。在结构游戏中,幼儿不停地操作着(堆、放、握、挖、拼插、整理等),手和各种结构材料的反复接触以及游戏情境中不断重复的操作动作,有利于发展手的小肌肉动作的协调性和灵活性,使感知变得敏锐清晰,动作变得准确协调,幼儿手和眼的协调也同时得到了发展。手眼协调、手脑并用的结果,会使幼儿的感觉器官变得更加灵敏、清晰,为发展感知运动技能提供了充分机会,为他们的学习活动打下良好的基础。

(二)丰富幼儿的知识和经验

从表面上看,结构游戏似乎是轻松的,但实际上要求幼儿具备一定的空间知觉和形状知觉,具有一定的操作技能和象征性的表现能力,并要懂得一些简单的建构技巧及原理。

结构游戏以幼儿的知识、经验为基础,反映幼儿对生活的认识。在幼儿亲自操作结构材料的过程中,通过手、眼等感官与操作材料的反复接触,可以逐步增进幼儿对结构材料以及材料间相互关系的认识。如认识了结构材料的性质、大小、颜色、形状,获得了一些空间概念(上下、左右、前后、高低等)和数学概念(如对应、序列、整体和部分等),并逐步领会了可逆性、守恒性等概念,促进了幼儿智力和认知能力的发展。

(三)促进幼儿创造性思维的发展

在结构游戏中,一切的结构活动都以丰富的想象和创造思维为基础。幼儿为了表现自己想象中的形体,要考虑选择什么样的材料、用多少、按怎样的顺序、用什么样的排列和组合的方法等,从而锻炼了他们的感知觉观察力、形象记忆力、想象力和思维,以及设计、构思和布局能力,增强了他们学习的目的性、计划性和创造性。

首先,结构游戏的材料为幼儿想象和创造提供了巨大可能性。结构材料如沙、土、积木等具有比较强的可塑造性或灵活性,它们在幼儿手上可以随幼儿的意愿任意改变形状和构筑多样的"建筑物"。比如积木,幼儿可以用来建筑不同的房屋,也可以用来建造他们心目中的坦克、装甲车等。在建筑房屋时,有的小朋友搭建成高层楼房,有的建成有花园的四合院。在游戏过程中,游戏材料多种多样的使用,可充分发挥幼儿的创造想象思维。其次,结构游戏中一般会出现游戏成果,这些游戏成果既是幼儿发挥创造力的劳动成果,同时又会加强幼儿的成就体验,这种成就体验能令幼儿更进一步产生对结构游戏的兴趣,激发幼儿进行创造的内在动机。最后,结构游戏中幼儿一起创作,各自创造出不同的模型,互相之间能给予潜在的启发,能互相吸收新颖的构思,达到脑力激荡的效果。

(四)培养幼儿良好的意志品质和合作精神

结构游戏对幼儿的吸引力在于建构具体的物体和建构过程充满快乐、成功的体验。这就要求幼儿要有一定的目的性、坚持性。同时,结构游戏又是一项细致的工作,一个物体或一座建筑物需要几十种材料元件组合起来才能构成,这就要求幼儿必须耐心、细心,有恒心。在构造过程中,幼儿往往会遇到许多困难,经历倒塌、不成型等失败,这有助于培养幼儿注意力集中、沉着、失败不气馁、坚持到底等优良的个性品质。

同时,结构游戏为幼儿提供了更多合作游戏的机会。结构游戏有独自进行的,也有合作进行的(尤其是建造内容较复杂的主题)。大型的主题结构游戏需要集体共同构成。例如,大班幼儿建构城市公园,就需要几个小朋友事先做好规划,整体布局,然后分工建构,

图 6-3　合作搭建

组成不同的活动区域。这就要求幼儿共同协商，分工合作，协调彼此的关系，既增强了幼儿的信心，又有助于幼儿养成团结友爱、友好协作的好习惯和集体观。

（五）对幼儿的美育有特殊作用

结构游戏是幼儿反映现实生活的游戏活动。幼儿进行的改造活动，反映了他们周围生活中发生的各种变化，反映了他们生活中常见的各种典型的事物和情景，因此能培养幼儿对周围事物的兴趣和对生活的热爱。

结构游戏和美工制作活动相近，是一种艺术造型活动，同时又是充满想象的模拟建造过程，在这个过程中，既要凭想象中的形象进行结构活动，又要通过美的造型和形象来表现事物的美。例如，幼儿要用积木搭建美丽的幼儿园，就要充分发挥他们的想象力，拼搭出他们心目中的完美的符合他们心愿的幼儿园，这不仅仅是临摹，更多的是发挥他们的想象力和创造力，同时还要注意色彩的搭配、几何图形的组合等，使幼儿的审美能力和美的创造力同时获得很好的发展。

结构游戏的成品，在形状、颜色、各部分的比例等方面，要求对称、协调、美观，这些可以培养幼儿的艺术兴趣和审美情趣，提高他们感受美、表达美的审美能力。幼儿在欣赏建构作品中感受美，在评价作品中提高感受美的能力。结构游戏激发了幼儿自由表现美的欲望，在这种内动力驱使下，幼儿努力构建出更美的、更能体现出自己愿望和情感的作品，从而表现美的能力也得到了提高。

第二节 结构游戏组织与实施

一、为结构游戏提供必要的物质条件

（一）提供恰当的结构游戏材料

由于结构游戏是幼儿通过操作各种结构材料来构造物体的一种游戏，所以幼儿对各种活动材料进行充分操作是结构游戏的一个重要特征。在结构游戏中，幼儿通过想象和手的造型活动，使用积木、积塑、沙石、金属等各种材料构造出物体的形象和轮廓。因此教师是否提供了充足数量和种类的结构材料让幼儿操作，是结构游戏能否有效开展的前提。如果没有提供足够数量和种类的材料，将导致幼儿的游戏无法开展。在材料的投放中，教师要考虑所提供的材料的数量和类型，以丰富幼儿建筑游戏的主题，增强其对社会生活的表现力，激发幼儿创造的欲望与潜力。

1. 游戏材料的准备要体现幼儿不同年龄特点和不同游戏特点

教师应根据游戏的发展和幼儿的需要，有目的、有计划地提供数量和种类都适宜的结构材料。教师应事先考虑好多少材料适合多少幼儿进行游戏，对于比较喜欢模仿的小班幼儿应提供种类少，但是每种材料的数量相对较多的材料，避免幼儿因相互模仿而争抢玩具,大、中型空心或软体积木、积塑、沙、水等都是幼儿喜欢且适宜的建构材料;对于比较喜欢创新的大班幼儿来说,则应该提供种类多,但是每种材料的数量相对较少的材料。中、大班提供丰富有变化的游戏材料,并让幼儿参与材料的收集、设计和制作,既能丰富游戏主题,又能发挥幼儿的主动性和创造性。有些教师提供给幼儿的结构材料不适合幼儿的年龄特点和发展水平,如金属螺旋玩具就不适合小班幼儿游戏,他们还没有那么大的力气进行拼拆,小肌肉发展也没有那么灵活。而一些大型积木则不适合大班幼儿,他们一下就可以把整个活动室建得满满的,其结构能力并未得到充分展示。

2. 根据游戏内容的变化及时调整材料

当幼儿需要扩展游戏情节或者更换主题时没有及时提供相应的材料,会阻碍幼儿开展结构游戏。有些班级一个学期开展了三个结构主题,但是班级结构区里的材料却没有进行及时更换和调整。三个结构主题全部提供相同的结构材料,既不能激发幼儿创造的兴趣,也无法为幼儿的创造提供材料支持。

在幼儿需要更换主题时,教师应事先考虑幼儿可能会需要的材料,并及时调整原有的游戏材料,尽可能提供充足数量和种类的材料。在游戏开展过程中,教师应关注幼儿的游戏情况,了解幼儿是否有扩展游戏情节的需要,在幼儿需要扩展游戏情节时及时补充或者更换材料。但是也不能频繁地更换游戏材料,以免幼儿的注意力过多地被材料的外形和颜色所吸引。

【案例】 立体机器人

幼儿园新购买了磁力建构片,今天投放在班级的区域中。建构片有三角形、正方形的形状,还有各种鲜艳的颜色,最主要还具有吸的特性,孩子开始玩的时候都很感兴趣,会拼插出各种各样的造型。如正方形拼了机器人的身体,又用三角形拼机器人的头,用正方形和三角形组合成手。我们在孩子的作品中发现,孩子们的作品有的注意了左右对称,有的注意到颜色的对称,孩子们有了初步的对称意识。同时,还发现了一个共同点,他们的作品都是平面的,造型单一。所以,看出孩子们对机器人的了解还不够透彻。根据我们的观察与分析,调整如下:请家长通过各种媒介丰富孩子对机器人的认识,对机器人的外形构造有进一步的了解;收集各种各样的机器人,投放到区域中,供孩子欣赏;粘贴各种造型的机器人图片的范例。

今天佳权和晨浩小朋友又来结构区了,不一会就拼出了成品,晨浩:"我拼的变形金刚车,你拼的是什么啊。"佳权:"我拼的铠甲勇士。"晨浩:"那我拼的就是机器人。"佳权看看晨浩的机器人,将自己拼完的作品马上拆掉,拆下来的玩具会粘在一起,佳权小朋友就把一样形状的建构片叠在一起,接着拼另一个作品,连续拼了好几个作品,接下来佳权把这些零散的作品开始组合,他高兴地大声对晨浩说:"快看我的机器人!"这时围过来好几个小朋友,"比前面做得好看多了!""是能站起来的机器人哦!"老师及时赶到:"真棒! 这是立体的机器人"。接下来,整个区域沸腾了……

(案例来源:厦门杏滨幼儿园分园小班段教师)

案例分析:幼儿具有自我学习、探索的本能,拥有无限的创造力,只要教师能主动观察,及时把握幼儿行为表现中的信息,并针对不同发展水平幼儿的需要给予及时的支持,给予幼儿自我学习和创造机会,幼儿的潜能就会发挥出来。

3. 提供各类辅助材料,弥补结构材料表现力的局限

一般而言,为满足幼儿的游戏需要,教师除提供多样化的结构材料,还可投放一些人物模型、动物、交通工具、花草树木、家庭物品等辅助材料,一方面可以启发幼儿确定搭建内容,如幼儿看到小动物会想到为小动物搭建一个家,看到汽车会想到搭建公路或停车场;另一方面,辅助材料可引发幼儿搭建物体后开展角色扮演,发展游戏情节,如幼儿搭建一列火车后,需要人偶来做火车司机和旅客,搭建一个公园后就需要花草树木的装饰,因此应根据幼儿搭建以及搭建后游戏的需要,不断补充相应的辅助材料。

4. 充分利用生活中的废弃物和自然物开展结构游戏

生活中一些未成型的材料通过清洗和必要的消毒处理可以被用于结构游戏,它们既充实了游戏的内容,又发展了幼儿的想象力。例如,废旧的包装盒、塑料管、卷纸芯、冰棍棒、火柴杆,经过清洗消毒和色彩加工,幼儿能利用它奇思异想地拼出蝴蝶、小花、房子、卡车、飞机、帆船等各种形象逼真的图形。随处可见的沙石、泥土、树叶、秸秆等自然材料,只要启发得当,也能成为经济实用的构造材料,用来构筑小山、山洞、桥梁、动物园、公园、农村等。采集形状各异的树叶,可以拼贴成各种动物、植物、物体的图案。

图6-4 幼儿园户外结构游戏(废旧材料)　　图6-5 幼儿园大厅中的结构区

(二)合理规划结构游戏区

结构游戏种类多样,教师应结合不同结构游戏的特点合理规划游戏区。玩水玩沙的结构游戏可在户外进行,小型的搭建与拼插的桌面结构游戏可安排在活动室室内,中大型的积木类游戏可在走廊以及楼道拐角等处设置相对独立的区域开展。

结构游戏区的墙面创设可随着幼儿游戏热点的转移,及时调整墙面的主题情境。可以在结构游戏区的墙面上贴一些简单的图例,给幼儿明显的、简单易懂的提示。当幼儿有了一定的结构基础后,教师可将幼儿搭建的成果画成图画或者拍成照片放大布置在结构游戏区环境中,以激发幼儿的兴趣,增强他们的自信,并给予其他幼儿更

加直观的引导。此外,教师可以根据建构的主题提供相关的图片,有目的地引导幼儿共同收集与主题内容相关的资料(照片、画片、挂图等),拓展幼儿的表象经验。

(三)提供充足的操作时间

教师应合理安排结构游戏时间,既可以安排一个完整的时间段,让幼儿进行充足的活动操作,也可利用过渡环节的零散时间开展一些小型建构游戏。总之,教师应保证幼儿每日应有足够的结构游戏时间。

【案例】目前,大部分幼儿园中都建立了区角,可是真正能让幼儿自由自主活动的时间非常少。一些幼儿园在组织活动时,仅仅把结构游戏当作调剂品来使用,如小班下午离园时间快到了,教师准备给幼儿再安排一些安静的游戏,于是把积塑玩具堆放在桌子上,让孩子们围坐在桌子旁玩。这时陆续有家长来接孩子了,但大多数幼儿还没有搭建完自己的作品,不愿意放下手中的积塑材料,甚至有的幼儿大哭起来……显然结构游戏的时间仅安排在早上幼儿入园或下午家长快来接的时间段,是无法发挥其教育价值的。由于游戏时间太少,它只让幼儿学会做事半途而废,而且,结构游戏活动时间不充足,幼儿的创造性也无法真正发挥出来。

二、各年龄幼儿结构游戏的不同特点及指导要点

(一)小班幼儿结构游戏的特点及指导要点

小班幼儿游戏动作没有明确的目的,在无目的地摆弄建构材料中,逐渐熟悉了材料的特性。这个阶段幼儿的建构游戏通常以独自游戏和平行游戏的方式进行,主要进行任意构建,他们对建构的动作更感兴趣,常常把建构材料堆起垒高后又推倒,不在乎搭出什么,对"建构"出来的东西也没有概念。另外,小班幼儿在建构中常常更换建构作品的名称,当有人问"你搭的是什么"时,幼儿才会注意自己的建构物,思考"这是什么"的问题,然后根据自己的想象或根据建构物大致形状进行命名,或是等建构完成后再根据建构物的某一外部特征来给作品命名,他们一般不能明确解释作品的细节。总之,小班幼儿的建构游戏嬉戏性较强,作品结构较为简单。

指导要点:

(1)教师要引导幼儿认识结构材料,有意识地搭建简单的物体给他们看,也可以带领他们参观中、大班幼儿的结构活动,引起幼儿对结构活动的兴趣。

(2)结构游戏开始时,要给幼儿安排结构场地和准备足够数量的结构材料。结构材料应该每人一份,建立最初常规,使他们能互不妨碍地开展游戏活动。

(3)在游戏中指导幼儿学习简单的结构技能,如连接、延长、围合、加宽、垒高等主要构造技能。鼓励幼儿尝试独立结构简单物体,并能表现其主要特征,如搭建门、桌子、床等。

(4)教师要经常有意识地让幼儿说出自己结构物体的名称,也可以根据孩子搭出的形象给以适当的名称。引导幼儿理解和明确结构的目的性,发展他们的想象力,使

主题逐渐稳定。

（5）建立结构游戏的简单规则，如必须爱护结构材料、游戏结束后应整理好结构材料等。

（6）教会幼儿整理和保管玩具的最简单方法，使他们能参加整理玩具的部分工作，培养爱护玩具的习惯。

（7）提供适合小班幼儿特点的结构材料。例如，积木以木制小积木和大型轻质积木为主，并可配置一些平面板、小筐等辅助材料，以引导幼儿丰富游戏内容，激发幼儿兴趣。

（二）中班幼儿结构游戏特点及指导要点

中班幼儿已具有一定的建构水平，手部小肌肉动作逐渐发展，思维、想象、生活经验等更加丰富，建构的目的性增强，建构的坚持性也在增加，建构水平由单一的延展向整体布局过渡。这个阶段的幼儿不仅对建构游戏的动作和过程感兴趣，同时也关心建构游戏的成果，游戏的目的比较明确，主题比较鲜明。中班幼儿开始尝试模拟结构实例或图纸进行模拟建构活动。幼儿最初只会照着立体结构造型的范例，根据其形状、大小、颜色对应地进行准确模拟，逐渐地开始学习照图模拟。照图模拟要求幼儿学会观察平面图纸，根据记忆表象，将图纸中的结构造型想象成立体结构造型，这不仅对幼儿的基本建构技能有一定的要求，同时也对幼儿的空间知觉和表征能力提出更高的要求。总之，中班幼儿已能运用已有经验对物体进行再现和创作，但是建构作品大部分不讲究对称和平衡。

指导要点：

（1）教师应设法丰富幼儿的生活经验，丰富幼儿关于周围的物体和建筑物的经验，增加中班幼儿造型方面的知识和训练。

（2）培养幼儿设计结构方案，学习有目的地选材，学会看平面结构图。

（3）着重指导幼儿掌握结构技能，并会运用这些技能去塑造各种物体，把平面图形变成立体的图形。

（4）组织小型集体结构活动。例如，3—4人为一小组，教会他们共同讨论，制定方案，进行分工，友好合作地游戏。

（5）组织幼儿评议结构活动，鼓励他们独立地、主动地发表意见，肯定幼儿的发明创造以及能自己表达结构物的意思，促进幼儿创造性思维的发展及结构水平的提高。

（6）提供适合中班幼儿特点的结构材料。中班幼儿因为建构水平有所提高，所以拥有的玩具材料数量要增加，在型号上也应有所加大。例如，积木以大中小型积木为主，并可在小班基础上继续配置一些人偶、小动物模型、交通工具模型等辅助材料。

（三）大班幼儿结构游戏特点及指导要点

大班幼儿已掌握了一定的搭建技巧，已经具有一定的独立建造能力，游戏的目的明确、计划性较强，能围绕一个主题进行长时间的建构活动。大班幼儿往往是在建构前就宣布所要建构的建构物的名称,表明其建构的目的性、计划性的提高。随着建构技能的掌握,幼儿根据自己的想法和愿望来建构的能力进一步增强,利用建构物开展象征性游戏的现象也增多。此外,游戏中的合作意识增强,幼儿可以开展多人参加的、持续时间长的大型小组合作建构游戏。幼儿也不再满足于作品的完成,开始有使用辅助材料进一步美化自己的建构物的意愿。

总之,大班幼儿能够搭建出有场景、有情节的较高水平的建筑群且其建构作品多为立体结构,讲究对称和平衡,比较形象。

指导要点:

(1)鼓励幼儿按计划、有目的地进行建构,引导幼儿学习一些较复杂的建构技能,培养其独立建构的能力。

(2)让幼儿在围绕一个主题进行建构时,学习表现物体的细节和特征,能准确表现游戏的构思和内容,会使用结构材料和辅助材料。

(3)引导幼儿学习设计建构图,从平面到立体,从立体到平面,尝试整体布局。

(4)在幼儿欣赏自己及同伴作品的过程中,逐渐发展自我评价与评价他人的能力。

(5)鼓励幼儿集体进行构造活动,共同设计方案,确定规则,分工合作,彰显各小组搭建特色,开展大型结构游戏。

(6)提供适合大班幼儿特点的结构材料。例如,除了提供和小、中班一样的大中小型积木外,还可提供一些不规则形状的积木,辅助材料的种类也应更多,并可多提供一些废旧材料,以发展幼儿的创造性。

三、结构游戏指导过程

(一)激发幼儿参与结构游戏的兴趣

兴趣是人们从事任何活动的强有力的动力之一,兴趣可以吸引幼儿去参加各种活动,思考各种问题,从而发展各种能力。幼儿参加结构游戏,往往是从感兴趣开始的。结构游戏中,简单的雪花片能变出手环、大树、花篮等许多有趣的造型,一堆不起眼的积木能搭出各种各样的房子。这一切在幼儿的眼中多么新鲜、有趣和不可思议,幼儿对拼、插、搭产生了强烈的好奇,个个跃跃欲试。因此,教师应该注意利用多种方法吸引幼儿的好奇心,激发幼儿对构造活动的浓厚兴趣和创作的欲望。

1. 用构造作品吸引幼儿兴趣

教师可事先构建出各种各样的结构造型展示给幼儿,让他们感受和欣赏这些作品,了解结构材料和结构技能的丰富多彩性,体验造型艺术美。对于小班幼儿,教师还可以带他们参观中、大班的结构游戏,大孩子们的建构作品往往能更有效地激发他们参与结构游戏的兴趣。

2. 关注和把握幼儿的兴趣点

观察是实施有效指导的前提。教师应通过平时贯穿于一日活动中的观察,了解幼儿一定时期内的兴趣点,及时把握幼儿随机生成的兴趣需要,从幼儿的生活经验和兴趣点出发,进行有效的引导,有意识地调动全体幼儿的兴趣,让他们不断关注新鲜事物,从而拓宽知识经验,提高建构游戏水平。

【案例】大班结构游戏:立交桥

1.以生活中的场景引出主题。

教师:清扬老师一大早就从家里出发,可刚上杏林大桥,哎呀!堵车了!那车堵得像条长龙!非常长,一眼看不到头!那些车就像蜗牛似的慢慢往前挪动!我用了40多分钟才到幼儿园。今天我迟到了你们知道为什么吗?

教师:运用什么方法,才能使道路通畅不会堵车?

教师:你们所说的方法都有用。清扬老师也想到一个非常有效的办法。在拥堵的城市道路上搭建更多的立交桥。

2.请幼儿回忆自己见过的桥,描述它们的外形、构造,以杏林大桥为例。

教师:你们见过的桥有哪些呢?它们是什么样的?(让幼儿联系生活经验,自己说说)

图6-6 幼儿建造的立交桥

教师:我这里搜集了几张我见过的各种不同的桥的图片,你们想看吗?你们仔细看看它们是什么样子呢?

3.教师出示图片介绍桥梁的基本构造。

教师:好了,图片看完了,我请小朋友来说说,一座桥由什么组成?(桥面、栏杆、桥墩)

教师:你们看我手里拿的是什么?(易拉罐、长方形积木)

教师:圆柱积木像我们的桥墩!长方形积木就像我们的桥面。今天我们就要用这两种积木给我们的城市搭建更多的立交桥。

教师:知道了桥的基本结构,我们要怎么造一座桥呢?

……　……

(案例来源:厦门英才幼儿园　林清扬)

(二)引导幼儿对物体进行观察

幼儿只有对周围生活环境中的物体和建筑物有了较细致的了解,并形成丰富深刻的印象,才会产生去建造物体的愿望。

1.多渠道、多方位、多角度的观察

教师要引导幼儿观察日常生活中各种不同的物体和建筑物的形状、颜色、结构以及空间位置关系,积极培养幼儿仔细观察周围事物的习惯,从日常生活中经常接触的、熟悉的物品入手,如幼儿的座椅,吃饭的桌子,睡觉的小床,操场上造型简易的滑梯、转椅、跷跷板等,逐渐发展到观察生活中常见或少见的物体,如电视机、电风扇、各类家具、小动物、汽车、飞机、轮船等,丰富幼儿头脑中的造型表象,为他们在结构活动中的思维创造打下基础。观察活动可以带幼儿到大自然中去实地观察,也可以采用多方位、多角度的影像或图片资料进行观察。

2.指导幼儿学会分析结构特征

在指导幼儿观察实物与图片中的结构物时,应教会他们掌握结构分析法,即说出物体各部分的名称、形状,比较建筑物的不同部分,掌握各部分结构物的组合关系。如楼房是有层次的,房顶有尖的、平的,也有圆的,桥梁是桥面和桥墩组成的,等等。在此基础上,引导幼儿根据需要选择合适的材料,创造性地表现自己对事物的认识。

3.指导幼儿进行对比性观察

要引导幼儿运用对比观察法进行观察。对比观察法有助于幼儿掌握同类物体的共性,并区别出它们的个性特点,从而加深幼儿对各种物体的完整印象。例如,椅子和凳子都是四条腿,一个有靠背,一个没有靠背,四条腿的凳子,有的是长的,有的是方的,还有的是圆的;汽车都有轮子,有三轮,有四轮,甚至有六轮的,公共汽车的车身长而高,小轿车的车身矮而低。这些大概的掌握和细致的区分,不仅有利于幼儿通过构造真实地再现周围生活的物体,更能促使幼儿触类旁通,在构造物体时进行加工和创造。在构建新主题时,引导幼儿运用对比观察找出众多结构物中的相同点;也有助于幼儿把已经获得的构建知识技能迁移运用到新的构建活动中去。

(三)帮助幼儿学习掌握结构技能

在结构游戏中幼儿应掌握的结构能力包括:识别材料的能力、操作的技能、设计构思的能力、分工合作的能力。结构游戏的核心要素就是建构,即幼儿的操作,因此培养和提高幼儿的操作技能是完成结构游戏的一个重要前提。

1.接插、镶嵌技能

利用接插、镶嵌方式进行结构活动的玩具有胶粒、花片、齿形积塑、积塑块等。这类玩具的结构元件上都有凸出的"头"和凹进的"孔",或者开有"槽"(缺口)。"头"与"孔","槽"与"槽"之间的大小、深浅一致,所以可互相接插、镶嵌组合成一个结构体。这类玩具大多由塑料制成,色彩鲜艳,很受幼儿喜爱,是桌面小型结构游戏的主要材料。

(1)连接:指两个结构元件互相接插,形成一个整体。

整体连接:指各结构元件间每一个"头"和"孔"之间的对应连接,整体连接可形成牢固的面,结构房子、墙、家具等都需要这种连接。

交叉连接:指结构元件之间进行纵横交错的连接。

间隔连接:指不同颜色、不同结构元件的相间排列。

端点连接:指两个结构元件左右端的"头"与"孔"的接插。若两个结构元件间只有一个端点相接,那么这两个结构元件就可以转动,改变结构方向,从而表现出物体的不同形态。

围合连接:指将结构元件进行封闭连接,形成方形、圆形、三角形和多边形等。

(2)填平:指用结构元件插入一个结构物的空缺部分,使之形成平面。

(3)组合:一个物体由很多部分组成,因此往往需要各部分分别结构,然后将各部分连成整体,这就是组合。

直接组合:两个或多个部分构件的接插口进行直接接插而形成另一物体形象。

间接组合:是在两个结构体无法直接接插的情况下,用另外的结构件使之组合。

2.排列、堆积技能

用排列、堆积等方式进行构造活动的玩具主要是各种型号的积木。由于积木的表面平整光滑,每一块之间就不能用接插、镶嵌进行连接,而只能用排列、堆积等拼搭的方法进行连接。

(1)排列、延长、铺平。这是一种积木之间横向连接的方式,每一块积木的左右两端均可放置另一积木使其延伸,在延长排列时要求将积木铺平。

围合排列:指用积木将空间进行某种围合,使里外不通。围合使构造物在空间上有一定范围,构造房屋、围墙、池塘等都需要这种围合。围合时可选用相同积木,也可使用不同积木。

间隔排列:指积木之间有规则地间隔排列。可以是大小间隔、形状间隔、色彩间隔,也可以是相同积木横竖位置的间隔排列。一般是两种积木间隔,也可是三种或更多积木的复杂间隔。

拼图排列:指用积木排列成一种平面图形。由于积木呈几何图形,因而根据几何图形之间的组合关系,可拼搭成各种形状。

对称排列:在中心线两边的积木旋转180度后能完全重合的排列为对称排列。中心线两边的积木如果形状和大小一样,而位置不相对的为不对称。对称排列能使人产生平衡、均匀的感觉,是结构造型中重要的排列方式。

(2)堆积。这是一种积木之间纵向连接的方式。

加高:指积木之间向上堆放的连接。加高堆积的难点是保持堆积物的平衡与稳定,掌握堆积物的重心是实现平衡与稳定的重要条件。堆积物的平衡、稳定与底面接触面的大小有关,接触底面大,重心低,稳定性大;接触面小,重心高,稳定性就小。因此,堆积积木时要将大积木放在下面,小积木放在上面,以加大底座,降低结构的重心。同时,相同积木堆高时要使上下积木接触面对齐。幼儿常因掌握不好此技能而影响积木的搭建。

盖顶:指用积木将平面排列的积木由上而下地遮掩。盖顶后的搭建物在高度上有了范围。盖顶用的积木大小可超过排列的积木。

台阶:指逐级增高呈阶梯状的积木堆积。

砌墙:指积木加高时各层进行有规律的交替排列。砌墙式结构能使构造物产生平衡感。

间隔堆积:指积木之间有规则的间隔堆积。包括大小间隔、形状间隔、色彩间隔等,也有用相同积木横竖堆积的间隔,既有两种积木的简单间隔,也有更多不同积木的复杂间隔。

3.粘合技能

粘合也是构造活动的一种方式,指通过黏合剂将结构元件进行连接,组合成用一般方法无法结构的各种结构物体。幼儿可利用这种方式去创造各种物体形象。幼儿园常用的黏合剂有胶水、橡皮泥、双面胶等。

4.穿、编技能

穿、编是结构活动的方式之一,它是生活中穿鞋带、打鞋结、扣纽扣、梳编头发等生活技能在游戏中的再现,也是手工艺术造型活动的内容。幼儿园常玩的穿编游戏有穿珠、串线花板、绕线花样、纸编、绳编、编织等。

(1)穿珠:穿珠结构游戏由线和有孔珠组成。线须采用硬质的,如腊线、尼龙绳、电线甚至细铅丝,过细、过软的线不易操作。所用的珠必须有孔,孔必须比线的直径大。珠的品种有木珠、塑料珠、玻璃珠、竹珠、瓷珠、纸或布的珠,其形状各异,如各种几何图形珠、动物造型珠、管状珠、环形珠等。此外,有孔的各种几何形状的纸片、布片、塑料片等均可作为"珠"进行穿编。

(2)编织:指把绳、线、布条、纸条、柳条、藤条等细长的材料交叉组织起来的构造游戏。

5.螺旋技能

螺旋结构游戏是指用螺丝、螺帽将各结构元件进行连接的构造活动。螺旋结构玩具有木制的、金属制的和塑料制的三种,都是各种几何图形的元件。木制的较粗大,金属制的较细小、坚硬,塑料制的较软、可弯曲。这类玩具有一个共同点,就是每一元件都有排列均匀、整齐、与螺丝粗细相配的小圆孔。

(四)指导幼儿构造方式

1.模拟构造

模拟构造是指模仿结构实例的构造活动,目的在于使幼儿学习结构技能与造型技能,培养模仿能力及操作能力。

模仿学习是幼儿学习的主要方式,也是他们进行创造性游戏的前提,特别是小班幼儿刚开始接触结构游戏或新结构材料出现时,适合进行模拟构造活动。

(1)对结构物的模拟:结构物是一种立体结构造型的范例,幼儿模仿范例,再现范例,并在操作中掌握技能。

(2)对结构图纸的模拟:这种模拟要求幼儿首先观察图纸中的结构造型,然后将其变为立体结构造型。

(3)对实物、玩具等形象的模拟:实物、玩具这种范例只有主题形象的造型,而无结构造型,所以幼儿在模拟时要进行结构造型的创造。

(4)对物体形象图的模拟(如照片、画等):这种模拟不仅要求幼儿将图中的形象变为结构造型,还要将平面造型变为立体造型。

以上四种模拟构造中的结构技能要求是逐步提高的,其中对结构物的模拟是基础,因此选择结构范例应典型。教师要指导幼儿对模拟结构物的结构进行观察、分析,演示结构活动中的新技能和结构特点,指导幼儿分步结构各结构部件,再将各结构部件组合成整体。

2. 命题构造

命题构造是指有一定主题的造型活动,其目的在于培养幼儿结构的目的性,发展幼儿构思的能力。

命题构造可以是单一结构命题,例如拼鸭子、鸡、鸟等,让幼儿举一反三,练习建构技能,适合在小班开展;也可以是主题结构命题,反映幼儿熟悉的周围环境、名胜古迹、宏伟建筑、现代化设备,例如小动物的家、娃娃新村、公园、街道等。适合在中、大班开展。

教师可提供各种资料帮助幼儿构思,鼓励幼儿发表意见,并根据幼儿的知识经验、结构能力、结构时间的长短、结构材料的多少,帮助幼儿确定合理的结构内容。

【案例】中班结构游戏:动物园[①]

命题:"动物园"

游戏指导任务:培养幼儿按命题构思的能力,让幼儿掌握粘合结构物的技能。培养幼儿掌握分工合作完成复杂主题的能力,形成集体观念。

游戏材料:积木、橡皮泥。

游戏指导:

(1)提出命题,组织幼儿按命题构思结构的内容,并进行分工。(指导语:"我们一起来搭'动物园'。动物园里都有谁呢?它们住在哪儿?在哪儿活动?""我们的动物园有多大?门在哪儿?围墙在哪儿?每个动物住在哪儿?""我们将怎样分工?谁想搭什么?"等)

(2)对幼儿具体辅导结构技法。动物构造用粘合法,房子、围墙等用砌墙法,注意掌握积木堆积的重心与平衡。

(3)评议、美化"动物园"。在幼儿分别完成自己的构造任务后,让幼儿检查各自结构物的整体结构,看它是否符合设计要求,还有哪些需补充或拆除,如何美化。然后再集体动手继续构造,并围绕它玩"动物园"角色游戏。

3. 自由构造

自由构造是指幼儿按自己的意愿进行的构造活动,其主要目的是发挥儿童的独立性,让他们自由想象与创造。

对于幼儿自由构造的指导,教师要及时了解幼儿的构造意图,鼓励幼儿独立构造,并根据每个幼儿的实际构造能力给予适宜的帮助指导,使幼儿能够完成自己的构造目的,满足幼儿的游戏需要和愉悦成功的游戏体验,发展幼儿的操作能力和创造想象力。

---

① 林茅.幼儿游戏[M].上海:华东师范大学出版社,1992:93.

（五）找准游戏介入点

教师在结构游戏的组织与指导过程中,要充分发挥幼儿的主动性和创造性,要给幼儿的游戏发展提供支持,但绝不是代替。教师在游戏中是观察者、引导者、支持者、合作者,教师要有敏锐的观察力,为幼儿顺利地进行游戏搭建平台,并将建构游戏中幼儿获得的有益经验,渗透到其他各领域,以促进幼儿多方面的和谐发展。

1．观察是介入的前提和基础

观察是教师"干预"的基础和基本的指导方法。观察不仅仅是用眼睛看,更重要的是用脑袋去思考,只看不想等于什么也没有看到。教师要对所看到的现象进行"为什么"的思考,以理解幼儿的建构行为,然后分析:是否干预？采用什么方式干预？教师可以根据幼儿游戏的不同需要与不同层次幼儿的不同发展水平,实施指导。

在小班,教师重点观察幼儿的兴趣、技能等；在中班,教师重点观察幼儿的独立性、想象创造能力、结构技能与行为习惯等；在大班,教师重点观察幼儿的想象创造能力、合作能力与坚持性品质等。

【案例】阿明的"停车场"

阿明看到了旁边的长条积木四处堆放,无人取用。他开始把长条积木有序地在原有的游泳池上排列整齐:从孩子的拼搭图片上不难看出,这个"停车场"是一个不规则的且出现倾斜面的停车场。

幼儿甲:阿明你在搭什么？

阿明:我在搭停车场,你们不要捣乱,我自己来！

幼儿甲:你搭的是床吧？我来滚一下！

阿明:你让开！

图6-7 阿明搭建停车场

我马上接了一句:停车场的大门在哪里？

阿明:我还没搭完！

经过我的提醒,阿明开始有意识地寻找合适的位置和材料。长条积木没有了,阿明选择可替代的短型积木,尝试了各种方法,总算把它们连接起来。

（1）尝试第一种方法:短板积木连接

阿明第一次发现问题:两片积木叠在一起车开不过去,阿明用自己的手当作小汽车开进停车场,结果发现门太矮了。

（2）尝试第二种方法:垫高方法

我对阿明的再次创作非常感兴趣。

我:上面加上这两条积木是用做什么？

阿明:我要再搭一层,车就可以开到楼上去。

我的思考：在充分的自主游戏的氛围下，孩子们的想法得到尊重、游戏思维得以呈现。从成人的角度来说添加这个是多余的举动，完全影响了作品的美感，但孩子有自己的想法，也许是为了继续垫高、为了……带着疑问我继续观察。

一切又回到了原点，阿明的作品不小心被弄倒了，再次搭建停车场的大门。这次的开始，不完全运用刚才的步骤。

我的思考：很多教师是否跟我一样，发现孩子们每次搭建的作品同样的时间、地点，相同的材料，在受到外在因素和结构因素的影响导致作品损坏、倒塌，孩子再次搭建它们时相比原来的作品几乎完全不一样，这是孩子的思维特点，还是孩子在创造中的瞬间思维，很快就会忘记刚才的方式方法！这个问题值得我们进一步思考讨论，孩子们的游戏推进和游戏思维是怎么转换的。

图6-8 阿明的作品倒了

我：阿明，你知道为什么会倒吗？

阿明：因为没摆整齐，没关系，再来。

教师在细致观察下，在适当时机主动介入引导，有助于游戏推进。从开始一层到最后的四层阿明还在继续努力着。

我的思考：这次的失败，反而让阿明找到了新的搭建方法。事实证明，放手让孩子去尝试失败，他们才能从中吸取更多的经验，学会更多解决问题的方法。孩子的创造力是无限的，教师的过多介入和干预往往适得其反。在教师使用任何手段或角色形式介入幼儿游戏时，应通过细致

图6-9 阿明最后的作品

的观察，抓住恰当的时机适时介入，才能帮助幼儿在他们自己的游戏思维框架下推进游戏发展。

(案例来源：厦门英才幼儿园　林清扬)

2.按需介入

在仔细观察游戏过程之后，教师进行思维加工，判断哪些情形需教师立即介入点拨，哪些则需教师暂缓介入，用什么方式介入，这样才能满足幼儿游戏过程中的真正需求，使教师指导具有针对性。

(1)一般需要教师立即介入的主要情形是：

——当幼儿出现负面行为时；

——当环境中因人群拥挤或使用材料、工具而产生不安全隐患时。

(2)一般需教师暂缓介入的主要情形是：

——当幼儿发生技能困难时；

——当幼儿游离于游戏情形时；

——当幼儿在延伸或扩展游戏内容有困难时。

【案例一】积木不够了①

区域活动开始了，建筑区的孩子在搭建他们喜欢的昊天广场，徐勇博和邓天昊选择搭建音乐喷泉，徐勇博对邓天昊说："你帮我拿长积木，我要搭一圈台阶。"阳阳也抱来了很多长积木和圆柱体，搭了两排桥式结构的建筑物，看样子是在搭长廊，琨琨则从废物角找来了一个茶叶筒摆在中间，用积木一层层地往上围。过了一会儿，阳阳大声叫我："王老师，长积木不够了，都被他们用了。"原来，阳阳需要用长积木给长廊封顶，而徐勇博也需要长积木搭台阶，建筑区的长积木用完了。"想一想，能不能用别的东西代替？"我鼓励他们自己想办法，孩子们看着长积木发愣，过一会儿，周嘉怿兴奋地说："对了，咱们在中班搭房子时用纸板封过顶，再做些纸板吧。""这个主意不错。""废物角就有，我去拿。"阳阳迅速拿来两个纸箱，大家一起将其裁成了几块长方形的纸板，又请美工区的小伙伴进行了简单的装饰。这一下问题解决了，阳阳搭的长廊，徐勇博、邓天昊一起搭的音乐喷泉都成功了，孩子们的搭建兴趣更高了。

【案例二】怎样给长廊封顶②

经过一段时间的搭建，孩子们的昊天广场已经初具规模，但仍不能表现建筑物的细节。今天区域活动开始前，我参与了他们的讨论，"仔细看一看，咱们现在搭的长廊和昊天广场的长廊有什么不一样？""昊天广场的长廊柱子多，下面能坐人，两边不是直直的。"几个孩子边看照片边争着说。看来，孩子们能发现问题。"那怎样才能把长廊搭成两边有些弧度的呢？"在我的鼓励下，他们开始了今天的搭建。

阳阳一边数着照片上的柱子数，一边一个一个地搭，并有意识地将两头的柱子往里弯，但在用长积木封顶时却总是倒，阳阳无奈地看了我一眼。"想一想，再试试！"我指了指下面的圆柱体积木，他将积木往外移了移，试了几次，终于稳住了。他开始把长廊延长，并小心翼翼地给长廊封顶，"琨琨，你看，这盖不上了。"阳阳一边试一边与琨琨商量。原来是他们搭的长廊两侧有弧度之后，又盖不上顶了，我没有急于上前，而是在旁边悄悄地看着。阳阳和琨琨不停地变换纸板的位置，可中间对上了两头盖不上，两头盖上了中间又有缝隙，这可难住了两个孩子，他们开始无奈地摆弄长廊边上的草坪，似乎已经放弃了封顶。

活动结束后，我请他们对今天的搭建进行自我评价，阳阳提出了自己的困难："我们长廊不能封顶，老有缝。""怎么办呢？大家一起帮他想想办法吧。"孩子们讨论得很激烈："用几个长积木盖上就行。""那样不平。""对了，咱们再做几个三角形纸板当

---

① 何艳萍.幼儿园区域活动的实践与探索[M]北京:北京师范大学出版社,2010:100.

② 何艳萍.幼儿园区域活动的实践与探索[M]北京:北京师范大学出版社,2010:100-101.

盖就行了。"周嘉怿说。我冲他伸出了大拇指,并把量缝、裁板的任务交给了他们。说干就干,几个建筑区的孩子开始测量长廊顶上的缝隙,并在美工区制作三角板,忙了近一个小时,他们的长廊终于严严实实地盖上了顶,几个孩子的脸上露出了自豪的笑容。

案例分析:上面案例中的教师,在介入幼儿游戏时存在一个共同的特点,即面对幼儿游戏出现的问题与状况,没有急于去解决,而是给孩子留下了一定的"问题空间"。案例一中,教师通过一句提示性的问句,引发了幼儿的思考和想象,创造性地解决了问题。案例二中的教师把问题留给了幼儿,通过幼儿的合作讨论,协商分享,引导幼儿在与同伴互动中学会经验交流,从而实现了幼儿的主动学习。

3. 关注"问题"

幼儿在结构过程中,往往意识不到自己搭建中的问题,教师可以通过"提问"帮助幼儿注意到"问题"。当教师观察到幼儿搭建方法有问题时,可提醒他观察一下同伴的建构物,让他想一想同伴的建构物和自己的建构物的哪些地方有区别,使幼儿自己找出解决问题的方法。同时教师还可以通过设置问题情境来向幼儿提出新的挑战,引起幼儿解决新问题的需要,丰富幼儿的建构活动。

【案例一】大班李老师发现最近建构区的孩子们很喜欢搭建桥梁,每次他们都把积木摞得高高的。有的孩子喊着自己搭的是桂河大桥(当地最大的桥的名字),也有的孩子喊自己搭的是长江大桥或黄河大桥。可是细细观察,李老师发现孩子们搭建的大桥大都一样,即两个桥墩、一个桥面,搭建水平都很一般。于是,李老师搜集了很多桥的资料,和幼儿开展了一次"各种各样的桥"的教学活动,丰富幼儿关于桥的经验,帮助幼儿更进一步了解桥的基本结构。在这之后,孩子们对桥的兴致更浓厚了,搭建水平也有了飞跃性的提高。[①]

【案例二】小班建构区活动中,明明正把纸盒摞高,可是总是摞不到5个纸盒就倒了,明明看起来有些沮丧。老师看到他有放弃游戏的苗头,就走到他身边,也拿纸盒开始摞高,而且一边摞一边说:"我把大纸盒放在下面,再把小一点的摞上来,这就对齐了,再继续……"明明也学着老师的样子开始游戏了。[②]

案例分析:以上案例中的教师,不仅通过观察及时发现了幼儿活动中出现的问题和困难,也对引发幼儿活动困难的原因进行了思考,并细致地帮助幼儿进行分析,从而有效地采取了不同的处理方式。对因经验不足造成的问题,教师开展了专门的主题教学活动,提升幼儿的相关认知;对因技能缺乏造成的困难,教师采用平行介入的

[①] 董旭花. 小区域大学问——幼儿园区域环境创设与活动指导[M]北京:中国轻工业出版社,2013:8.

[②] 董旭花. 小区域大学问——幼儿园区域环境创设与活动指导[M]北京:中国轻工业出版社,2013:131

方式,帮助幼儿掌握了搭建技能。

4.遵守游戏中的隐性规则

教师应和幼儿一起,讨论制定结构游戏中应遵守的游戏规则。例如,需要多少材料取多少,材料轻拿轻放,剩余材料及时归还;应该在距材料摆放处有一定距离的地方搭建,以方便他人取材料;积木(尤其是大型空心积木)不能搭得过高,以免倒塌下来压着人;不能乱扔建构材料,不能相互丢掷,不能踩着材料走;拿同伴的材料要经过别人允许;小心行走,注意不要撞倒、推倒或是踢倒别人的建构物,如果撞到别人的建构物要向别人道歉;等等。

(六)讲评提升和收拾整理

1.引导幼儿结束游戏

游戏结束时间应提前告知。对于幼儿来说,从处于专注的游戏状态到结束游戏,需要一定的时间转换,要尊重幼儿的这种心理需要,给幼儿过渡的时间。教师可以提供熟悉的结束活动音乐,提醒幼儿"还有五分钟就要收拾""你还有足够的时间可以把花园完成"。

2.交流分享

(1)分享经验,提升游戏水平。结构游戏经验包括主题建构中的合作与分工、技能的掌握、材料运用、游戏常规等,教师可运用集体、小组、个别相结合的交流方式,让幼儿把游戏中有益有效的游戏经验进行相互分享。例如,游戏中的问题解决了吗?用什么方法解决的?你们小组的搭建任务完成得怎样?与同伴合作搭建时遇到了什么困难?是怎样解决的?等等。

图6-10 幼儿欣赏评价作品

教师要认真倾听幼儿的交流,适时为幼儿补充不完整的表达,帮助幼儿总结出有用的游戏经验,以此提升幼儿游戏水平,推动游戏情节的发展。

(2)拓展思路,为下次游戏留有余兴。结构游戏具有连续性的特点,一个建构主题往往需要在多次游戏中不断推进和完善。因此,游戏结束后,在幼儿分享交流游戏经验的基础上,教师启发幼儿讨论:对下次游戏你有什么好的建议?还需要增加哪些搭建材料或辅助材料?帮助幼儿拓宽思路,丰富结构游戏主题、情节、材料,使幼儿对下次游戏充满期待。

3.结构材料的收拾和整理

通过收拾、整理结构材料,幼儿不仅可以学习自我服务和为集体服务,养成对环境的责任感,而且也可以获得其他各种有益的经验。刚开始时,教师可协助幼儿做收拾工作,提醒幼儿依照材料架上的标签放材料,指定每位幼儿负责收拾一种材料,逐渐过渡到完全由幼儿自己独立完成收拾整理工作。

4.谨慎对待幼儿的建构作品

在结构游戏活动过程中,教师要教育幼儿懂得欣赏和爱护他人的作品,对一些优秀的、大家感兴趣的建构作品应保留一段时间,供大家欣赏,并鼓励幼儿围绕这些作品开展其他游戏。

四、结构游戏活动案例呈现

【案例】大班建构游戏:交通工具

主题由来:

交通工具给人们的生活带来了很大的便利,也让孩子们乐此不疲地去关注它。坐大巴去秋游,坐飞机去北京,还有火车、动车、轮船等,还有孩子提出的磁悬浮也很厉害……孩子们谈论着各种交通工具的特点、用途以及自己的未来发明创造,跃跃欲试,徜徉在用手摆弄建构的喜悦中,把生活中的经验顺理成章地迁移到游戏中来。

在众多的交通工具中,汽车应该是孩子们日常生活中最常接触到的,那我们就从孩子们身边最熟悉的事物开始,将"交通工具"游戏大主题分解成游戏小主题"汽车"。接下来根据孩子们的游戏需要,我们会围绕着"交通工具"这一主题逐层向前推进。

游戏总目标:

1.能大胆地选择各种材料与方法搭建出自己喜欢的交通工具。
2.能根据自己的构思合理选择和使用不同类型的材料,会使用辅助材料。
3.学会按简单的命题和围绕主题进行有目的的构造。
4.通过协商的方式与同伴合作,体验共同游戏的乐趣。
5.会欣赏评价自己或同伴的建构成果,与同伴共同分享成功的喜悦。

汽 车(一)

活动目标:

1.综合运用围合、垒高、平铺、插接等技能建构出各式各样的汽车、马路等。
2.运用废旧材料及辅助材料装饰汽车。
3.在活动中鼓励幼儿互相帮助、互相合作、学会谦让。

活动准备:

经验准备——

1.通过观看汽车图片以及模型对汽车、卡车、公交车等的外形特征做进一步的了解。

2.在区域活动益智区提供拼图汽车的种类;在阅读区提供汽车书籍、模型、图片,引导幼儿了解各种汽车的结构;在美工区提供各种废旧纸盒、各色卡纸、水彩笔等物品,引导幼儿制作各种各样的汽车并利用辅助材料表现汽车的细节部分。

3.请爸爸妈妈在来园和周末外出的时候,带领幼儿观察各种车辆,并对自己喜欢的车辆做口头的细节描述。

材料准备——

各种积木、积塑,子弹头胶粒若干、饮料罐。

一、活动过程

1.以谈话方式,导入活动。

教师:小朋友们都很喜欢各种各样的交通工具,谁来说说你喜欢什么?它有哪些特点?(喜欢大卡车。卡车的头部是梯形的,后面有个大大的货箱,还有许多轮子)

2.出示图片,了解汽车的基本特征。

(1)欣赏各种汽车图片。

教师:图片里有哪些车?说说你最喜欢的车,喜欢它的那个方面?

(2)了解汽车的组成部分与特征。

教师:这些车都是由哪些部分组成?它们有哪些相同的地方?有哪些不同的地方?(都是由车头、车身、车轮组成的,车的颜色、形状与功能不一样)

(3)鼓励用不同的建构材料表现出汽车特征。

教师:谁来分享,今天你想搭哪种车,需要用到什么材料和方法?(我想搭公交车,先运用围合的方法把宝石花搭成长方形成为公交车的身体,再利用奶粉罐做车轮,最后利用雪花片插接的方式拼出车的车灯与车门)

教师小结:小朋友们的想法都很棒,我相信你们能利用不同的材料与方法拼搭出自己喜欢的车。接下来我们就一起动起小手拼搭汽车吧。

二、提出活动要求

1.搭建汽车时插接要牢固,体现出车的构造与特征。

2.摆放作品时要小心,要保护好作品。

3.游戏中玩具轻拿轻放,爱护自己与别人的作品,不要大声说话、吵闹,等等。

三、幼儿自由拼搭,教师观察并巡回指导

1.重点观察幼儿在建构汽车时有什么困难,问题在哪里。(如材料选择的问题、建构技能的问题、摆放的问题等)

2.提醒幼儿注意游戏中的常规。(材料分类收拾、材料轻拿轻放等)

四、师幼共同欣赏建构作品并互动评价

1.欣赏作品,分享交流建构体验。

教师:小朋友们搭建了各种各样的车,谁来介绍今天你搭了什么车?它是怎样的?有什么特色?在搭建的过程中遇到困难了吗?你是怎样解决的?

2. 针对本次游戏特点,提出下次游戏要求。

教师:这次的游戏中你发现有哪些好的地方?有哪些不足的地方?你希望在下次游戏中增添什么?

观察与反思:

在建构"汽车"过程中,孩子们能够在原有的拼插基础上运用模仿的方式创造出各种造型独特的作品,例如房车、吊车,还有孩子创造出一些没有轮子的车(磁悬浮列车)。由于孩子们的灵感越来越丰富,马路上的车越来越多,路面越来越拥挤,拼搭的汽车也很难找到地方安放。小朋友们渐渐意识到拼搭的汽车太过拥挤,轮子滚动时容易发生碰撞,精心搭建的车会被撞坏。这时聪明的嘉嘉突然大喊道:"我们可以在空地上建一些停车场,这样马路上的车就不会那么拥堵了。"于是得到灵感的小朋友们在马路的出口拐角处设计了一个小型停车场,还根据车的大小设计了停车位。美中不足的是,孩子们对场地的整体布局不是特别合理,如停车场场地空间距离不够集中,较零散,空间的疏密把握不够合理。这些可以在下次活动中完善。

图 6-11 马路上的车太过拥挤　　图 6-12 简易的停车场

汽　车　(二)

活动目标:

1. 学习使用建构材料,运用拼接的技能搭建停车场及辅助设施。
2. 会较合理地使用提供的辅助材料,表现汽车的细节部分。
3. 引导幼儿规划搭建场地与作品的摆放布局。

活动准备:

经验准备——

1. 观看马路上的汽车、立交桥、停车场的图片以及视频。谈话活动:与幼儿谈论"生活中的交通工具",引导幼儿进一步了解交通工具的基本结构以及配套设施。

2. 在区角活动中提供一些相关设施的整体布局图,组织幼儿欣赏讨论,形成场地及空间布局的概念。

3. 请爸爸妈妈带领幼儿重点观察汽车的细节部分与场景,并对自己喜欢的交通工具做口头或绘画的细节描述。

材料准备——

提供井字形积塑、胶粒材料、木质材料、辅助材料等。

一、活动过程

1. 以作品图片回放的方式,导入活动。

(1)出示两幅相近似作品图片做对照,引发建构汽车细节部分。

教师:这些照片中的车都是小朋友上次建构活动中的作品。说说哪个是你自己的作品?你觉得哪些地方比较好?哪些地方还需要改进?(我觉得磁悬浮列车搭得很好,因为它很大气,颜色搭配得很协调)为什么有的小朋友分辨不出来哪个是自己的作品?(两个人搭成一样的了,应该有一些跟别人不一样的地方)怎样让你的汽车又漂亮又美观,又是独一无二的呢?(要观察汽车的细节部分,运用这些辅助材料来装饰)

(2)观看已搭建的停车场照片,引发二次建构。

在上次的游戏中,细心的小朋友们还为你们建造的爱车搭建了停车场。还考虑到汽车加油与保养的问题,在马路的附近搭了加油站、超市与汽车美容院,我们来看看这些照片,你觉得还有什么问题吗?请说说你的建议。(停车场搭得太零散了,还有许多的空地被浪费了)

二、提出游戏要求

1. 搭建汽车和建筑物要注意对称性与牢固性,能用辅助材料表现出交通工具设施与场所,特征要明显。

2. 与同伴协商完成作品,注意作品搭建的位置与摆放,注意作品的疏密度与布局。

3. 游戏中要爱护材料,小心移动,不破坏作品,游戏后整理材料要分类放好。

三、幼儿自由拼搭,教师观察并巡回指导

1. 观察幼儿搭建交通工具的情况,引导幼儿使用辅助材料,表现交通工具的细节部分。

2. 鼓励幼儿独立设计、建造,搭建前很好地考虑选择什么形状的材料,用多少,按怎样的顺序,用什么样的排列和组合方法。为使建造的物体美观、牢固,在搭建时还要考虑到匀称、平衡等问题。

3. 引导幼儿根据拼搭的设施,进行合理布局组合。关注小组之间分工合作的情况。

四、师幼共同欣赏作品,互相评价

1. 幼儿自主分组交流。

教师:请小朋友们以小组的方式自由参观本组的作品,提出你的意见。

2. 幼儿个别分享总结。

教师:在游戏中你们遇到了哪些困难?你们想出什么办法克服它?最后成功

了吗？

图6-13 交通工具及其停放场所　　　　图6-14 交通工具及其停放场所

观察与反思：

当部分作品完成时，孩子们利用自己拼搭好的汽车行驶在马路上，尝试作品的合理性，发现道路不平整、拐弯的宽度不协调等问题，进行调整改善。搭建汽车隧道的孩子们先用长形木质材料搭建，却发现隧道的宽度越变越窄，于是又换了半圆形的木质材料摆放，隧道的拐弯宽度终于协调了。值得一提的是，他们在搭建完本组的作品后，能主动找到其他组的小朋友协商作品的衔接问题，如搭建快速公交车组的小朋友能与搭建立交桥组的小朋友协商搭建一个共同站台，当公交车到站时，乘客能在站台乘坐快速公交连接线到达他们想去的地方。

多层停车场是教师在上次游戏中孩子们搭建简易停车场的基础上进行的设计，在游戏进程中，当孩子们的思路停止在了当前停车场现状时，及时提醒孩子们如何建造一个大型的、多层的停车场，让更多的车辆都有停放的位置，其难点在于上下每个车位之间的衔接，教师及时示范用双孔、多孔胶粒端点连接成栏杆，分割多层停车位，孩子们既学到了拼插连接技能，又拓展了思维。同时，引导孩子们丰富自己的作品，现场提出建议，如怎样给停车场的道路旁装上路灯，搭建停车场的入口匝道和收费岗亭。教师对游戏活动的提前预设和及时介入，激发了孩子们的游戏热情，使活动完成得更加顺利。

通过几次游戏的建构，孩子们在游戏中对交通工具与配套设施有了初步的了解，能通过场地的大小与同伴协商交流，判断搭建物体是否合理，有了初步的布局意识。游戏中还能较合理地使用替代物品与辅助材料搭建作品，发挥自己的创造性与想象力。孩子们通过游戏主动与同伴协商、分工合作，提高了自身的社会交往能力与空间方位知觉能力。游戏基本达到了预期的总目标。

（案例来源：厦门英才幼儿园　兰　珍）

综合实践活动

[思考] 游戏中建构物的倒塌是最常见的现象，有的是无意，有的是人为。如何

观察并看懂幼儿的游戏行为？怎样解读、识别并回应幼儿？

[讨论]结合实例就结构游戏材料的高结构性和低结构性,园内购买和废旧收集以及玩具的商业化问题发表个人见解。

[练习]

项目一:尝试从操作技能、认识材料、造型与布局(外显行为)、创造性与坚持性、调动兴趣(内隐结构)等项目指标,实地考察分析幼儿园教师指导幼儿游戏的实际效果。

项目二:技能训练。内容:围绕规定的主题内容建构各种物体。要求:能画出设计图,并形象表现出物体的主要特征;能根据需要,选择恰当的建构材料和辅助材料。

第七章　幼儿园表演游戏

第一节　表演游戏概述

一、表演游戏的内涵

表演游戏是幼儿在以故事为线索展开的游戏活动,中或通过扮演文学作品中角色的对话、表情和动作,或在一定的场景下借助辅助材料代替故事中的角色,在自主、独立理解作品的基础上,创造性的即兴表演,再现文学作品内容的一种游戏形式,深受幼儿喜爱。

表演游戏的故事可以来源于文学作品,也可以来自幼儿自己创编的故事。表演游戏的形式有两种,一种是幼儿自己直接扮演角色表演,一种是间接操作材料进行表演。无论哪种形式,其目的都是以表演角色为满足的活动。由此,幼儿园表演游戏体现出游戏性和表演性两大鲜明的特性。

(一)表演游戏与角色游戏中的"角色"

角色的含义应该有两种,一种是指演员扮演的剧中人物和戏曲演员专业分工的类别,另一种也比喻生活中某种类型的人物和职业分工。幼儿园中的表演游戏与角色游戏则是这两种含义的游戏性再现,都是以角色扮演为主要手段,运用语言、动作、表情等,一个是再现文学作品,一个是再现真实生活,反映的内容都具有社会性,游戏的过程都具有创造和娱乐性,二者既有相同点也有不同点,可以说幼儿的角色游戏是表演游戏的基础。图7-1是表演游戏"小熊请客",幼儿用头饰将自己装扮成故事里的小动物角色,扮演小熊的幼儿请小动物们来家里做客,并为每个小动物都准备了爱吃的食物,对话语言是故事作品中的对白,反映的是故事中的人物形象和情节内容,在故事基础上幼儿进行想象和创造。图7-2则是角色游戏"娃娃家",幼儿在"家"的场景中充当"爸爸""妈妈"接待来家里做客的"客人们",交流的语言是日常生活中爸爸、妈妈和孩子们的语言对话,来源于现实生活中的各种人物,情节是幼儿对现实生活的印象,内容可由幼儿自己选择创造。

图7-1 表演游戏"小熊请客"　　　　图7-2 角色游戏"娃娃家"

然而,无论是角色游戏中的"角色",还是表演游戏中的"角色",都是幼儿对周围客观世界的一种创造性反映。幼儿在游戏中,完全是将周围现实经过自身的"消化"与"吸收",通过同化和顺应的过程,也就是说幼儿按照自己对文学作品和现实社会中"任务"的理解和想象,不拘泥于原型,根据个人的体验和意愿所做的创造性反映,是依据幼儿自己的兴趣、爱好有选择性地表现出来的,所以说幼儿的表演游戏是幼儿的一种创造性活动。

(二)表演游戏与戏剧表演中的"表演"

表演是通过人的演唱、演奏或人体动作、表情来塑造形象、传达情绪、情感从而表现生活的艺术。表演游戏是幼儿运用表演的方式再现文学作品的一种活动,其表演艺术的主要特点如人物对话、矛盾冲突、舞台性等也都渗透在幼儿的游戏之中。表现为:首先,表演游戏是以文学作品为剧本的,表现作品中的矛盾冲突和情节内容的;其次,表演游戏以角色的对话、角色的动作表演为主要手段来反映文学作品的内容,它也是一种表演艺术;再次,幼儿表演游戏一般有固定的场地,即幼儿园的小舞台、表演区,同时要使用一定的表演道具材料,美的艺术感染力更能激发幼儿的兴趣和感情投入。

表演游戏与成人的戏剧表演有着本质上的不同,成人的戏剧表演必须在导演的指导下,严格按照文学作品的角色与情节内容,以及一定的表演程序来进行表演的;它与幼儿的文艺表演也不同,并不是以演给别人看为目的的,而是幼儿自娱自乐的一种游戏活动。不管在什么场合,无论观众多少,不管演出效果如何,即使没有人看,幼儿也会饶有兴趣地进行表演,对幼儿来说,这种表演只是一种游戏。

图7-3是幼儿园的表演游戏"小羊和狼",幼儿用"大灰狼""小羊"等的头饰、尾巴、爪子来进行装扮,在幼儿园的走廊里摆放一个帐篷当小羊的家,以故事为依据,在模仿故事中人物对白的基础上进行再造、想象,表演的方式是幼儿按自己的意愿自创的,中间可以有语句不连贯、相互提醒、段落改造等情况的出现,表演情节也可以按幼儿的爱好增减,不强调面对观众,是幼儿自娱自乐的活动。图7-4则是儿童戏剧"狼和七只小羊"的舞台表演,场地是舞台,有灯光、有道具、有背景、有音乐、有精美的服饰,表演内容严格按照原有的脚本进行排练演出,有规定的程序和规则,不能有任何的差错,追求的是一种艺术效果,表演的落脚点是面向观众,为观众表演。因此,幼

园表演游戏如果只注重反复排练的"表演"结果,势必与幼儿游戏的初衷相背离,若能充分调动幼儿主动参与"表演"过程,则符合当前教育戏剧倡导的全新理念。

图7-3　表演游戏"小羊和狼"　　　　　图7-4　儿童戏剧"狼和七只小羊"

由上述分析可以看出,幼儿从"生物人"向"社会人"的转变过程中,社会是幼儿个体发展的广阔大舞台,体现了人与人之间的联系和交往在社会这个"大舞台"中的角色扮演,社会化是幼儿学习与发展的基本过程,幼儿园的游戏活动就为幼儿的社会化进程搭建了良好的平台。因此,在教育实践过程中,一方面,幼儿园的表演游戏不能只拘泥于再现已有的文学作品这一种模式,应以表演游戏为生长点,任何幼儿感兴趣的、有教育价值的、与幼儿生活经验相关的内容,都可以延展为幼儿自创的游戏脚本,变着重发展幼儿单一的语言智能为关注幼儿的游戏过程,如学习设计表演脚本,布置场景、制作道具、化妆等,以及不断地将表演游戏渗透和辐射到科学、艺术等其他领域,促进幼儿空间、运动、人际交往、自我认识能力的发展;另一方面,幼儿园的表演游戏也不能停留在只"玩"不"演"的瓶颈中,还需要将表演游戏迁移到更广阔的"戏剧舞台"上,戏剧表演的目的不在于让幼儿排练或教会幼儿表演技能,而在于激发和保护幼儿的表演天资,并创造一定的条件让幼儿的表演天资充分地发挥和展现出来,帮助幼儿成就最好的自我。

二、表演游戏的形式

(一)人物扮演表演游戏

这类游戏中幼儿是表演者,以故事、诗歌、童话等作品为蓝本,按自己对作品的理解,在游戏中直接扮演角色,用头饰、简单的服装道具或替代物进行装扮,展现人物的对话、动作等。其故事人物众多,场景变换不多,语言对话重复性强,容易记忆,游戏性表现在幼儿自己选择角色,满足于自己玩的欲望。这类表演游戏在幼儿园中最为常见。例如,经典故事创编的表演游戏有《拔萝卜》《小兔乖乖》《三只蝴蝶》《小马过河》《小羊和狼》《金色的房子》《金鸡冠的公鸡》等,绘本故事创编的表演游戏有《南瓜小房子》《摇滚青蛙》《小黑鱼》《彩虹色的花》《老鼠嫁女》等,传统儿童剧目《三只小猪》《小熊请客》《马兰花开》《白雪公主和七个小矮人》等,都深受幼儿喜爱。

(二)材料操作表演游戏

这类游戏中幼儿是导演者,借助一定的场景和操作材料,代替故事中的角色进行表演,如玩具表演、沙盘表演、木偶表演、影子表演等,当使用这些辅助材料进行表演时,往往有真人在背后进行对话或独白。

根据不同操作材料,这类游戏可划分为以下几种类型:

1. 桌面表演游戏

桌面表演游戏是指在桌面上或沙盘中布景,如放上树、花草或家具等,就在这样的场景下以自制游戏材料如人物卡片、折纸造型、小玻璃瓶等玩具替代作品中的角色,幼儿以口头独白、对白和操纵玩具角色的动作,来再现作品的内容。

这种游戏的特点是以个人游戏为主,幼儿有时一个人操作一个角色,有时操作多个角色在桌面上或沙盘中进行表演。因此,桌面表演游戏中幼儿有绝对的主动权和指挥权,既是表演者、游戏者,又是导演,幼儿在这种场景下游戏更加怡然自得和无拘无束。

2. 影子表演游戏

影子表演游戏是在灯光作用下,靠物体侧影的活动来再现文学作品内容的一种游戏。目前幼儿园影子表演游戏包括人影与手影戏、皮影与纸影戏等。在这种游戏活动中,幼儿不仅能感受到影子表演游戏所反映的内容,而且也能直接接触光源,观察到光的反射、成像等物理现象。所以,影子表演游戏是一种与科学游戏相融合的表演游戏。

目前,幼儿园的影子表演游戏有:人影与手影戏,即以人身体的侧身造型和手的动作造型所形成的影子进行表演;头饰与手饰影人戏,即以影人造型戴在头上或手上,以头和手的动作操纵影人进行表演;纸影与皮影戏,即以纸和皮革为材料,制成侧身造型的影人,用扦子或绳进行操作表演。

3. 木偶表演游戏

用木偶表演再现文艺作品的内容,称为木偶戏。木偶夸张的造型,生动的形象,有趣的神态,加上美丽的服饰,很能吸引幼儿,是幼儿非常喜欢的一种表演游戏形式。

木偶本来专指用木头做成的玩偶,现在幼儿园中的木偶材料已经多样化。常见的木偶有手指木偶、纸袋木偶、布袋木偶、杖头木偶和提线木偶等几种。此外,现代人把用瓶、盒子、蛋壳、泥等各种材料制成的偶人都称为木偶。

(1)手指木偶

手指木偶就是将表演游戏中的角色画在背面粘有指环的纸片上,让幼儿将其套在手指上,或直接在五指手套上画出角色造型,即利用手指操作进行的一种表演游戏形式。手指木偶因其灵活、有趣,造型简单易做,深受幼儿欢迎。

(2)布袋木偶

布袋木偶是由布做成的木偶,因其形象可爱,色彩鲜艳,易于操作,而更多地使用在桌面表演游戏中。但由于木偶制作工艺复杂,个人很难制作,多数都是买现成的,所以受材料能否购到的限制。

(3) 纸袋木偶

纸袋木偶是手指木偶的延伸。小型的纸袋木偶以信封袋样式居多,只需将纸袋侧边剪出两个口,供大拇指和小拇指伸出,在纸袋上画或贴上表演游戏中角色的样子就可。使用中要求注意纸袋上的开口位置要合适,纸袋最好大一些,否则纸袋很容易坏。纸袋木偶也因其可操作性强,来源方便而受到幼儿的喜爱。

(4) 杖头木偶和提线木偶

杖头木偶和提线木偶是我国民间传统的木偶表演形式,其观赏性、表演性更强,操作有一定的难度,故幼儿园的表演游戏常常多是成人操作表演,幼儿观看欣赏。

三、表演游戏对幼儿发展的价值

(一)促进幼儿社会化进程

幼儿社会化是指幼儿社会性的发展,即幼儿在参与社会生活的过程中,逐渐掌握社会交往的技能,形成符合社会要求的愿望、情感和态度,能够按照社会规范行动,以尽快完成由生物人向社会人的进化过程。幼儿若要在表演游戏中能够有创造性地表演,必须在听懂作品、更好地领会作品思想感情的基础上,经过加工,才能表达出来。在这种创造性活动中,幼儿要运用想象和自己对作品的理解,才会逼真地表演作品中善良角色和邪恶角色的品质,学会分清是非,区别善恶。

同伴交往是幼儿表演游戏的有机组成部分,它既可以帮助幼儿进一步理解故事内容,又是幼儿合作表现故事内容的必要手段,对于表演游戏的开展具有支持作用。表演游戏中的同伴交往内容主要有:幼儿围绕角色认定和分配所进行的角色沟通;幼儿围绕游戏的开始、出场顺序、动作和对白等进行的规则上的沟通;幼儿围绕故事序列、细节、内容进行的情节沟通;幼儿围绕材料的使用和分配进行的沟通;幼儿围绕故事中出现的动作、对话等进行的语言对白沟通。这些都表明人物扮演的表演游戏是一项团队合作游戏,每个人扮演的角色不同,但角色之间有着紧密的关联,这就要求幼儿具有共同的体验、协调一致的行动。幼儿发现问题、解决矛盾源于与教师、与幼儿、与作品、与环境等相互之间的交往,这种交往可促进幼儿克服羞怯心理,增强幼儿的自信心,有助于培养幼儿的集体观念,提高社会性交往水平。

(二)促进幼儿语言学习水平的提高

幼儿期是语言发展,特别是口语发展的重要时期。幼儿的语言能力是在交流和运用的过程中发展起来的。《3—6岁儿童学习与发展指南》中指出:"提供丰富、适宜的低幼读物,经常和幼儿一起看图书、讲故事,有利于丰富其语言表达能力,培养良好的阅读兴趣和习惯,进一步拓展学习经验。"文学作品的语言是经过锤炼的,是生动而又优美的,特别能吸引幼儿,形象化的语言很容易使幼儿将自己的经验与语言所提供的信息结合起来。例如,表演游戏《金鸡冠的公鸡》中,当公鸡被狐狸抓走,公鸡向猫和画眉鸟求救的时候有这样一段话:"狐狸把我抓住,穿过黑黝黝的森林,跨过急腾腾的河流,翻过高耸耸的山头,猫啊画眉鸟啊,快救救我吧!"这些形象化的语言使幼儿对所描述的事物有了清楚、准确的印象,对于角色心理也有了细致、真切的体验。幼儿在表演过程中,要熟记作品中的语言,掌握正确的语音,富有创造性地表现符合角色性格特征的语调和表情,尤其是操作材料的表演中,有时需要幼儿一个人扮演几个角色进行独白和对话,这就需要随作品情节进行丰富的语言变化,这种表演形式对幼儿来说是一种有趣的尝试,使他们在表演中获得的乐趣得到延伸,这无疑都有利于提高幼儿的语言表达能力。

(三)促进幼儿审美情趣生发

审美情趣是人从一定的审美需要出发对各种审美对象所产生的主观情趣、态度、兴味和追求。随着幼儿的成长,生活经验的不断丰富,知识的逐渐积累,幼儿对美的感受能力有所提高,但毕竟还不成熟,在感知美的过程中具有表面性、情绪性和模仿性的特点,即幼儿对事物的认识往往是停留在物体外表的色彩、形状上,缺乏对美的内在含义的理解,经常以自己是否认识感知对象或是否对它感兴趣作为评判的依据。幼儿的思维特征有很强的形象性、同一性和生命性,"自我中心"意识突出,只有与他们的生活最接近、与他们的情感最契合、外部特征突出的内容,才会成为他们的审美对象。幼儿审美心理的独特性在幼儿表演游戏活动中表现为表演的作品充满浓郁的幼儿情趣。

表演游戏本身也是一种艺术活动,它有助于发展幼儿的表演才能,给幼儿以美的享受,对培养心灵美的一代新人有积极作用。对于幼儿而言,表演能力提高主要体现在从嬉戏角色行为到目的角色行为的转换及从一般表现到生动表现的提升,使表演游戏具有一定的美感,幼儿身在其中得到美的性情陶冶。表演游戏除了由幼儿扮演角色表演外,还有利用形象的玩具来代替文艺作品中的角色,由幼儿操作代替角色的动作,用幼儿自己的语言声调来表现角色的桌面表演,以及利用木偶、皮影进行表演的木偶戏、皮影戏等,还需要创设一定的表演和操作的舞台背景、道具服饰,精美的设计和装扮也能带来美的享受,激发幼儿的审美情趣和良好性情的养成。

第二节 表演游戏组织与实施

一、表演游戏组织与实施应遵循的原则

(一)游戏性先于表演性原则

首先,游戏的内容选择和组织过程都应带给幼儿游戏性的体验。遵循游戏性先于表演性原则,即首先把表演游戏看作是"游戏"而不是"表演",在组织和指导幼儿表演游戏的过程中,要按照游戏活动的本质特点来组织和指导幼儿的表演游戏,让幼

儿在活动中产生"游戏性"的体验。

我们在观摩幼儿园游戏活动时,常会看到教师在组织表演、游戏前,下达"看谁演得最像"的要求,表演游戏中忙于"导演":"小猪说话的声音要粗粗的、笨笨的""大灰狼眼睛要瞪大,声音要凶狠"等,不停地催促幼儿"该你上场了""下一个是谁啊",实在启而不发只好亲自登场示范。

由此可以看出,长期以来,幼儿园表演游戏中存在着"重表演,轻游戏"的倾向,在很大程度上是由于教师对表演游戏的性质认识不清,使表演游戏混同于戏剧表演而导致的。教师往往要求幼儿演得要像,片面追求"逼真的"表演效果,如此,表演游戏也就失去了"游戏性"而成为单纯的"表演"。

游戏性体验是幼儿在游戏活动中产生的特定心理体验,其主要成分是兴趣性体验、自主性体验、胜任感或成就感等。① 因而,教师选择的游戏内容和活动过程组织都应符合幼儿的心理特点,贴近幼儿生活,不只有一定的趣味性,还要有一定的自留空间,鼓励幼儿感受游戏快乐的同时,大胆表现,自主创造,体验成功的喜悦。

其次,教师无论是内部干预还是外部指导都应充分尊重幼儿的游戏意愿。把握干预的时机关系到游戏指导的实际效果,如果指导只为了追求生动逼真的表演结果,教师必然在指导方式上倾向于采用示范、旁白、手把手地教等方式。对结果的重视和高控制的指导必然导致重视重复和模仿而忽视幼儿的主动性、独立性和创造性。干预的时机为当幼儿并不投入自己所设想的游戏情境时,当幼儿之间发生交往矛盾和意见分歧时,当缺少材料表演难以进行下去时……教师只有适时地介入,合理地对幼儿施加一定的干预,才能保证游戏价值和教育作用的切实实现。

(二)适宜中发展原则

适宜中发展是指表演游戏活动不仅要适合幼儿现有的知识水平和能力,充分考虑幼儿的可接受性,一般应有一定的难度,略高于现有发展水平,又不超过幼儿发展的可能性,要向幼儿提出经过一定努力才能达到的要求,通过幼儿自己的努力,不断得以提升。

在表演游戏活动设计中,常常出现一个表演内容可以适合大、中、小不同年龄班的幼儿同时学习的情况,其实这就是学习内容的螺旋递进。因此教师在活动前要花大量的时间和精力去观察、评估幼儿,对幼儿在表演活动中可能出现的每一个现象、状况以及提出的每一个问题,做出最全面的预测,确定合适的重难点内容,这是成功组织幼儿表演游戏活动的必要前提。例如,教师在设计小班表演游戏"三只羊"的活动时,目标设定为生动地模仿出三只羊走路的不同声音和大灰狼说话的语音语调,对于小班幼儿来说,能清楚完整地说话是基本要求,但要求小班幼儿能生动地模仿、运用语气语调是有一定难度的;在设计中班表演游戏"狼和小羊"的活动时,目标设定为有创造性、有感情地讲述对话部分,并自编动作、创造情节,有创意地、生动地合作表

---

① 刘焱.儿童游戏通论[M].北京:北京师范大学出版社,2004:512.

演,而中班幼儿的合作水平不高,要求他们马上相互有序地配合,生动再现故事也是难于实现的。对表演效果的完美追求,使得教师在指导幼儿表演游戏时的要求往往成为一种压力而使幼儿感到紧张,常常为了完整表达台词而背台词,这样就失去了游戏的趣味性和生动性。究其原因,是教师在设计和指导表演游戏活动时,往往无视幼儿的年龄特点与能力,无论对什么年龄班的幼儿,教师都要求幼儿听完故事后马上生动再现故事内容,而不管幼儿能否达到这种要求。这种对幼儿表演游戏水平的高估或低估,还表现在教师对幼儿表演游戏的作品选择上,要么夸大强调考虑幼儿的现实需要和贴近生活,要么夸大考虑幼儿的长远发展和具有挑战性,其实这两方面的内容是相辅相成的,既要考虑适宜性又要考虑发展性,二者相互协调,才能更好地促进幼儿发展。

(三) 约定基础上创造原则

表演游戏的要求是转化的方向和归宿,幼儿身心发展的实际是创造的出发点和条件,它制约着创造程度的高低、内容组织和方法运用。教师的任务就是要根据表演内容的要求,从幼儿实际出发,按照转化的规律,完成转化任务。这个转化过程,也就是促使幼儿把人类积累的生活经验再转化为幼儿创造智慧的过程。

表演游戏虽然也是幼儿自己"创造的"游戏,但是确定的故事(不管是来自儿童文学作品还是来自幼儿自己的创造)规定了游戏的基本框架。在表演游戏的展开过程中,幼儿会自发地在头脑中将自己的言行与故事中的情节、人物联系起来,也就是说"故事"成为游戏者约定或者认可的标准和行为框架,幼儿必须在这个框架中游戏。即便游戏所依托的故事是幼儿在活动过程中逐渐创编发展起来的,但在每次表演之前游戏者之间都会有一个基本达成一致的脚本,角色的行为或多或少地都要受这个脚本规范,不能随意作为。所以,表演游戏要受到"故事"框架的规范,它的结构性更强。而且,"故事"作为表演游戏的"脚本",需要所有游戏者的"认同"或"约定俗成"。

这种认同和约定俗成为表演的顺利展开打下了基础,而且并不影响幼儿对故事内容的改造与创编,反而为幼儿提供了一定的思路和框架。一成不变的游戏内容,时间长了就容易使人疲劳,幼儿将失去进入表演的兴趣。因此,表演游戏对于规定和创造一致性的要求不仅使得表演游戏的结构性较强,具有更明显的规则要求,在游戏中会发现幼儿的表演一次和一次不一样,游戏中逐渐丰富了情节,并且根据表演游戏的发展需要还不断延伸出支点,使得生成其他新的区域游戏活动有了水到渠成的效果。至此,表演游戏在已有框架中不断延展、提升,富有连续性和创造性。

(四) 拓展与融合原则

长期以来,表演游戏往往只是被当作帮助幼儿复述和记忆故事的手段,其教学功能被局限于故事教学的狭隘范围中。现代教育理论强调,要珍视幼儿生活和游戏的独特价值,充分尊重和保护其好奇心和学习兴趣,创设丰富的教育环境,关注幼儿身心全面和谐发展。要注重学习与发展各领域之间的相互渗透和整合,从不同角度促进幼儿全面协调发展。这种整合并不是课程各领域内容的简单拼接,而是自然的联系和渗透。

在以童话或故事为基础展开的、以表演游戏为主线的系列活动中,幼儿不仅仅是在学习"语言",幼儿的学习还可以扩展到科学、社会、艺术等多个课程领域。以大班"一园青菜成了精"系列活动为例,主题活动生成来源于绘本《一园青菜成了精》,这是由一首生动而充满想象力的北方童谣改编后绘制而成的,语言幽默诙谐,情节生动有趣,极富嬉戏意味。幼儿在绘本阅读中感悟童谣式的语言特点,水墨画的画风,中国传统文化底蕴,认识、了解各种蔬菜及其营养价值,并学习有关蔬菜的猜谜和编谜,参与自制各种蔬菜道具和服饰装扮,生动表演蔬菜大战,模仿创编封底故事《一池水禽成了精》《一群家禽成了精》,享受利用自然场地和废旧报纸等模拟打仗游戏的快乐……

在这个以幼儿的问题和兴趣为中心的系列活动中,幼儿不仅学习如何从不同的渠道去获得信息,而且调动已有认知经验,进行各种表征,包括绘画、展览、绘制图书、故事创作和续编故事、表演游戏等,幼儿获得的经验,包括认知、情感态度和能力技能等,涉及语言、艺术、社会、科学、健康等多个课程领域。这些不同领域的学习经验是在作为一个整体的活动的自然展开中获得的,是整个活动的自然产物。当前的研究表明,表演游戏是一种可以整合多领域学习的理想途径。

二、各年龄幼儿表演游戏特点与指导要点

(一)小班幼儿表演游戏特点与指导要点

小班幼儿表演游戏的年龄特点表现为:角色意识差,需要有比较逼真的游戏材料引发游戏,愿意表演自己看到的、听到的故事中记忆最深的情节;往往以动作进行表演,动作和语言都不太连贯,缺乏内在的联系,想到哪儿演到哪儿;也没有形成观众意识,都乐于参与表演,有时多人表演一个角色。

指导要点:

(1)教师所提的要求和规则不要太多,而是应清晰明了。
(2)帮助幼儿分配角色,教幼儿学会轮流表演。
(3)教师扮演角色,示范和引导幼儿顺利地进行表演。
(4)提供给幼儿表演的道具应逼真生动,以简单、高结构性为主。
(5)利用相机等工具记录幼儿游戏的片段,帮助幼儿回忆讲评。

(二)中班幼儿表演游戏特点与指导要点

中班幼儿表演游戏的年龄特点表现为:有一定的角色意识,可以自行转换和分配角色;游戏的计划性和目的性差,在一定的提示下才能坚持游戏主题,展开游戏需要较长的时间;具有一定的表演欲望,但仍然以动作表现为主。

指导要点：
(1)教幼儿学会分配角色,帮助处理角色分配中的矛盾。
(2)教师协助幼儿确立主题和表演游戏的规则。
(3)鼓励幼儿大胆运用语言、动作、表情进行表现。
(4)提供相对多样的材料,易于幼儿参与简单的搭建。
(5)避免急于示范,耐心与幼儿协商切磋,提醒幼儿坚持游戏主题。

(三)大班幼儿表演游戏特点与指导要点

大班幼儿表演游戏的年龄特点表现为:有较强的角色意识,能独立完成角色分配任务;游戏的目的性、计划性较强,能坚持游戏的主题,自觉表现故事内容;具有一定的表演意识和观众意识,能灵活运用语言、动作、表情、体态等表演技巧大胆表现,但表现水平尚待提高。

指导要点：
(1)提供多种材料,组织幼儿参与自己制作,让幼儿在探索中更好地诠释角色。
(2)尽量不干预幼儿行为,由幼儿自主分配角色,讨论切磋表演游戏主题和规则。
(3)仔细观察幼儿的表现,及时为幼儿提供反馈。
(4)提醒幼儿注意表情动作、语态语调,提高幼儿塑造角色的能力。
(5)鼓励幼儿游戏后的反思谈话和小组讨论,提升表演游戏的水平。

三、表演游戏指导过程

(一)帮助幼儿积累表演经验

经验是能力提升的重要因素。幼儿表演经验是表演游戏有序、有效开展的重要因素,多是教师通过日常生活、语言学习活动和专门设计的游戏活动,帮助幼儿理解、感知、训练、实践等不断积累而获得的。

1.日常生活中积累

幼儿对周围社会的认知程度影响幼儿能否准确把握作品的内容和情节,能否形象演绎作品中的角色,社会经验的丰富程度会直接影响幼儿表演游戏水平的高低。因此,教师应引导幼儿在生活中注意观察各种人物的行为特点、语言特征,各种动物的动作特点等,丰富幼儿的社会经验,不断提升幼儿表演游戏的水平。例如,表演游戏《鳄鱼怕怕牙医怕怕》,幼儿对医生拔牙的方法和病人的表现不了解,就不可能生动地表演这一场景,于是教师带孩子到口腔医院参观,让幼儿获得生活体验,再表演起来就生动多了。

2.语言学习活动中积累

表演游戏就是从倾听故事开始的。教师可以利用午睡前听故事或午睡后看童话表演视频等形式,让孩子感受故事中、视频中角色间的对话语气、形体姿态等,积累一定的表演经验,为表演游戏的开展奠定基础。动画片中的角色表演是美术人物的表演,创作者不是屏幕形象的直接体现者,而是将自己对角色的体验和理解,以动画手段表现出来。表情的刻画大多较为夸张,写实风格的表情刻画比较接近人物原态。无论什么样的动画角色,角色的外貌、动作、语言、心理等方面形成一个艺术的整体,使角色形象统一完整,其表情如喜、怒、哀、愁、乐等的设计都是以人的表情为主要参照,因为这样更易于引起幼儿观众情感上的共鸣,更利于幼儿学习和模仿。

3. 游戏活动中积累

游戏是幼儿最喜欢的活动,教师可充分利用游戏渗透表演技能的内容。如在饭前安静活动中可以组织"我做你猜"的游戏——也可以说是"哑剧表演",以面部表情、身体姿态来表现一件事物,让幼儿在快乐的游戏中积累表演的经验,提升表演能力。当幼儿的动作表现不出来时,以玩小游戏的方式指导幼儿比较形象地表演人物动作,如很多作品中都有大灰狼的形象,教师可以组织"老狼老狼几点了"这个游戏,夸张地模仿大灰狼的样子:"大灰狼来啦!"通过游戏的方式,使幼儿注意观察教师的动作幅度,夸张、形象、生动地体现出故事中动物各自的不同特征,使人物和动物形象更加鲜明,便于幼儿学习掌握表演技能。

(二)指导幼儿学习掌握表演技能

在表演游戏中幼儿应掌握的表演能力包括:对故事情节的理解能力,角色对白的表达能力,动作表情的表现能力。文艺作品中的内容和情节需要凭借幼儿一定的表现技能而得以再现和展示,因此培养和提高幼儿的表演技能是完成表演游戏的一个重要前提。

1. 口头语言表达技能

声音也是有表情的,各种各样的声音传递着不同的信息,声音表情实质上就是语气、语调、语速的变化所表达的人物不同的情绪、情感及音色的区别,代表人物不同的形象特征。不仅要让幼儿理解声音有不同的表情,不同的声音表情可以表达不同的意思,还要引导幼儿自己分析、判断,培养他们使用不同音色表现人物形象的能力,增强语言的表现力。

教师的要求与指导:首先,要让幼儿能大胆地把角色的语言表达出来;其次,要让幼儿能较清晰、流畅地用普通话表演;再次,要让幼儿知道运用自己的语调来表达思想感情。让幼儿在理解领会作品的前提下,通过具体的练习和实际操作,逐步提高口头语言的表达技能。

2. 动作表情表演技能

动作表演技能在表演游戏中具有独特的性质和功效,人的手势、眼神、面部表情、形体动作等表演技巧的合理应用,一方面能使表演游戏更加形象、生动,一方面也可以使幼儿在自己良好的肢体语言氛围中获得满足感,从而激起幼儿的表现欲望,在不断表现动作美和形体美的过程中,幼儿的自信心也将得到进一步提高。

教师的要求与指导:首先,通过故事情节帮助幼儿恰当而准确地理解和把握人物的性格特点;其次,结合"哑剧"表演特点要求幼儿的动作幅度要稍大,并带点夸张,要有表演的舞台效果,以充分表现出各自的角色特点;再次,形体训练能增强人的协调感和韵律感,而协调感的增强,可以使人生活中的各种动作更趋自然、合理,更增添自信。

3. 操作材料表演技能

幼儿进行操作材料表演,多以自己一边对白一边操作表演,其难度相对较大,幼儿若没有提前把握操作材料的技巧,则会使游戏难以顺利进行。因此,这类表演游戏教师要提前训练幼儿的操作技能。

以布袋木偶为例,其操作一般是将食指伸进木偶的头腔,操作头部的动作,大拇指与其余三指分别伸进木偶的左右两袖中,操纵木偶双臂的动作。木偶的表演技巧比较简单,一般点头表示同意,摇头表示反对,低头表示思考,拍手表示高兴,木偶的动作可让幼儿自由表现,配上形象生动的语言、优美的音乐,就可以表演得栩栩如生。年龄小的幼儿注重的是操纵木偶的兴趣,他们不一定要木偶台,举着木偶就可以唱歌、跳舞、讲故事。稍大一点的幼儿,会用木偶表现部分角色和剧情,年龄较大的幼儿逐渐能分角色合作表演,想象创作,表演出一幕幕的木偶剧。

(三)引导幼儿参与游戏准备工作

游戏场景和材料是幼儿游戏的重要支撑。文学作品源于生活,现实生活中有什么,幼儿的游戏中就会有什么。因此,为幼儿储备游戏经验的同时,应该为幼儿提供多种增强表演欲望、丰富表演经验、提升表演水平的场景和道具,并在游戏之前以多种方式刺激、激活幼儿已有的经验,鼓励幼儿积极参加游戏的准备工作,激发他们的游戏兴趣,为游戏的顺利开展打下基础。

1. 舞台场景的创设

幼儿的表演游戏是灵活自由的,不受场所、时间与道具的限制。小舞台的设计无需投入很大的财力、物力,一块绒布、彩色纸条,稍加修饰便可利用。日常进行的表演游戏,可以在活动室中,用小椅子、小桌子或大的积木围起来设置小舞台,角色相对少的表演游戏也可以有一个较固定的表演区。布景应简单方便,避免过大过重过繁,更不能妨碍表演,只要能起到烘托情境、渲染气氛的作用就可以了。

(1)半包围式的舞台背景。用彩绸布、紫绒布、窗纱布,平面或皱褶等样式装饰成的小舞台。

(2)活动式的舞台背景。表演活动时打开,不用时可折叠起来的屏风式活动小舞台。

(3)电视屏幕式的立体小舞台。用大的纸盒制作成电视屏幕,放在桌子或架子上,幼儿站在后面,如同在电视里进行表演。

2. 角色造型和道具的准备

角色造型、服饰和道具也是很重要的,它们不仅能激起幼儿进行表演游戏的愿望,而且还直接影响到游戏的趣味性、戏剧性和象征性。为了更好地表现角色的外形特征和个性特点,教师要引导幼儿在表演游戏前,根据作品的要求进行适当的角色造型。

(1)不必追求齐全、逼真,稍有象征性即可。幼儿在表演游戏中最为关心的是自已能以角色的身份谈话、做动作,道具的不足往往可用动作去补充。

(2)对服饰、道具等进行收集归类,方便整理和使用。服装类:少数民族服装、小动物服装、表演的纱裙等。饰物类:动物、人物头饰、面具,戴在头上或手上的花环、彩带。道具类:绸带、纱巾、扇子、花球、木偶、纸偶等。

(3)自制道具。教师指导幼儿自制服装道具,不包办代替;对制作困难的作品,用请家长帮忙、幼儿装饰等方法联合完成。在幼儿眼中,教师事先准备的精美道具并不比他们自己制作的道具更具吸引力,自制道具更容易激起幼儿游戏的兴趣,而制作道具过程本身就是一个可以给幼儿带来快乐、蕴含着丰富学习机会的活动,教师不能为追求"表演结果"或节省时间而省略这个颇具教育价值的环节。

(4)自主装扮。表演游戏前,教师要想办法支持引导幼儿自行商议角色造型,挑选服饰、头饰等自行装扮,重点帮助幼儿根据角色特点学习在服饰上做简要的点缀性装饰,既形象又节省时间。例如,表演游戏《乡下老鼠和城市老鼠》时,为乡下老鼠头上扎一条头巾,为城市老鼠戴上一条领带。在道具上给乡下老鼠准备一个小篮子,给城市老鼠准备一只小挎包,两张小椅子并排放一起就算是老鼠家的大门。这样简单的造型与服饰,对幼儿参加表演游戏的激励作用很大,能使游戏顺利开展下去。

(四)指导幼儿表演游戏中的具体问题

1. 幼儿表演游戏"中断""跑题"了怎么办

在幼儿表演游戏过程中,常因各种问题导致游戏"中断"和"跑题",教师通常可以采取内部干预(即参与游戏表演的示范性指导)和外在干预(即以观众身份的场外指导)的方式进行。

(1)参与游戏表演的示范性指导。这种指导方式是指教师以游戏角色身份参与到表演游戏当中,以角色情节需要的动作、语言等来示范性地引导幼儿的游戏行为。游戏中若有成人的加入,幼儿的兴致和表现欲会大增,这正是引导和示范的绝好时机。

——教师扮演主要角色,进行合作游戏。如"三只羊"中的大羊,第一个出场,语言、表情、动作都可以潜意识中引发幼儿的模仿,并在整个游戏中起到灵魂的作用,增强幼儿的自信心。

图 7-5 教师扮演大羊

——教师扮演次要角色,进行平行游戏。如"小蝌蚪找妈妈"中的小蝌蚪,教师紧随主要角色之后,与其他幼儿的语言、动作等基本同步,主要观察幼儿表现,当幼儿表演出现困难时,教师用角色语言或动作进行隐性示范。

(2)以观众身份的场外指导。这种指导方式是指教师不参与游戏表演,只保持一个外在角色身份来说明、引导、建议、鼓励游戏中幼儿的行为,即教师以观众身份场外指导。在表演游戏中幼儿虽然不在乎观众的多少,但是有观众,尤其是教师作为观众观看,幼儿会以更加认真的态度和饱满的热情投入到表演活动中。因此,作为观众,教师的指导必须符合观众的身份。

——教师认真、全身心、饶有兴趣地欣赏幼儿的表演。教师的这种态度不仅是对幼儿演出的支持、鼓励,更是为幼儿提供如何以正确态度对待别人演出的一种示范。

——教师以观众身份,用提问、建议等方式指导幼儿顺利演出,不应扮演"裁判"的角色来评定幼儿表现的"好""坏",也不应扮演答案的提供者来告诉幼儿应该如何做,一定要把握"分寸",切莫把观众身份变成"导演"身份。

——充分发挥讨论在表演游戏中的作用。通过和幼儿讨论,教师可以了解幼儿的计划、愿望和经验,以便在游戏中给予幼儿最大的支持。讨论可以起到承上启下,把活动引向深入的作用。讨论中存在的问题,还可以作为下一次活动的出发点。

2. 表演游戏中幼儿都争当"主角"怎么办

角色分配在表演游戏诸环节中处于重中之重的地位,决定着游戏能否顺利进行。教师要充分尊重幼儿的游戏意愿,发挥幼儿的主体性意识,包办代替或强制执行都会阻碍或削弱游戏的愉悦本质。

(1)自主协商。游戏是幼儿自己的游戏。不同年龄班的幼儿游戏中分配角色的方法有所不同。

——大班幼儿自主协商问题和解决问题的能力较强,可以由组长召集同组幼儿自行商议,有争议时,可用角色轮流、猜拳、点兵点将等方式解决,虽然这只是形式上的公平,但幼儿能够服从也是规则意识的体现。

——中班幼儿有一定的自主意识,但协商问题和解决问题的能力还不强,可请能力较强的幼儿担任组长,采取自主提议和组长分配相结合的办法。

——小班幼儿缺乏主见,教师可采用指定角色的办法,但也应该尊重他们的自愿选择。对个别幼儿经常占主角的行为,教师要动员他们更换角色。

图7-6 大班幼儿自行商议角色分配　　图7-7 中班幼儿由组长分配角色

(2)预约角色。在选择游戏角色时,将角色展示在提示板上,教师事先给幼儿一些建议,再请幼儿自己选择后,将自己的名字贴在相应的角色栏里,让幼儿在积极主动和有准备的状态下开展表演会收到良好的效果。

——可以多花一些时间,甚至可以作为一个完整的"预约角色"组织环节,让幼儿对角色深入了解后,进行充分的阐述:"为什么我觉得自己适合这个角色。"

——预约角色后,一旦确定下来,尽量不变更。这样幼儿有时间在表演前与老师、同伴、家长做一些交流,熟悉角色语言,创编角色动作,使表演更加流畅和有创造力。

——允许个别幼儿在预约之后改变主意,鼓励他们说出变化的理由,还要考虑改变后的角色是否已经有其他幼儿预约,尝试自己协商互换。

(3) 尊重差异。不同的孩子在口语能力的发展中水平不同,应尊重幼儿的发展水平,为不同的幼儿设立向上的最近发展区,即让幼儿在原有水平上得到提高。但都要以商量、建议的口吻提出,不要违背幼儿的意愿。

——游戏的主角需要有一定的语言表达能力、表演能力以及组织能力,可先让能力强的幼儿担任,以后应轮流担任主角。也可以有意让某个幼儿担任某一角色,以使其得到锻炼。

——逐层分饰角色,促进幼儿口语能力在不同层次上发展。口语发展水平不同的幼儿分饰不同的角色。

——在桌面表演游戏中,不同角色的对话是不尽相同的,根据这一特点,修改剧本的时候,将对话设定在不同的层次上,有的容易,有的稍难,有的难度较大,不同难度给不同的幼儿,如有的幼儿口语能力发展得较快,及时调整,鼓励他去扮演更难的角色。

3. 如何避免或减少表演游戏中的"空闲等待"问题

表演游戏中由于所选择的故事内容不同,幼儿所能轮流担任的角色主次不一,角色表现多少不一,甚至多数幼儿没有机会参与表演,对于这样的情况,教师组织指导方式也应随之变化,一般可分为以下三种类型。

(1) 整体表演型。整体表演即要求幼儿在理解文学作品的基础上,按照故事的情节发展连贯完整地表演动作,表演的成分比较多。在进行表演活动时,幼儿一对一地扮演角色,即故事中的人物角色由一名幼儿表演,群体角色则不作严格限制,可由若干幼儿同时担任。

组织指导应注意在表演过程中,不严格要求幼儿复述故事,而是由教师串联情节,导引故事。扮演角色的幼儿则在角色台词需要时参与对话或对白,其余幼儿可随教师附诵故事。提供的道具要简单易操作,可以虚代实,不要装饰性过强或过实的道具。

(2) 分段表演型。分段表演即将整个故事切割成若干段落,讲一段故事,可以由多人扮演同一角色。例如,小班"小兔乖乖"中除了小兔子可以由多个幼儿扮演外,大灰狼也可以让若干幼儿扮演,以解决角色少、观众多的矛盾,每个幼儿都扮演一定的角色,没有台上台下的感觉,幼儿能够比较轻松地进入角色进行一段表演。

组织指导应注意:故事虽然被分割成几个段落进行,教师仍要注意引导幼儿讨论,体验角色的心理发展变化。如果若干幼儿表演同一角色,可提示幼儿一起商量角色的动作,同时鼓励幼儿做出与同伴不一样的动作,尤其是每一段结尾的造型动作。参加表演的人较多,教师的指导有难度,教师一方面不要控制干预太多,一方面又要防止失控而引起的乱糟糟局面。道具同样要求简单、方便,能帮助幼儿进入角色。

(3)区域活动表演(表演区)。区域活动表演即在活动区(或者表演区,或者语言区,或者角色表演区)开展的故事表演游戏,其特点是自主性强,游戏成分多。

在每一个表演活动结束后,可将表演材料投入到表演区中,提供给幼儿更多展示自己的机会,在活动中幼儿获得成功的体验,能进一步刺激参与表演游戏的兴趣;也可以在"小舞台"上进行表演,其他幼儿当观众,在观看他人表演的同时,幼儿也学到他人的长处,拓宽思路,丰富经验,交流分享成功的体验,增强表演自信心。

图7-8 幼儿同时扮演大灰狼

组织指导应注意帮助幼儿理解文学作品,丰富生活经验。根据作品中的主要活动情境来设置场景,布置表演游戏区。在表演区放置一定数量的玩具和材料,有利于幼儿进一步拓展游戏表演的内容。角色的扮演基本上由幼儿根据自己的意愿选择,教师向幼儿提供合理性建议,控制过分的行为。

4.表演游戏"停滞"或不感兴趣了怎么办

表演游戏进行一段时间以后,幼儿对情节的发展已经熟悉,表演自然了许多,不再需要教师进行旁白,也不需要教师的参与指导。但是由于幼儿受生活经验和表现能力等因素的制约,导致他们常常不能把握好角色特点,出现表演停滞或者不感兴趣的现象。这一阶段教师要深入细致地进行观察,了解幼儿的游戏水平和需要,给予适宜的指导,如鼓励幼儿对剧本进行修改和再创造,增加游戏趣味、突出游戏主题,包括增加对话、增加角色和增加情节。

(1)增加对话。《小蝌蚪找妈妈》故事中有一部分是这样的:"有一天,鸭妈妈带着她的孩子到池塘中来游水,小蝌蚪看见小鸭子跟着妈妈在水里划来划去,就想起自己的妈妈来了。小蝌蚪你问我,我问你:'我们的妈妈在哪里呢?'可是谁也不知道。"这部分本来是作为表演游戏旁白出现的,加以改编之后,人物活了,趣味有了,游戏性也随之增强了。

图7-9 表演游戏"小蝌蚪找妈妈"

改编后:(鸭妈妈带领着鸭宝宝划着水出场)

鸭妈妈:宝贝,快一点,跟上妈妈哦。

鸭宝宝:哎,我来了!(站到舞台中间)

鸭宝宝:妈妈我们一起来玩打水仗吧!(鸭宝宝拉着鸭妈妈的衣角说)

鸭妈妈:好呀。(摸摸鸭宝宝的头)

蝌蚪甲:你们看,鸭妈妈在和鸭宝宝玩呢。(疑问的样子并看向其他小蝌蚪)

蝌蚪乙:我们也应该有自己的妈妈呀,我们的妈妈在哪里呢?

蝌蚪丙:你知道吗?你知道吗?(分别转向每一个小蝌蚪询问的表情)

众蝌蚪:不知道。(使劲摇头)

(2)增加动作。对于还没轮到上场的角色,为避免无所事事,可鼓励幼儿为自己设计一些与角色相符的动作,让幼儿有事可做,进入同步表演来增强表演效果。如《小蝌蚪找妈妈》中小蝌蚪们问过鸭妈妈,在询问其他妈妈的时候,已经上场的鸭妈妈带着自己的鸭宝宝在搭建的池塘场景里捉小鱼小虾吃(见图7-9),还未上场的乌龟妈妈在打扮着乌龟宝宝,等等。

(3)增加情节。增加情节即为剧本增添一些台词或设计一些歌舞片段,这样既能激发幼儿表演的兴趣,也能促进幼儿语言、表现力等各方面的发展。如《三只羊》的表演游戏中,为"狼"出场设计一段特别的音乐开场,为三只羊战胜大灰狼设计歌曲《大家一起喜羊羊》,激发幼儿参与表演的愿望,促使表演更生动、更有趣。

(五)讲评提升和收拾整理

1. 正面评议,适时加入观摩示范

教师诚心诚意接纳的态度,是鼓励幼儿把自己在游戏中真情实感表达出来的良策。让幼儿讲述自己在游戏中观察到的其他人的富有创造性的做法,如请幼儿谈谈今天谁最会编故事,谁表演得与别人不同,遇到问题谁想出了好办法等,让幼儿不断寻找他人及自身的闪光点。游戏结束后,把有创意的表演方式当场表演给大家看,使幼儿互相了解并了解别人的长处。鼓励其他幼儿举一反三进行创造,如幼儿在表演中创造性地改编作品,在讲评时,教师要及时地肯定幼儿的创新表演,并鼓励其他幼儿也进行合理创新,从而激发幼儿的创作欲望。

2. 引导幼儿发现问题、解决问题

表演游戏每个阶段都客观存在着各种各样的问题,包括幼儿自己的经验与游戏经验存在着差距问题、现有材料与游戏所需材料的矛盾问题等,这当中存在着许多很有价值的问题,但是这些问题缺乏具体可见性,幼儿常常无法主动发现,这时教师就要善于营造有利于幼儿自发讨论的环境氛围,用启发性的语言引导幼儿展开讨论,如"游戏中有什么困难问题需要讨论吗?""要解决这个问题,可以怎么做呢?""谁能帮助解决他的问题?""为了使下次游戏玩得更开心,还需要做什么?"当然,是否需要交流、以何种形式交流应视需要而定,形式方法是灵活多样的,如个别交流、小组交流、集体交流、过程交流、结束交流等。

3. 教会幼儿学习评价方式

自评：你觉得你演得好吗？好在哪里？（例如，扮演红蝴蝶的小朋友说："我觉得我演得很好，我是一边发抖一边请求避雨的，可是有小朋友还笑我。"教师可以立即引导幼儿围绕这个问题进行讨论，请这个小朋友表演片段，大家看后都觉得很生动，不由自主地学了起来）

互评：你喜欢谁的表演？为什么？你觉得谁还可以演得更好？怎么演？

质疑：你同意他的说法吗？（不同意，我觉得我演得更好）他觉得他的方法好，你觉得你的方法好，那怎么办？（可保留，可请其他孩子鉴别，可留至后续的游戏中验证）

第三节　绘本阅读与幼儿戏剧教育

近年来关于绘本阅读和戏剧教育的研究，已然呈现出积极而强烈的态势，多元化的理论对幼儿教育教学改革无疑具有极大的促进作用，然而众多的概念、模式，无疑也为幼儿园教师的实践操作带来了一些困惑。本节所论述的内容是基于绘本阅读基础上的教育戏剧实践。具体来讲，就是运用绘本故事中充满戏剧魅力的元素，将幼儿对生活的真实感受与戏剧艺术美的表现功能有机结合起来，在幼儿参与、创造、体验与享受过程中，增进幼儿的阅读与学习能力，两者若能善用，必将成为幼儿创新教育改革的亮点。

一、幼儿戏剧教育强调过程体验

戏剧教育应该被视为"教育"与"戏剧"的交集，与戏剧为了培养专业戏剧的编、导、演和舞台美术人才以及普及专业戏剧的鉴赏知识型人才不同，戏剧教育是用戏剧方法与戏剧元素应用在教学或社会文化活动中，让学习者在戏剧实践中达到学习目标和目的；戏剧教育的重点在于学习者的参与，从感受中领略知识的意蕴，从相互交流中发现可能性、创造新意义。目前在欧美国家，戏剧教育是一种非常重要的培养学生全面素质和能力的教学方法，甚至被认为是最好的一种教学手段。

《现代汉语词典》中对戏剧的定义是："通过演员表演故事来反映社会生活的各种冲突艺术。是以表演艺术为中心的文学、音乐、舞蹈等艺术的综合"[1]。我们从戏剧的定义元素中，可以探究和分析出其对幼儿发展的独特价值。

首先，我们从戏剧是演员的表演艺术来看，演员既是表演者又是创造者，借助自

---

[1] 中国社科院语言研究所词典编辑室.现代汉语词典（第6版）[M].北京：商务图书馆.2013：1398.

己的动作、声音、表情扮演着角色,但对作品的表现却依赖的是演员本人的内心感悟和情感表达,同时在与多人的合作中,也才能现实地、生动而具体地再现虚拟的人、事、境。因此,幼儿戏剧教育不是单纯表演技巧的学习,不是进行各种戏剧形式的表演,更关注个性,培养能力,塑造品格,让幼儿在动静结合、身心融合、团结合作的角色扮演中亲历其境,去思考、解决问题,综合提升幼儿的感受力、表现力、理解力、创造力、动手能力和团队合作能力。

其次,我们从戏剧是综合的艺术来看,综合不是简单地拼接,而是有效地整合。一方面,文学、音乐、美术等各种艺术符号服务于表演;另一方面,表演借助于语言、歌舞、舞台效果等更好地诠释和表达作品,是一种视、听、想象综合的艺术。因此,幼儿戏剧教育不是其他课程的辅助,而是以戏剧为手段,是具有独立教育价值的综合性课程,通过戏剧教育的运用,启发幼儿认识自我、认识身体,重视肢体表达。戏剧教育作为一门综合艺术,和音乐、绘画、美术、文字一样,是一种表达的方式和延展。幼儿戏剧教育不是关注作品,而是关注过程,强调老师要创造一个"幻想"(情境),和幼儿一起"玩",要完成的是"过程戏剧",强调戏剧教育的过程体验。

因此,把"教育"和"戏剧"这两个词放到一起的时候,表明戏剧教育并不排斥戏剧舞台演出,但并不主张教师找好现成的剧本,幼儿死记硬背,一遍遍排练的演出,应当是一种戏剧性创造活动,在教师的引导下,或者就绘本中某一戏剧元素进行提炼,幼儿进行游戏式体验;或者围绕某一绘本中的主题进行发展性学习;或者以戏剧发展的架构和程序为主轴,将幼儿学习的内容置于其中,直到这一事件或情节结束的行为。

如此,了解幼儿园的戏剧教育形态后,如何开展戏剧教育活动呢?首先,内容决定形式,理解和掌握幼儿戏剧教育的内容是核心导向;其次,过程借助策略达成,掌握一些适用的方法和技巧是重要手段。由于戏剧教育理论研究源自于国外,受众人群从儿童到成人,戏剧教育模式多元,有学者研究组织策略多达70式。因此,在使用过程中不仅要考虑实际需要,还要不断筛选、改造和完善。同时,借助绘本阅读这一载体,不是就绘本答案来解答幼儿的疑问,而是将幼儿带入到特定的情境中,让他们用语言、动作亲自去感受、去领教、去体会,幼儿喜欢扮演、乐于想象、易于接受多感官刺激,让幼儿在感兴趣的情节内,通过自身扮演去主动学习,在表演团队中建立合作意识,激发各种潜能,感受探索与合作的快乐。在阅读活动基础上开展幼儿戏剧教育也是一次全新的探索。

二、绘本阅读中的戏剧游戏

从幼儿心理发展的角度来看,游戏就是幼儿的基本活动,幼儿的很多生活常识和行为规则也都是通过游戏学习获得的。加之幼儿的注意力时间比较短,喜欢重复性的活动,而游戏满足了幼儿的需要,打开了幼儿了解世界的一扇窗,使他们习得了成长为一个社会人所必需的技能。而优秀的绘本制作人深谙其中之道理,他们熟知幼儿的心理特点,巧妙地运用游戏语言或情节来展现主题和故事情节。日本绘本之父松居直在《幸福的种子》一书中就曾说:"我得出了一个结论:绘本对幼儿没有任何'用途',不是拿来学习东西的,而是用来感受快乐的。而且一本绘本愈有趣,它的内容愈能深刻地留在孩子的记忆里,在成长的过程中,或是长大成人之后,他自然能理解其中的意义。"这段话或许会让家长和教师们目瞪口呆,一定会质疑花那么大价钱买的绘本,最终的结果只是让孩子感受到短暂的快乐而已?这也太得不偿失了!如果不能有教育的成果,那这本书在家长和教师的眼里只是玩具中的一种。或许,正是这种观念的差异,致使我们在绘本阅读中注重静态的读书而忽略了幼儿游戏式动态的表达,注重教育意义的挖掘而忽略了幼儿快乐的情感体验。

在阅读实践中,许多国外绘本深深地吸引着幼儿,源于绘本自身充满了幽默感和想象力而非实际的教育意义。然而,"有些人不把幽默看作是一种游戏。而我们把它看作游戏,原因有以下三个:首先,幽默是令人愉快的——大部分游戏是令人愉快的;其次,幽默创设了不真实的世界——和假装游戏存在许多相似之处;第三,幽默建立时的令人愉快的虚拟世界的认知、社会以及情绪功能往往与一般游戏相同。"[1]成人世界里的"书中自有黄金屋,书中自有颜如玉",而对于幼儿来说,显然都不如绘本故事衍生出来的游戏吸引他们。

【案例一】《一根羽毛也不能动》(史耐得,艾瑞卡·席佛曼编绘),故事描述天鹅和鸭子一起讨论:怎样比赛才能公平呢?他们想出了一个"木头人"的游戏,并且加上一条规则,连一根羽毛都不能动,谁先动谁就输了。阅读过程中教师可以自然地引发幼儿开展"木头人"游戏兴趣,"鸭子和天鹅玩木头人的游戏都很厉害,不分上下,你们想不想试试?"宣布游戏规则:边念儿歌,边随意走动,直到儿歌结束时摆好姿势,保持不动;指定两名幼儿来捣乱,引游戏者发笑或移动,但干扰者不可触碰游戏者身体;规定时间后仍坚持不动者为胜。游戏后采访胜利者:"你是怎么让自己坚持到最后的?"为幼儿深刻地理解人物角色最终的胜利者问题做铺垫,幼儿在阅读中自然而然地体验游戏的乐趣,感悟坚持不易的哲思哲理。

【案例二】《点点点》(埃尔维·杜莱编绘),是趣味性极强的一本书,教师可以通过魔法游戏,引导幼儿按照书上的指令去完成相应的动作。例如,先对准点,用小手指点一下,哈哈,点变多了,再点一下,嘿,点变大了,把书拿起来摇一摇,整齐的点凌乱了,把书朝左倾斜再朝右倾斜,点随之改变方位,把书立起来,集中在上面的点又跑下来了。整个过程采用新颖的身体互动游戏贯穿始终,幼儿在游戏中愿意表达自己的想法,在潜移默化中丰富了颜色、数量、位置、排序等认知经验,身体是放松的,注意力是集中的,情绪是愉悦的,思维是活跃的,尽情体验按指令做动作的乐趣,享受一起协作的愉快和成就感。

【案例三】《母鸡萝丝去散步》(佩特·哈群斯编绘),带给幼儿强烈的幽默感,教

---

[1] 斯卡特雷,等.儿童游戏——在游戏中成长[M].谭晨,译.北京:中国轻工业出版社,2008:96。

师可以充分运用绘本中受幼儿欢迎的元素,比如母鸡慢悠悠地在农场里闲逛,走过院子、绕过池塘、越过干草堆、经过磨坊、穿过篱笆、钻过蜂房,狐狸跟在母鸡身后被钉耙打、扑进池塘、掉进干草堆、被面粉埋、摔进推车、被蜂蜇等,虽然两个主人公没有任何的语言交流,但画面动态感十足,利于幼儿表演。教师在组织绘本阅读过程中,让幼儿两两结伴,把自己最喜欢的一组动态表演出来,采用定格和充分赞美的活动形式,各组间相互观摩,猜测和判断其他组幼儿表现的内容后,再请表演的幼儿分别一一表达出来。

鉴于上述分析,幼儿绘本阅读中的戏剧游戏,是教师在分析挖掘绘本中游戏元素的基础上,让幼儿自主地感知、操作、模仿和想象,并通过虚拟情境再现绘本场景,从而激发幼儿的玩兴,并从中获取多方经验和能力的一种游戏式体验过程。这种拓展后的游戏内容非常丰富,可以是脑力益智游戏、语言文字游戏、身体运动游戏、动手探究游戏、艺术表现游戏,等等。教师在设计中思考如何"让绘本更好玩",有了游戏这个载体,就能充分调动幼儿阅读兴趣,让幼儿在快乐的环境中学习。寻找戏剧游戏与绘本元素的接洽点,是提升教师设计活动能力的关键所在。绘本戏剧游戏的设计不能牵强,不是所有的绘本都能进行游戏阅读,一方面要提炼绘本中的直接游戏元素,另一方面要拓展绘本中的内隐游戏元素,作为绘本游戏阅读设计的蓝本。无论哪种方式,都是由绘本自身所具有的鲜明特征、幼儿阅读心理特点、幼儿表演天资和欲望相契合而决定的。

三、绘本阅读中的戏剧元素统整

(一)幼儿戏剧教育内容[①]

"当把戏剧作为'幼儿表达自我,认识和思考世界的一种艺术符号'时,学前儿童戏剧教育的内容就不再仅仅局限于'戏剧表演'了,学前儿童的戏剧教育内容包括了戏剧表达、戏剧创作和戏剧表演三个部分,并在三者之间形成了相互依存、相互影响的对话关系,共同支撑起儿童的'戏剧素养启蒙'。由此,也突破了传统儿童戏剧教育仅以'戏剧表演'为内容的狭隘、封闭和成人化倾向,走向了丰富、开放和儿童本位"。

1. 戏剧表达

戏剧表达关注幼儿以非角色或角色的身份,用身体的动作、表情、声音与言语表达自己的内心感受和想法。

(1)动作与表情表达是戏剧表达最基本的媒介,没有声音和言语的哑剧,一定要借助四肢和躯体动作、五官表情,这些外化的、可见的动作正是幼儿感知、体验和思考的结果。

(2)声音与言语表达是用声音、语词以及相应的语气、语调、语速、停顿等方式,可

[①] 本节内容参见:张金梅.学前儿童戏剧教育[M].南京:南京师范大学出版社,2015:149-187.

以更为直接地反映内心情感变化,也是对动作表达的补充。

（3）当身体动作与表情、声音和言语不能完全表达时,需要借助其他艺术符号,比如用于装扮的美术符号,用于音效、歌舞的音乐符号等进行延伸性表达,使得戏剧表达的效果更加丰富和相得益彰。

2. 戏剧创作

戏剧创作体现幼儿在虚构的情境中将自己内心的想法转变为可视、可闻的行动。戏剧创作的要素包括角色、情节、场景。

（1）幼儿戏剧创作与成人的"剧本创作先行"的理念不同,恰恰是以"角色创作（或角色造型）为先"。

（2）情节由一系列事件组成,具有开端、发展、高潮到结局几个发展阶段,体现了从背景、问题出现、冲突形成到最终问题解决的逻辑顺序。

（3）场景是时间发生的地方、空间,交代角色所处的环境。场景的创作融入角色塑造和情节创作中,即角色都是在一定的场景中的,情节的发展也会有不同的场景变化。

3. 戏剧表演

戏剧表演凸显了三个戏剧要素:演员、角色和舞台,内隐了观众要素。据此,幼儿园的戏剧表演既可以是过程展示也可以是成果展示。

（1）过程展示是指戏剧表演发生在幼儿园各种"表演"空间,不是正式的剧场,在教师指导下,幼儿将自己创作的作品"演"给同伴、教师及家长等观众看,同一个班级中的演员和观众相互流动,每一次创作和表演幼儿可以自由改变,是一种开放式的表演游戏活动。

（2）成果展示可以是剧场式的表演,包括社区公演、义演,剧场演出,等等。剧场演出对于幼儿来说是一种完整的戏剧经验,除了角色扮演外,舞台、道具、服装、效果、观众等也是幼儿戏剧经验建构的过程。

（二）绘本戏剧主题活动

绘本戏剧主题活动,就是从绘本故事主题出发,充分挖掘绘本中与主题相关的概念,并延伸出一系列的戏剧活动,通过戏剧创作、戏剧表达和戏剧表演等内容的实现,给幼儿提供不同的阅读与学习经验,体会各种情境之下的阅读行为和趣味;不仅能够提高幼儿的文学素养,同时将刺激强化幼儿的丰富想象力和创造力,形成一种创意思考模式。绘本戏剧主题活动的实现,从阅读绘本切入到最后成果展示,还有围绕绘本主题做出相应的时间和空间规划,可根据实际内容安排学时,有的内容幼儿感兴趣,有生发的价值,则时间可长,反之则短。

下面以绘本《11只猫过圣诞》活动为例加以说明(材料来源于厦门市东浦幼儿园李彦虹)。

1. 开端

在图书漂流活动中,孩子们对日本著名漫画家、绘本作家马场登的《11只猫开饼店》《11只猫捉大鱼》《11只猫变泥猴》《11只猫遇怪猫》《11只猫盖房子》《11只猫进袋子》等系列绘本爱不释手,每天都会阅读,互相讲述着11只猫遇到的有趣的事情,随着孩子们对绘本越来越熟悉,他们便想要有所创新,因此在阅读的时候,常会有孩子对绘本故事的情节或结尾进行不同的创编。渐渐地创编绘本剧的想法进入了我们的讨论议程,脚本的创作就在孩子们的"唇枪舌战"中拉开了帷幕。

2. 脚本创作

(1)第一幕生成。由于在创作剧本时已经临近圣诞节了,创作一个与圣诞节有关的"11只猫的故事"就自然而然产生了,绘本剧取名为《11只猫过圣诞》。孩子们开始讨论"11只猫要怎么过圣诞才有意思"。例如,有的孩子说,11只猫要开一个盛大的"圣诞派对",请演员来表演,并且是边吃着美味的圣诞大餐边看表演;有的孩子说,11只猫在睡觉的时候圣诞老人来给它们送礼物,11只猫醒来了,就跟着圣诞老人一起去分礼物;有的孩子说,11只猫可以遇到小仙女,跟小仙女许下圣诞愿望,小仙女就让它们实现圣诞愿望。

(2)第二幕生成。其中有一个孩子提出了一个很特别的故事情节,她说:11只猫可以去帮助"卖火柴的小女孩"实现圣诞愿望。大家一听,都觉得她的想法很特别,于是我就追问她,为什么要帮助"卖火柴的小女孩"实现愿望,她说:因为卖火柴的小女孩很可怜,在寒冷的冬天里穿着薄薄的衣服在街上卖火柴,没有人买火柴,还被人家欺负,最后还死在雪地里,我觉得她太可怜了,如果在她卖火柴的时候,11只猫能去帮助她,小女孩就不会死……这时候,班级里一片寂静,大部分孩子似乎很赞同她的说法,也有个别孩子露出若有所思的样子,像是在脑海里寻找"卖火柴的小女孩"的故事情节。从孩子们的反应中,我发现每个孩子都有一颗柔软的心,都有一颗愿意帮助别人的爱心,于是我们就一起重温了安徒生的童话故事《卖火柴的小女孩》,脚本中"卖火柴的小女孩"的情节就由此产生了。

(3)第三幕生成。有了特别的情节后,就有孩子提出来,11只猫在什么时候去帮助卖火柴的小女孩呢?要怎么去呢?为了让孩子们的情节"合情合理",我便提出了他们之前的想法,可以请小仙女来帮忙啊。最后大家一起商讨出来的脚本讲述的是:11只猫在圣诞节前夕为了如何过圣诞节而吵吵闹闹,这一举动惊醒了它们屋子里的小仙女,在小仙女的建议和帮助下,11只猫穿越到"卖火柴的小女孩"的故事中给小女孩送去了围巾和手套,并且邀请小女孩到家中一起过圣诞。

3. 角色塑造

(1)11只猫造型。11只猫的角色确定下来后,由谁来扮演呢?在讨论中,孩子们认为,11只猫要由男孩子来扮演,并且提出既然演的是"11只猫",那么就真的要有11个人来演"11只猫",而且要像绘本里一样,要有虎猫队长。但是,绘本中只有虎猫队长有名号,其他的10只猫都没有名号,于是孩子们就商讨给剩下的10只猫取名号。孩子们认为虎猫队长是猫群中的猫老大,那么其他猫的名号就按二到十一的顺序取名,分别是猫老二、猫老三、猫老四……猫十一。孩子们还提议,11只猫的角色要按从高到矮的顺序排列,猫老大要选最高的,猫十一一定是最矮的,这样才能有从大到小的样子,在高度上体现每一只猫的不同。

(2)"试镜"中。"虎猫队长"毫无悬念,被孩子们默契地锁定在班上个子最高的男孩身上,而另外10只猫大家都想演,每个角色都有好几个人竞争,要怎么选呢?孩子们你一言我一语,开始争吵起来,谁都觉得自己讲得有道理,"虎猫队长"发话了:"安静,安静,不要吵了!我有一个好办法,我们可以让想演的人一起上台来说几句台词,说得最好的我们就投票给他。"马上就有孩子呼应:"这个办法好,我们还可以让他们把动作、表情都表演出来,谁表演得像我们就选谁!"于是孩子们又一次达成了共识。他们变得更加的自主了,而"虎猫队长"的扮演者也似乎提前进入了角色之中,成了一个小领导者,而老师则可以继续从旁观察"事态"发展了。

(3)"路人"的产生。选上的演员甚是开心,没被选上的孩子却满脸的羡慕之情,于是我向孩子们建议:"卖火柴的小女孩"的剧目中的路人演员还没有呢!我们是不是也要选一些人来扮演路人啊?话音刚落,孩子们就热火朝天地讨论起来,孩子们有了角色游戏的经验积累,他们很快就想好了自己要扮演什么样的路人。例如,有的孩子根据性别、身高的差异,搭配组合成"爸爸、妈妈、宝宝"的三人组,几个顽皮的男孩子则自告奋勇地要当"驾驶马车的车夫"和"欺负小女孩的路人",有的孩子则和自己的好朋友扮演"姐妹"等。最后,全班每一个孩子都拥有了自己最合适、最喜欢的角色。

4.延伸表达

(1)图文剧本。刚开始,我和孩子们就其中一幕剧,讨论里面的台词对话,我先是手写记录,然后汇总整理成电子文档。孩子们觉得这样很麻烦,提议绘本剧用绘画的方式,将剧中一幕一幕的情节画出来,孩子们有的说,有的画,有的剪,最后老师帮助添加字幕,一起制作成了图文剧本,用厚的瓦楞纸做成书脊,第一个图文剧本诞生了!孩子们还说:把这个剧本放在我们班级的表演游戏中,让大家都能玩起来,让每一个人都能有机会去扮演里面的角色。

(2)"录音棚"。考虑到表演的场地环境和剧中角色人物众多等因素,我和孩子们商量把角色对话录制成完整的录音,原以为就是为了让整个绘本剧在演出时看起来更丰满些,但整个过程引发了一系列预设不到的教育效果。"开始录音!""录音棚"(教室)里出奇的安静,孩子们自觉地放轻动作,用手势提醒着身边要上场的人;孩子们对我提前挑选出来的背景音乐,也能说出自己的感觉,并尝试着与台词、动作相匹配,觉得满意了才确定下来。剧本录音就这样,在不是专业音频编辑师的我和孩子们的努力下,在我们自己的"录音棚"中顺利出炉了。

(3)创意妆扮。孩子们都觉得11只猫要有统一的"猫"服装,小仙女的服装要选择蓬蓬裙,卖火柴的小女孩要选择相对暗色的裙装,再为她搭配了一条我们在美工区操作穿的围裙,路人的扮演是孩子们最本色的出演,又最具创造性,他们从家里带来了围巾、手套、仙女棒、手提包……在我们班级找到仿真的水果、蛋糕、礼物盒……并且他们还用起了替代物,如"卖火柴的小女孩"一幕中的"马车",孩子们选择用幼儿园里的玩具车来替代。而关于场景的道具用的是我们平时表演游戏中的房子、草地、栅栏等。

5. 成果展示

(1)区域中的戏剧表演。有了11只猫的原型塑造,孩子们对脚本台词的理解更加深入,实现戏剧表演活动更是得心应手。孩子们已经不满足于表演现成的剧本了,而是随时进行创新和建构戏剧情节冲突。很快《11只猫捉老鼠》就在区域活动中上演了,根据我们园的地理位置,孩子们设计了猫和老鼠的家,分别是"浦南新村"和"红星汽修厂",孩子们热衷于扮演老鼠角色:"因为老鼠是在暗处,可以躲、可以藏的","猫就没那么轻松了,有点压力的"……对于扮演主角还是非主角,在孩子看来不重要了,重要的是活动中的那种仪式感和快乐体验。

(2)各领域延伸戏剧表演。在角色游戏中,孩子们玩起了《11只猫开饼店》;在建构游戏中,又玩起了《11只猫盖房子》;《11只猫进袋子》很适合开展社会活动,孩子们热烈地讨论着如何遵守规则,以及不遵守规则所付出的代价,形成了一些游戏时的规则。之后,孩子们在打理自然角时,将成熟的蔬菜摘下,一起做出了美味的"小葱炒蛋"、"蒜苗炒肉片"、"小葱卤肉"等美食。最后,孩子们还自发地和家长一起制作了《11只猫美食秘籍》,带到班级和伙伴们分享。

(3)舞台展演。

第一场演出:

我们自己创作的绘本剧《11只猫过圣诞》,在幼儿园的"国旗下表演"中上演。首演当天,孩子们早早地来到班级,家长们也热情地参与其中,忙碌地帮孩子们换服装、化妆、搬道具、拍照、摄像等。在孩子们投入的表演中,台下的小观众们为帅气的猫们的出场欢呼,为卖火柴的小女孩难过,为圣诞老爷爷和小仙女的热心帮助而感动,最后全园总动员,一起跳起来,台上台下汇成了欢乐的海洋。

第二场演出:

成功首演之后,孩子们觉得还没有演够,家长觉得应该多给孩子们创作表演的机会,于是在幼儿园及园长的大力支持下,我们班的孩子就带着我们的原创绘本剧走出校园,走进"特教"学校,和一群特别的孩子一起,度过了一个美妙的圣诞节。

第三场演出:

因为考虑剧场、成本等具体因素,我们的舞台展演还在筹划中,我们必须整合幼儿园各年龄段、其他幼儿园以及社会资源,我们要给孩子们一个有灯光、有舞台、有化妆的剧场演出,让孩子们享受属于他们自己的、完整的戏剧体验过程。

至此,《11只猫过圣诞》杀青。《11只猫过春节》正在酝酿之中……

四、幼儿戏剧教学活动策略及流程

(一)幼儿戏剧教学活动策略[①]

"以'戏剧'一词,置于教学策略之前,说明了这些策略是富有戏剧特色的,旨在制造一种虚构的戏剧情境,以此探索角色的关系、所处的场景、情节的变化以及角色之间对话,而不是直接按照'说出来'的扮演。结合儿童戏剧经验建构的需要、教师组织儿童戏剧活动的需要,我们通过实践对戏剧教学策略加以筛选,并尽量从角色、情节、场景这三个戏剧要素角度加以归类,整理出常用的策略如下。"

1. 角色塑造策略

角色塑造是幼儿对不同于自己的"他人"(即角色)理解的基础上,用动作或言语对其外在形象、典型动作、说话方式等特征的外化。

(1)轮廓图——外在形象的塑造。

(2)定格——典型动作的塑造。

(3)雕塑家——两两合作式的角色动作塑造。

(4)角色圈——分组塑造不同角色。

(5)全班/小组扮演——集体扮演一个角色。

2. 情节创作策略

在情节创作过程中,幼儿在教师引领下,不断产生新的想法,在虚构的情境中将自己内心的想法转变为可视、可闻的行动,以寻找解决问题的各种方案。幼儿既是角色化的问题提出者,又是角色化的问题解决者。

(1)教师入戏——以角色带动情节创作。

(2)坐针毡——以探索角色内心活动带动情节创作。

(3)良心巷——以角色心里话带动情节创作。

(4)神秘之物——以物品象征意义带动情节创作。

(5)一封来信——以文字信息带动情节创作。

(6)会议或仪式典礼——以特定议事程序带动情节创作。

3. 场景创作策略

场景创作策略通常与角色创作、情节创作策略相互融合使用。

(1)镜像画面——合作造型符号的场景。运用肢体形态集体复制一个视像画面,从中具体地呈现生活及时间。既可以角色塑造,也可以场景创作。

(2)故事地图——图画符号的场景。想象与描画故事的主要角色的行进路线、场景,既有情节发展创作,也有每一段情节发展的场景描画。

[①] 本节内容参见:张金梅. 学前儿童戏剧教育[M]. 南京:南京师范大学出版社,2015:250-257.

(二)幼儿戏剧教学活动流程

幼儿戏剧教学活动过程:可以有三个层面构成,第一层面采用集中注意力、身体动作、想象情境、口语表达等与故事中的人、事、物、时、地紧密相关,将幼儿带入场景当中;第二层面根据人物对话、情节冲突、舞美特效等,引导幼儿进行戏剧创作;第三层面通过分享感受、充分赞美及反省评析等,使幼儿不仅成为好的戏剧扮演者,更成为有一定水准的戏剧欣赏者。

在流程的实现过程中,教师就是"穿针引线"的人,要能敏锐地体察和及时抓住幼儿的创造火花,合理、巧妙地组合和运用到实践过程之中,对于教师的教育理念、教育智慧、文学素养、表演技巧有着较高的要求,而且活动不是一个学时内就能完成的,要根据实际情况做出反应和调整,以期达到最完美的效果。

下面就以绘本《长颈鹿不会跳舞》戏剧教学活动为例加以说明(材料来源于厦门市莲花幼儿园洪雅琴)。

活动名称:大班戏剧教学活动《长颈鹿不会跳舞》

活动目标:

1. 理解画面内容,能从画面中发现长颈鹿的情绪变化,感受绘本语言美。

2. 能积极参与讨论和创作,大胆用肢体和语言表达自己的想法。

3. 明白不论自己有哪些不足,只要找到属于自己的方式,就一定能够成功。

活动准备:

1. 分享交流活动"长颈鹿知多少",采取老师、孩子、家长多方寻找资料,看视频、查阅书籍、询问等方法。

2. 森林背景音乐,华尔兹、探戈、摇滚、恰恰、苏格兰圆圈舞等相应的舞蹈,寻找相应的音乐加以匹配,并制作成动画。

3. 场景布置相应的材料。

活动过程:

1. 暖身活动——"森林散步"

交代故事魔法棒,点到谁,谁就做出相应的动作。

孩子们围成半圆站立。

教师:"今天天气真好,我们一起去森林里散步吧。早上森林里的空气真新鲜(做吸气动作),草地上开满了各种颜色的花,红色的、黄色的、紫色的(魔法棒点出三位幼儿,马上走到场地中间做出花的样子,下面方法同),大树伸长了手臂,使劲儿向上生长,小鸟们围着大树叽叽喳喳地叫着,小兔子来了,小猴子来了,大狮子来了,长颈鹿来了,又来了一只长颈鹿,又来了一只长颈鹿……(直到将所有幼儿都点到),长颈鹿在森林里生活得自由自在,哈哈,这么多的长颈鹿啊,(故事棒)停!我要用照片拍下来。

2. 角色塑造——"长颈鹿"

照片定格,语言表达。

教师:现在,请你们猜猜这个长颈鹿在做什么,再让他自己说说,他在做什么,看我们猜的和他想的一样不一样?

C1:双手合并向上伸直左右晃动;(观察敌情)

C2:下巴上扬、一只手向上举,一只手在屁股后当尾巴,双脚向前伸直,缓慢、有点高傲地行走;(吃很高树上的树叶)

C3:双手撑地,同手同脚伸直行走;(喝水)

C4:双脚、双手伸直向两边、前后岔开跳起;(玩游戏)

C5:把双脚夹紧,踮起脚尖走路,一只脚啪啪跺地、甩头;(和狮子对抗)

C6:横劈叉、竖劈叉、下腰、抬腿等高难度动作;(跳芭蕾舞)

……

教师定格后的动作:低头看手掌(看信)

3.故事开端——"丛林舞会"

(1)一封邀请信

教师入戏(带长颈鹿手偶):我是长颈鹿杰拉德,我收到了来自丛林里的一封邀请信。我给大家念念信的内容:"非洲每年的丛林舞会,热闹非凡而令人流连。丛林里的每一个动物,都要出席并尽情蹁跹。"我们一起来看看动物们的表演吧。

(2)绘本故事引入

幼儿围坐,阅读绘本开始部分,观赏动画,欣赏华尔兹、探戈、摇滚、恰恰、苏格兰圆圈舞。

"杰拉德":我给大家介绍一下,这是疣猪们表演了华尔兹,犀牛们的摇滚很疯狂,狮子们成对跳起探戈,舞步优雅而热情奔放。黑猩猩集体跳恰恰,拉丁旋风迎面而刮。八只狒狒两两结成舞伴,苏格兰圆圈舞风采尽展。你们也跟着一起学学,跳起来吧!

(3)杰拉德登场

教师入戏(带长颈鹿手偶):刚才大家跳得太好啦,该轮到我上场啦。可是,我,我……唉,还是演吧。

"杰拉德"上场表演,"杰拉德是只长颈鹿,长脖子优美而纤细。可惜膝盖向外弯曲,腿瘦得骨头连着皮"(双脚夹紧跳,摔倒!身体旋转跳,摔倒!)

(幼儿会嘲笑)

"杰拉德":你们为什么笑?我再也不想参加什么丛林舞会啦。("杰拉德"离场)

4.情节创作——"帮助杰拉德"

(1)讨论:长颈鹿的特征

教师出戏:动物们嘲笑杰拉德说:"快来看看蠢笨的杰拉德""长颈鹿天生不会跳舞。杰拉德你别犯傻!"杰拉德痛苦地缓缓走下舞台,黯然转身独自踏上回家的路,听到动物们在身后哈哈大笑,杰拉德内心充满悲伤和苦楚。我们刚才嘲笑杰拉德了吗?杰拉德真的不会跳舞吗?说一说你了解到的长颈鹿是什么样的呢?

C1：长颈鹿是胆小善良的动物,害羞、不好意思。

C2：长颈鹿脖子之所以很长,是因为它的脖子颈椎有7节,椎骨很长,除了能吃到高高的树叶之外,还能站得高看得远,及时发现敌情。

C3：长颈鹿不能长时间低头,因为心脏离头部较远,会供血不足。

C4：长颈鹿走路与其他动物不一样,是左右摇摆,他是同时伸出同一边的两只脚的。

C5：长颈鹿走路、脖子左右摇摆很优雅、很斯文。

C6：在长颈鹿的小腿骨中,发现了受到凹槽保护的一条支撑性韧带,而且这个凹槽远超其他动物……

教师：是的,这些都是杰拉德不会跳其他动物那样的舞步的重要原因。你们愿意帮助杰拉德吗?我们一起想想办法,我们分四个组,一起讨论帮助杰拉德的方法,并商量表演出来。

(2)分组创作:怎样帮助杰拉德

第一组：杰拉德,我认识一个好朋友蟋蟀,他会拉小提琴曲,我可以请他帮忙,让他拉一首你喜欢的曲子,你就会跳了。

第二组：杰拉德,你不要难过,我们去舞蹈班让老师教,你就会了。我们会陪你一起练习的。

第三组：杰拉德的脖子很修长,可以摇摆,马达加斯加的电影上就是这样的。还可以做弯下去甩起来的动作,可以跳踩脚的舞,再配上甩尾巴、甩头,应该会很有趣的。我们可以帮他找一首节奏慢点的音乐,等他慢慢会跳了,再找首快点的音乐。

第四组：杰拉德,没有关系的,他们动物有舞会,我们也自己来办个昆虫舞会,你来参加我们的舞会吧,我们保证不会嘲笑你的。

(3)回放——充分赞美

四个组分别展示,其他组认真观看,表演完后进行充分的赞美。

教师：你们的想法太棒了,谢谢你们邀请杰拉德去参加你们的舞会,这样他就不会孤单了。好期待你们的昆虫舞会,蟋蟀拉小提琴曲,肯定会与众不同的。

(4)镜像画面——邀请杰拉德

教师：我们一起去杰拉德的家吧,把我们的想法告诉他。杰拉德的家在森林的那一头,我们在行走的路上会遇到许多危险,大家要相互提醒,注意安全。出发吧!

教师：前面有一座小桥(故事棒指定几个幼儿,摆出小桥的造型),桥下流水很急,我们要小心哦,不要让自己掉下去了。

C1：前面有个山洞(故事棒指定几个幼儿,摆出山洞的造型),大家要把头低下啊,不要碰到啦。

C2：这里有一只很大的食人花啊,要小心不要被它吃掉哦。

教师：什么样的呢?需要几个人摆出来呢?(让这名幼儿作指导)

C3：这里还有猎人设的陷阱(故事棒指定几个幼儿,摆出陷阱造型),我插上标志,大家要小心绕开走哦。

杰拉德的家到了!

教师入戏(带长颈鹿手偶):你们怎么来了?

C:杰拉德,我们给你准备了一个盛大的昆虫丛林舞会。

"杰拉德":我很害怕,我跳不好的,我不去!

5. 剧情展演——"舞动的杰拉德"

(1)说服组

C1:杰拉德没有关系的,每个人都会遇到这样的事,不要太在意。

C2:杰拉德(拥抱一下),别人嘲笑你是不对的,你不要在意。

C3:我会安慰它,带它到森林的一个安静角落,让它不要想起这些不好的事情。

C4:杰拉德,没有关系的,他们嘲笑你,你就当作没听到,不用理他们。

C5:杰拉德,不要管别人怎么说,我们不要和别人比,我们和自己比,我们只要认真就可以了。

C6:你是不能缺少的,少了你故事就没有意思了,故事就不完整了。

(2)场地规划组

C1:我们需要一个篝火,可以用咖啡色的纸张卷起来,然后堆在地板上当成火堆,再用红色的纸张撕碎放在上面,这样就像火了。

C2:我们还需要丛林舞会四个字的标志,让别人知道这是怎么一回事

C3:我们可以在地板上铺一块红地毯或者垫子之类的,这样就是舞台了。

C4:需要花丛、树。

C5:那有两个空调的箱子,可以竖起来,再剪一些树叶贴上去就是大树了。

C6:用绿色的纸张撕成细长条,贴在一个板上,把做的花贴在上面,这样也可以做花丛。

"杰拉德":谢谢大家为我做的一切,那我们的演出就开始吧!

(3)演出仪式

有的孩子用绿纱巾披在身上,双手伸直,扮演树。有的孩子手上拿着花摆放胸前,扮演场景里的花,他们自由摆动、表演着。有的孩子站在由大纸箱做成的大树后摇动纸箱说:我是风,风来了,树会摇动。

大家一致推荐的蟋蟀扮演者,将绿色纱巾套在身上,手拿自己用纸板和纸筒做成的小提琴,身体摇晃陶醉地拉起琴,"杰拉德"则陶醉地甩起头、跺起脚、摆起尾巴、晃动身子,张开嘴巴大喊:"我会跳舞啦!我会跳舞啦!"孩子们一个个从两边跑进,定睛地看、鼓掌、赞赏等肢体动作、语言表达着对杰拉德的愧疚以及赞扬。而后动画片"里约大冒险"的主题曲音乐响起,舞台成了孩子们欢乐的海洋,他们忘我地扭动、结伴舞蹈,这是属于他们的狂欢。

6. 分享交流

教师出戏:演出非常成功,为杰拉德鼓掌!为我们自己鼓掌!你们很执着地帮助

了杰拉德,对于绘本名称《长颈鹿不会跳舞》有什么样的想法呢?从杰拉德的心路历程中得到了哪些启发?

C1:长颈鹿不是不会跳舞,他是不会跳动物们那样的舞。

C2:动物们的舞蹈有自己专门的舞步还有专门的动作,有的音乐慢点,他们的动作就舒缓些,摇滚的音乐很快,他们的舞步也很快。

C3:杰拉德的舞曲是属于自己的,它的动作是自由的,自己想怎么跳就怎么跳,自己觉得美就可以了。

C4:没有动物们那么多的规定动作。杰拉德的舞蹈表演才会那么的特别,才会吸引动物们,因为动物们没有看过这样的舞蹈。

C5:不管做什么事都要坚持,不能放弃。

活动反思:通过这一系列的活动而引发的一场戏剧表演,不难看出,每次的活动都是为了让孩子能够更深刻体会角色的内心体验,孩子们一语道破了整个绘本所要表达的内涵,也是整个绘本的重心、转折点。孩子有了这样深刻的认识,对于找到属于自己的方式、成功的精髓也能有所感悟。这样的体会来源于孩子,而不是老师的主导,只有由内而发、由心而发才是真正获得的。也让我感受到戏剧表演不是单纯的常规的表演游戏,这一过程中孩子的主体性是第一位,所有的问题、所有的设想、所有的呈现都来自于孩子的想法、孩子的参与。孩子是戏剧表演的主人,戏剧表演不仅发挥了孩子的想象力、创造力,也充分地展示了孩子的天性,使孩子与生俱来的表演天分毫无顾忌、浑然天成地展示出来。孩子们一起参与整个过程,这个过程源于孩子们自己的表演,少了固有模式的痕迹,因此表演才会如此的精彩、独特。

综合实践活动

[思考]角色游戏中的"角色"和表演游戏中的"角色",表演游戏中的"表演"和戏剧表演游戏中的"表演"有何不同,其深层含义是什么?

[讨论]戏剧表演游戏,是根据故事的内容和情节、引入剧场的概念和规则而展开的游戏活动。以戏剧表演游戏为主线的系列活动案例作为切入点,探讨如何将游戏、艺术和生活用整合的方式,开展多领域学习并自然地渗透和联系?

[练习]

项目一:选择具有戏剧表演特质的绘本故事进行深刻解读,依照游戏实施策略尝试进行戏剧表演游戏活动的设计并在幼儿园实践中加以验证。

项目二:技能训练。内容:分组进行经典儿童故事的表演与创编。要求:各组自行确定角色分配和表演形式,并自行设计、制作场景道具;对原故事进行适当的改编。

第八章 幼儿园区域活动

第一节 区域活动概述

一、区域活动的定义

区域活动,也称活动区活动、区角活动,是目前我国幼儿园的一种重要的教育活动组织形式,也是幼儿自主游戏的一种主要形式。它是指教师有目的地将活动环境划分成不同区域,如角色区、积木区、表演区、科学区、生活区等,并在其中投放相应的活动材料,让幼儿按照自己的能力和意愿,自主选择活动内容和同伴,获得个性化的学习与发展。

区域活动形式最初来源于意大利教育家蒙台梭利的教育实践,蒙台梭利强调教师要为幼儿创设"有准备的环境",蒙台梭利教室根据课程内容提供各种活动区域,在这些区域中,分别投放不同层次、不同内容的材料,让儿童在不干扰他人的情况下,可以自由选择材料,教师不直接干预儿童的活动。而区域活动这一概念则来自美国高瞻课程(High/SCOPE),该课程通过一系列活动帮助儿童获得关键性经验,活动的开展以"活动区"为中介,教师有意识地将关键经验物化为活动材料和活动情境,儿童通过在活动区中充分与材料、环境、他人互动来学习和发展。

20世纪90年代开始,我国幼儿园也逐渐开始了对区域活动的实践研究。例如,北京师范大学教育系与北京光明幼儿园合作进行自选游戏的实践探索,在人为创设的自然情境下让幼儿进行自主活动,活动内容丰富,形式多样,角色游戏、建构游戏、语言阅读、操作、探索等都包括在内,幼儿可以自己决定玩什么、怎么玩,可以自由选择、自主活动。而现在,区域活动已经成为我国大多数幼儿园一种重要的课程组织形式。

二、区域活动与游戏活动、集体教学活动的关系

区域活动是游戏活动还是教学活动?区域活动、游戏活动、教学活动之间是一种什么样的关系?这也是在实践过程中很多老师的困惑之处。

严格说来,区域活动是一种包括游戏活动、学习活动和教学活动的综合性活动形式。

(一)区域活动包含游戏、学习、探索、操作等多种活动形式

从活动内容上看,区域活动既包括一些典型的幼儿游戏活动,如角色游戏、建构游戏、表演游戏等,也包括一些幼儿学习、操作类的活动,如科学探索活动、美工活动、阅读活动等。从狭义上说,区域游戏主要指孩子在游戏性区角中从事的游戏活动,但实际上,所有的区域活动对孩子而言都可以变成"区域游戏",因为相对于其他教育活动而言,区域活动为幼儿提供了一个更宽松自由的活动环境,幼儿可以根据自己的兴趣、需要,自由选择活动区域、材料和活动伙伴,体验到自主、自信和成功,这种形式更容易让孩子产生游戏性体验。因此,也有人将区域活动称之为"有任务的游戏"。在一定意义上,一个区域活动是游戏活动还是教学活动或孩子的学习活动,没有一个明确的界限,这既与区域活动的内容和形式有关,也与教师在活动中的干预方式和程度有关,尤其重要的是与幼儿在活动中的行为方式和主观体验有关。

(二)区域活动与集体教学活动相互渗透、相辅相成

区域活动和集体教学活动都是幼儿园课程的重要组成部分,集体教学活动有相对明确的教学目标、相对固定的活动时间,主要以集体活动方式进行,以教师的直接指导为主,而区域活动更注重环境和材料对孩子的引导,强调幼儿的自主性,以教师的间接指导为主。但两者之间并非完全对立、彼此冲突。在内容上,区域活动和教学活动可以相互生发、延展、丰富。例如,教师既可以配合集体教学活动的内容,提前在区域中投入相关材料,以引发幼儿兴趣,进行经验准备,也可在集体教学活动后,在区域中延伸相关活动,以巩固经验,促进活动的发展。同样,幼儿在区域活动中遇到的困惑和问题也可以生发为集体教学活动的内容,以提升和拓展幼儿的经验。

三、区域活动的特点

目前,幼儿园游戏的种类有不同的划分方式,最常见的是划分为创造性游戏和规则性游戏,如果如上所述,区域活动也是属于幼儿游戏的话,那么,它应该属于哪一类游戏呢?它与其他游戏又有什么区别?

虽然区域活动已成为很多幼儿园游戏的重要组成部分,但当我们试图对区域活动进行归纳时,会发现很难将它纳入传统的游戏种类中,这是因为区域活动不属于具体的某一类游戏,而是游戏活动的一种组织形式。幼儿园的游戏组织形式主要包括集体教学游戏、主题游戏、区域游戏、自由游戏等,相对于其他游戏组织形式而言,区域活动具有以下特点。

(一)综合性

从游戏种类上看,区域活动综合了不同种类的游戏活动。区域活动涵盖了多种幼儿游戏,如角色类游戏、建构类游戏、表演类游戏、益智类游戏、美劳类游戏、语言类游戏、运动类游戏等。教师可以根据班级和幼儿的实际情况,同时提供几种不同种类的游戏活动,而幼儿可以根据自己的兴趣选择相应的游戏区域。

从活动性质上看,区域活动既是一种游戏活动,但同时也具备教学活动和学习活动的特点。首先,区域活动种类繁多,既有以幼儿操作和探索为主的"学习性区域",也有以娱乐为主的"游戏性区域",不仅满足了幼儿多种多样游戏活动的兴趣和需要,也为幼儿的主动学习创造了条件;其次,区域游戏环境是教师创设的"有准备的环境",教师通过区域设置、材料投放、内容选择来达成幼儿发展目标,区域活动还可以作为集体教学活动的准备和延伸场所,跟领域教学和主题活动相互配合。因此,区域游戏也是幼儿园教学活动的一个组成部分。

(二)高度自主性

区域活动强调幼儿的自主性,通常情况下,幼儿可以自由选择自己喜欢的区域,自己决定跟谁玩,玩什么,怎么玩。教师在区域活动中的主要任务更多体现在活动前环境的创设、幼儿经验的准备以及活动中的观察。相对于教学游戏而言,教师在活动过程中对幼儿的干预往往更低,指导更间接。

(三)个性化

区域活动一般以小组或个体活动为主,幼儿可以自由选区、自主操作、自由互动,这样既能很好地满足不同能力水平、不同兴趣爱好的幼儿需求,教师也可以根据幼儿在活动中出现的情况进行针对性、个别化的指导,增加了师幼互动。因此,区域活动可以更好地照顾到幼儿的个别差异,促使幼儿获得个性化的学习和发展。

第二节 区域活动的环境创设

环境创设是教师组织区域活动首先要面临的问题,通过环境和材料去引领幼儿的游戏,实现对幼儿的间接指导是区域活动的特点之一。因此,如何创设适宜的环境、提供适宜的材料也是教师组织和开展区域活动的核心环节。

一、活动区域的规划与创设

(一)活动区域的种类与数量

教师在规划活动区域时,面临的问题一是班级应创设多少个游戏区域,二是应该开设哪些游戏区域。这两个问题没有统一的标准,但教师在创设活动区域时应把握以下两点要求:一是活动区应满足幼儿多方面的发展需要,这需要教师清楚了解各活动区的功能;二是活动区应合理满足本班幼儿游戏的需要。

1. 根据不同活动区的功能与特点设置区域种类

幼儿园设置的活动区域种类丰富,按照活动内容和性质划分,大致可以分为以下四种类型。

（1）游戏性活动区域。指以促进幼儿创造性想象、发展幼儿社会性、注重幼儿游戏体验为主的活动区域，主要体现为幼儿园三大创造性游戏区角，如角色区、表演区、建构区等。

（2）学习探索性活动区域。指以幼儿探究性学习为主的活动区域，如科学区、益智区、语言区、种植养殖区等。

（3）操作性活动区域。指以训练幼儿手眼协调能力和动作发展为主的活动区域，如生活操作区。

（4）美艺性活动区域。指提供各种美术活动材料供幼儿进行美术创意活动的区域，如美工区。

除以上常规性游戏区域之外，有的幼儿园还开设有一些具有本园或本班特色的个性区域。例如，有的班级开设有情绪游戏区，通过设立心情墙、发泄角、聊天吧等方式让幼儿认识和合理调控情绪；还有的班级对常规区域活动的主题、活动材料进行创新和扩展，形成新的个性区域，如在语言活动区中设立发音角、悄悄话角、图书制作角，在生活区设立标志角、小厨房等。在一些农村幼儿园，教师则利用一些天然材料，如秸秆、泥、砖块让孩子进行建构游戏。

以下是幼儿园常设的活动区域及功能。

——角色区

角色区是以幼儿的角色扮演游戏为主的活动区域，常见游戏内容包括家庭扮演类游戏和社会扮演类游戏两大类型。

角色区的活动可以满足幼儿体验"成人生活"的愿望，帮助他们学习社会规则、理解人与人之间的关系、提高同伴间的合作和协调能力。

——建构区

建构区是以建构游戏为主的活动区域，根据活动场地和活动材料的差异，建构区主要包括三种建构活动：

搭建类活动：利用各类搭建玩具进行建构活动。主要表现在大型积木区的活动。

穿插类活动：利用小型建构物在桌面建构物体的活动，主要表现在小型建构区的活动。

自然物建构活动：利用水、沙、冰雪等自然材料进行建构的活动，如玩水区、玩沙区的活动等。

建构游戏区的活动可以让幼儿在游戏中通过摆弄、探索游戏材料去感受、区分物体的属性，也可发挥幼儿的空间知觉、想象力与创造力；发展幼儿手眼协调能力以及小肌肉的灵活性，而自然建构区的活动还可发展幼儿喜欢、热爱大自然的情绪情感。

——表演区

表演区是指提供各种道具和材料，供幼儿进行表演游戏的区域。表演区的活动主要包括器乐表演、歌舞表演和故事表演。

表演区的活动可以培养幼儿对音乐的爱好，促进幼儿表演能力的发展，培养对舞台艺术的感受力和审美能力，训练幼儿的节奏感，掌握基本的表演技巧。

——美工区

美工区是指利用美术工具和材料进行绘画、制作等活动的区域。活动内容可包括以下三类：

绘画类活动：利用笔和其他工具在纸或版面上描画物体的活动。如水彩画、版画、刮画等。

手工制作类活动：利用废旧材料、自然物和各种工具来制作物体或玩具。如折纸、剪纸、拼贴画等

工艺创造类活动：利用民间美术工艺材料塑造艺术作品的活动。如染纸、扎染、脸谱等。

美工区的活动能让幼儿认识各种材料的性能并掌握绘画、泥工、剪贴、小制作等技能，培养幼儿初步的感受美和表现美的能力。

——生活区

生活区也叫生活操作区或手眼协调区，指提供各种与生活有关的材料供幼儿进行操作练习的区域，主要训练孩子的手眼协调能力和生活自理能力。常见的活动包括扣扣子、串珠子、夹夹子、开锁、系鞋带、用勺子、用筷子、编辫子等。

——益智区

益智区是指投放相应材料来发展幼儿观察、分析、判断、推理等思维能力的活动区域。主要活动包括玩拼图、走迷宫、操作七巧板、找不同、几何图形拼摆以及数学类和各种棋类游戏。

——科学探索区

科学探索区指幼儿利用一些特定的材料与方法对生活中出现的某些事物或现象进行探究实验的活动区域，如声音传导游戏、摩擦生电、重力实验、浮力实验、磁性实验、溶解实验等。

在科学探索区，幼儿通过观察、操作等与客体直接接触，获得丰富的感性经验，并将探索发现的经验与自己已有的经验进行比较、分析、抽象、概括，进而形成或发展概念，获取生物、自然现象、物体性质等方面的知识，了解事物的因果关系，从而培养幼儿的科学精神与态度。

——语言区

语言区指幼儿进行与语言活动的区域，主要包括图书阅读和语言讲述两种不同形式的活动区域，有的班级也将图书阅读区和语言讲述区单独设立。幼儿在这一区域中可以进行阅读、讲述、创编或仿编等活动。语言区可为幼儿创设一个丰富多元的语言环境，不仅有助于幼儿语言表达能力的提高，也有助于培养幼儿的阅读兴趣和语言理解力。

——种植养殖活动区

种植养殖区指引导幼儿观察动、植物生长变化的过程，让幼儿参与养殖、种植动植物过程的活动区域。通过这些活动，让幼儿获得一些基本的种植、养殖经验和常识，学会观察和记录方法，培养幼儿对大自然的积极情感和态度。

在以上区域中，有的侧重发展幼儿的认知，有的侧重发展幼儿的动作，有的侧重

发展幼儿的社会性,教师在设置活动区时,应该考虑到功能的全面性,在一定时间段内创设的活动区类型过于单一的话,不利于幼儿的全面发展。教师可采用轮流开设活动区域的方式,保留一些固定常设区域,如娃娃家、积木区、表演区、操作区等,同时依据幼儿的年龄特点、教学主题或幼儿兴趣、需求等情况灵活变换活动区种类和内容,保持一段时间内区域开设的全面性。

2. 活动区域的数量要根据班级的人数和场地大小来确定

由于各幼儿园、年龄班的规模和空间不同,所以不同幼儿园、不同班级对活动区创设的需求有别,教师应注意结合本地区、本园和本班的实际情况,创设满足幼儿需要的活动区。一般来说,30~35 名幼儿、60m² 的活动室,可以创设 4~6 个活动区,平均每个区容纳 5~8 名幼儿。如果区域数量过少,容易引发幼儿的抢区、争夺材料以及区域内幼儿相互拥挤的现象;而区域过多的话,又会造成孩子频繁换区,或出现有些区域人数过少甚至无人问津的现象。总的来说,区域设置的数量以保证孩子在各区活动的正常开展为原则。

(二)活动区域的空间规划

1. 合理安排活动区域

(1)教师在设置活动区时,要考虑到各类活动的特点及适宜条件。

从活动性来看,活动区域可以分为动态区域和静态区域。表演、角色区属于活动性较强的动态区域,幼儿活动性大,交往多,较吵闹;而阅读区、益智区、美工区属于静态区域,需要相对安静的环境。除活动性外,各区域还有不同的需求特点。例如,阅读区和美工区需要足够的光线,应设置在采光良好的地方;科学区、美工区应选择临近水源的位置;表演区要在有电源插座的地方。

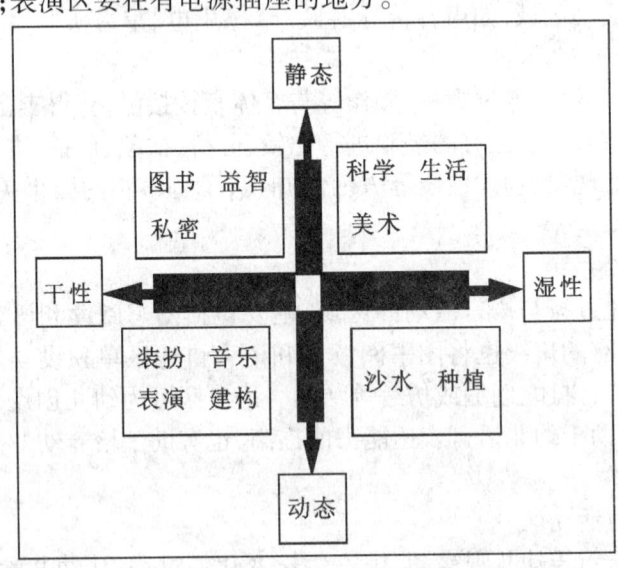

图 8-1 十字定位法

美国学者布良曾将活动区划分为四大类,即静态且用水的活动区——自然区(角)、手工区、绘画区;动态且用水的活动区——玩沙区、玩水区、烹饪区;静态不用水的活动区——图书区、数学区;动态不用水的活动区——音乐区、表演区、建构区。

根据活动区性质与类型,教师在具体创设规划时,应尽可能把性质相近、类型趋同的活动区安排在相邻或相近位置。有实践者根据布良的描述,从两个维度考虑活动区创设,称之为"十字定位法",一个维度是活动的性质,即静态和动态,另一个维度是活动的需求,即干性和湿性。干性是说活动对光源的要求较高,湿性是指活动需要水,并靠近水源。

2. 灵活拓展活动室物理空间

目前,很多幼儿园都面临着活动室空间面积不足的问题。因此,为了保证区域活动的正常进行,各幼儿园在合理利用空间的基础上,对游戏活动空间进行灵活扩展,就显得尤为重要。

(1)提高室内空间的利用率。例如,日托园的午休室利用率低,幼儿园可以把孩子午睡的小床改建为活动床(壁挂式、折叠式、抽屉式),或设计为上下层的睡铺,把午休室利用起来,开展区域活动。根据活动的需要灵活调整场地。在很多班级,桌椅等幼儿活动家具大多是按照集体教学活动的要求摆放,往往比较固定,所占空间大,因此教师可根据活动需要,灵活调整场地空间,如挪动桌椅位置,变为美工区、益智区等活动场所;利用室内的立体空间,如地面、墙面可以规划为孩子的棋盘,墙面可作为操作区或益智区的一部分,盥洗室可设置为孩子的室内玩水玩沙区。

(2)充分利用室外空间。很多幼儿园在规划区域活动时,除将一些玩水、玩沙区以及一些运动性区角安置在户外,其余大部分的区角活动都设置在室内,这在很大程度上也限制了区域活动的扩展。比如,与班级邻近的走廊、阳台、楼道口都可作为区域活动的场所,这不仅扩展了游戏空间,也有利于将不同特点的区域活动区隔开来。此外,要充分利用本园户外活动场地,组织户外的区域活动。区域活动并不意味着只能在室内开展,可以突破室内空间的局限,让一些区域活动走向户外。例如,部分角色游戏、建构游戏,甚至语言阅读活动均可放至户外进行,这不仅可以解决室内空间狭小的问题,更为重要的是增加了幼儿与大自然亲密接触的机会,给孩子提供了一个更开放、丰富的游戏环境。

图8-2 户外建构游戏　　图8-3 户外角色游戏

(3)创设不同班级之间的区域共享。区域共享的方式有多种,一是利用相邻班级之间的公共区域设置共享游戏区,相邻班级可轮流或同时使用共享区域;二是设立园级功能室,如美劳室、科学发现室、大型建构室、陶艺室等,各班可轮流使用。此外,也可定期进行不同班级之间的游戏互动,包括平行班游戏互动和全园游戏互动,前者主要指同年龄班互相开放游戏空间,让幼儿在平行班级中自由选择喜欢的区域活动;后者指打破班级界限,让全园所有班级的游戏区域都对幼儿开放,幼儿可在不同年龄班内自由选择游戏种类。平行班互动和全园互动的游戏既有效扩展了空间、丰富了活动的内容和形式,又有利于幼儿扩大交往面,多层面体验人际关系,从而进一步丰富幼儿的游戏经验、增强责任意识。

(三)活动区域背景环境的创设

区域背景环境是区域环境的重要组成部分,一般而言,区域背景环境包括以下三方面:家具桌椅的摆放,地面、墙面、立体空间的装饰,各种提示性图标、图案的创设。在区域活动中,区域背景环境发挥着多种功能。

1.标注边线和路线

沃尔林提到的室内环境创设的要点有[①]:

(1)如果希望降低跑及粗野的游戏,可用分割物或家具将开放的空间阻隔起来。

(2)在教室内划出清楚的线路。

(3)将有冲突的角落分开,如吵闹的和安静的;将互补的角落,如娃娃家、积木角放在一起。

(4)运用分隔物及家具将不同游戏角落清楚地画出范围。

活动区域间清晰明确的边界和路线有助于儿童专注自己的游戏,减少相互干扰和破坏性行为的发生,也有助于教师对区域活动的管理。

明确各活动区界限有多种方法。教师可以利用家具、栅栏等进行区域的空间分割,也可以通过创设不同的区域外观颜色、不同质地的地面将区域划分开来,还可以通过图示和装饰物让幼儿辨识。

2.发挥环境的提示和管理作用

良好的区域背景环境还具有一定的自治功能,通过环境的暗示、引导作用来规范和指导幼儿的相应行为,如各活动区设置的该区域活动类型的图片、文字或符号标记提示幼儿该区域的活动类型;各区域外的小脚印、头像数量暗示幼儿活动区域容纳的人数;玩具架上不同材料的标志指导幼儿分类收放玩具;阅读区外"请安静"的图示告知幼儿应遵守的活动规则。

---

① 邱学青.学前儿童游戏[M].南京:江苏教育出版社,2001:150.

图 8-4 语言区的提示标志　　　　图 8-5 生活馆泡茶流程图

在一些区域,还可通过相应背景材料的提供,对幼儿的活动起到启发和支持作用。例如,建构区中摆放的一些建筑物模型以及墙上张贴的建筑作品的图片,可让幼儿观察模仿;表演区中相关故事的图片,可提醒幼儿故事的主要情节;科学区和益智区可用示意图展现某些活动的操作过程。

3. 美观和舒适功能

一些墙面和立体空间的装饰,不但可以美化环境,引发幼儿参与活动的兴趣,也能给幼儿提供一个温馨舒适的活动环境。例如,娃娃家内桌上摆放的鲜花、墙面张贴的全家福照片营造出了家的温馨氛围;表演区悬挂的纱帘、彩色蝴蝶吊挂增加了表演区的舞台氛围;阅读区的靠垫、坐垫、窗帘等柔软材料让幼儿轻松舒适地进行阅读。

4. 记录和作品展示功能

幼儿一些有创意的活动作品也可以张贴或摆放在各区域中,既便于幼儿相互观赏、学习,也能激发幼儿的自信心。

二、活动区域规划的基本原则

(一)发展适应性原则

区域环境是老师创设的"有准备的环境",各区域设计时要充分考虑幼儿的发展年龄特点和发展需求。

不同年龄阶段幼儿的生活经验、发展目标和兴趣是不一样的,在区域设置上要体现出年龄层次性。例如,角色游戏是小班幼儿的主要活动,家庭生活又是幼儿相对熟悉的环境,尤其是刚入园的幼儿,对家庭尚存在着强烈的依赖感。同时,小班幼儿喜欢摆弄操作玩具,但动作尚不灵活,生活自理能力差,所以小班可以娃娃家、玩具角、生活活动区、建构区、美工区等为重点区域。而大班幼儿求知欲强、兴趣广泛、抽象逻辑思维开始萌芽,又面临幼小衔接的问题,益智区、科学区、阅读区、语言区的活动应进一步强化。即使是同一区域的活动,活动内容和材料投放等也应随着孩子年龄的变化有所不同。例如,小班的角色游戏可以娃娃家为主,并开设孩子比较熟悉的水果店、医院、公共汽车等主题的角色游戏。随着幼儿生活范围的扩展、社会经验的丰富,中班的角色游戏的主题可多反映社会生活的内容,如超市、邮局、医院、理发店、食品店(小吃店、茶叶店、水果店、蛋糕店)、花店、银行等。大班幼儿的社会游戏区除上面的主题外,还可扩展到戏院、电视台、影楼、书店、小学等。在生活游戏区,可提供小班幼儿穿衣服、扣扣子、穿袜子等以生活自理能力为主的内容,对中班可提供系鞋带、编辫子、打蝴蝶结等进一步发展孩子手眼协调能力的内容,大班幼儿在此基础上可渗透一些民间艺术,如剪纸、刺绣等。

(二)动态性原则

教师应根据本班幼儿的经验、兴趣以及季节特点、教学需要和幼儿区域游戏情况等变化灵活调整区域设置。例如,大班举行完亲子时装秀,幼儿对时装表演很感兴趣,于是区域活动中出现了相关内容:角色游戏区中产生了服装城、美工区进行服装加工、表演区中出现了T台时装秀……除此之外,在区域活动开展中,教师还要随时关注区域开展情况,尤其是幼儿很少进入的区域,教师要分析原因,及时进行调整。

(三)整合性原则

区域活动虽然划分成若干个活动区,但各区域之间绝不是彼此孤立和隔绝的,并且区域活动和非区域活动之间也并非是分裂和对抗的,在规划活动区时,要遵循整合性原则,让区域活动跟其他活动之间以及各活动区域活动之间产生联系和交流。

区域活动的整合性原则主要体现在两个方面:一是实现区域活动与其他活动之间的相互配合;二是加强各区域功能的整合。

1. 实现区域活动与其他活动之间的相互配合

区域活动与集体活动是幼儿园两种主要的活动组织形式,具有各自的特点和优势。集体活动教育目的性、计划性较强,教师以直接指导为主,活动效率较高,幼儿在短时间内能获得大量的信息,但往往不能很好地满足孩子的个体差异和幼儿充分操作的需求;而区域活动有利于幼儿个性化的学习和探索,促进幼儿自主地操作材料和玩具,但有可能出现活动效率低的现象,如果能把集体活动和区域活动有机联系起来,在内容和形式上相互配合、补充,就能推动幼儿活动的不断深化、丰富。

【案例】认识测量工具——天平秤[①]

(1)通过集体教学"认识测量工具——天平秤",幼儿对测量工具有了一定的认识,并且掌握了简单的操作技能。在此基础上,我在数学区里投放了两个层次的材料,让幼儿自由探索。第一层次是相同物体比较轻重,如两本书、两块积木等;第二层次是不同物体比较轻重,如大塑料瓶与小玻璃瓶、铁块和棉花等。

我发现幼儿在操作第一层次的材料时没有出现什么问题,在操作第二层次的材料时,大部分幼儿出现了这样一种定势:体积大的物体重,体积小的物体轻。他们干脆不用天平秤,直接记录哪个重、哪个轻。针对这一问题,我随即采用小组讨论的形

---

① 秦元东,王春燕.幼儿园区域活动新论:一种生态学的视角[M].北京:北京师范大学出版社,2008:179-180.

式,让幼儿讨论:物体的轻重与物体的大小有没有关系?通过讨论、演示和分析,得出了一个比较科学的概念:大的物体不一定重,小的物体也不一定轻,这和物体的材料有关。

(2)在幼儿学会了比较物体的轻重的基础上,我又在区域里投放了大量的材料,供幼儿自由选择探索,还在每一层次的材料上编上难易程度的标记及奖励等级。第一,对3个物体的轻重进行排序;第二,对5个物体的轻重进行排序;第三,如何使天平的两边一样重。幼儿各自根据自己的现有水平选择合适的操作材料,一边仔细地做着实验,一边在纸上记录。……

(3)在幼儿对轻重有了较丰富的认识经验后,我又组织了集体活动,让幼儿讨论:如果没有测量工具,怎么知道两个人谁重谁轻?教室里顿时沸腾起来了,有的幼儿还忍不住上来比画。例如,"两个人手拉手,谁的力气大谁重""两人坐在跷跷板上,低下去的人重,高起来的人轻""两人踩在沙坑里,踩得坑深的人重,坑浅的人轻"……看得出来,大部分幼儿对物体的轻重已经有了比较正确的认识,并结合自己的生活经验谈了区别轻重的方法。但也暴露出有的幼儿把自己的力气大小与其轻重混在一起,这说明他对轻重的认识还是模糊的。针对各种答案让幼儿去实践一下自然就会见分晓。

案例分析:以上案例很好地给我们呈现了区域活动和集体活动之间的良性循环互动,幼儿将集体活动中获得的认知通过区域活动进行充分的探索、实践,丰富了感性经验,而幼儿在区域活动中的发现、产生的困惑、错误的认知又可以在集体活动中通过交流、讨论得以分享、解答、修正,从而整理和拓展了经验,并获取了新的认知,这种新的认知还可以进一步在区域中进行验证、实践和探索。

区域活动还可以与主题活动配合,这不仅能提高区域活动内容的丰富性和灵活性,也能促进幼儿之间的互动。幼儿在各主题游戏中生发的兴趣可分散在各区域活动中,以不同的形式进行探索、表达。例如,中班幼儿正进行"邮局"的主题游戏,在区域活动中也随之出现了相应的内容:幼儿在"邮局"角色区中开展"寄信、送信"活动,在美工区设计制作精美的邮票,在建构区搭建不同的"邮电大楼",在语言区开展"读信"活动……以主题为线索,也大大增加了幼儿分工、协作互动的机会。

2. 加强各活动区域功能的整合

不同的活动区域虽然在功能上有所侧重,但每个区域的功能并非是单一和狭窄的。教师应尽可能挖掘各活动区的多种教育潜能,使幼儿在同一活动区也可获取不同的学习经验,把社会、艺术、科学、语言等领域的学习有机地融合起来。如角色区的"超市"游戏,幼儿在其中不仅可以通过角色扮演进行社会交往活动,也可以通过对"货品"的摆放、包装、买卖、宣传等活动进行分类、数的运算、艺术创造等多种活动;在建构区"城市立交桥"的游戏中,幼儿不仅可以进行建构活动,还可以通过对桥的设计、装饰、情景想象、角色扮演等活动来发展语言、艺术、数学、社会等多个领域的经验。

(四)幼儿参与性原则

以往在区域创设上存在的弊端之一就是教师成了区域活动的策划者、实施者和指挥者,从区域设置、材料投放到环境布置,几乎都是教师一手包办,幼儿参与很少。幼儿是游戏的主人,却变成了被动游戏的人。这种做法,忽视了幼儿作为游戏主人翁的意识,又限制了幼儿的创意与操作能力的发挥,因此教师在创设区域环境的过程中,要充分发挥幼儿的主体意识,尊重、听取孩子的想法,考虑孩子的兴趣,把环境创设的过程变为孩子学习和操作的过程,让幼儿主动参与到环境设计和布置的各个环节中去,把教师提供的环境变成幼儿自己创设的环境。

幼儿可参与以下环节的区域活动设置与环境布置:
(1)参与区域的设置和活动内容的确定;
(2)参与材料的搜集与制作;
(3)参与区域背景环境的布置;
(4)参与区域规则的制定。

教师可根据幼儿的年龄特点,引导他们参与到以上不同环节中。例如,可让小班幼儿参与背景环境的装饰,利用孩子们的一些绘画和手工作品装饰墙面,也可引导幼儿进行一些游戏材料的搜集与制作;让中、大班的幼儿参与到商议区域规划设计、活动内容、游戏场地的布置、规则制定以及材料搜集和制作等各个环节中来。

三、活动区域材料的选择与投放

材料是幼儿区域活动操作的对象,是幼儿学习与发展的媒介,也是教师实现教育意图的载体。因此,材料的选择与投放是区域环境创设的重要内容。

(一)区域材料的种类

活动区的材料很多,因各活动类型不一样,投放的材料也不尽相同,各区活动材料可以分为以下几种类型。

(1)根据材料的功能进行分类。

主体材料: 各区域活动所需要的主要材料,如建构区的积木、积塑,阅读区的图书和娃娃家的娃娃、餐具。

辅助材料: 对各区域活动起辅助作用,使活动更丰富、完善的材料,如建构区的一些汽车模型,娃娃家中的小棍、彩纸、油泥等。

工具: 为使幼儿在区域中的活动顺利进行所提供的工具,如双面胶、剪刀、胶棒等。

(2)根据材料的性质进行分类。

成型材料: 不需要幼儿进行加工就可直接使用的玩具材料,如娃娃家中的各类玩具娃娃,小医院中的医疗器械,建构区中的各类积木,表演区中的头饰、服装、乐器,等等。

半成型材料:指教师有意识地对材料进行一定程度的加工后,让幼儿继续操作的材料,如小班美工区中教师投放的画好图形的涂色纸。半成品的材料降低了操作难度,让幼儿更容易获得成功。

未成型材料:没有经过任何加工的原始材料,主要是一些天然材料、日常用品或废旧物品,如树枝、落叶、果实、果核、纸盒、饮料瓶、装饰纸等。

(3)根据材料的结构进行划分。

高结构材料:功能较明确、玩法和规则固定的材料,如娃娃家中模拟实物的仿真玩具,益智区中的棋类和竞赛性的智力玩具。

低结构材料:没有固定的玩法或用途,幼儿可以根据材料的形状、功能的某些特点,按照自己的需要和兴趣灵活地操作使用,如建构区中的积木,美工区中的纸盒、油泥、小棍,等等。这类玩具往往可以随意拆开、组合,变化组合从而一物多用。

(二)区域材料投放的要求

1.活动区材料投放不是盲目的,材料是达成教育目的的一个重要中介

教师一方面应根据幼儿的年龄特点、发展目标以及各区域活动的内容有针对性地选择相应材料以及恰当的材料投放方式,避免材料投放的盲目性;另一方面,教师要分析材料的特点以及可能引发的活动,尤其对一些低结构的材料,要开发挖掘更多的玩法。比如,教师收集的废旧纸杯、纸盒,投放到美工区,幼儿可以用来作画、涂色、制作立体玩具,投放到建构区,幼儿可以用作搭建材料,等等。

2.活动区材料投放应数量充足、性质多样、功能丰富

教师不仅要为活动区配备数量充足的主体材料,还要提供必要的辅助材料和工具。提供的材料中既有活动主题明确的高结构材料,又有让幼儿可以进行创造性发挥的低结构材料。

3.活动区材料投放应注意层次性

首先,材料投放要考虑到不同年龄段的发展特点,体现出大、中、小班之间的差异。例如,小班幼儿思维具体形象,喜欢反复操作、摆弄玩具,因此色彩鲜艳、形象直观、操作性强的材料更容易引发幼儿的兴趣。中、大班幼儿操作能力和思维能力都有发展,教师要为他们提供更多可供探索、改变、组合的具有一定挑战性的材料。

其次,材料投放还要关注同一年龄班个体发展差异,提供不同难易程度的材料满足不同幼儿发展的需要。例如,美工区提供的涂涂、画画、剪剪材料,既有画好图形轮廓的半成品,让幼儿练习涂色技能或剪出物体轮廓,也有为能力强的幼儿准备的白纸,让幼儿可以自己画好图形进行涂色,然后剪出轮廓。

再次,针对某一具体的活动目标而言,材料投放要由易到难、循序渐进地分步投放,既要符合幼儿现有的水平和基础,又要促进他们在原有基础上提升和发展,体现出材料的递进性。

4.活动区材料投放应根据使用状况以及活动发展的需要灵活调整

教师若观察到幼儿活动中出现下列情况,应通过添加、更换、组合的方式及时调整:

(1)活动材料不符合幼儿的发展水平,过难或过易;
(2)所使用的材料幼儿不感兴趣,或无聊地摆弄材料,或频繁地更换材料;
(3)活动中幼儿产生新的兴趣和游戏行为需要新材料的支持;
(4)活动主题或内容发生变化。

第三节 区域活动的组织与指导

一、区域活动前的准备

在活动开始之前,教师除了要给幼儿提供"有准备的环境"之外,还要实施以下环节。

(一)时间安排

游戏时间是开展游戏的重要保证。只有在游戏时间充足的情况下,幼儿才能充分展开游戏,尽情投入,发展出认知和社会水平较高的游戏活动。为确保区域活动的效果,幼儿园应保证在一天中有相对集中的区域活动时间。例如,在上午或下午安排一次1小时左右的集中区域活动。除此之外,在一些过渡环节和零散的时间段,也可灵活开放区域,充分发挥区域游戏应有的价值,如幼儿入园和离园前的时间段、午饭后的时间段以及一些活动的过渡时间,均可开放部分区域,让幼儿以个人或小组的形式进行活动。

(二)建立规则

区域活动的特点之一是幼儿在活动中的自由自主性,但自由自主不等同于"随心所欲",除各类游戏本身的规则之外,区域活动也应有相应的活动规则,它是使区域活动顺利开展的保障。

1.有哪些区域规则

区域规则包括各区通用的一般性规则及各区域的具体规则。

(1)一般性规则:指保证区域活动顺利开展的,适用于各个区域的常规规则。具体包括:

选区进区规则:通常包括选区方式和人数限定,如先到先选,插牌选区,人数限定等。

材料使用规则:有序地选取材料;每次选择一份材料,不多拿多占;轻拿轻放,爱惜材料;活动结束后分类整理等。

活动规则:遵守活动时间;保持安静等。

人际交往规则:不抢夺别人的玩具;小声讲话,不打扰到别人;不破坏别人的作品;友好合作进行游戏等。

(2)各区域规则:指每个区域根据本区域活动内容和材料性质制定的本区域的相应活动要求。

【案例】建构区和阅读区的活动规则

建构区:

· 需要多少块积木拿多少。

· 积木不能搭得过高,以免倒下来压着人。

· 不能乱扔材料,不能互相丢掷材料,或用来打人。

· 要经过别人的允许,才能拿走别人的材料。

· 要小心行走,不能撞倒、踢翻别人的建构物。

阅读区:

· 一次一本,看完再换。

· 安静阅读,不喧哗。

· 爱惜图书,不撕书,不在书上涂画。

2. 如何让幼儿遵守规则

(1)规则要合理。区域规则是保障幼儿在区域中更好地进行活动和游戏的一个工具,这要求教师要为幼儿创设一种宽松自由的环境,规则的制订要合理适度,不能影响到幼儿的自由选择和自主探索,否则规则就成为妨碍幼儿活动的消极限制了。比如,有的班级规定幼儿在美工区或建构区活动时要时时保持安静,不讲话,结果阻碍了幼儿活动交流和同伴交往的需要;有的班级过于强调幼儿在活动中的坚持性,不允许幼儿中途换区,结果让幼儿丧失对活动的兴趣。

(2)协商讨论。区域活动的规则往往不可能一步到位,而是在活动的过程中逐步完善。在活动的初期,教师可为幼儿确定一些基本规则,随着活动的进行,教师应引导幼儿参与到规则的制订中来,结合游戏中出现的具体状况,组织幼儿协商讨论规则的必要性以及活动中应遵循哪些必要的规则。幼儿只有对规则理解和认同后,才能自觉遵守规则,否则规则就成为幼儿被动执行的"老师的规则"。

(3)图标提醒。在布置区域环境时,教师可通过设计一些图标,提醒幼儿遵守规则。例如,活动区外的脚印数告诉幼儿区域的人数限制,图书角一个"请安静"的图示提醒幼儿保持安静。

(4)环境暗示。整洁有序的环境也会对幼儿产生暗示引导作用。比如,教师将活动材料按类型用托盘或收纳箱装好,放在各区玩具柜内,并贴上相应标志,这也在帮助孩子养成归类整理的规则习惯。

二、区域活动过程中的组织与指导

美国高瞻课程(High SCOPE)中将幼儿在活动区活动的基本过程分为如下三个环节:(1)幼儿制订计划:在教师的帮助下,幼儿用自己喜欢的方式(如言语、图画等)说明自己要用什么东西做什么。(2)幼儿执行计划:幼儿按照自己已经制定的计划来行动,完成自己的计划。(3)总结和分享:幼儿和教师一起交流和分析自己的工作和发现。在各个环节中,教师的指导体现在以下方面。

(一)引导幼儿熟悉区域及材料

幼儿在进入区域之前,首先要了解有哪些活动区,了解各个活动区里进行的活动内容,各区域中投放的材料以及如何使用这些材料,只有在熟悉这些内容后,幼儿才能根据自己的兴趣选择相应的区域,有序地活动。在创设新区域时,教师应根据幼儿的兴趣和需要,循序渐进地增加区域,同时遵循"先介绍,后开放"的原则。对各区域中投放的新材料,教师可根据不同的情况分别对待。对操作简单,或幼儿已有相关操作经验的材料,教师可直接投放不做介绍;对相对新颖或操作复杂的材料和工具,教师可先以集体或小组的形式示范讲解后再投放到区中。在介绍的同时,也应让幼儿实际操作和练习。对一些旨在引发幼儿探索的材料,可以先投放,再根据幼儿对材料的使用情况有针对性地进行指导。

(二)组织选区

选区是幼儿自主活动的开始,指幼儿根据自己的兴趣、经验和需要,选择某一活动区域进行活动的过程。教师组织幼儿的选区活动时,要注意以下方面。

1. 自由选区

教师应遵从幼儿的意愿,让幼儿自由选区。在自由选区的时候,采取先选先玩的方法,让幼儿在活动开始前通过插名字卡或挂牌的方式确认自己的选区,也可以在幼儿晨间入园时就插牌选区。可以全班幼儿同时进行选区,也可以分组轮流进行。不管哪种方式,教师应尽可能保障游戏机会的均等,让幼儿都可以选择自己所喜欢玩的游戏,而不是受到人为的限制。

2. 观察分析

在幼儿选区的过程中,教师应随时观察,并做好记录,也可以设置用符号标志幼儿进区的统计表,每天(或每周、每月)对幼儿进区情况进行统计,这样可了解幼儿的选区特点,分析他(她)们的兴趣爱好,也可观察各区域幼儿的参与情况,尤其是一些无人问津的区域,分析其不吸引幼儿的原因并及时做出调整。

3. 适当指导

在区域活动开始时,经常会遇到一些幼儿或东游西逛或频繁换区,还有的幼儿习惯固定进一个区域,面对这种情况,教师要先观察而不是急于纠正,先确定幼儿的游戏状态,是合理的角色转换和流动还是盲目的东游西荡,是在积极的游戏状态还是无聊的闲逛状态,长时间滞留在某区域中,其活动是简单重复还是有新的发展……在了解了幼儿的具体情况之后再进行针对性的引导。对的确不会选、随意选或不愿选而导致游戏无法正常开展的幼儿,教师可以通过提问、暗示、建议、邀请等方法引导幼儿选区,也可在活动开始前进行讨论,让一些幼儿说说自己想进什么区,玩什么,怎么玩,增强幼儿区域活动的计划性和目的性。针对有的幼儿兴趣单一,长期重复选择一个区域,教师要观察分析幼儿"偏区"的原因,有意识地引导他(她)们关注其他区域的活动,但不可强迫换区。同时,也要允许在一定程度上幼儿有自己的兴趣偏好。

(三)活动观察与指导

幼儿进入区域后,教师主要面临两方面的任务:一是观察幼儿的活动情况;二是在观察的基础上,根据幼儿的需要进行指导。

观察是教师指导区域活动的重要环节和前提,通过观察,可以让教师了解区域设置是否合理,材料投放是否恰当,从而及时调整更新区域和材料,满足幼儿的兴趣和需要;通过观察,可以发现幼儿在活动中出现的困难和问题,有针对性地进行指导,保障活动的顺利进行;通过观察,还可以在自然的环境下了解每个幼儿的兴趣爱好、交往特点以及游戏水平,加深教师对幼儿的了解,以便对他们采取针对性的教育策略。

1. 区域活动观察要点

在活动中,教师的观察内容主要体现在以下两方面。

(1)对活动区环境的观察。①各活动区幼儿的参与人数和流动情况。②活动材料的利用情况和使用效果。例如,投放的材料是否符合幼儿的年龄特点和活动需求,新材料的使用情况,辅助材料和工具的使用情况等。③游戏的场地安排是否合理,有无浪费的地方或过于拥挤的区域,区域间的临近安排是否合理等。④游戏时间的长短是否符合幼儿需要。

(2)对游戏中幼儿的观察。①幼儿对各活动区的兴趣以及情绪状态。②幼儿使用材料的情况。例如,材料选择的目的性和操作材料的方式,所选材料的种类和难易程度。③幼儿在各区中呈现的游戏内容和主题。④幼儿在游戏中与同伴交往情况(同伴交往的态度趋向于主动还是被动,是否能与同伴进行合作,矛盾冲突的解决方式)。⑤幼儿遵守规则的情况。⑥幼儿在活动中出现的问题和困难。

2. 区域活动指导要点

(1)根据活动区域的性质和特点进行指导。不同性质的区域活动,活动方式不同、活动重点不同,教师的指导方式也应有所差异。角色游戏区、建构区、表演区等属于游戏性区域,主要为促进幼儿独立性、创造性和社会性的发展,从活动内容到材料使用上,幼儿有很大的自主发挥的空间,对这类活动区,教师对活动的控制度应该比较低,主要通过材料或"游戏同伴"等相对隐蔽的方式指导游戏。生活操作区的活动是以幼儿的动作技能训练为主,材料提供的目的性很强,对如何使用材料有明确的要求,教师对活动的控制度相对较高,教师适合用动作示范进行指导,帮助幼儿掌握操作要领。科学区、益智区等属于学习探索性区域,活动具有很强的操作性和规则性,但强调幼儿的探索性活动。这要求教师既要让幼儿了解规则和玩法,但又不能过度指导,让幼儿失去自主操作的空间。例如,提供程序示意图,设计具有"自我纠错能力"的材料或答案对应卡,让幼儿能自主发现问题,解决问题。

(2)促进发展,适度指导。在区域活动中,教师指导的目的是引导幼儿能力的进一步发展而不是局限于问题的解决。这就要求教师在介入活动时,要留有余地,尽量让幼儿自己发现、自主探索,避免手把手地教给幼儿或把答案直接告诉幼儿,让幼儿失去自主探索的机会。

3. 加强各区域之间的互动

虽然各区域有相对独立的空间,但区域之间并非相互隔绝与封闭,各区域之间的互动有利于幼儿经验的整合,促使幼儿用不同的方式去感知、操作和表达。除了前面提到的通过"主题"的方式加强区域互动之外,教师还可以通过以下方式来促进区域之间的互动。

图 8-6 表演区节目单提示

(1)合理的区域空间设置。在设置区域的空间位置时,使相关区域在空间上彼此邻近,有助于引发区域之间的流动和交流,如建构区与角色游戏区相邻,幼儿在建构区的作品可以成为角色游戏区的材料;阅读区与美工区相邻,幼儿在阅读中看到的故事和萌发的想法可以在美工区中画出来并制作成图书。除此之外,通过透明的隔离物,如矮柜、开放的栅栏等进行区域分割,不会阻挡幼儿的视线,诱使幼儿与周围区域产生交流互动。

(2)资源与活动成果的共享。角色区、表演区需要的道具,建构区需要的装饰物,可以到美工区去制作,如幼儿玩"司机"游戏的方向盘、汽车车身可以在美工区制作,建构区幼儿搭建的房子、车子又可以放到角色游戏中。

(3)区域游戏角色化。除一些常规的角色游戏区域外,教师也可以将能体现角色的区域角色化,如建构区可以变成建筑公司、美工区可以变成玩具加工厂、表演区可以变成小剧院,这样就出现了建筑工人、建筑设计师、玩具厂工人、玩具设计师、演员、报幕员、保安等角色,各区域之间可以通过角色进行交往,其他区域的幼儿可以到小剧院观看演出,玩具加工厂的幼儿将"产品"输送到商店出售……这样,通过扩展角色游戏的范畴增进区域间的交往和联系。

(四)区域游戏活动结束时,开展分享交流

分享交流是区域活动环节之一,可以帮助幼儿整理、提升原有的经验,解决游戏中出现的问题,也可以让教师进一步了解幼儿的想法和游戏状况,为下一步的指导提供依据。但在区域活动的组织过程中,有些教师把这一环节当成了单纯的"讲评活动",教师讲、教师评,或幼儿讲、教师评,教师要么直接点评幼儿在游戏中的行为,表扬和批评一些幼儿,要么泛泛了解幼儿的游戏情况,再对各区的活动情况进行总结概括。例如,提问幼儿:你今天玩了什么?玩得开心吗?或是针对活动中出现的问题,告知幼儿解决的方法。这样一来,教师成了这一环节的"权威",没有实质上的交流和

分享，幼儿只是被动地听。真正的分享交流应该是以幼儿为活动的主体，教师更多的是引导者。

交流分享的主要内容包括以下方面：

1. 作品展示

教师在活动结束时，可以先将幼儿的部分作品现场保留下来，也可通过拍成相片的方式记录下来，让幼儿相互观摩、欣赏，分享成功的经验，提高幼儿的自信。

2. 问题讨论

针对活动中出现的问题，组织引导幼儿讨论，鼓励幼儿大胆表述自己的想法，主动思考解决问题的方法。活动中出现的问题主要包括活动中遇到的困难，同伴之间的矛盾纠纷，活动规则的制订和遵守，等等。

3. 创意分享

教师将幼儿在游戏中出现的一些新创意提供给大家分享，鼓励幼儿的创造性思维。

三、教师对区域活动的反思性评价

教师的反思性评价指教师在区域活动结束后对活动的各个环节进行的分析、研究以及策略思考的过程。通过这种反思性评价，可以让教师了解区域活动中存在的问题、幼儿的发展状况和需求，及时调整和改进下一步的区域计划。根据评价关注的主体划分，区域活动的反思性评价主要有两方面：对活动中幼儿的反思性评价以及教师自我反思性评价。

（一）对活动中幼儿的反思性评价

对活动中幼儿的反思性评价，主要体现在以下方面。

（1）幼儿的兴趣与参与情况：幼儿参与各区域的次数，在各区域中坚持时间的长短，主要的活动内容以及在活动中的专注度和投入度。

（2）幼儿的社会交往水平：在活动中与同伴的交流和合作情况，处理与同伴矛盾纠纷的能力，在活动中的组织和支配能力，等等。

（3）幼儿的认知发展水平：幼儿的语言表达能力，对活动材料的操作方式，活动结果，活动的目的性和计划性。

（4）幼儿的规则意识和遵守规则的能力。

（二）教师自我反思性评价

教师自我反思性评价指教师对自己在区域活动各个环节的教育行为进行分析评价，主要包括以下方面：

（1）区域设置是否全面。

（2）空间布局是否合理。

（3）材料投放是否恰当。

(4)区域目标是否有层次。
(5)指导行为是否有效。

四、区域活动案例呈现

【案例】科学活动区游戏:好玩的磁铁

游戏来源:在平时上课中,孩子们对黑板上的磁铁扣很感兴趣,总是喜欢上来拿着磁铁扣到处吸一吸、碰一碰,遇到磁铁扣吸住了或掉下来就非常兴奋地欢呼。看到孩子们对磁铁的浓厚兴趣,我决定让孩子们先从日常生活中寻找铁制品,寻找磁铁能吸得住的东西(我们称之为"磁铁的朋友")。在寻找的过程中,孩子们对磁铁的穿透力及磁铁之间会发生的相吸相斥现象非常感兴趣,也有很多的疑惑。磁铁的朋友是谁呢?磁铁有哪些本领?由此,我和孩子们一起开始设计系列的科学游戏"好玩的磁铁"。

预期目标:

1. 寻找"磁铁的朋友",探索磁铁能吸铁的特性。
2. 愿意和同伴分享自己的探索结果,并积极地发现问题、勇敢地提出问题。

材料投放:

沙盒、盆子、水;收集到的不同材质物品,回形针、一元硬币、夹子、铁罐、积木、塑料玩具、玻璃球,形状大小不同的磁铁,等等。

图 8-7 操作图示和材料　　图 8-8 操作图示和材料

游戏过程:

第一阶段——

观察:孩子们对寻找"磁铁的朋友"非常感兴趣,但在探索的过程中,焌豪小朋友很兴奋地说:"老师,我可以不用将磁铁深入到水里就可以把磁铁的朋友请出来哦。"说着他就将磁铁沿着水杯外壁从下到上摆弄了起来。嘿,他成功了。

分析:在这一次的材料准备和投放当中,我们提供的是各类不同材质的物品,通过"水中取物、沙中取宝"的游戏场景,让孩子们对磁铁吸铁特性进行操作探索,从而感知和体验磁铁的吸铁特性。而孩子们居然能在这个时候发现磁铁的另一个特性,并产生了极大的兴趣。对此我们开始探索磁铁的本领。

调整推进:

第一次探索磁铁的吸铁特性之后,我和孩子们进行了一次谈话活动。根据孩子们自己的观察和发现的问题,我们对材料和玩法进行了一些丰富。孩子们对磁铁的本领特别感兴趣,大家想着磁铁能透过瓶壁吸住铁制品,那透过纸板呢?其他的物品呢?

大小不同的磁铁本领一样大吗?为此我们准备了很多纸板、美工板和不同大小的磁铁,也提供了探索步骤图及记录表供孩子们自由操作和探索。

图8-9 操作图示和材料

图8-10 操作图示和材料

图8-11 操作图示和材料

图8-12 操作图示和材料

第二阶段——

观察:柏阳在取磁铁"营救"纸筒里的"小动物"时说:"老师,我救不出来它们呀,磁铁伸不进去。"旁边的吴悠马上就过来说:"我来帮助你。"说着她就用两个条形磁铁接在一起,然后再伸到纸筒里,不一会儿就救出了一只小动物。柏阳看了以后很兴奋,自己也动手做起来。对面的思涵看着蝴蝶飞起来特别兴奋,过一会儿她不断地加厚纸板,到最后不管磁铁小棒怎么抖动,蝴蝶还是一动不动。她开始减少纸板,然后再试着抖动纸板,直到小蝴蝶又飞起来,她很兴奋地叫嚷起来。

分析:在这次的观察中,我注意到中班的孩子开始喜欢与同伴一起游戏,也很乐于帮助别人。虽然他们之间的交流是短暂和有限的,但这对预示着他们的探索和交流会更加丰富。

调整推进:

1.我们对目标进行了调整:a.愿意和同伴一起游戏,在游戏中初步学会协商、合作。b.喜欢和同伴交流分享自己的发现,愿意为同伴提供帮助。

2.材料投放调整:创设"赛车比赛"场景,提供两个或三个幼儿一同游戏的机会;

投放"停车场"材料,供幼儿操作和体验磁铁相吸相斥的特性。

3.游戏玩法:a.邀请朋友一起进行汽车比赛。b.比赛的时候,一个幼儿可以当裁判,保证比赛的有序公正进行。c.观察谁的车更快到达目的地,交流经验。

图8-13 操作图示和材料　　图8-14 操作图示和材料

第三阶段——

观察:孩子们对竞赛性游戏很感兴趣,但是他们没有竞赛游戏的规则意识。奕枭小朋友很兴奋地说:"我赢了。"只看到他的小车到达红色的终线,而俊熙小朋友还慢慢地一点点推动小车在半路上。看到奕枭在兴奋地欢呼,俊熙很委屈地说:"你没有用磁铁推车过去,而是直接用手推。"旁边的裁判很想进行比赛,马上就抢下选手的车和磁铁。

分析:孩子们非常喜欢竞赛性游戏,但是中班的孩子同伴间交往刚开始频繁,竞赛性游戏规则的意识不强,所以在这一次游戏当中,孩子们更多是在"纠纷"中游戏。

调整推进:

1.目标调整:a.遵守游戏规则,体验竞赛性游戏的规则性和趣味性。b.游戏中,学会和同伴合作进行游戏,碰到问题会协商解决。

2.材料投放调整:a.设置"赛车王"奖项,并给裁判提供一个口哨来组织比赛。b.创设逛街场景,鼓励幼儿邀请好朋友一起"开车"逛街。

3.游戏玩法调整:a.游戏前先协商好各自分工及游戏规则。b.裁判要组织比赛,并观察选手是否遵守比赛规则再判断谁是"赛车王"。c.当遇到很多人都想玩同一个游戏时,会协商轮流玩。

(案例来源:福州市台江区鳌峰街道中心幼儿园　陈虹、张小珠)

综合实践活动

[思考]区域活动开展过程中,有时会遇到有些区域冷冷清清,无人光顾的现象,面对这种情况,教师应该怎么处理?

[讨论]有人说,区域活动就是幼儿的自主活动,教师的任务只是给幼儿提供材料,创设环境,而不用介入幼儿的游戏。你赞同这种观点吗?谈谈你的理由。

[练习]

项目一:画出幼儿园某班级活动区域的规划图,依照科学合理的区域空间布局应该具备的特点,分析其是否合理?思考如何改进。

项目二:选取某个年龄班幼儿,详细说明主题活动生发的缘由,并设计相应的区域活动推进方案。要求:活动方案应包括在区域活动中拟组织的活动内容、投放的主要材料以及相应的活动目标。

第九章 幼儿园户外游戏

第一节 户外游戏概述

一、户外游戏的内涵及特点

户外游戏,显而易见,是对应于室内游戏而言的,在户外开展的游戏活动,幼儿的身心特点决定了他们对户外环境总是充满了好奇与探索的欲望,因此户外游戏对幼儿更是具有很大的吸引力,是幼儿园教育和生活中不可或缺的内容。

由于游戏具有复杂而矛盾的多面特性,导致其定义的视角存在多面性。这里将户外游戏定义为:"在建筑物的室外范围内(包括走廊)进行的游戏活动,主要是指幼儿的自由游戏。自由游戏一般包括五个典型特征,即自由游戏是自愿的,游戏者可以随意地参加或退出游戏;自由游戏是自发的,游戏者可以改变游戏规则;自由游戏包括一个假装的自然环境,游戏不同于日常的生活经历;自由游戏是一种投入的活动,游戏者要投入到该活动中,与周围的其他活动分离开来;自由游戏是有趣而快乐的,游戏者能够享受游戏的快乐"。[①] 简而言之,户外游戏是指幼儿在一定的户外游戏区域内自主自愿的游戏活动。户外游戏区域即在幼儿园内打破班级界限,根据幼儿园环境,因地制宜地创设各式不同的游戏场地,并在每个区域有针对性地投放游戏器械、玩具和材料,供幼儿自主选择,自由游戏。根据其定义特点,户外游戏有如下鲜明特征。

(一)具有高度的开放性

户外游戏区域通常是根据发展幼儿某方面能力(例如走、跑、跳、爬等)及幼儿园的场地因地制宜设置的。常见的有跳跃区、投掷区、平衡区、钻爬区等,这些区域虽然各自独立,但区域之间却是开放的,幼儿可以根据自己的兴趣和活动需要,自由选择游戏区域,还可以临时更换游戏区域而不受限制,同时教师的指导也是开放的,根据幼儿的需要进行指导,成为户外游戏的观察者、记录者和引导者。开放性在某种程度上也满足了幼儿的自主选择性,幼儿可以自由选择玩什么、怎么玩、和谁玩、玩的次数和时间。

---

① 郑晶. 武汉市幼儿园户外游戏现状与对策的研究[D]. 武汉:华中师范大学,2010:3.

(二)具有一定的挑战性

户外游戏另一个鲜明的特征就是游戏区域、玩具和活动形式丰富多样。例如，一个跳跃区就有助跑跨跳、跳短绳、跳长绳、跳橡皮筋、跳竹竿、跳圈、原地纵跳触物、跳袋、跳蹦床、跳格子等。表面上看各种游戏材料、器械似在场地上无规律地投放着，但实际上隐含着发展目标，幼儿在自主选择中挑战游戏的不同难度，从而选择适合自己的活动而不用害怕失败。例如，原地纵跳触物设置了高矮不同的物品，让每个幼儿都能触碰到物品发展跳跃能力，又能让幼儿不断地挑战自己；又如跳格子，能力强的孩子可以单脚跳，能力较弱的孩子可双脚跳或者双脚单脚混合跳。因此，游戏材料的丰富性使得不同发展水平的幼儿被具有不同挑战程度的材料和玩法吸引，逐步逐层地发展着他们的能力。

(三)快乐的运动性体验

户外游戏每个区域的游戏情节增加了活动的趣味性，提高了幼儿的参与热情，对幼儿在游戏中的身体运动性机能有一定的要求，动作平衡感、肢体协调性等能促使幼儿获得更加快乐的体验和运动的乐趣。例如，跳跃区的跳袋活动设置了袋鼠过河的情境，平衡区设置了马戏团的情境，扮演不同的小动物用不同的方式过平衡梯，设置农民伯伯挑粮食过桥的情境来过平衡桥。幼儿在丰富多彩的游戏中把自己想象成各种各样的动物和人物角色，在好玩有趣的情境中进行活动。正因如此，户外游戏才深受幼儿的喜爱。

二、户外游戏场地与区域设置

幼儿园户外游戏场地及各类活动区域的设置是开展幼儿园户外游戏的前提条件。幼儿园需在本园场地规划的基础上因地制宜，创设安全、自然、整洁、适度空间密度、适宜幼儿发展的户外游戏活动场地，并对活动场地进行合理的活动区规划，使幼儿在户外游戏中达成最佳的锻炼效果及游戏体验。

(一)户外游戏场地

常见的幼儿园户外游戏活动场地有土地、水泥地、石砖地、草地、塑胶地、鹅卵石路、沙池、水池。

1. 土地

在许多不发达地区的农村幼儿园中，常见的户外游戏场地仍是土地。土地也是幼儿进行游戏最天然、最环保，也较为安全的场地。需要注意的是需将地面的大小石子挑出，并压平压实地面。但土地易受天气的影响，下过雨后的地面容易泥泞，不适合开展活动。

2. 水泥地、石砖地

水泥地、石砖地也是农村幼儿园常见的游戏场地，城镇中也有相当一部分幼儿园保留着这类游戏场地。这种场地比较平整,但也比较坚硬且没有弹性,所以适宜安排投掷、钻和简单的球类游戏,不适合跑、跳类的游戏。

3. 草地

草地分为自然草地和人工草地,在农村及一部分城镇幼儿园多是在自然草地上开展活动,还有一些幼儿园设置的是人工草地。草地柔软、舒适并且因颜色翠绿深受幼儿喜欢,在户外游戏中也起到了安全保护作用。因此诸如攀爬架、滑滑梯等大型活动器械都设置在草地上。但草地也易受天气影响,雨后的草地仍然潮湿不适宜开展户外游戏活动。

4. 塑胶地

塑胶地是由塑料和胶质材料合成而做的游戏场地,是目前幼儿园使用最多的运动场地之一。塑胶场地软硬适度,适合开展各类户外游戏活动,也适合各年龄段幼儿,且受天气的影响较小。

5. 鹅卵石路、沙池、水池

鹅卵石路、沙池、水池这类活动场地并不是每所幼儿园都会设置,有些幼儿园根据自身条件会设置其中一两种。这类场地占地面积可大可小,但不是户外游戏最主要的活动场地。例如,鹅卵石路可开展赤足游戏;沙池中可提供小铲、小碗、小棍、积木等辅助材料供幼儿开展游戏活动;水池可提供水盆、充气玩具、泡沫玩具等辅助材料开展玩水游戏。这类场地要保障卫生及安全,做到定期清理和消毒。

图9-1 鹅卵石路 　　图9-2 沙池

图9-3 水池

(二)户外游戏区域设置

目前,大多数幼儿园户外游戏区域设置是根据幼儿各种基本动作(如走、跑、跳、

投掷、钻爬、攀登等)和基本能力(如动作的灵敏性、协调性、准确性)的发展需求来划分,常见的区域设置有大型器械区、走跑区、跳跃区、平衡区、钻爬区、投掷区,除此之外,还有根据幼儿园自身条件创设的其他区域,如合作区、传统游戏区、综合区、沙水区、球类区等。

1. 大型器械区

大型器械区域在幼儿园中最为常见,是户外游戏的基础区域之一。器械根据材质不同还可分为:铁制、水泥制、木制以及塑料制。在幼儿园大型器械区中投放的游戏器械常见的有滑梯、攀登架、攀登墙、转椅、秋千、荡船、鱼形架、宇宙飞船、摇马、跷跷板、蹦床、海洋球池、联合器械等。

2. 走跑区

起跑类游戏区域场地要求宽阔、障碍物少,适合幼儿奔跑,能够发展幼儿的走跑能力,如高抬腿走、后退走、屈膝走、协同走、圆圈跑、追逐闪躲跑、接力跑、持物跑、协同跑等。走跑区常开展的户外游戏有"吹泡泡""老猫睡觉醒不了""老狼老狼几点钟""我们都是木头人""切西瓜""老鹰抓小鸡""吸纸跑""小鸡快跑""小马跑""小鱼追小虾""捕鱼""揪尾巴""螃蟹赛跑""荷花几时开""两人三足"等。

3. 平衡区

平衡能力是人在各项活动中的一项基本能力,对幼儿的各方面发展都起着至关重要的作用,平衡区的器械占地较大,需要一块平整、软硬适度、安全的场地,因此常设置在塑胶地、草地上。平衡区的材料有平衡板、平衡木、平衡架、平衡梯、高低凳、长凳、树墩、易拉罐、铁盒、高跷、轮胎等各种平衡材料,由幼儿拼搭成长短、高低、宽窄不同的平衡组合,设置成一道道关卡,幼儿可在教师的指引下有序地通过各个平衡组合。除此之外,教师还可准备一些辅助材料,如扁担、篮子、水桶、小花轿、沙包、平衡帽等,增加适当的难度,提升游戏的挑战性。平衡区的活动内容有窄道走、旋转、闭目走、单脚站立、翻滚等。幼儿园常见的户外平衡游戏有"鸭宝宝寻蛋""小马过河""顶沙包""顶报纸""丛林探险""送货""高跷运动员""平衡木组合""挑水""小鸟喂食""勇敢者道路"等。

4. 钻爬区

钻爬游戏是幼儿非常喜爱的游戏之一,能提高幼儿手脚协调能力。钻爬类游戏区域需要设置在一个安全、宽敞、平坦、干净场地中。同时,钻爬的不同姿势和幼儿动作发展的不同还要求设置一些立体的、向上攀爬的设施。钻爬游戏的主要活动内容有:正面钻、侧面钻、手膝着地爬、手脚着地爬、肘膝着地爬、俯卧在地上的匍匐前进、仰卧的手脚着地爬等。可在该区域投放钻爬圈、钻爬网、毛毛虫隧道、大布条、六面体钻爬圈、拱形桥、地垫、蜂巢钻爬架等。幼儿园中常见的钻爬户外游戏有"小兔找山洞""穿越蜘蛛网""蜂巢找食""小乌龟运粮食""毛毛虫爬呀爬""爬网摘水果"等。

图9-4　钻爬地垫　　　　　　图9-5　蜂巢钻爬架

图9-6　钻爬网

5. 投掷区

投掷是以上肢运动为主的全身运动,能有效发展幼儿上肢、肩、背等部位的力量,提高上肢的爆发力,发展目测能力及上肢运动的准确性。投掷区最好具备悬挂、壁挂条件,远离栅栏、水池、树木,避免投掷物投出活动范围。投掷区的活动内容有双手投掷、单手投掷、投击固定目标、投击活动目标等。在该区投放的投掷材料有:手抓球、报纸球、篮球沙包、投掷箱、投掷板、投掷墙、飞盘、抛接器、套圈、五环等。幼儿园中常见的投掷游戏有"小动物投掷箱""勇打大灰狼""花手杯""大嘴巴笑哈哈""彩色飞盘""打地鼠""炸碉堡""飞入彩虹圈""投篮"等。

6. 其他区域

幼儿园户外游戏的区域设置除了以上这几类常见的分区外,还有根据幼儿园自身条件创设的其他区域,如传统游戏区和沙水区、综合区、合作区等。以下介绍传统游戏区和沙水区。

传统游戏区,顾名思义,即在户外游戏中加入经典的传统游戏,例如"踢毽子""跳房子""跳竹竿""跳皮筋""跳长绳""丢沙包""滚铁环""抽陀螺""打石子""舞龙""斗鸡""老鹰抓小鸡""找朋友""踩高跷""抖空竹""爬杆"等。有些幼儿园已将传统游戏融入我们上述的各个区域中,就未再单独设置这一区域,例如将跳竹竿、跳皮筋、跳房子设置在跳跃区。在幼儿园开展传统游戏,不仅能丰富幼儿的游戏内容,而且还能让幼儿更加了解我们国家的民族文化,培养幼儿热爱本民族文化的情感。当然,传统游戏中较多项目有一定的技巧性,对于幼儿来说完成较为困难,因此可以将其简单化,易于让幼儿接受,也让他们玩得开心。例如踢毽子,可将毽子拴在绳子上,幼儿可以手拿绳子踢毽子,待学会了踢毽子的基本方法后,便可取消绳子。

沙水区,沙、水是自然界中最易获取的资源,也是幼儿非常喜欢的"玩具"之一。然而在成人看来,幼儿在玩沙、玩水中弄得全身脏兮兮、湿漉漉,令成人生畏而阻止幼儿接触沙、水,因此这也是部分幼儿园难以开展沙水区游戏的原因之一。然而,沙水区对幼儿的身心发展却有极大的好处,幼儿在玩沙、玩水中发展触觉等感知能力,锻炼大小肌肉动作,宣泄不良情绪或得到情绪上的满足,实现大胆、丰富的创造与想象,提升身体动作的力度与协调性等。幼儿在舀水、拍打水、把水注入容器中感受水的流动,掌握水的特性,在堆沙、挖道、筑墙中体验沙的松软、了解沙的可塑性,这样的过程对于幼儿来说是妙不可言的。因此,有条件的幼儿园可设置沙水区,提供给幼儿必要的玩沙玩水材料。在沙水区可提供水桶、漏斗、不同孔距的筛子、铲子、耙子、喷壶、模具、放大镜、观察盒、沙袋、沙包、小瓶、沙车、小筐、木棍、硬纸板、娃娃家小刀等各种辅助材料。幼儿园常见的沙水区游戏有"沙中寻宝""沙海翻滚""沙地追逐跑""盖房子""沙地隧道""沙中种植""沙中作画""运沙""过家家""泼水节""给宝宝洗澡""小鸭向前游"等。

(三)户外游戏场地与区域设置规划要求

由于城市化进程的快速发展,城市的居住空间和公共活动空间缩小,人们生活方式的改变,幼儿游戏的空间越来越少。同时,农业人口和经济模式向城市转移,农村特有的民间游戏受到冷落也导致幼儿的游戏大大减少了。

然而,国外学者在看待游戏场地问题时指出:"儿童总是在找这样一个地方——他们可以在那里挖坑、用木头盖房子、使用真的工具、用水火做实验、接近那些真实的危险并学会克服它们。儿童总是有难以抗拒的冲动去从事一些行为:建立房子和洞穴、挖坑、种植、追逐小动物、点火、在野外做饭。这些都是令人愉快却又会造成脏乱的活动,所以会让那些重视清洁的成年人很不高兴(Allen,1968)。"[1]另有国外学者在研究中,对比传统的游戏场地和现代理念下的游戏场地,了解它们在创建和使用过程中的优势与不足,从而规划出了全面且较完备的游戏场地清单,包括三部分的内容要求:游戏场地应该包含哪些东西?游戏场地得到了良好的维护并相对安全吗?游戏场地和/或游戏领导如何发挥功能?这些都为我们户外游戏场地的规划与创设提供了理论和实践依据。(见附录)

三、户外游戏的分类

在幼儿园中,户外游戏也常称作户外体育游戏,是具有活动性性质的游戏,在内容、形式、作用上都具有综合性特点。根据不同的分类标准,户外游戏有不同的分法,除上述根据幼儿基本动作发展可分为走跑游戏、跳跃游戏、平衡游戏、钻爬游戏、投掷

---

[1] 斯卡雷特,等.儿童游戏——在游戏中成长[M].谭晨,译.北京:中国轻工业出版社,2008:168.

游戏、综合游戏之外,还有以下几类分法①:

(一)按活动性质分类

1. 模仿性游戏

模仿性游戏即通过模仿各种动作,发展基本动作的游戏,如走跑游戏"螃蟹赛跑"、跳跃游戏"青蛙跳荷叶"等。

2. 有主题情节的游戏

有主题情节的游戏的特点是有角色、有游戏情节的发展,如走跑游戏"老狼老狼几点钟""老鹰抓小鸡"等。

3. 竞赛性游戏

竞赛性游戏即在规则的控制下,分出胜负的一类游戏,如跳跃游戏"袋鼠跳"、平衡游戏"顶报纸"等。

4. 闪躲性游戏

闪躲性游戏对幼儿的动作灵敏性和协调性要求较高,幼儿在游戏中需不断闪躲以避免被淘汰,如走跑游戏"捕鱼""揪尾巴"等。

5. 球类游戏

球类游戏即在游戏中运用球来开展活动,有拍球、抛接球、踢足球、打乒乓球、滚球、投篮、打羽毛球等,如跳跃游戏"跳起扣球"、投掷游戏"投篮"等。

6. 传统游戏

传统游戏即民间世代相传的游戏。详述见前文所述的"传统游戏区"部分(P252)。

(二)按身体素质练习分类

按身体素质练习分为力量性游戏、耐力性游戏、速度性游戏、平衡性游戏、灵敏性游戏、协调性游戏、柔韧性游戏等。

(三)按运动器械分类

按运动器械分为球类游戏、圈类游戏、平衡板游戏、沙包游戏、垫上游戏、沙水游戏等。

(四)按游戏的组织形式分类

1. 集体性游戏

集体性游戏即在教师的组织指导下,集体参与同一项游戏。如走跑游戏"老鹰抓小鸡""切西瓜""扔沙包"等。

2. 分散性游戏

分散性游戏即教师为幼儿提供各类不同的器械材料,投放在不同的游戏区域,幼

---

① 陈雅芳.学前儿童健康教育与活动指导[M].北京:教育科学出版社,2012:129-131.

儿可根据自己的兴趣和需要自选活动器材、自由开展活动。

3. 主题性游戏

主题性游戏即通过一个游戏主题,将所有区域的游戏内容连接起来,成为一个有情节的主题游戏情境。例如,可设置"小勇士大闯关"这类情节,幼儿完成某个区域的游戏时,就可以获得该游戏的闯关通行证,可在一周后根据每个幼儿的闯关情况,教师再做出评价。这样的组织形式,一方面让幼儿可按照自己的能力选择游戏,另一方面又弥补了分散性游戏中可能存在幼儿重复某类区域游戏而不愿意尝试其他区域游戏的不足。

四、户外游戏对幼儿发展的价值

《幼儿园教育指导纲要(试行)》中明确指出:"幼儿以游戏为主要活动","幼儿园应开展丰富多彩的户外游戏和体育活动",《幼儿园工作规程》中也有相关规定:"在正常情况下幼儿户外活动时间(包括户外体育活动时间)每天不得少于2小时,寄宿制幼儿园不得少于3小时"。上述文件从制度的角度说明了幼儿户外游戏的重要,幼儿园需保证幼儿每天有足够的时间进行户外活动。

北京师范大学刘焱教授认为:户外游戏活动往往仅被人们看作是"身体的活动",事实上,户外游戏活动包含着两种不可分割的、相互关联的学习过程,即"学习运动"和"通过运动学习"。其中"学习运动"是指幼儿在户外活动中学习运动的技能,提高运动的质量,能促进其生长发育,使身体运动能力得到发展;而"通过运动学习"则强调的是通过户外游戏活动发展幼儿其他方面的能力。[①] 归纳起来,户外游戏的价值有如下几个方面。

(一)促进幼儿身体发育,增强体质,提升运动能力

幼儿园保育和教育的主要目标之一是促进幼儿身体正常发育和机能的协调发展,增强体质。可以说促进幼儿身体发展是户外游戏最显而易见也是最重大的价值之一。人体各部分器官与系统在幼儿期都是发育的关键阶段,适宜的锻炼可以促进幼儿骨骼和肌肉等逐渐成熟。

首先,户外游戏本身就存在一定的运动量,满足幼儿跑、跳、攀、爬、掷、推、拖、滚等运动需要,能够达到锻炼的效果。例如,适当的运动能使幼儿骨骼中的骨密度增厚、骨径变粗,变得更加坚固,还能促进脊柱的正常生长、增加血管的弹性、提高中枢神经系统的控制能力,从而提升其灵活性和协调功能等。同时,在运动的过程中也使幼儿逐渐掌握相关的运动技能,如在追逐游戏中,幼儿不仅要学习跑和追逐,还要学习躲闪、转身等,不仅要协调自己的运动,还要将自己和他人的运动联系和协调起来。在户外游戏活动中,游戏的多样性决定了幼儿可以在不同区域选择各种各样的游戏器械和游戏方式,在无形中发展幼儿各项基本技能,使其身体各部位得到均衡

---

① 刘焱.幼儿园游戏与指导[M].北京:高等教育出版社,2012:161-162.

发展。

其次，相比于室内游戏，户外游戏还具有两方面的优势：第一，幼儿可以充分地接触阳光、呼吸新鲜空气，而现今提倡的三浴锻炼中就包括了日光浴与空气浴，户外的阳光、空气、温度和湿度对幼儿的皮肤、呼吸系统、神经系统等机能都有积极的促进作用；第二，在户外，孩子们可以享有充足的活动空间、活动时间和活动自由，更有利于幼儿摆弄游戏材料，使用各种游戏器械进行身体各部位的运动，更能保证充足的运动量和达到一定的运动幅度，从而促进幼儿身体的大肌肉动作技能以及运动能力的发展。

（二）激发幼儿参与户外游戏和体育活动的兴趣

兴趣是幼儿探索一切事物无形的动力，当幼儿对某项活动或某件事情产生兴趣时，可以促使幼儿积极主动地探索、学习而乐此不疲。幼儿期是培养兴趣的奠基阶段，户外游戏活动中幼儿可以根据自己的兴趣和活动需要，自主自由地选择活动内容，这种形式满足了孩子不愿被束缚的天性。同时，丰富多彩的户外游戏活动也满足了幼儿不同的兴趣和需求，大大激发了幼儿参与户外活动的兴趣。而户外游戏活动的主要内容多是体育活动，因此也培养了幼儿对体育活动的兴趣，为将来参加体育活动奠定基础。

幼儿期是各种良好行为习惯培养的关键期，要使体育锻炼成为幼儿今后人生不可或缺的部分，就必须让幼儿从小养成主动参与体育活动的习惯。户外游戏正是使幼儿通过充满乐趣的方式来获得运动经验，让幼儿在丰富多彩、无拘无束的游戏中充满欢声笑语，体验快乐，从而保证对体育活动兴趣的稳定，直到体育运动习惯形成。

（三）提升幼儿的感知觉统合能力和智力

感觉统合是指人脑对个体从视、听、触、嗅、前庭等不同感觉通路输入的感觉信息进行选择、解释、联系和统一的神经心理过程，是个体进行日常生活、学习和工作的基础。[1] 感觉统合失调的幼儿将面临注意力难以集中、阅读困难、好动不安、身体协调性差等问题。幼儿在户外游戏活动中，丰富多样的游戏使各种感觉器官都能被积极地调动起来。例如，在攀爬游戏中，手脚需接触攀爬架或地面，还需观察自身的方位及所处位置的高低，调动了孩子的视觉、触觉、前庭觉、本体觉等。同时，幼儿在游戏中主动地处理与之联系的事物，如判断距离的远近、位置的高低、物体的长短大小及形状等，也提升了幼儿感知事物、认识事物的能力，从而提高幼儿的认知水平，发展智力。

除此之外，儿童的大脑是一部以处理感觉和运动信息为主的机器，在活动中，各种感觉器官的参与不断地对大脑皮层进行复合性强化刺激，产生刺激效应，使大脑皮层的兴奋和抑制更加深刻、集中，从而提高大脑皮层细胞的强度、灵活性和分析综合

---

[1] 王和平.特殊儿童的感觉统合训练[M].北京:北京大学出版社 2011:2.

能力,使整个大脑的功能得以增强,长时间的这种刺激形成了完整的动力定型,[1]幼儿感知觉的不断发展也在刺激着大脑功能的逐渐完善,提高了幼儿处理信息的速度和准确性,从而促进智力的发展。

(四)有利于幼儿良好社会性及个性心理品质的形成

户外游戏活动的特点之一是具有自主性和挑战性,幼儿可以根据自己的兴趣和活动需要,自由选择游戏区域,还可以临时更换游戏区域而不受限制,幼儿在这样自由、轻松、愉快的氛围下进行户外游戏,便不会产生做不好的焦虑情绪;同时,不同层次、不同难度的玩具材料使幼儿能在自己的能力范围内挑战力所能及的难度层次,让不同能力的孩子都能体验到成功感,幼儿若对自身身体运动能力持肯定态度,其自信心也就油然而生,这样便为幼儿自主性的发展和自信心的提高提供了机会。

户外游戏的另一个特点是开放性,从空间、时间上打破了班级、年龄的界限,为幼儿提供一个广阔的人际交往空间。在此空间中,幼儿需要与不同年龄、不同班级、熟悉或是陌生的幼儿或老师打交道,还需懂得遵守游戏规则、游戏秩序,促使幼儿不断提交自身的语言表达能力和人际交往能力,发展礼貌谦让与他人合作互助等良好品质。幼儿在户外游戏中能够与他人进行更多的沟通和交流,那么言行也会更加成熟。

第二节 户外游戏组织与实施

一、户外游戏组织与实施中存在的问题及分析

(一)户外游戏场地空间不足、活动安排不合理

【案例】户外场地"争夺战"[2]

上午十点左右,中一班的小朋友在李老师的带领下来到户外游戏场地,他们排好队伍准备开展投掷球类的游戏,李老师正在向小朋友们强调户外游戏时应该注意的安全细节,这时,中二班的刘老师也带着自己班的孩子们来到了户外游戏场,为了让孩子们热身,刘老师带领着孩子们围着场地跑了起来。在这块小小的场地上,中二班跑步的孩子们围成的圈正好把中一班的孩子们圈在了中央,还挡住了中一班的投掷圈。无奈之下,中一班的李老师只好前去与中二班的刘老师交涉,李老师说:"你们班跑步能不能把圈子跑大点?挡住我们班的投掷圈了,我们没法儿玩了。"刘老师回答道:"孩子们跑来跑去队伍就乱了,越跑圈子越小,我也没办法,你等我们跑完了再玩(投球)吧!"就在这时,小班的孩子们在老师的带领下也来到游戏场地上,小班的弟

---

[1] 段春梅.户外区域体育活动的教与学[M].北京:北京师范大学出版社,2010:6.
[2] 郑晶.武汉市幼儿园户外游戏现状与对策的研究[D].武汉:华中师范大学,2010:32-33.

弟妹妹们开心地玩起了碰碰车、小木马,游戏场地上顿时喧闹起来。中一班的李老师看了看其他班玩得正起劲儿的孩子们,无奈地对自己班的孩子们说:"今天我们不玩投球的游戏了,大家自由游戏,想玩什么就玩什么吧。"话音一落,中一班的孩子就散开来,寻找自己想玩的游戏器材。而游戏器材早已被其他班级占用得差不多了,仅剩下几个当作投掷圈的钻环了,几个孩子站在场地上看着其他小朋友开心地玩游戏,显得有些不知所措,然而刘老师并没有过来询问和关心,只是站在场地一旁和其他几位老师闲聊了起来。

案例分析:户外游戏的有效、顺利开展,离不开户外游戏场地的合理设置。户外游戏场地不能理解为在教室之外随便找出一块空地,随意地堆放一些孩子能玩的游戏设施、玩具材料,而应该是进行合理规划,能够最大限度地满足幼儿户外游戏空间需求且相应的户外游戏玩具材料进行有结构、有层次地投放的场地,只有这样才能保证幼儿开展户外游戏的质量。

城乡建设环境保护部和国家教育委员会联合颁布的《托儿所、幼儿园建筑设计规范(试行)》中的第2.2.3条规定,"托儿所、幼儿园室外游戏场地应满足下列要求:一、必须设置各班专用的室外游戏场地。每班的游戏场地面积不应小于$60m^2$。各游戏场地之间宜采取分隔措施。二、应有全园共用的室外游戏场地,其面积不宜小于下式计算值:室外共用游戏场地面积$m^2 = 180 + 20(N-1)$(注:1. 180、20、1为常数,N为班数,乳儿班不计;2. 室外共用游戏场地应考虑设置游戏器具、30m跑道、沙坑、洗手池和贮水深度不超过0.3m的戏水池等)";第2.2.4条规定,"托儿所、幼儿园宜有集中绿化用地面积,并严禁种植有毒、带刺的植物"。然而,由于多种原因,一些幼儿园在建筑设计和场地规划上往往无法达到标准。在这样的情况下,幼儿园应根据本园的场地特点,在有限的空间条件下,充分挖掘幼儿园内适合开展户外游戏的空地,并合理安排各班级户外游戏时间,以免因统一的作息时间,导致如案例中出现的场地过小,户外游戏开展不顺利的情况出现。

(二)户外游戏器材单调、活动形式单一

【案例】无聊的户外游戏

片段1:开展户外游戏的时间,A老师让孩子们去自己喜欢的游戏区域玩,孩子们四散开来,不一会儿,便发现有的幼儿拿着活动材料"办家家",有的拿着游戏材料在互相追逐打闹,有的拿着器具看别人锻炼,有的则较频繁地更换活动材料……还有一个孩子在地上玩蚂蚁,问他:"怎么不去玩呢?"他嘟着嘴回答道:"不喜欢,一直玩都不好玩了。"

片段2:某幼儿园B老师带孩子们开展集体户外游戏,孩子们按着老师的要求玩得热热闹闹,游戏结束后,老师打算给孩子们自由活动的时间,正交代要求时,一个孩子兴奋地喊道:"老师,我们可以玩了,是吗?"老师一脸疑惑:"刚才不就是在玩吗?"

——案例来源:教育实习观察与分析

案例分析:户外游戏的特点之一就是在游戏中进行户外锻炼,运用游戏情节增加

活动的趣味性,调动幼儿的参与热情,让幼儿在游戏中获得快乐的体验和运动的乐趣。然而,有的幼儿园把晨间锻炼看成是幼儿自由玩耍活动,符合体能发展要求的器材普遍不够,仅仅投放了一些基本的运动器械,甚至许多幼儿园玩具设施常年不变,且要求幼儿在规定的场地按要求在单调的器械上反复练习,单调机械地重复动作,多数幼儿在不断重复中已然对那些陈旧的器械失去兴趣,出现如片段1中的情况,宁愿站在一旁与同伴嬉戏打闹、交谈或是自己找别的东西玩。即使教师组织幼儿开展一些户外小游戏,也因形式单调重复、毫无新意、不具挑战性而使幼儿出现厌倦情绪,无心参加游戏。这样就使户外游戏因器材单调、形式单一而完全失去了游戏性和趣味性,无法调动起幼儿参与的主动性和积极性,对幼儿的发展没有起到应有的作用,失去其真正的价值。

(三)户外游戏中教师或高控或放任式指导

【案例】老师说到哪个区域玩,你们就到那个区域玩,知道吗?

户外游戏活动开始了,某幼儿园C老师组织孩子们到户外游戏区排好队,强调纪律问题:"上次的户外游戏让老师很不满意,你们知道为什么吗?有几个小朋友这个区域跑跑,那个区域跑跑,一点都不专心。今天我再看看哪些小朋友没有按老师的要求玩游戏的,下次就不让他到户外区来玩了。现在我请站好的小朋友先去玩,老师说到哪个区域玩,你们就到那个区域玩,知道吗?苹果组的小朋友到投掷区,香蕉组的小朋友到攀爬区……"一个应该是香蕉组的小朋友喊道:"老师,我不想去攀爬区,我想去玩袋鼠跳……"C老师向他使了一个眼色:"下次再安排你玩袋鼠跳。"接着老师又继续分组安排了。询问该老师为什么不让小朋友自主选择,老师无奈地说:"没办法呀,让他们自己选择过,全都挤到一堆去玩了,还因为争抢材料吵了起来,大家都在一个地方玩也不安全。这样我安排好了,避免了争吵,而且他们每个区都会玩到,也锻炼了他们不一样的动作能力……"

【案例】放羊式户外活动

D老师将幼儿带至户外,一声"去玩吧",就让幼儿解散,整个户外游戏活动中,有的孩子在瞎晃,有的孩子在打闹,有的孩子就在原地看着别人玩,有的孩子手里拿着材料却不知道怎么玩,只会紧握着……而老师却在一边晒着太阳聊着天,放而不管,听之任之。有些老师还认为:"自由活动嘛,让幼儿自由自在去玩不就对了吗,只要不出事故就好,这样他们才能玩得开心。"

——案例来源:教育实习观察案例与分析

案例分析:户外游戏的开放性及自主性特点是孩子们热爱户外游戏的一大因素。它能充分考虑到幼儿的兴趣、爱好、能力水平,给幼儿更多自主选择的机会,因此在很大程度上能够弥补集体体育活动、早操的不足。然而这样的自主自由却因一些教师的观念误区而变了味。

一方面,有些教师为了便于管理幼儿,控制着幼儿的活动自由,主要表现在这些方面:其一,区域、器材选择无自由,剥夺了幼儿"玩什么"的权利,如案例中C教师要求幼儿必须按照她的安排在固定的区域玩固定的器械。更甚者,为了省去准备器材的麻烦,往往只提供单一的器械。其二,伙伴选择无自由,剥夺了幼儿选择"和谁玩"的权利,要求幼儿集中、统一玩或在固定组内玩,使幼儿无法自由地选择玩的同伴。其三,活动方法无自由,剥夺了幼儿选择"怎么玩"的权利,要求幼儿只能这样玩,不能那样玩。

另一方面,有些教师将户外游戏的自主自由错误地理解为放任不管。这样缺乏目的性和有效指导的户外游戏会使幼儿的锻炼得不到效果,如出现案例中诸多幼儿无所事事、瞎玩瞎晃的情形,大大降低了户外游戏促进幼儿发展的价值。因此,在户外游戏中如何把握对幼儿自主自由选择的理解,如何掌握教师"干预"游戏的"度",是教师组织和指导户外游戏的关键点。

(四)户外游戏时间无保障

【案例】被"偷走"的户外游戏时间[①]

A 教师:"这几天好像很少见到你们下午来操场活动啊?"

B 教师:"哪儿有时间啊,周五要检查教室的环境布置,忙得不行!下周还有家长开放日,(园长)要求每个班都要表演节目,这不,我就带着他们(孩子们)来操场排练呢!"

A 教师:"那待会儿排练完了,孩子们是直接上去还在操场上再玩会儿?"

B 教师:"还玩?没时间了,孩子们星期一做的脸谱还没贴到教室墙上,上午班老师又去开会了,我还得抓紧时间贴上去。"

A 教师:"那平时下午会带孩子们做户外游戏吗?"

B 教师:"看情况,如果不忙,还是会的。忙就不好说了,有时候就让他们在教室里做游戏。"

案例分析:《幼儿园工作规程》中明确规定:"在正常情况下,幼儿户外活动时间(包括户外体育活动时间)每天不得少于 2 小时,寄宿制幼儿园不得少于 3 小时,高寒、高温地区可酌情增减。"虽然有如此明文规定,但在实际中幼儿的户外活动时间往往得不到保障,有以下几点原因:其一,幼儿园对户外游戏的轻视。如案例中的情况,把幼儿户外游戏时间当作机动时间,有时间时会进行游戏,没时间时只能直接剥夺幼儿的户外游戏时间,或是被教学活动占用了时间,或是被检查任务压制下来,或是被用来排练节目,等等。此时幼儿园中的户外游戏就好比面临高考学生的体育课,被用来复习"正规"科目。其二,户外场地、资源的限制。有些幼儿园存在户外场地小、器械少和班级人数多的矛盾,只能多班轮流开展户外活动,导致每个班级的幼儿享受户外的时间有限。其三,教师的不合理安排。有些教师害怕在进行户外游戏时难以管理幼儿,易发安全事故,便尽量少安排户外活动,即使安排了,其活动时间和活动质量

[①] 郑晶.武汉市幼儿园户外游戏现状与对策的研究[D].武汉:华中师范大学,2010:35-36.

也得不到保证;有些教师在户外游戏活动中花过多时间强调纪律或游戏器材临时准备,导致户外游戏时间被占用、被浪费。针对这些情况,应该指导幼儿教师认识到户外活动的重要性,并建立完善的户外游戏活动制度,保证幼儿的户外活动时间。

(五)户外游戏设施安全保障不到位

【案例】户外游戏中的安全隐患事例[①]

事例一:2004年5月13日上午,小飞的班主任带领全班孩子在幼儿园进行户外游戏活动。孩子们玩耍过程中,有孩子用力晃动铁制玩具荡船,荡船摇摆着撞到了小飞右腿上,幼儿园将小飞送到了医院,并通知了家长。小飞先后在邹城市人民医院和兖矿集团总医院住院治疗,后经法医鉴定为右股骨骨折,构成九级伤残。

事例二:阳阳在浙江省温州市苍南县一家幼儿园上中班,一天,在游戏活动结束后,一声撕心裂肺的惨叫打破了欢乐的气氛,只见阮阳阳左手紧抓着右手,鲜血染红了衣服,地板、门板上斑斑血迹,小阳阳右手食指第一指关节没了!由于没能找到断指,再接手术无法实施,小阳阳成了残指。事后查明,游戏后,小朋友们推搡着往教室跑,其中四个小男孩先进了教室,关门不让其他小朋友进入,阳阳的手指在门缝中被夹断了。伤痛的阴影笼罩着几个家庭及幼儿园,随之而来的是追责和赔偿问题。

事例三:户外游戏中,一名小男孩蹦蹦跳跳地向滑梯奔去,他敏捷地爬上滑梯,带着满脸笑容从滑梯上滑下来。然而,就在那一瞬间,只听见一声惨叫,随着孩子滑向地面,滑梯上满是鲜血。小男孩的臀部和大腿上划开一条深深的口子,鲜血直流。等候在滑梯旁的母亲急忙抱起小男孩向医院奔去。事故发生后调查发现,原来是木制滑梯上的一根锈迹斑斑的钉子突露出了钉尖。

案例分析:在户外游戏活动中,安全是一个重大的问题。幼儿的年龄小,自我保护意识和能力都较差,在遇到紧急情况时不能灵活处理,且户外活动时教师较难一一关注到每个幼儿,使户外游戏活动成为安全事故多发的"现场",而一旦发生意外,后果都是不堪设想的。因此,这也是许多教师不愿意开展户外游戏活动的重要原因之一。但户外游戏的价值是别的活动无法取代的,不能因噎废食,况且游戏是幼儿的生命,尤其是和空气、阳光、沙水接触的户外游戏,是幼儿特别向往、参与欲望比较强烈的活动,幼儿可以在户外游戏中获得各方面能力的发展。因此,在开展户外活动时,要求教师事先将准备及检查工作做得到位些,如考虑投放的材料是否符合安全卫生要求,各种器械是否牢固可用,器械摆放是否安全,场地是否平整,器械及场地周围是否有玻璃、钉子等危险品,等等。还要求教师加强对幼儿的安全教育,培养规则和自我保护意识,将危险因素降到最低,保障幼儿的安全,保证户外游戏的顺利开展。

---

① 郑晶.武汉市幼儿园户外游戏现状与对策的研究[D].武汉:华中师范大学,2010:38-39.

二、开展户外游戏活动应遵循的原则

(一)安全中不乏乐趣与锻炼

安全是幼儿园开展每个活动都必须优先考虑的原则和要素。户外游戏活动因其活动性和开放性的特点,常是幼儿园安全隐患"潜伏"的"重灾区"。因此,在开展户外游戏中教师需做好各方面的准备工作,保障幼儿的安全。同时,需把握安全与自由的关系,如仅靠限制幼儿的自由来保障安全就失去了户外游戏的乐趣,也达不到锻炼的效果,幼儿在没有乐趣的情况下开展活动,即使再安全也失去了意义。当然,安全依然是一切的前提,这里将从以下三方面说明户外游戏的安全注意事项。

1. 户外场地的安全

不同类型的游戏活动其适合的场地也是不一的。危险性较小且有特定要求的游戏活动可在稍微硬实的场地进行。例如,在鹅卵石地上开展赤足游戏。而具有一定危险系数的游戏活动则需在柔软性和弹性较好的场地进行,如塑胶地、草地、沙地等,幼儿园大部分游戏活动需在这类场地进行,例如,在攀登设施周围需铺设柔软、弹性较大的材料,如沙地、草坪、胶垫等。在诸多户外安全事故中,许多意外伤害是幼儿从游戏设施上跌落到坚硬、没有安全保护的地面上。因此,为幼儿创设一个安全、舒适的户外场地显得尤为重要。

2. 设施材料的安全

户外游戏的设施、材料的安全是户外安全管理的另一个重要方面,尤其是自制玩具,在选材、设计和制作的过程中要周全地考虑幼儿的安全。例如,支架是否稳固结实,玩具的边角是否有尖锐的凸角,是否有过小、易被幼儿误吞的零件等。因此,提供给幼儿的户外游戏材料应当是耐用、无毒、经济的,能牢固地固定和安装的,便于保养和维护的;设备和设施应当是适合于幼儿的年龄、身材、活动能力的特点,应具有发展适宜性。

3. 组织过程的安全

教师的合理组织在户外游戏中也具有重要的作用。一方面,教师必须杜绝"放羊式"的组织模式,做到眼中有幼儿,能"眼观六路、耳听八方",及时保护幼儿的安全,在户外游戏时让保育员、配班教师一起配合关注幼儿在各区域的活动情况,多关注能力弱、年龄小的幼儿。另一方面,教师需让幼儿了解器材的正确使用方式,明白游戏规则,了解每项游戏存在的危险及注意事项,培养安全意识,在活动中学习相关的自我保护技能和方法等。

(二)多样中不乏层次与挑战

丰富的材料、多样的活动方式是户外游戏的亮点之一,这样的特点能够调动并保持幼儿参与游戏的兴趣,促进幼儿各方面运动能力的发展,同时满足幼儿学习、探索的需要,正因如此,幼儿对户外游戏总能玩得乐此不疲。首先,投放材料注意多样性和丰富性。第一,创设不同类型的活动区域;第二,提供丰富、能一物多用或可进行组合的材料、设备;第三,自制结实、耐用、可灵活多变的玩具(如沙包、报纸球、飞盘、滚铁罐、易拉罐高跷等)。其次,投放材料还应注意年龄的适宜性和层次性。材实不是越多越好,多且杂乱的游戏设施、材料尽管能吸引幼儿,但也容易使幼儿分心,造成幼儿这玩玩、那玩玩,不能专一进行游戏的情况。因此,在投放材料时,要考虑到不同能力程度幼儿的需求、考虑材料与活动目标的关系,考虑各种材料之间的关系,可通过投放难易不同或多功能的材料,或设置不同的游戏路线来使游戏活动有难有易,以达到目标清晰、层次分明,幼儿通过努力可以完成,获得成功感和愉悦感。

(三)计划中不乏灵活与多变

户外游戏活动是有计划、有目的的活动,教师需在开展活动之前合理安排活动区域,根据各班幼儿的年龄特点、发展水平、兴趣爱好、幼儿动作的发展目标来投放材料,使游戏材料有计划地隐含发展目标,让幼儿在游戏中得到身心发展。同时,需注意计划中的灵活变通。户外游戏中,由于存在空间较大、设施多样、幼儿易兴奋等因素,教师在组织户外游戏时会面临更多的突发状况,为保证活动顺利进行,教师需在区域安排、投放材料、组织活动等过程中灵活处理意外情况。例如,遇到突发的天气变化、材料短缺、材料不适合、游戏调动不起幼儿兴趣时,教师不能听之任之,敷衍了事,要及时做出调整,可以从户外转移室内,或更换材料,或简化材料,或创设情境来吸引幼儿参与游戏等。

(四)自由中不乏支持与引导

在户外游戏活动中,教师不仅仅扮演"观察者"的角色,且应对幼儿活动开展情况进行及时的指引与帮助。在户外游戏中,每个幼儿的能力、性格、兴趣有所不同,在游戏活动中的表现也是不同的。例如,有些幼儿胆小、能力较弱而不愿意参与活动,有些幼儿莽撞、易兴奋,不易注意危险因素。因此,教师需把握如何在户外游戏活动中进行有效的、因人而异的师幼互动,即如何对幼儿的行为表现进行观察分析,捕捉幼儿发展的需要,提供适宜的帮助、保护、鼓励、支持、启发、引导、参与、纠正等。这样,幼儿可以在自由的环境中安全地进行探索,又不乏教师适当适时的支持和鼓励,能带给幼儿莫大的安慰和勇气,消除活动中不自信、怯懦等心理上的障碍。

三、户外游戏活动指导过程

(一)游戏准备阶段

1. 营造和谐、满足幼儿探索需求的户外游戏环境

《幼儿园教育指导纲要(试行)》中指出:"环境是重要的教育资源,应通过环境的创设利用,有效地促进幼儿的发展"。户外游戏环境是幼儿开展户外游戏的物质载体,幼儿在户外游戏中不断地与户外环境进行互动,因此营造一个和谐、有利于幼儿探索,满足幼儿游戏需求的良好环境是开展户外游戏的重要一步。户外游戏环境包

含了户外场地、活动区及各区域的设施、材料。

（1）户外场地的整体布局上应整洁大方、干净利落。由于各个幼儿园的户外场地各具特色，各园可充分挖掘本园的空间资源，结合场地大小、地面特点和区域特色来使每一寸空间都能恰如其分地发挥作用。在此基础上，考虑其他能激发幼儿兴趣、促进幼儿发展的因素。例如，围墙上的壁画、墙角的植物、土堆的盘山小路、楼梯下的游戏区、草地上的环保标志、地面上的格子、台阶上的各种几何图形等，使户外活动场地变成立体的、多层次的、多视角的"教科书"，满足幼儿认知、审美等多方面发展的需要[1]。

（2）活动区域的安排要求结构合理、因地制宜、因时制宜。结构合理意味着各区域的设置要考虑到幼儿身体的均衡发展，既有促进幼儿上肢动作发展的区域，也有促进幼儿下肢动作发展的区域，同时还需考虑不同区域活动量、活动部位的特点，避免高活动量或低活动量的区域扎堆、发展上肢或下肢动作区域扎堆，保证幼儿身体动作的平衡发展。因地制宜、因时制宜意味着各区域设置并不是一成不变的，需根据幼儿的发展水平、季节状况、设施材料情况等进行调整。例如，在寒冷的冬季，可重点安排活动量大的区域，辅以活动量小的区域作为调节，且可适当停止一些不适宜开展的区域，如沙水区；在炎热的夏季，可将运动量大的区域设置在有树荫或阴凉的地方。

（3）设施、材料的投放要适宜幼儿的年龄特点、发展水平和兴趣需要。玩具或游戏材料的大小、结构、外观、复杂性和幼儿的年龄、经验、能力之间有着相互制约的关系。在开展活动前，要考虑投放材料的种类、数量、功能等。例如，小班幼儿在操作游戏材料时玩法比较单一，喜欢简单易操作的器材，中、大班幼儿喜欢添加辅助材料进行运动，对有一定挑战性且玩法多样的器材感兴趣。除此之外，还可以挖掘日常生活中常见的自然资源、废旧物品来自制玩具，使户外游戏活动更加充满乐趣。例如，利用废报纸、旧挂历开展"吸纸跑""投掷纸球"活动，利用易拉罐瓶、竹节筒开展"踩高跷"活动，利用废旧布料、旧麻袋做成"袋鼠跳"的跳袋，利用废旧轮胎制成攀爬架、平衡桩，等等。正所谓"垃圾放对了就是宝"，自制玩具就是最好的例证。

2. 留心观察幼儿的兴趣，创设有趣的游戏情境

户外游戏的材料和活动方式应是幼儿喜闻乐见的。户外游戏不是机械般生硬的动作锻炼，而应在游戏中进行，在充满趣味情节的情境中开展户外游戏。例如，一段时间里，幼儿对动画片《喜羊羊与灰太狼》非常感兴趣，教师就在投掷区设置"喜羊羊智斗灰太狼"、在平衡区设置"羊羊村探险"等游戏，幼儿参与活动的热情大大增加。因此，在日常生活中，教师需留心观察幼儿对哪些材料、故事、玩具等感兴趣，对哪些不感兴趣，抓住时机为幼儿的户外游戏增添或删减游戏形式，让幼儿通过把自己想象成喜爱的各种动物、人物角色而沉浸在丰富多彩的游戏中，达成促进幼儿身心发展的目标。

---

[1] 沈玮霖.基于"保教指南"指引下的幼儿户外活动的思考与实践[J].语数外学习,2012(4):74.

3. 灵活运用民间传统游戏,充实幼儿户外游戏活动

民间传统游戏是人们在长期的劳动实践中结合本民族的特点而创造出的在劳动之余进行的娱乐活动,具有趣味性、灵活性、简易性、多样性等特点。从价值上看,民间传统游戏可以满足幼儿身体和知识技能的发展需求,同时能够培养幼儿热爱本民族文化和热爱祖国的情感,是不可多得的户外游戏形式。教师应将这些传统的游戏项目经过精心筛选、简化、变换、整理,使其更加符合幼儿的年龄及能力特点、生活经验和兴趣爱好。例如,跳竹竿,民间中这个项目一般是多对竹竿组成,每对竹竿衔接紧密,在开开合合中变换不同的竿位和节奏,十分考验游戏者的动作协调能力和节奏感。如果按照传统的跳法,只有部分动作协调性好、节奏感强的幼儿才能通过。但是这种动作和节奏相结合的游戏方式,幼儿又十分喜欢。因而为了让更多的幼儿能够参与,必须对竹竿的竿位和节奏进行调整,降低难度,可以从一对竹竿开始跳,拉开竹竿的距离,放慢开合的速度和节奏,待幼儿渐渐掌握了跳法后可逐步提升难度,且还要关注到不同能力的幼儿,提供不同层次的跳法,使每个幼儿都能体验到游戏的乐趣和成功感。

图9-7 跳竹竿 　　　　　　　　图9-8 跳皮筋

图9-9 踢毽子 　　　　　　　　图9-10 滚铁环

(二)游戏开始阶段

1. 游戏活动前的身心准备

户外游戏运动量较大,所以要让幼儿做好活动前的准备,包括身体上和心理上的

准备。身体上的准备即我们常说的热身运动,让幼儿身体得到舒展,使身体各器官组织的机能进入活动状态,为接下来的活动做好准备。可开展趣味性强的早操操节运动或幼儿感兴趣的肢体游戏来热身。心理上的准备也可与热身运动相对称之为"热心运动",即教师营造一个愉快、宽松的游戏环境,调动起幼儿参与活动的积极性,使幼儿精神饱满、愉悦地参与游戏。这便要求教师要做好榜样,用自身积极、兴奋、阳光的情绪来感染幼儿,避免将自己不良的情绪带入活动中。在游戏活动过程中还可以放一些欢快、愉悦的音乐,让幼儿在美好的音乐声中精神饱满、情绪愉悦地进行游戏。

2. 幼儿参与游戏计划

户外游戏活动的教育价值之一便是能够发展幼儿的自主性和自信心,不仅体现在幼儿自主选择区域和材料上,还应体现在教师提供给幼儿参与游戏计划的尝试。幼儿园活动中,户外游戏是最能给幼儿提供大量、多样的参加劳动的机会,调动幼儿的自主性、参与性和创造性的活动。例如,从活动区的设置到器械的投放,本着幼儿为主的原则,鼓励他们自行设计、自主布置、自己管理、归放有序。让幼儿在亲自操作的过程中提高做事的技能技巧,遵守既定的做事规则,体验劳动的快乐与成功,梳理自己的知识和经验,包括一系列值得教师与幼儿共同思考和研究的问题,如:怎样做才能使物品摆放整齐有序?什么样的搬运方式才更安全?多人同时进出玩具室门口时怎样才能避免碰撞和拥挤?怎样做才能准确找到本班的场地位置?不同的场地标记有何不同的含义?[①] 除此之外,幼儿通过参与游戏计划还能更加深入得了解每个区域中器材的使用规则,也在无形中培养起他们的游戏常规,如如何取放玩具,如何进行游戏而不会损坏玩具材料,如何才能在不争抢的情况下让每个幼儿都有材料使用。幼儿不是毫无能力的个体,教师应给予充分的空间和时间让幼儿自主思考,主动行动。当然,让幼儿参与游戏计划,并不是听之任之,毕竟幼儿的知识经验有限,教师需在其中做适当的引导,使活动朝着顺利的方向开展。

(三)游戏深化阶段

1. 观察幼儿游戏行为,提供适当指导

细致入微的观察是高效指导的前提,只有通过充分、细致的观察,才能及时发现安全隐患、幼儿的需要、活动的障碍、突发的矛盾等,给幼儿提供隐性的支持。那么,教师在户外游戏活动中应该观察什么?如何进行观察呢?

(1)对集体进行全面的观察。户外游戏活动中幼儿分散在各个区域,使教师的观察存在一定的困难,教师在观察时要"顾全大局",还可以让保育员或者配班教师同时辅助观察。主要观察的内容有:幼儿的活动状态,是否积极参与游戏,在游戏中是否有愉悦的心情,是否对游戏材料、游戏形式感兴趣;观察幼儿的同伴交往互动情况,是否与同伴友好相处,是否有合作行为;观察幼儿的游戏常规情况,是否遵守游戏秩序、游戏规则,是否正确地取放玩具材料;等等。

---

① 赵艳辉.幼儿园户外游戏教学方式的研究与探索[J].中国教育技术装备,2013(19):77.

（2）对个别幼儿进行细致的观察。对集体的观察是毋庸置疑的，但是不能为了"顾全大局"，而忽视关注个别幼儿，尤其是那些需要在户外体育游戏中获得锻炼和发展的幼儿。幼儿无论是在年龄、能力水平，还是在性格特征、兴趣爱好等方面都具有自身的独特性，"一刀切"的观察和指导方式势必造成某些幼儿的发展被忽视、能力得不到提升。因此教师在户外游戏中需在观察集体中重点观察个别幼儿，主要关注以下几方面：关注运动能力水平较差或动作技能不熟练的幼儿是否需要帮助，关注性格内向、胆小的幼儿是否能顺利开展活动，关注在游戏活动中遇到障碍的幼儿是否需要支持，等等。

（3）通过观察，提供适时适当的指导并做观察记录。观察不是为了观察，而是为了调整和促进幼儿发展，但需避免出现只要观察到任何的"风吹草动"，就介入幼儿的游戏这种教师高控制游戏进程的情况。在观察中，教师需考虑幼儿能否自行解决，是否真的需要帮助，再考虑如何有效介入，提供适当指导。为提升观察效果，教师可以在活动前制订观察计划，有侧重点地进行观察，并运用观察量表或观察表格，及时进行记录及分析，方便日后在教研时进行交流研讨，提升幼儿户外游戏质量。

2. 鼓励和支持幼儿，发挥教师的情感激励功能

由于户外游戏活动性强、活动量大，往往会出现一些胆小害羞、运动技能较差的幼儿不敢挑战自己，在活动中产生退缩、回避等行为，这时教师及时的鼓励和支持能使幼儿看到希望，给予他们勇气，消除生理上或心理上的障碍。因此，在户外游戏中，教师要常对幼儿实施情感激励。首先，在幼儿表现好时及时表扬他们，但需注意针对事件进行表扬。例如，"乐乐今天看到朵朵不敢过独木桥，陪着她一起走过去了，乐乐真是个非常棒的大哥哥，我们把掌声送给他！"而不要如"你真是个好孩子"这类笼统的表扬，这样能使幼儿明确什么样的行为是值得表扬的。其次，在幼儿遇到障碍时及时鼓励他们，向幼儿投注期待的目光，以肯定的口吻，对幼儿说"我相信你能做好""你肯定行""瞧，你做得很好，继续加油"，让幼儿从成人肯定与信任的语言中获得强大的推动力，从而更加勇敢、积极地参与游戏。

【案例】"试一试，你可以的"

今天户外游戏区域投放了新的项目——冒险之路。很多小朋友都玩得很开心，唯独朵朵不按规则进行，一到走平衡木时，就悄悄地绕过平衡木项目跑到下一个项目，观察了好多次都是这样的情况，这一次，我抓住时机，喊住朵朵，"朵朵，你好像忘了一个项目哦，平衡木你还没走呢，你试一试吧。"我拉着她来到了平衡木前，这时有小朋友说："老师，她不会走，她害怕摔倒。"朵朵听了小朋友的话，紧张地低下头，我便让她试一试，朵朵还是低着头一动不动。为了不让游戏停滞，我安抚了下她，让她继续游戏，朵朵便快速跑开了。当游戏项目结束后，我来到朵朵跟前说："朵朵，咱们俩一起走平衡木好吗？"朵朵听了我的话，没有做出反应。于是我主动拉着她的手扶着她站上了平衡木，用开心的语气和她说："瞧，朵朵已经站上来了，真勇敢，老师陪着你一起走，不用害怕，老师会保护你。"朵朵这才扶着我的手慢慢地在平衡木上移动，走完平衡木露出了开心的笑脸，我向她竖起了大拇指。接着我们又练习了几次，我的手

悬空护着她,让她自己一点一点向前移动。在这个过程中每次朵朵向前迈出一段,我就大声鼓励她:"朵朵好棒,走得很平稳呢,加油!""再向前迈一点,你可以的!"在不断的鼓励下,朵朵越来越不害怕平衡木了,现在已经能像其他小朋友一样自如地过平衡木项目。

案例来源:教育实习观察与分析

案例中的朵朵是个平衡感较差的孩子,且胆子较小,面对困难她选择了回避。这时教师的鼓励和帮助给了幼儿很大的自信,让幼儿从敢于尝试,逐渐跨越到能够独立完成项目,幼儿获得了成功的体验,也更加自信,今后再面对类似的困难时,便敢于自我尝试。

3.适当介入游戏,激发幼儿游戏热情,提供榜样示范

户外游戏要求体现幼儿的自主自愿性,又需避免对游戏活动听之任之,这使很多教师难以把握介入游戏的"度",不知道如何指导户外游戏才是适宜的。虽然户外游戏中需满足幼儿自主参与、自由选择的愿望,但并不是否认教师的指导价值,若没有教师有目的、有计划地组织和引导,户外游戏的价值将大打折扣。该如何介入引导幼儿,同时又不影响幼儿游戏呢?这里呈现隐性指导策略及显性指导策略。

(1)隐性指导策略。隐性指导策略即教师以观察者、旁观者的角色,不对幼儿游戏过程中的问题进行直接的指导,不直接告诉幼儿"做什么""怎么做",而是通过平行游戏、投放或改变适当的材料、引导幼儿向同伴学习、提问与建议等方式,将指导隐含在活动中。而显性指导策略是指在活动过程中,教师直接对幼儿的游戏过程进行指导,指导要自然,要根据幼儿的需要,并以不影响幼儿的活动为前提。这种策略虽然不如隐性指导策略来得巧妙,但在户外游戏活动中也可以适当运用,将显、隐性指导策略二者结合起来。值得注意的是,在户外游戏中,还有较多教师对幼儿的活动指导仅仅停留在权威性的显性指导上,为了省去麻烦,直接替幼儿解决问题,成为活动的"主宰者"和"发令者",使幼儿失去了学习与探索的机会。因此,教师需从观念上改变,不要把自己当作一个"权威者"的角色,而是当作一个协商者、合作者的角色。

隐性指导策略的具体操作方法有①平行介入游戏。②改变游戏材料。③运用同伴的榜样示范作用。④适时的提问怀建议等。

平行介入游戏。当教师与幼儿一同参与游戏时,会极大引发幼儿参与活动的兴趣。教师平行介入游戏,即教师可在幼儿附近参与幼儿游戏,起到暗示作用,引起幼儿模仿而达到指导目的。

【案例】我要红色的高跷

轩轩似乎对自己喜爱的东西有着特殊坚定的执着,宁可不玩也要等到自己心爱的玩具。一天户外活动,做过热身操之后有半小时的自由选择玩具时间,高跷是这几天新买进的玩具,有红黄两种颜色。红色偏少,有10对,但是似乎大多数孩子更钟情于红色,轩轩排在队伍的后面,老师依次把红色的高跷分发下去。自然地,轮到轩轩就只剩黄色的了。谁知他看到只剩黄色,扭头便走,任凭老师怎么呼唤也不回头。仔

细了解原因之后,老师发现轩轩最中意的是红色的高跷,他没拿到红色的高跷,也不想玩黄色的。轩轩平时很少与其他小朋友交流,因此,要他尝试与其他小朋友协商交换似乎很难。于是我和另外一个老师便分别选择红色和黄色的高跷作为队长带队走高跷,当然我们也邀请了轩轩一起拎着自己黄色的高跷走在队伍后面。走了两圈后,我对另外一个老师说:"我很喜欢你的黄色的高跷,很像暖暖的太阳公公。"另外一个老师会意,也高兴地对我说:"我也很喜欢你的红色高跷,很像可爱的红太狼!""那我们交换玩一玩吧!"很多小朋友听到和看到我们的交换后,也自发地与对面的小朋友交换了起来,轩轩自然也拿到了喜欢的红色高跷。

(案例来源:广州市萝岗区龙光幼儿园　包国华)

案例中教师没有因为幼儿不好的行为而采取批评的手段,而是通过参与游戏并运用语言暗示来让幼儿模仿学习,使问题得以解决的同时,也让幼儿学会分享,认识到无论红色还是黄色的高跷都是一样好玩的。

改变游戏材料。设施和材料在户外游戏中有着十分重要的作用,幼儿户外游戏活动的大多数时间均是与设施和材料发生相互作用,是户外游戏的物质媒介。因此,在引导幼儿游戏活动中,改变游戏材料这一指导策略具有"立竿见影"的效果。

【案例】不会飞走的毽子

为了让幼儿多了解我国民间传统游戏,本学期在户外游戏区域增设了传统游戏综合区,开设了多样化传统游戏项目,如丢沙包、跳皮筋、滚铁环、抽陀螺、踢毽子等等。该区域也受到了幼儿的青睐,几周活动下来,发现踢毽子这一项目渐渐无人问津。了解情况后才知道,很多幼儿认为踢毽子太难了,毽子一踢就飞得很远,一点也不好玩。我们几个老师便重新思考踢毽子这个项目该如何改进,使活动有趣好玩,并能让幼儿体验到成功感。后来,我们决定用幼儿园"六一节"表演用过的废旧布条,给孩子们重新设计毽子。由于幼儿的运动能力水平较低,无法很好地控制肌肉用脚瞄准较小的目标,而用布条做出的毽子相对较大较重,让幼儿易于操作。再次投入区域中时,发现踢毽子这一项目又重新引起了孩子们的兴趣,年龄较大、能力较强的幼儿通过练习便能连续踢几下了,但这仅限于少部分运动水平较高的大班幼儿,年龄较小能力较差的幼儿依然无法参与游戏。为了能让全体幼儿都能玩踢毽子,且满足不同能力水平的幼儿,我们又进行了第二次调整,设计了另外一种带绳毽子,在毽子上绑一条绳子,幼儿可以手持绳子踢毽子,这样毽子就不会乱飞,即使年龄较小幼儿也可以完成,同时也提供没有绑绳的毽子,鼓励运动能力较强的幼儿不用通过手持绳子也可以踢毽子。最后,终于看到了踢毽子项目又重新受到了更多孩子的欢迎。

(案例来源:教育实习观察的存在)

分析:案例中教师通过观察和了解幼儿在踢毽子游戏中的兴趣及面临的障碍,及时调整策略,并不是通过取消这一项目来解决问题,而是根据幼儿不感兴趣的原因进行调整,改变材料的性状,引导幼儿在与材料互动的过程中达到发展目标,同时也让该游戏活动重获生机。

运用同伴的榜样示范作用。模仿是幼儿学习的重要途径之一,幼儿具有很强的观察能力和模仿能力,模仿着周围的一切人和事物。在户外游戏中,除了教师,同伴的榜样示范对幼儿游戏行为也具有较大的影响,尤其是混龄形式下的户外游戏,年龄较大或能力较强的幼儿的游戏行为往往会成为年龄较小或能力较差幼儿的榜样。因此,在户外游戏中,教师可以观察幼儿的行为表现和能力情况,引导年龄较大、能力较强幼儿支持和帮助能力较弱的幼儿,起到"以大带小,以强带弱,相互促进"的作用。

【案例】丢沙包的前后对比

户外游戏开始了,余老师带星星组的小朋友先去滑滑梯,月亮组和太阳组由方老师带去练习投掷沙包,一会儿再进行交换。活动开始一会儿后,星星组的昊昊小朋友看到哥哥姐姐在投掷沙包,非常兴奋,马上跑过去跟着哥哥姐姐投掷沙包,余老师把昊昊带回星星组后,他又跑了过去,只见昊昊跟着哥哥姐姐随方老师发出的口令跑去捡沙包,看着旁边的哥哥姐姐捡起沙包回到起点,昊昊也跑回起点再次投掷沙包。过了一会儿,余老师带星星组去投掷沙包,孩子们都很兴奋,还没等老师说明游戏规则,小朋友们捡起沙包就向前投,昊昊也一样随处捡起沙包就向前投,完全没有刚才跟着哥哥姐姐从起点线开始投的规则意识。

(案例来源:教育实习观察案例)

案例分析:这是一个混龄班级的幼儿园,星星组、月亮组和太阳组幼儿分别是小、中、大幼儿。由案例中可见年龄较大的幼儿对年龄较小幼儿的影响是非常大的,在星星组幼儿眼里哥哥姐姐就是自己的榜样。昊昊是一个较为顽皮、好动的幼儿,在哥哥姐姐的带领下,他可以很好地遵循规则进行游戏,而当没有了正确的榜样示范时,昊昊也就跟着别的星星组幼儿一样开始乱扔沙包。这说明同伴的示范作用是相当大的。在这个游戏中,教师其实不必将幼儿分开来玩不同的项目,可以尝试大小幼儿一起玩,否则就失去了混龄区域游戏的意义。例如,这个丢沙包游戏,可以将幼儿分在不同的两边,开展沙包大作战。这样,在哥哥姐姐的带动下,星星组小朋友会玩得很开心,运动量也会更充足。

适时的提问与建议。幼儿在游戏活动遇到瓶颈时,教师适时适当地针对问题进行提问或给出一些合理的建议,能够激发幼儿新的思路,促使游戏顺利开展。这一方法操作简单、教师可当场进行指导,因此也是幼儿园中大多数教师常采用的方法之一。当然,这样的提问及建议也是有技巧的。教师的提问必须是开放式提问,将问题在幼儿无法合作、无从下手、争吵、混乱等情况出现时提出,能够引发幼儿自己去思考,寻找解决问题的方法。当幼儿自己可以解决问题时,教师就可以提供适当的建议,使幼儿进一步挑战,促使其能力的提升。

【案例】抢车风波

户外游戏活动有小朋友最喜欢玩的小车,而且车的种类很多,满足了小朋友多种不同的需要。其中有三辆带方向盘的车是男孩子的最爱。因为数量少,所以有时会引起小矛盾。果然,今天的户外游戏活动次才开始一会儿,就有两个小朋友跑过来说:"老师,有人打架!"我顺着他们指的方向望过去。只见两个小朋友已经扭打起来,幸好制止的及时,没人受伤。两人各执一词,"老师,那个车是我先拿到的。他一直和我抢!"另一个也不甘示弱:"他都玩了那么久了,妈妈说一定要分享的!"其他小朋友闻声也都围了过来,我不得不暂停游戏,也想借此机会让孩子们自己开动脑筋来解决这个问题。我向全部小朋友发问道:"有方向盘的小车很多小朋友都爱玩,可是它只有三辆,我们这么多小朋友,大家都想玩,怎么办呢?"小朋友们纷纷举手回答说:"可以轮流玩。""要分享的""可以互相交换玩具。"我又补充道:"大家说得很好,那有没有具体一点的方法呢?"这时比较机灵的微微高声说道:"老师,我有办法,可以让想玩的小朋友石头剪刀布,谁赢谁先玩,每个小朋友在操场开两圈,再换一个人玩。"微微的建议得到了很多小朋友的认可。我表扬了微微并向大家宣布照微微的办法进行。于是,孩子们又重新开始了游戏,小车的使用也有序多了。虽然问题解决了,但我发现很多小朋友开小车的技能已经很熟练了,就漫无目的地在场地上"游荡",于是我根据操场上的圆圈和直线提出了一个建议:"小司机们,我发现你们的开车本领都很厉害了,现在老师要考考你们的技术了,觉得自己已经开得很棒的小朋友可以来这里试试你们能不能沿着这个圆圈和直线开。"很多小朋友都跃跃欲试想一展身手,接下来,小朋友便开始练习起沿着直线和曲线开车了。这不仅增加了活动的乐趣,也锻炼和发展了幼儿的视觉和动作协调能力。

(包国华　叶惠玲)

从这个案例处理问题的能力我们可以看出,有时候幼儿的办法比教师想出的办法有效,因为他们是亲身体验者,他们可以从自身经验出发想出合理的解决办法。因此,教师要给予幼儿充分的信任及思考的空间、时间,让幼儿不断发展处理问题的能力。同时,在幼儿处理问题的能力达到一定水平后,教师可以根据每个幼儿的"最近发展区"及时给予挑战的机会。

(2)显性指导策略。显性指导即教师直接对幼儿游戏活动进行语言或行为干预。在一般情况下,应少用此策略,但在一些特殊情况下,教师必须采取直接的显性指导,及时干预幼儿的行为。当活动中出现不能预料的偶发事件、危险性行为、伤害他人的行为时,教师必须及时进行干预,以维持活动的正常进行,保障幼儿的安全。如在游戏中,出现幼儿用玩具打人、用沙子撒向他人、在攀爬时拉住同伴等危险性行为时,教师要及时制止,并进行指导,以避免产生不良的后果;又如,幼儿在户外游戏中因受一点委屈或者遇到一点小磕小碰就情绪激烈,不能控制时,也要让幼儿暂停游戏,调整幼儿的状态。当然,在指导过程中,要从幼儿的角度出发,尊重幼儿,并注意和控制自己的情绪,巧妙运用语言和行为技巧来处理问题。

在整个户外游戏活动的过程中,会有诸多不可预料的情况发生,因此教师需根据游戏的实际情况,将显性指导策略和隐性指导策略结合使用,以维持游戏活动的顺利开展,并促进幼儿的最大化发展。

(四)游戏收尾阶段

1.收拾和整理器械材料

户外游戏中,除了准备阶段让幼儿参与游戏计划、自行摆放器材等让幼儿在动手动脑中得到锻炼和自主性发展外,与之对应的,在游戏收尾阶段,器械材料的整理和归位也是提供幼儿锻炼和发展能力的好时机。这样做主要有以下几方面益处:首先,培养幼儿做事有始有终、乐于整理的良好习惯;其次,让幼儿在收拾整理游戏器材的轻松氛围中得以放松休整;再次,收拾材料的过程往往不是一个幼儿在进行,而是有多人的合作行为,可培养幼儿学会与他人沟通、合作的能力;最后,提供给幼儿自主性发展的机会,让户外游戏的自主性贯穿于活动的始终。

图9-11 幼儿收拾和整理器械   图9-12 幼儿收拾和整理器械

2.评价与分享

户外游戏活动结束后,还有一个重要的环节是与幼儿共同评价和分享刚刚开展的活动。首先,提供给幼儿一段时间让他们畅所欲言,和大家分享活动中自己发现的点点滴滴。分享活动不限制孩子分享的内容,通过幼儿的分享,教师就能更加深入地了解幼儿的想法和需求。同时,在幼儿表述的过程中还能促进幼儿思维、语言等各方面能力的发展。其次,教师还可以根据自己对活动的观察,说一说活动中出现的问题以引导孩子思考解决办法,表扬个别幼儿创造性的行为或良好的游戏表现,鼓励有进步的幼儿,等等。每一次的评价和分享都是一次提升幼儿经验的宝贵机会,因此教师切不可忽视活动最后的评价与分享环节,且要创设轻松愉悦的氛围让幼儿敢于表达自己的想法。

四、户外游戏的实践

开展丰富、有趣、适合幼儿游戏水平和具有园本特点的户外游戏活动,是每所幼儿园的共同追求。成功地组织和开展户外游戏不仅有赖于幼儿园的活动空间、场地,还有赖于教师合理的组织与指导,以及周边户外活动资源的可利用性等。我们倡导每所幼儿园能够挖掘并整合园所本身的资源,根据幼儿园的所处位置、环境、资源、条件、师资、幼儿人数等因素,因地制宜地制定出适合自己园的户外游戏活动。农村幼儿园可以利用广阔的原生态户外活动空间以及丰富的自然资源,并适当借鉴城市幼儿园配备相关器械、设备来开展。城市幼儿园可能存在场地面积有限的困难,可以充分利用楼道、阳台、楼顶天台等空间,尽最大可能地为幼儿创设户外游戏条件。此外,也可以借鉴农村幼儿园,运用自然物或废旧物自制成活动器械,不仅让城市幼儿更贴近自然生活,同时还能缓解部分幼儿园游戏材料匮乏的状况。

然而,在户外游戏活动组织上切忌盲目跟风,生搬硬套他人的户外游戏模式,应把握住以园本为根,适当借鉴的原则。例如,一直以来颇受关注的安吉游戏(见下述案例和图9－13至9－20,照片均来自上海学前教育网),利用沟壑、山坡、草坪、大树、木屋、绳网,以及提供给幼儿的麻袋、麻绳、木桩、木条、木箱、梯子等,让幼儿在自主自由的环境中生成各种游戏,不仅提供了锻炼体能的机会,更具有无限的游戏想象,既具有挑战性,又具有原始生态性。这样的游戏在安吉开展得如火如荼,可有些幼儿园照搬照抄模仿过来后,却面临诸多问题。因此,户外游戏活动的开展,除了考虑物质环境方面的因素,还与幼儿园教师能否有原则地、科学合理地安排每一次活动的密度和强度、活动的动静交替、全面锻炼以及关注全体和注意个别相结合等等有关,只有在实践中不断地反思和调整,综合考虑各方面因素,才能使幼儿园户外游戏活动开展得生动、有吸引力,最终让幼儿得到最大程度的发展。

【案例】安吉户外游戏[①]

安吉县机关幼儿园现有大班游戏区5个,包括大沙水池、锅松林、欢乐运动场、户外建构、冒险岛;中班游戏区有6个,包括农家乐、建构、欢乐运动场、大脚丫沙池、小树林、石玩坊;小班游戏区有7个,包括门厅建构、玩沙、欢乐运动场、涂鸦、废旧工厂、小树林(2个)。在现场,记者看到,"冒险岛"的沟壑、山坡、草坪、秋千、木屋、绳网,不仅给孩子们提供锻炼体能的机会,更给孩子们无限的游戏想象,既具有挑战性,又具有原始生态性,而游戏中提供的麻袋、麻绳、木桩、木条、木箱、梯子等更可让孩子在自主自由的环境中生成各种游戏;"涂鸦区"内的瓷砖墙面、大滚筒、各号画笔、棉棒、滚筒刷、水桶、抹布、废旧材料等,可让孩子们在自由自在的方式中尽情表达,有的是随性的线条与点的组合,有的是天马行空的想象画,有的是生活情景的再现……处处洋溢着孩子们的情感,生动而稚拙!

地处城郊结合部的南北庄中心幼儿园,孩子多是外来务工人员子女。为此,南北庄在幼儿园全面贯彻落实"以游戏作为幼儿园的基本活动"的理念,合理规划幼儿游

[①] 朱振岳."安吉游戏"玩出乡村里的幸福童年——浙江省安吉县学前教育特色发展纪实[N].中国教育报,2012－12－29(1). http://blog.sina.com.cn/xueqianjiaoyusuling(中国教育报学前教育周刊)文章有删节,有改动。

戏环境，空间上分户外游戏区（金沙滩沙水区、建构区、运动区、野战区、野营区、农耕区等），走廊游戏区（包括休闲书吧、创意美工坊、阳光大舞台、美食一条街），班级游戏区（包括益智区、美工区、图书区、娃娃家）三大片区，并充分利用家长和社区资源，收集各类竹木草土石等废旧材料和自然材料作为幼儿游戏的材料。在户外游戏区，他们把附近地板厂的废弃地板，纺织厂的纸线筒，海绵厂的泡沫与海绵边角料，木板加工厂的木块、木条、木片，体育馆的羽毛球与乒乓球，农村稻田里的稻草，等等，都收集成为游戏基本材料，满足了幼儿游戏的需要。幼儿园还不断为孩子们提供一些符合年龄特点且安全的挑战型游戏材料：有自制的竹单梯、竹双梯、废旧轮胎、攀爬架、防雨帐篷、竹推车、木铲、皮球、足球、跳绳、毽子等。为保障幼儿自主游戏的时间，南北庄中心幼儿园还在园务计划、保教计划、班级计划、周计划中明确规定幼儿每天要有2小时以上的自主游戏活动时间，充分保障让幼儿自主选择游戏内容，真正做到了把游戏还给孩子。

图9-13　滚水桶游戏　　　　图9-14　走水桶平衡游戏

图9-15　走迷宫墙游戏　　　　图9-16　沙池建构游戏

图 9-17　竹竿攀登游戏　　　　　图 9-18　绳索攀登游戏

图 9-19　玩水槽游戏　　　　　　图 9-20　木板建构游戏

综合实践活动

[思考] 在户外游戏中,幼儿的游戏水平相差较大时,教师如何提供不同的支持以满足不同幼儿的游戏需求呢?

[讨论] 户外游戏活动中教师面临的首要问题是"安全第一",如何理解"保护"和"促进"幼儿健康发展的内涵呢?

[练习]

项目一:废物利用、一物多用是户外游戏材料获取的重要原则。根据这一原则,以"废旧报纸"为材料,尝试制定 5 项户外游戏,写出材料的制作方法以及游戏的玩法。

项目二:选取某一幼儿园户外体育游戏片段,观察记录幼儿在游戏过程中的行为表现,分析行为原因,提出解决游戏问题或推进游戏的策略,在进一步调整后,能够对前后游戏效果进行对比、反思。

附录

游戏场地清单[①]（修订版）

2007 Joe L. 弗罗斯特

注意：本清单并不是一种研究工具，而是用来辅助规划和评估游戏场地的。

第Ⅰ部分

游戏场地应该包含哪些东西？

1. 一个开展比赛性游戏的硬地面区域，有轮玩具行驶的路网。设置开展诸如篮球、足球运动之类的活动的球门。

2. 沙子以及玩沙设备（包括各种玩具、木头、铲子和容器）。

3. 包括喷泉、水池和洒水设施、玩水设备在内的嬉水区。

4. 表演游戏建筑（儿童游戏室、带有诸如沙子和水的辅助设备的汽车或船、家务活动设备）。

5. 一个带有可同时容纳很多孩子的房间的大型多层游乐设施，该建筑物能为游戏者提供许多挑战和训练的机会（入口、出口和楼层）。

6. 可以攀爬和挖掘的土丘。

7. 树以及可以遮阳、自然研究和游戏的自然区。

8. 接连不断的挑战、成片的地域、功能边界、纵向和横向的设计（小山和凹地）。

9. 提供诸如轮胎、木箱、木板、砖头和钉子等废旧材料的建筑区；要提供工具，要允许拆除和重建。

10. 提供买来的或建造的车辆、飞机、船只或小汽车，它们经过安全改造，但仍保持游戏价值（一段时间之后要进行更换或变换位置以激发游戏者的兴趣）。

11. 进行运动性游戏的设备：各种高架装置、攀爬设备、滑道、平衡装置、秋千等。

12. 可供有组织的比赛使用的大片的松软区域（草地、树皮等），以及水泥或沥青地面。

13. 符合儿童尺寸的小的半私密空间：隧道、壁龛（niches）、游戏室及用棚子、植物和柱子围起来的半封闭私人场所或特殊场所。

14. 为年幼儿童提供保护的，并且适于学习/游戏的围栏、大门、墙和窗户。

15. 种植了花卉、蔬菜和香草的花园，这样，既可使这些植物免受游戏活动的破坏，也便于孩子们照料它们。像蝴蝶园这样的特殊的自然区域。提供园艺工具。植

[①] 乔·L.弗罗斯特,苏.C.沃瑟姆,斯图尔特·赖费尔.游戏和儿童发展[M].唐晓娟,张胤,译.南京：江苏教育出版社,2011:508-512.

物温室可以大大促进对自然的研究。

16. 提供小动物居住的笼舍。提供宠物和喂养宠物的供给物。吸引鸟类和昆虫的特殊区域。存储区域。

17. 从户外到室内的过渡性区域,这是一个与游戏室紧挨着的有屋顶的游戏区,既可以让孩子们免受日晒雨淋,也可以把室内活动延伸到户外。

18. 储存户外游戏设备的储存区、建筑区和花园区使用的工具,以及维修保养工具。存储区可以单独设置,如在有轮车道附近存放有轮玩具,在玩沙区旁存放玩沙设备,在建筑区旁存放工具等;存储区也可以安在建筑物或围栏附近。存储区要适于儿童取用玩具或在每次结束游戏时放回玩具。

19. 从户外游戏区要很容易进入衣帽间、厕所和饮水设备处。要有适合团体活动的阴凉处、长椅、桌子和其他支持性材料(艺术、阅读等)。

20. 不论是正常儿童还是残疾儿童都要能进入游戏场地以及使用游戏场地上的材料和设施。

第Ⅱ部分

游戏场地得到了良好的维护并相对安全吗?

1. 在危险区域(街道、深沟、水等)附近要有防护性围栏(并有带锁的大门)。

2. 在所有的攀爬设备和运动设施下都要有10—12英寸厚的松软的沙子、锯木屑或类似功用的人造铺设物,这些铺设物要铺满整个可能跌落的区域,而且如果需要,还要有防护墙。

3. 设备的大小要适合被服务人群的年龄和技能水平。攀爬最高处限制在6—7英尺,或者刚刚超过/达到儿童的高度。特别注意要为学前儿童降低攀爬高度。

4. 场内无杂乱东西(如碎玻璃)、电力危险、高压电线和有毒物品。参见消费品安全委员会关于"有毒木制品"的内容。

5. 可移动的部件没有任何缺陷(如没有可能挤压孩子的地方,轴承不能过于破旧)。

6. 游戏设备没有锋利的边缘以及破碎、松动和遗失的部件。

7. 秋千座要用软的或轻的材料建造(如橡胶、塑料)。篮球网架的杆子要填充包装起来。足球门要确保埋在地里。

8. 所有的安全性设施都要处于良好状态(如护栏、铺垫地面、保护罩)。

9. 没有会夹住孩子的头的豁口(约3.5英寸×9英寸)。参见消费品安全委员会/美国测试与材料学会的测量和测试标准。

10. 游戏设施结构合理,没有弯曲、变形、断裂、下沉等。重的固定设备和移动设备要确保埋入地面,水泥地至少要深入地下4英寸。

11. 设备之间要空余足够的空间——通常是6英尺,这取决于设备的类型和位置

(参见美国消费者产品安全委员会/美国测试与材料学会)。

12. 支持性构架的地面以下不出现腐烂、生锈或生白蚁的迹象(探测地下)。

13. 金属滑道或平台不要在太阳下曝晒,更换成塑料构件或者把它们安放在阴凉处。

14. 护栏和保护性的栅栏要按照美国消费者产品安全委员会/美国测试与材料学会的标准和其他要求进行设置和安放。

15. 在运动区不能有松动的绳索、悬挂的绳索或电缆。

16. 所有的平衡木、电缆和铁链的高度都要根据美国消费者产品安全委员会/美国测试与材料学会的标准放在较低的位置上。

17. 在所有的入口处都要提示使用者的年龄、是否需要成人监管以及任何可能出现的危险。

18. 没有凸出或缠绕的危险。

19. 在设备使用区没有被绊倒或跌落的危险。例如,露出地表的水泥座子。

20. 没有水的危险——进入池塘、溪流。没有交通危险——街道、停车场、卸货区。

* 这是有关安全事务的概览。详情请参阅美国消费者产品安全委员会(CPSC)的《公共游戏场地安全手册》和美国测试与材料学会(ASTM)的《公用游戏场地设备的消费安全性能的标准规定》上的相关内容。

第Ⅲ部分

游戏场地和/或游戏领导如何发挥功能?

1. 鼓励游戏
   - 吸引人的、方便的使用
   - 开放的、流动的、宽松的空间
   - 从室内到户外的明确的变化
   - 适合各年龄群儿童使用的设备
2. 刺激孩子的感官
   - 在规模、光线、质地、颜色上的变化和对比
   - 灵活的设备
   - 多样化的经验
3. 培养孩子的好奇心
   - 允许儿童进行改变的设备
   - 进行实验和建造的材料
   - 植物和动物
4. 支持儿童社会的和物质的需求
   - 让儿童感到舒适
   - 比例大小要适合儿童

- 对身体具有挑战性

5. 允许儿童和资源之间的互动
   - 规定常规活动的系统性的存储区
   - 可以阅读、玩拼图或独处的半封闭空间

6. 允许儿童之间的交往
   - 空间的多样化
   - 避免冲突的足够大的空间
   - 吸引儿童进行社会性交往的设施

7. 允许儿童和成人之间的交往
   - 进行空间组织便于进行一般性监管
   - 成人和儿童的休息区

8. 支持功能性的、练习性的、大肌肉动作的、积极的运动。把适合儿童年龄和技能水平的挑战性的秋千、高架设备、攀爬设施包括进来。

9. 支持建造的、建筑的、创造的游戏。教孩子们用安全的方式使用建造工具和材料。

10. 支持表演游戏、假想游戏。要在课间休息或游戏时间给孩子们足够的时间来发起和充分参与假想游戏。

11. 支持有组织的比赛和规则游戏。成人和年龄稍大的儿童要教年幼儿童玩传统游戏，然后放手，并提供体育活动的设备。

12. 支持特别的游戏形式（如追赶游戏、打斗游戏、玩沙和玩水游戏）。追赶游戏和打斗游戏需要仔细的但又不被儿童注意到的监管。

13. 促进独立的、个人的、沉思的游戏。鼓励儿童协助准备自然休息区和建造的小的空间（如凉亭）作为他们的半私密场所。

14. 促进团体的、合作的和共享的游戏。鼓励儿童接纳新的和内向的同伴进入游戏团体。

15. 让儿童参与游戏场地的维护和保养。成人示范和传授保养技能——如使用工具、识别危险因素等。

16. 成人参与到儿童的游戏之中——常规的成人/儿童规划和评价。成人帮助儿童学会通过合作规划和问题分析来解决游戏场地上遇到的问题。

17. 将室内/户外游戏和工作/游戏活动整合起来——艺术、音乐、科学等。

18. 促进儿童和自然之间的互动——植物、动物等。要让知识丰富的成人带领儿童去实地考察，提供直接指导，并与儿童交往。

19. 要对成人就游戏价值、游戏场地的保养和安全、突发事件应急程序等进行培训。游戏领导人要参加年度研讨会来维持自己的技能。

20. 游戏环境要不断变换——吸引力、挑战和复杂性都要发展。好的游戏场地永远处于发展之中。

参考文献

[1] 袁贵仁,庞丽娟.中国教师新百科:幼儿教育卷[M].北京:中国大百科全书出版社,2003.

[2] 梁志燊.中国学前教育百科全书:教育理论卷[M].沈阳:沈阳出版社,1995.

[3] 周采,杨汉麟.外国学前教育史[M].北京:北京师范大学出版社,1999.

[4] 黄人颂.学前教育学参考资料:下册[M].北京:人民教育出版社,1991.

[5] 朱智贤.心理学大词典[M].北京:北京师范大学出版社,1989.

[6] 陈鹤琴.家庭教育——怎样教小孩[M].北京:教育科学出版社,1981.

[7] 北京市教育科学研究所.陈鹤琴教育文选:上卷[M].北京:北京出版社,1983.

[8] 陈秀云,柯小卫.陈鹤琴教育思想读本·幼稚教育[M].南京:南京师范大学出版社,2012.

[9] 弗洛伊德.弗洛伊德后期著作选[M].上海:上海译文出版社,1986.

[10] 柳布林斯卡娅.儿童心理发展概论[M].李子卓,等,译.北京:人民教育出版社,1981.

[11] В.И.亚德什科,Ф.А.索欣.学前教育学[M].北京师范大学外国教育研究所,译.北京:人民教育出版社,1981.

[12] 葛赛尔.罗丹艺术论[M].傅雷,译.北京:中国社会科学出版社,1999.

[13] 格罗塞.艺术的起源[M].蔡慕晖,译.北京:商务印书馆,1984.

[14] 约翰·赫伊津哈.游戏的人[M].多人,译.中国美术学院出版社,1996.

[15] 沛西·能.教育原理[M].王承绪,等,译.北京:人民教育出版社,1964.

[16] 黄瑞琴.幼稚园游戏课程[M].台北:心理出版社,1992.

[17] 费奥斯坦,费尔普斯.教师新概念——教师教育理论与实践[M].王建平,等,译.北京:中国轻工业出版社,2002.

[18] 玛丽·霍曼,伯纳德·班纳特,戴维·P·韦卡特.活动中的幼儿——幼儿认知发展课程[M].郝和平,周欣,译.北京:人民教育出版社,1995.

[19] 约翰逊,等.游戏与儿童早期发展[M].华爱华,郭力平,译校.上海:华东师范大学出版社,2006.

[20] 卡罗尔·E.卡特伦,简·艾伦.学前儿童课程——一种创造性游戏模式[M].王丽,译.北京:中国轻工业出版社,2002.

[21] 莫尤斯·珍妮特.不只是游戏——儿童游戏的角色与地位[M].段慧莹,黄馨慧,译.台北:心理出版社,2000.

[22] 罗杰·冯·伊区.当头棒喝:如何激发创造力[M].黄宏义,译.北京:中国友

谊出版公司,1985.
[23]日本艺术教育研究所.幼儿造型游戏[M].台北:世界文物出版社,1992.
[24]Carolyn Edwards.儿童的一百种语言:瑞吉欧·艾米利亚教育取向——进一步的回响[M].罗亚芬,等,译.台北:心理出版社,2000.
[25]玛丽亚·蒙台梭利.童年的秘密[M].马荣根,译.北京:人民教育出版社,2005.
[26]乔·L.佛罗斯特,苏·C.沃瑟姆,斯图尔特·赖费尔.游戏和儿童发展[M].唐晓娟,张胤,译.刘晶波,主编.南京:江苏教育出版社,2011.
[27]斯卡雷特,等.儿童游戏——在游戏中成长[M].谭晨,译.北京:中国轻工业出版社,2008.
[28]乔·L.弗罗斯特,苏·C.沃瑟姆,等.幼儿和儿童发展[M].南京:江苏教育出版社.
[29]刘焱.幼儿园游戏教学论[M].北京:中国社会出版社,2000.
[30]刘焱.儿童游戏通论[M].北京:北京师范大学出版社,2004.
[31]刘焱.幼儿园游戏与指导[M].北京:高等教育出版社,2014.
[32]邱学青.学前儿童游戏[M].南京:江苏教育出版社,2003.
[33]丁海东.学前游戏论[M].济南:山东人民出版社,2001.
[34]丁海东.幼儿园游戏与指导[M].北京:高等教育出版社,2013.
[35]华爱华.幼儿游戏理论[M].上海:上海教育出版社,1998.
[36]曹中平.儿童游戏论——文化学、心理学和教育学三维视野[M].银川:宁夏人民出版社,1999.
[37]林茅.幼儿游戏[M].上海:华东师范大学出版社,1992.
[38]朱家雄.幼儿园教育活动设计与实施[M].北京:高等教育出版社,2008.
[39]王坚红.学前教育评价——理论·方法·实践[M].北京:人民教育出版社,1994.
[40]张金梅.学前儿童戏剧教育[M].南京:南京师范大学出版社,2015.
[41]陆娴敏.幼儿游戏之旅[M].南京:南京师范大学出版社,2004.
[42]董旭花,韩冰川,等.小区域大学问—幼儿园区域环境创设与活动指导[M].北京:中国轻工业出版社,2012.
[43]高宏.幼儿园游戏[M].哈尔滨:哈尔滨工业大学出版社,2014.
[44]董旭花,刘霞,等.幼儿园自主性学习区域活动指导[M].北京:中国轻工业出版社,2014.
[45]董旭花王翠霞,等.幼儿园创造性学习区域活动指导[M].北京:中国轻工业出版社,2014.
[46]梁周全,尚玉芳.幼儿游戏与指导[M].北京:北京师范大学出版社,2011.
[47]杨枫.学前儿童游戏[M].北京:高等教育出版社,2006.
[48]秦元东,王春燕.幼儿园区域活动新论——一种生态学的视角[M].北京:

北京师范大学出版社,2008.

[49]许卓娅,张晖.幼儿园课程理论与实践[M].南京:南京师范大学出版社,2002.

[50]沈建洲.幼儿园教育环境创设[M].上海:复旦大学出版社,2014.

[51]沈建洲.幼儿艺术教育活动指导[M].北京:北京师范大学出版社,2002.

[52]林菁.幼儿园创造性游戏指导与实施[M].福州:福建人民出版社,2011.

[53]徐萍.幼儿园区角活动[M].福州:福建教育出版社,2009.

[54]陈雅芳.学前儿童健康教育与活动指导[M].北京:教育科学出版社,2012.

[55]王和平.特殊儿童的感觉统合训练[M].北京:北京大学出版社,2011.

[56]段春梅.户外区域体育活动的教与学[M].北京:北京师范大学出版社,2010.

[57]何艳萍.幼儿园区域活动的实践与探索[M].北京:北京师范大学出版社,2010.

[58]朱邓丽娟,等.幼儿游戏(上册、下册)[M].北京:北京师范大学出版社,1994.

[59]汪荃.区域游戏与主题游戏的融合——大班游戏课程[M].中国妇女出版社,北京:2003.

[60]董奇.儿童创造力发展心理[M].杭州:浙江教育出版社,1993.

[61]华爱华.幼儿园活动区活动的功能与定位[J].幼儿教育(教师版),2012(9).

[62]虞永平.儿童的游戏与生活——由苏联的游戏理论引发的思考[J].幼儿教育,2009(1,2).

[63]张培隆,谢静言.结构游戏对改善幼儿认知结构的作用[J].上海教育科研,1993(5).

[64]吴云.对幼儿游戏规则的探讨——兼谈幼儿规则游戏[J].学前教育研究,2003(1).

[65]华爱华.幼儿园课程改革中的游戏实践分析[J].幼儿教育,2009(4).

[66]张燕.日本幼儿园的游戏[J].幼儿教育,2001(5).

[67]王春艳.幼儿园游戏:本体价值的失落与回归[J].教育导刊(幼儿教育),2005(3).

[68]杜玉珍.国外对追逐打闹游戏影响因素的研究现状[J].早期教育,2009(10).

[69]石晋阳,张义兵.关于低龄儿童与电脑游戏的家长调查报告[J].学前教育研究,2005(4).

[70]朱竹林.近十年我国关于学前生成课程的研究综述[J].早期教育,2008(3).

[71]沈玮霖.基于"保教指南"指引下的幼儿户外活动的思考与实践[J].语数外学习,2012(4).

[72]赵艳辉.幼儿园户外游戏教学方式的研究与探索[J].中国教育技术装备,2013(19).

[73]郑晶.武汉市幼儿园户外游戏现状与对策研究[D].华中师范大学,2010.

[74]张琦.从"我们的城市"主题活动看幼儿游戏与学习的整合[EB/OL].[2010-10-3] http://www.cnbbjy.com.